语言生活皮书  YF03

粤港澳大湾区语言服务发展报告（2022）

屈哨兵　主编

顾　问　郭　熙

主　编　屈哨兵
副主编　王海兰　张晓苏

编　者　（按音序排列）
　　　　戴仲平　邓永红　郭　杰　马　喆　屈哨兵　王海兰
　　　　王　苗　王文豪　王秀玲　王毅力　魏　琳　徐曼曼
　　　　禤健聪　叶霭云　张晓苏　张迎宝　周清艳

编　写　国家语委国家语言服务与粤港澳大湾区语言研究中心
　　　　（广州大学）

谱写中国特色区域语言服务话语体系的新篇章

——序《粤港澳大湾区语言服务发展报告（2022）》

大约二十年前，我因参加一次学术会议，跟现任广州大学党委书记的屈哨兵教授结下了不解之缘。那次会议安排哨兵和我同住一屋。我们一见如故，天南海北，无所不谈，一直谈到深夜，依然兴趣盎然。从此以后，我们之间的学术交往和交流就没断过。

我在主持"中国语言生活状况报告"项目（以下称"语言绿皮书"）的8年期间，有5年，每年都能收到哨兵的赐稿。当时他已是厅局级领导，行政管理工作千头万绪，但仍坚持为语言绿皮书付出宝贵的时间和精力，撑持、扶持、支持语言绿皮书的发展。每当我想起此事，一股感激、感动、感恩之情就会涌上心头。由于共同关注并参与语言生活研究，我们时不时还会在相关学术会议上见面和交流。

在《粤港澳大湾区语言服务发展报告（2022）》（以下称《报告》）即将付梓之际，哨兵约我作序。我当即表示，自己没有专门研究过大湾区的语言服务，担心一些问题可能会说不清楚、说不到位，影响大作的声望和形象。另外，语言学界语言皮书的序言通常都由李宇明教授主笔，社会反映很好，这次大湾区语言服务皮书，改换我写，恐怕不大合适。然而，哨兵还是执意要我来写，他说我曾较早主编过语言绿皮书，《报告》跟语言绿皮书有很多相通之处；另外，此举已经征得宇明和郭熙的同意，是大家的共识。看来实在推脱不掉，我就匆匆应允下来。

作为第一读者，在读完《报告》定稿之后，自然十分快乐，先睹为快嘛，同时也对哨兵带领的国家语言服务与大湾区语言研究团队的辛勤劳作深表敬佩，

《报告》堪称一部构建中国特色区域语言服务话语体系的力作,其主要特性和亮点大致有以下几处。

1. 时代性

粤港澳大湾区包括香港特别行政区、澳门特别行政区和广东省广州市、深圳市、珠海市、佛山市、惠州市、东莞市、中山市、江门市、肇庆市,是我国开放程度最高、经济活力最强的区域,旨在建成国际一流湾区和世界级城市群,在国家发展大局中具有重要战略地位。

自 2019 年中共中央、国务院公布《粤港澳大湾区发展规划纲要》(以下称《纲要》)以来,大湾区正经历着广泛而深刻的社会变革,正在进行宏大而独特的实践创新。这种实践创新,必将给理论创造、学术繁荣提供强大动力和广阔空间。《纲要》重点规划了大湾区 5 个方面的发展,没有涉及语言规划,但是,这并不意味着语言学者可以袖手旁观。

有理想、有抱负的大湾区团队没有辜负这个时代,他们机敏地觉察到大湾区经济社会发展给区域语言规划研究带来的机遇,适时举起"湾区语言服务"的大旗,紧张而有序地开展社会调查、深入分析,现今终成正果,《报告》出炉在即。《报告》将开大湾区语言服务系统研究的先河,可对京津冀经济圈、长江流域经济带等跨省区域的语言服务研究产生引领和影响,还可对美国纽约大湾区、旧金山大湾区和日本东京大湾区等世界级大湾区的语言服务研究,提供一定的借鉴,产生一定的辐射。

2. 创新性

理论创新是学术发展的永恒主题,也是社会发展、实践深化对语言学的必然要求。发展的社会不断出现新情况、新问题,要求语言学家不断探索出新思想、新理念、新方法,从而使语言理论充满活力,青春常驻。理论创新的过程就是发现问题、筛选问题、研究问题、解决问题的过程。《报告》从大湾区语言服务的实践中挖掘新材料、发现新问题、提出新观点、构建新理论,实现该《报告》的全方位创新。

3. 实证性

实证研究方法旨在通过观察、实验和调查等手段,获取研究对象的相关数据和材料,从个别到一般,揭示事物的一般性结论。《报告》中的各篇,有的采用社会调查法,有的采用问卷调查法,有的采用深度访谈法,有的采用个案法,这些方法看上去有所不同,但究其实质,还都属于实证方法。实践表明,实证方法非常匹配大湾区语言服务研究，它有效提升了语言服务调查报告的科学性和可信度，彰显了语言服务调查报告的学术水平和应用价值。

4. 系统性

话语体系集中体现了一个国家的软实力和巧实力。打造新概念、新范畴、新表述，这是构建中国特色区域语言服务话语体系的基础和细胞。没有面向粤港澳大湾区发展现实逻辑和大湾区语言服务问题的新概念、新范畴、新表述，就谈不上构建中国特色区域语言服务的话语体系。

从《报告》目录可以析出，哨兵他们将大湾区语言服务话语体系分为三大层级，第一层级是湾区语言服务，由教育语言服务、人文语言服务、智慧语言服务、健康语言服务、生活语言服务五大部分组成，这五大部分是第二层级。第三层级涉及二十多个方面，是第二层级的组成要素。第二层级包含第三层级的情况如下。

教育语言服务，包括校园语言生活、中文在线教育、高校网站、少数民族大学生语言使用、小学中华经典诵读、汉字书写应用软件等方面。

人文语言服务，包括地名用字用词、方言家庭传承、方言微信表情包、翻译服务等方面。

智慧语言服务，包括智慧博物馆、智慧旅游景区、智慧政务及老年人智能手机使用、应用程序（APP）适老化语言服务等方面。

健康语言服务，包括香港、澳门、广州、深圳四市抗疫语言服务。

生活语言服务，包括城中村居民语言生活服务、随迁子女语言使用和语言态度、地铁标识便民度、公共交通、语言景观等方面。

5. 应用性

粤港澳大湾区的社会变革带来了语言生活的变化，催生了多种语言服务的需求。《报告》深入研究了大湾区近年来在国际中文在线教育服务、小学汉字书写教学、汉字书写应用软件的使用、客家方言家庭传承、粤方言微信表情包服务、青少年方言传承与服务、老年人智能手机语言服务、政府门户网站智慧政务中的语言服务、港澳穗深四市抗疫语言服务、大学城中村居民语言生活服务、随迁子女语言使用和语言态度、地铁标识便民度、公共交通语言服务等方面的问题，针对这些现实问题，分别给出了相关对策和建议，具有重要的学术意义和应用价值。

这是一个需要学术创新而且一定能够产生学术创新的时代。经过长期坚持不懈的辛苦耕耘，近五六年来，这支扎根于大湾区的中国语言生活派团队进入了一个学术高产期。在语言服务研究领域，接连推出了《语言服务引论》《中国语言服务发展报告（2020）》《粤港澳大湾区语言服务发展报告（2022）》；在语言生活研究领域，相继推出了《广州语言生活状况报告（2018）》和《粤港澳大湾区语言生活状况报告（2021）》。这些成果充分展现出这个团队的创新精神、实践品格和家国情怀。期待这些语言服务的实践者和研究者再接再厉，在语言生活和语言服务领域取得更加辉煌的成绩！

是为序。

周庆生
2022年2月27日星期日
于北京灵通观寓所

目　录

特　稿	001
语言生活和语言服务的关系	003
要进行城市和区域语言服务能力的评估	013
第一部分　教育湾区语言服务	025
导语	027
高校官网的语言服务状况及国际比较	028
珠三角地区小学汉字书写教学状况及服务需求	038
广州市国际中文在线教育服务	051
广州新疆籍少数民族大学生语言状况及服务需求	061
广州市小学中华经典诵读服务调查	069
汉字书写应用程序（APP）	081
第二部分　人文湾区语言服务	093
导语	095
惠州客家话家庭传承情况调查	096
粤方言微信表情包服务	110
珠三角地区大学生方言传承与服务	127
广州市地名通名用字用词服务	135
广州十三行语言翻译服务状况	151

目 录

第三部分　智慧湾区语言服务 ·· 161

导语 ··· 163
广州地区老年用户智能手机语言服务体验调查 ························· 165
旅游景区微信公众号语言服务状况 ···································· 178
线上博物馆语言服务调查 ··· 189
珠三角九市政府门户网站语言服务的优化升级 ························· 204
旅游出行类应用程序（APP）适老化语言服务调查 ······················ 214

第四部分　健康湾区语言服务 ·· 229

导语 ··· 231
香港抗疫专题网站语言服务 ··· 233
澳门多样化抗疫语言服务 ··· 247
广州面向外籍人士的多语抗疫服务 ····································· 265
深圳"一网两微三电"平台的抗疫语言服务 ····························· 277

第五部分　生活湾区语言服务 ·· 289

导语 ··· 291
广州市随迁子女的语言状况及语言服务建议 ····························· 293
广州荔湾永庆坊语言景观和语言服务情况调查 ··························· 304
广州大学城城中村居民语言生活和语言服务 ····························· 319
广州地铁标识便民度调查 ··· 328
深圳公共交通语言服务现状与市民满意度调查 ··························· 343
香港金融领域人才语言能力要求状况调查与语言服务建议 ················· 360

后　记 ·· 368

特　稿

语言生活和语言服务的关系

"语言生活"和"语言服务"是中国语言生活系列皮书和相关研究经常提及的两个概念,它们彼此之间有些时候会发生这样那样的纠结。本文从三个角度对语言生活和语言服务的关系进行梳理:一是两者的关系背景,二是两者的关系纠结,三是两者的关系样态。本文采取一种分分合合的方式从上述三个角度来进行讨论,基于分离状态来看彼此之间的区别,基于融合看彼此之间的联系。希望能够把两者之间的纠结梳理清楚,把两者之间的区别解释清楚。

一 语言生活和语言服务的关系背景

本文讨论的语言生活和语言服务主要是指《中国语言生活状况报告》皮书以及由其引发的系列皮书中所反映的语言生活和语言服务。以此为基础,我们可以做出两个判断。

第一个判断:凡有语言生活的地方都可以有语言服务。

以《中国语言生活状况报告》为例。第一部《中国语言生活状况报告》出版的时候,李宇明在题为《构建健康和谐的语言生活》的序言中说:"《中国语言生活状况报告(2005)》,是国家语委首次向社会发布年度语言生活状况报告,也是国家语委'中国语言生活绿皮书'的第一部。发布的目的,在于引起人们对语言国情的重视,积极引导语言生活向着健康和谐的方向发展,并为政策制定和学术研究提供参考。"[①]这里的"引导"和"提供参考"云云,实际上就是一种语言服务。报告语言国情是语言服务的基础,推动语言服务是语言国情报告的重要目的。随着政学两界及社会各界对国家语言生活的重视程度和认识深度进一步加深,语言生活皮书逐渐形成了一个"家族",分为五个系列,即《中国语言文字事业发展报告》(白皮书)、《中国语言生活状况报告》(绿皮书)、

---

① 李宇明《构建健康和谐的语言生活——序〈中国语言生活状况报告(2005)〉》,见"中国语言生活状况报告"课题组编《中国语言生活状况报告(2005)》,商务印书馆,2006年。

特　稿

《中国语言政策研究报告》(蓝皮书)、《世界语言生活状况报告》(黄皮书)和语言文字规范草案("规范类")。国家语委 2020 年对"语言生活皮书"有一个说明，述及绿皮书时同样点明，其"主要反映我国语言生活的重大事件、热点问题及各种调查报告和实态数据，为语言研究和语言决策提供参考和服务"。①显然，这里的语言决策层面的指向与十五年前提出的"引导语言生活向着健康和谐的方向发展"一脉相承。我们考察十五年来每一本《中国语言生活状况报告》，绝大部分单篇报告的表述框架都是在报告完相关语言状况之后提出"问题与建议""思考与建议"，或者是"启示与建议""对策与建议"等，这里的"建议"之类就是进一步语言服务的重要基础。我们也梳理了十五年来《中国语言生活状况报告》各册各篇的各类"建议"，共计 470 余条。②随着时间的延伸，一些问题与建议也会在陆续推出的相关报告中得到或多或少的回应，有的可能整合成为国家语委科研规划课题的立项基础，有的也会直接转化为国家语言文字事业的重要组成部分。受《中国语言生活状况报告》影响而陆续推出的北京、广州、上海的语言生活状况报告，基本上都是按照这种"报告 + 建议"的框架来进行研制。我们有理由相信，这种基于语言国情的服务建议指向大都具有较为坚实的学理基础和比较明确的实践需求，从不同角度印证着凡有语言生活的地方都会有语言服务这个事实。系列报告实践实际上也正在形成一种带有中国语言生活派印记的学术研究范式，坚持下去，必将对国家及区域语言生活和语言服务产生更加积极的影响。

第二个判断：凡有语言服务的行为都源于有语言生活的需求。

近些年以中国语言生活派为圆心，陆续推出的相关报告和学术研究成果，聚焦语言服务研究逐渐成为大家的一种共识，从某种意义上讲，这也证明现实语言生活中的语言服务越来越成为一种时代需求。举一组例子。《中国语言文字事业发展报告（2018）》将"语言服务能力提升"列为一章（第四章），下设"'一带一路'语言服务""外语服务""特殊人群语言文字服务"三节；③《中国语言政策研究报告（2019）》的专题综述部分将"语言服务"作为十大专题之一，

---

①《"语言生活皮书"说明》，见国家语言文字工作委员会组编《中国语言生活状况报告（2020）》，商务印书馆，2020 年。

②《中国语言生活状况报告》各册各篇"建议"类条目由广州大学 2020 级语言学及应用语言学研究生邓坤宁同学收集整理，该同学相关观察报告在广州大学第五届语言服务高级论坛的"研究生分论坛"上做过交流发言。

③ 国家语言文字工作委员会组编《中国语言文字事业发展报告（2018）》，商务印书馆，2018 年。

从"语言服务理论话题""语言服务发展方略""领域语言服务""语言服务人才培养"四个方面加以考察[①]；《中国语言文字事业发展报告（2021）》同样也列出"语言文字服务能力提升"专题，作为年度重点之一介绍[②]；2020年，语言生活皮书系列还增添了家族新成员——《中国语言服务发展报告》，除特稿外，该《报告》分"公共语言服务""语言教学服务""语言文化资源传承传播服务""语言技术服务""语言翻译服务"等五大部分，共计21份专题报告[③]。从这些专题列出的相关内容不难看出，我们对语言服务所涉及的范围和层次类型的认识正处在"活跃期"，而且从目前的情况来看，可能会在相当长一段时间内一直处于这种活跃期，这是当代中国发展尤其是中国语言生活发展所带来的必然现象。

我们可以这样认为，作为一种相对独立的客观事实，语言服务在我们的周边存在，并正在得到越来越多的关注。诚如李宇明所言："语言服务"需要通过深入的学术研究来定义，但更需要语言服务的实践来定义，因为语言服务是学问，更是社会实践活动。[④]同时因为语言服务与语言生活的复杂关系，对于其彼此之间的纠结，我们也要给予充分的重视。

二 语言生活和语言服务的关系纠结

从大的方面来说，近年来语言服务概念的高频度使用是和中国语言生活的报告研究紧密联系在一起的。众所周知，随着《中国语言生活状况报告》以及与之相关的系列皮书的研制出版，我国语言学研究中逐渐形成了一个有着共同研究旨趣的"中国语言生活派"。这个学派以系列皮书研制为主要手段，创建并完善了一批与语言生活研究密切相关的概念，形成了相对稳定的研究队伍和研究机构。在这个不断发展的学术行动中，以李宇明等为代表的相关学人对"何为语言生活"以及"何为中国语言生活"都给出了相对明确的定义。"如果将与语言相关的各种活动称为'语言生活'的话，语言的学习与教育、语言在各种场合各个领域的运用、语言研究及其成果的开发应用等，便都可以归入语言生

---

① 国家语言文字工作委员会组编《中国语言政策研究报告（2019）》，商务印书馆，2019年。
② 国家语言文字工作委员会组编《中国语言文字事业发展报告（2020）》，商务印书馆，2020年。
③ 屈哨兵主编《中国语言服务发展报告（2021）》，商务印书馆，2021年。
④ 李宇明《语言服务的实践品格——序中国语言服务发展报告（2020）》，见屈哨兵主编《中国语言服务发展报告》，商务印书馆，2020年。

活的范畴。"① 相关定义与解释使得"语言生活"从一个日常话语活动中的自由组合逐渐凝固为一个具有学术意味的专门概念。从某种意义上讲说，本文讨论的"语言服务"是"语言生活"的伴生概念。与早期的只将语言服务等同于语言翻译不同，伴随中国语言生活派的学术建设，对"何为语言服务"，大家也渐次给出了相应的定义，例如赵世举认为"语言服务是指行为主体以语言文字为内容或手段为他人或社会提供帮助的行为和活动"②。笔者也曾就语言服务做过一些思考③，在此基础上给出的定义是："语言服务是国家或者其他团体与个人以语言文字作为资源手段为社会团体各种单元及个体提供帮助与支持的各种活动"④。

但从近年来人们观察语言生活或者报告语言服务的相关著述来看，我们也不难发现，人们对如何理解和应用这两个概念还存在着一些纠结。即使是国家语委编制的"十四五"科研规划的相关研究领域，也把这两个概念并列提出。这种并列一方面固然是两者在科学研究领域中关键核心地位的一种表现，另一方面也可能是两个密切关联的概念难以完全切分开来。从学术发生史的角度看，我们可以认为"语言生活"和"语言服务"两个概念有着先和后的关系，即"语言生活"产生在先，"语言服务"产生在后；但从外延来看，我们也不妨认为这一对概念存在着大和小的关系，即"语言生活"的所指要大于"语言服务"。当然，也可以认为这两个概念并没有实质意义上的不同，之所以使用两个不同的指称，主要还是因为观察问题的角度有所不同。

不管基于先后还是大小抑或不同角度，这些解释似乎都还不足以厘清"语言生活"和"语言服务"彼此之间的各种纠结，我们还缺少对这两个概念及其背后关系性质的更为系统的整理定性。不管从哪个层面看，语言生活和语言服务都是国家语言文字事业中的重要组成部分，从学理上进行梳理区别都显得十分重要。我们注意到，《国家"十三五"语言文字事业发展规划》中提及"服务"或者"语言服务"50余次；《国家语委"十三五"科研规划》中提及"服务"和"语言服务"30余次，其中专门提及"语言服务"超过10次，七个重大研究领域中有五个提到了语言服务问题。这意味着语言服务研究作为国家语

---

① 李宇明《构建健康和谐的语言生活——序中国语言生活状况报告（2005）》，见"中国语言生活状况报告"课题组编《中国语言生活状况报告（2005）》，商务印书馆，2006年。
② 赵世举《从服务内容看语言服务的界定和类型》，《北华大学学报（社会科学版）》，2012年第3期。
③ 屈哨兵《语言服务研究论纲》，《江汉大学学报》2007年第6期；《语言服务的概念系统》，《语言文字应用》2012年第1期。
④ 屈哨兵《我国现代化进程中语言活力和语言服务的观察与思考》，《学术研究》2018年第3期。

委语言文字事业和科研规划重要组成部分的地位十分突出。《国家语言文字事业"十四五"发展规划》在这方面的表现同样如此,"服务"和"语言服务"也占有十分显著的位置。

言实和周祥的《新时代语言文字事业的新使命》一文从国家语言文字工作治理能力的角度将相关的能力分成五个部分,分别是"国家通用语言文字能力""语言文字基础能力""语言文字服务能力""语言文化传承发展能力"和"中文国际发展能力"。[1] "语言文字服务能力"在国家语言文字工作治理能力体系中五居其一,由此也可见其地位之重要。《国家语言文字事业"十四五"发展规划》正在行进落实之中,我们应当一以贯之地关注国家语言生活,做好国家语言服务,而要做这些工作,就有必要进一步梳理相关研究任务和研究领域。

语言服务的范围非常广泛。我们曾经从"语言服务资源""语言服务业态""语言服务领域""语言服务层次""语言服务效能"几个不同的角度进行过较为系统的分析,[2] 现在看来,这个观察系统基本能把语言服务研究所涉及的重要内容涵括进来。但如果从其与语言生活的关系来辨识语言服务,梳理彼此之间的关系,则它们可能各自有着不同的辖域边界。这方面尤其是语言服务的辖域边界如何确定?这值得我们做进一步的辨察思考。

把两者之间的纠结控制在一定范围之内,尽量离析出两者之间的某些不同,这样或许有利于学术讨论的深入。故此,我们有必要进一步讨论两者之间的关系样态。

三 语言生活和语言服务的关系样态

整体看来,语言生活和语言服务的关系从性质上观察,可以归纳出三种样态。区分这三种不同的样态,依据不同的样态特征判定其辖域边界,能在一定程度上帮助我们厘清它们之间的一些区别。

第一种样态:语言生活和语言服务交替迭代螺旋上升。

大量事实证明,语言服务和语言生活在学术生态链上存在着一种交替迭代螺旋上升的关系。这种迭代螺旋上升在不同系列的语言服务类型中几乎可以看作一种通例。

---

[1] 言实、周祥《新时代语言文字事业的新使命》,《语言战略研究》2020 年第 6 期。
[2] 屈哨兵主编《语言服务引论》,商务印书馆,2016 年。

举一个例子。《现代汉语词典》的编辑出版与再版增补修订的历程就体现出这种语言生活和语言服务学术生态链上的交替迭代螺旋上升。1956年2月6日，国务院在《关于推广普通话的指示》中提出要中国科学院语言研究所编写一部以确定词汇规范为目的的中型现代汉语词典。这种国家语言生活中的词典缺位就是语言服务的起点，为了补词汇规范方面的语言生活之缺，就有了编纂相应的中型现代汉语词典的语言服务实践。随着时代的变化，国家的语言生活也一定会发生变化，这种变化自然会引发语言服务端的响应，在《现代汉语词典》这里就体现在它的历次增补修订。第一次修订（1980—1983年）着重从思想内容方面消除"文化大革命"的影响；第二次修订（1993—1996年）着力增收改革开放后出现的新词新义，附录中增加了字母词；第三次修订（2002）增补本在1996年修订本的基础上增补新词新义1200余条，例如"邓小平理论"（政治）、"纳米技术"（科技）、"空气质量"（生活）等；第四次修订（1999—2005年），从港台地区传入内地的"搞笑""面膜""作秀"等许多词语被收入词典；第五次修订（2008—2012年）增收新词语和其他词语3000多条，增补新义400多项。作为我国语言服务的经典例证，《现代汉语词典》历次修订所反映出的这种从生活到服务的生态链非常生动。这种生态链得以完成，中间还离不开相应的服务规范的支撑。历次修订中，《现代汉语词典》遵循促进现代汉语规范化的宗旨，全面贯彻国家相关的规范和标准，从而保证了这条生态链正确科学的发展方向。例如，第二次修订贯彻了新的普通话异读词审音规范；第四次修订贯彻了《第一批异形词整理表》在区分词与非词的基础上全面标注词类；第五次修订依照规范标准审慎确定了字形字音，并对字头的简繁正异关系进行了梳理。① 凡此种种，都是迭代上升的不同表现。如果针对不同类别的语言服务进行这种学术生态链上的迭代上升观察分析研究，一定会进一步提高我们对语言生活和语言服务彼此之间关系的认识。事实上，在不同行业、不同领域、不同层次的语言服务中，这种迭代螺旋上升会有不同的表现。

要考虑语言服务类型所处的发展阶段，首要问题就是要明确其在"生命周期"中的位置。我们不妨做一个假定：任何一类语言服务都有它的生命周期，当我们观察一种语言服务现象的时候，有必要对其前世今生有一个大致的了解，

---

① 关于《现代汉语词典》编辑再版增补修订的资料主要来源于百度百科："现代汉语词典（中国第一部规范性语文词典）"，https://baike.baidu.com/item/%E7%8E%B0%E4%BB%A3%E6%B1%89%E8%AF%AD%E8%AF%8D%E5%85%B8/1438?fr=aladdin（搜索时间：2020-10-05）。

对其所处的发展阶段有一个大致的判断。以《现代汉语词典》为例，就是要弄清楚它是处在"试印本""使用本"阶段还是"修订本"阶段，或者修订本中的第几次修订阶段。既然语言服务具有生命周期，那么我们就得对不同生命周期的各个阶段的语言服务表现与特征进行研究，探究其生命周期不同阶段所以形成的条件及促成其演化的原因。这方面目前对各种语言服务还缺少系统研究，更深入的研究大有可为。语言服务的形成条件和演化原因的研究可以帮助我们更加自觉地推动语言服务手段的更新。当然，既然语言服务具有生命周期的特征，那么针对某种具体的语言服务的类型或者形式而言，也就有可能存在语言服务能力逐渐衰减乃至最终退出语言服务序列的情况，对于导致服务能力衰减的原因，我们也应该加以关注和研究。就学科学术研究的一般规律建设而言，这些都是不可缺少的要件。基于语言服务生命周期的研究，还有一个重要目的，那就是发现并培育那些具有更强大生命力的语言服务的类型，及时提出建议，及时进行规划，及时进行建设，使之及时融入国家语言文字事业发展大局中去。

第二种样态：相对单一的语言生活"惰性"和多样语言服务需求之间矛盾永在。

语言生活的事实证明，语言生活和语言服务生态链中还始终存在着相对单一的语言生活"惰性"和多样语言服务需求之间的矛盾关系。"惰性"只是一个比喻性的说法，这里是想表达这么一种现象：无论从个体角度还是群体角度，我们的语言习得通常只是各自的母语，多学一种语言，不管怎么说都需要有一种付出，若非必要，我们一般不会对其他语言"积极好学"。我们姑且把这种现象称为语言生活的"惰性"。但是，无论个体还是群体，一旦进入更大的语言生活场景——这在当今世界更是一种通例，就会发现在很多情况下一定会产生各种各样的语言服务需求，而我们所依存的世界通常并没有为我们准备好各类语言服务。当然很多时候，这种语言服务的需求还没有强化到一般人随时都能感知到的程度，但这并不意味着需求不存在。有矛盾，并不断解决矛盾，就构成了一种样态。

这种样态的表现，可以用2020年以来抗击新冠肺炎疫情的语言应急服务来进行说明。以广州为例，2020年4月12日，广州市人民政府召开"外防输入、内防反弹"的新闻发布会，市领导在发布会上介绍："据4月10日统计，广州在住外国人30 768人，因为疫情的影响还有5万多外国人还没有返穗。其中，人数最多的五个国家分别为，韩国4600人，日本2987人，美国2724人，加拿大

1832人，俄罗斯1422人。""大家最关心的数据，也就是非洲国家人员，一共13 652人。"① 很显然，这些外国人需要语言服务。事实证明，属地政府也及时尽可能提供了相应的语言服务，这些语言服务涵盖了英、法、韩、日、德、西、意、俄等不同语种。据广州市外事部门介绍，广州市在全省率先发布中英双语版《致在穗外籍人士的公开信》，在"广州外事"微信公众号阅读量第一时间突破4万人次。此外，广州还专门制作并发布英、法、日、韩四种语言版的《在穗外籍人士健康防护指引》等；通过微信公众号、官网、英文网、手机短信平台、中外媒体、外国人管理服务站等线上线下方式，多种渠道发布各类指引、通知、资料、信息等120多项；坚持转发英、俄、韩、阿拉伯、德、法、日、西等八种语言的广东省新冠肺炎疫情情况，做到信息及时透明。② 广州市公安局紧急组建了一支100人的多语种翻译队伍，全力支持一线民警的执法与管理工作。③ 这些事实表明，我们拥有比较及时的语言服务的动员能力值得充分肯定，同时这也启发我们更加深刻地认识到，城市语言服务能力应该成为我国国家语言能力的一种重要战略资源。这种资源准备越充分，我们对相关矛盾的解决就会越及时，整个社会的语言生活品质也就会越高。上述广州市2020年4月12日的新闻发布会介绍了最近几年广州的外国人出入境数量和常住外国人数量，事实上每年出入境方面的统计已经达到百万量级，在住常态人口也有近十万人。针对他们的语言服务该如何进行？虽然我们在疫情防控过程中已经有了比较及时的应对反应，但严格意义上这只是一种非常状态下的应急语言服务。如何在常态化环境下做好语言服务，可能需要我们做出更多的努力。《粤港澳大湾区发展规划纲要》中对广州的城市定位是"全面增强国际商贸中心、综合交通枢纽功能，培育提升科技教育文化中心功能，着力建设国际大都市"，这里面的每一个定位目标都涉及语言生活和语言服务的矛盾处理问题。

第三种样态：语言生活和语言服务因果相连、果因相继。

语言生活和语言服务在学术生态链上是由果变因的关系。语言服务本来是回应语言生活，是结果；但是它一旦产生，就有极大可能成为催生新的语言生活之因，彼此之间形成一种因果相连、果因相继的情形。这方面我们可以举出

---

① 《广州在住外国人数量有多少？官方回应来了！》，https://www.sohu.com/a/387475493_100092972。
② 广州市人民政府网，http://www.gz.gov.cn/zt/gzsrmzfxwfbh/fbt/content/mpost_5723222.html。
③ 《广州警方：依法处置涉疫情涉外违法犯罪案件》，http://www.gd.gov.cn/gdywdt/zwzt/fkyq/gdzxd/tpxw/content/post_2979847.html。

很多例证。语言和文字的关系就是一种典型的因果相连的关系，前者是因，后者是果。从我们今天讨论的角度看，文字的产生就是语言服务，语言是服务之因，文字是服务之果。但我们同时也看到，当文字出现之后，便也就此踏进人的语言生活，本身也就成了语言生活的一个组成部分。针对这样的生活，我们又会产生新的语言服务，历史上各种文字书写系统的规范整理就是这种语言服务的体现。以汉字而论，这就渐次体现为从篆书、隶书到楷书、行书的果因相继的样态，到现代则体现为规范汉字再次承因为果的格局。定形之外，还涉及定音、定序、定量等，所有这些，都带有浓厚的语言服务的特征。但当它们以一种稳定服务方式进入我们的语言生活之后，它们也会自然而然成为语言生活的一部分，有的又会成为催生新的语言服务产生的"因"。这里面需要关注的内容还有很多。

承上文汉字语言服务发展的思路，我们再举一个相关的例子。柔宇科技有限公司是深圳的一家高科技企业，通过自主研发的核心柔性技术，生产全柔性显示屏和全柔性传感器，以及包括折叠屏手机和其他智能设备在内的全系列新一代人机互动产品，其系列产品中有一种产品是智能手写本"柔记"。[①]人们在传统纸张上用普通笔芯书写和绘画的内容，可以在手机、Pad等智能终端和云端实时精确保存和动态同步呈现，在保留传统纸笔手写感的同时实现所写即所记，这应该是一种语言服务，是果。但在与该企业接触并对这款产品进行了解的过程中，我们发现，如果从语言服务的角度再向前行进，在智能手写本"柔记"的基础上似乎还可以做更多的工作，包括基于国家规范汉字书写能力标准的测试与建立问题，面向港澳及海外地区学龄儿童的汉字习写推广与文化传承问题，面向不同学习者建立书写习惯、防止笔画书写脱落的问题，建立汉字书写语料库并进行后期分析开发（例如基于个人风格的字体库的建立）的问题，等等，相对这些问题而言，前面我们认为是"果"的东西，似乎又变身为"因"了。这些看上去是一个个的"点"，延展连缀开来就构成了一个"面"，诸般现象，都可以放入因果相连、果因相继的分析框架中来考察，归入语言服务实践及语言服务研究的范畴。一种语言服务如果为大家所习用，通常就会悄然化身为语言生活的一个组成部分，作为新的语言生活，它又会产生出新的语言服务的需求。这种因果相连、果因相继的样态真是有趣极了。

---

① 百度百科：深圳市柔宇科技股份有限公司，https://baike.baidu.com/item/深圳市柔宇科技股份有限公司/52696126?fr=aladdin。

四　结语

　　本文从语言生活和语言服务两者关系的背景说起，继而摆出两者之间存在的纠结，主张从两者的性质入手，辨析彼此的差异，提出从三个不同的样态来进行观察。明确不同的样态特征，有助于厘清语言生活和语言服务各自的辖域和边界。不管是基于语言生活和语言服务的迭代螺旋上升，还是基于两者矛盾永在或者果因相继，从任何一个角度都可以梳理出很多内容。这些大体上能构成我们判定语言服务的参照，并在一定范围内列出语言服务研究的内容。面对特定区域、特定行业、特定领域、特定层次的语言服务，我们有哪些语言服务的情况值得观察报告呢？基于语言服务的迭代上升，我们在观察相关的语言服务现象时是否要首先明了其在相关生命周期中的位置呢？基于始终存在的相对单一的语言生活"惰性"和多样语言服务需求之间的矛盾问题，我们在观察相关的语言服务的时候，是否可以对其出现的相关条件进行比较全面的审视，对其操作实现的路径进行更加全面的规划呢？基于因果相连、果因相继的规律，我们在观察相关的语言服务的时候，是否要对何以有此的原因进行分析，对其何以如此的过程进行梳理，对其走向何处的前景进行更加科学的评估呢？这一切都是语言服务研究所应该回答的问题。如果能更好地回答这些问题，或许能为构建新时代更加和谐的语言生活做出我们更多的贡献。

（屈哨兵）

要进行城市和区域语言服务能力的评估

如何评估一个城市或者一个区域的语言服务能力？目前这方面的文献还不多见。但与这个工作相关的工作基础和学术基础还是比较扎实的。就工作基础而言，近三十年来，国家语委不间断开展的城市语言文字工作评估，对我国各地语言文字工作事业的发展起到巨大的推动作用，这本身就是语言文字服务国家经济社会发展的重大行动。就学术基础而言，语言服务近二十年成为我国学界普遍关注的一个话题。屈哨兵、李宇明、赵世举等较早提出语言服务研究话题[1]，近年来每年的《中国语言生活状况报告》中都有相当一部分直接涉及各个领域甚或相关区域的语言服务的事实[2]，尤其是近些年来语言服务成为国家语言生活的一个重要板块后，我们对语言服务事实的关注越来越聚焦，并逐渐形成相应的系统[3]。目前国家"十四五"规划发展已经全面开局，2035 年基本建成中国特色社会主义现代化强国的目标已经成为引领新时代的方向指南，这使得我们有必要专门就如何评估语言服务能力进行系统思考，并且也应该适时提出构建相应的语言服务能力指标体系问题。

进行语言服务能力评估十分重要，城市和区域作为首选，既有经济社会发展的大背景的需要，也有学术讨论前提基础的可能。本文尝试就三个方面的问题进行一些思考：一是如何看待语言服务能力评估的重要性，二是如何看待首先进行城市和区域语言服务能力评估的必要性，三是语言服务能力评估遵循的基本原则是什么。最后从可行性方面提出几点建议。

---

[1] 屈哨兵《语言服务研究论纲》，《江汉大学学报（人文科学版）》2007 年第 6 期；屈哨兵《语言服务的概念系统》，《语言文字应用》2012 年第 1 期；李宇明《语言服务与语言产业》，《东方翻译》2016 年第 4 期；赵世举《从服务内容看语言服务的界定和类型》，《北华大学学报（社会科学版）》2012 年第 3 期。

[2] 屈哨兵《关于〈中国语言生活状况报告〉中语言服务问题的观察与思考》，《云南师范大学学报（哲学社会科学版）》2010 年第 5 期。

[3] 屈哨兵主编《中国语言服务发展报告（2020）》，商务印书馆，2020 年。

特　稿

一　进行语言服务能力评估的重要性

服务属性是语言文字事业的一个重要属性。 观察我国近年来的语言文字事业发展规划以及国家语委的科研规划，可以发现"服务"或者"语言服务"是我国语言文字事业服务于国家发展的一种事业自觉。出现频次可见一斑。《国务院办公厅关于全面加强新时代语言文字工作的意见》24次提到"服务"，其中有6次专门提到"语言服务"。[①] 而在《国家语言文字事业"十四五"发展规划》中，"服务"一词出现了60余次。以《国家语言文字事业"十四五"发展规划》为例，里面既包括以"服务"打头修饰限定的将涉及服务的方方面面串起来而形成的"服务群"，如：服务能力、服务体系、服务质量、服务需求、服务供给、服务水平、服务平台、服务内涵、服务功能、服务行业、服务行动、服务领域、服务力；也包括以"服务"打头点明各种服务对象服务范围而形成的"服务群"，如：服务国家、服务高质量教育体系、服务铸牢中华民族共同体意识、服务"一带一路"建设、服务新发展格局、服务党和国家战略全局、服务立德树人根本任务、服务学习型社会、服务时代需求等；还包括以"服务"殿后点明各种属性类别而形成的"服务群"，如测评服务、志愿服务、应急语言服务、特殊人群语言服务、公共语言服务、语言咨询服务、语言文字决策支持服务、语言学习服务、语言培训服务、语言评价服务、语言公共服务、无障碍语言服务、普通话培训测试服务、中文支持服务、国家语言服务等。三组不同组合方式的"服务群"可以说非常形象生动地展示了"十四五"期间我国语言服务的"任务书"。要使得这一组组的"任务书"落到实处，就需要有一个个"路线图"，这些"路线图"能否"挂图作战"，就需要确立相应的"质量监控体系"，语言服务能力评估就是这"质量监控体系"中的重要组成部分。

新时代国家事业发展呼唤语言文字提供更高品质的语言服务。 我们一般讨论语言服务，通常指的是针对个人或特定群体的语言服务，甚至专指语言翻译服务，实际上语言服务所涉及的范围比上述所列要更加宽广。关于这个问题，我们曾经在《语言服务引论》中从语言服务的业态、语言服务的领域和

---

① 《国务院办公厅关于全面加强新时代语言文字工作的意见》（国办发〔2020〕30号），国务院办公厅，2021-11-30，http://www.gov.cn/zhengce/content/2021-11/30/content_5654985.htm。

语言服务的层次等不同角度进行过较为全面的梳理。[①] 我们认为，对语言服务进行观察与研究应该有更加宽广的视野，这样更有利于国家语言文字事业的发展。田学军同志在国家语委"十四五"科研工作会议上要求准确把握新形势新要求，指出国家语言文字工作创新力亟待提升、服务力亟需加强、引领力需要突破、影响力仍需加强。我们尤其关注此中提到的"服务力"。《国家语言文字事业"十四五"发展规划》中专门有一个"增强国家语言文字服务能力"部分，由两个板块组成，一个板块叫"加强国家语言发展战略规划"，提出要"统筹国家通用语言文字推广普及、语言文字规范化标准化信息化建设、语言资源保护利用、外语教育、国际中文教育、语言人才培养"，还提出"开展粤港澳大湾区、雄安新区、海南自由贸易港等区域语言规划研究"和"谋划推动'一带一路'语言互通行动""防范化解由语言文字引发的各类风险""发展语言智能、语言教育、语言翻译、语言创意、语言康复等语言产业""建设一批国家语言服务出口基地"等；另一个板块叫"提升语言服务能力"，里面主要涉及特定人群的语言服务问题，包括关注进城务工人员、留守儿童、留守妇女、老年人群体以及听力视力残疾人、来华旅居留学工作的外国人等，还包括应急语言服务和公共领域语言服务等。这些规划与具体的语言服务任务落地效果如何，需要我们对相关的语言服务能力进行评估，这样才能更好地进行更宽广领域里的语言服务。评估的目的是更好地明晰我们的所为与国家事业发展之间的吻合度如何，是否达到或者接近国家发展的相关目标，是否有助于中国特色社会主义现代化一系列强国目标的实现，尤其是是否有助于十九大报告中提出的文化强国、教育强国、人才强国、科技强国等十二个强国目标的实现。

二　进行语言服务能力评估的必要性

选择哪个范围首先开展语言服务能力评估看起来只是工作先后步骤问题，实际上涉及语言文字事业战略布局的考量。从理论上讲，开展语言服务能力观察评估至少可以有三个选择：国际层面、国家层面、城市和区域层面，当然还可以从不同领域、角度来进行划分。这里面还涉及与国家语言能力的关系问题。

---

① 屈哨兵主编《语言服务引论》，商务印书馆，2016年。

特　　稿

关于国家语言能力，我国有关学者近年来已经有较多讨论。①从整体情况看，国家语言服务能力可以看成国家语言能力的一个组成部分。张天伟关于国家语言能力指数的报告分析有一部分就是语言服务的内容，例如其三级指标中涉及的"应急语言服务的可获得性""语言服务社团开设的数量""全球主要语言可提供性""机器翻译能力""信息检索能力""语音语种识别能力"等，都与语言服务能力有关。②但如果仅从国内语言服务所涉及的内容来讲，又有好些方面是在讨论国家语言能力时没有涵盖的，所以有必要将它们单列出来进行研究。这些没有涵盖的内容涉及社会经济文化发展的方方面面。本来从领域角度直接切入也不失为一个办法，从长远来看设计针对各个领域的语言服务能力的评估指标系统也有其必要，但是鉴于领域本身的边界的开放性，一步到位存在较大困难。相较而言，首先进行城市和区域语言服务能力评估更有必要性。

具体说来，这种必要性可以从三个维度来看。

第一个维度，国家城镇化战略布局提出了相关需求。中共中央十九届五中全会审议通过《中共中央关于制定国民经济和社会发展第十四个五年规划和二〇三五年远景目标的建议》，随后全国人大批准颁行《中华人民共和国国民经济和社会发展第十四个五年规划和2035年远景目标纲要》（以下简称《纲要》）。《纲要》第八篇的主题是"完善新型城镇化战略　提升城镇化发展质量"，提出坚持走中国特色新型城镇化道路，深入推进以人为核心的新型城镇化战略，以城市群、都市圈为依托促进大中小城市和小城镇协调联动、特色化发展，使更多人民群众享有更高品质的城市生活，里面分"加快农业转移人口市民化""完善城镇化空间布局""全面提升城市品质"三章来部署城镇化战略的各项任务。可以这样说，几乎每一章节都离不开语言服务，都应该建立相应的语言服务能力评估体系，以更好地保障城镇化发展质量。以第二十九章"全面提升城市品质"为例，该章的四节分别是"转变城市发展方式""推进新型城市建设""提高城市治理水平""完善住房市场体系和住房保障体系"。在各节提出的"十四五"期间的各项具体举措中，只要稍加留心，就可以发现语言服务能够在

---

① 李宇明《提升国家语言能力的若干思考》，《南开语言学刊》2011年第1期；文秋芳《国家语言能力的内涵及其评价指标》，《云南师范大学学报（哲学社会科学版）》2016年第2期；文秋芳《对"国家语言能力"的再解读——兼述中国国家语言能力70年的建设与发展》，《新疆师范大学学报（哲学社会科学版）》2019年第5期；文秋芳、杨佳《面向两个共同体建设提升国家语言能力》，《语言生活皮书——中国语言政策研究报告（2021）》，商务印书馆，2021；周庆生《国家语言能力的结构层次问题》，《语言政策与规划研究》2016年第1期。

② 张天伟《国家语言能力指数体系完善与实践研究》，《语言战略研究》2021年第5期。

其中发挥的作用不可替代。这里仅以第二节"推进新型城市建设"为例。这一段话仅308个字，里面提到的"科学规划布局城市绿环绿廊绿楔绿道，推进生态修复和功能完善工程，优先发展城市公共交通，建设自行车道、步行道等慢行网络""保护和延续城市文脉，杜绝大拆大建，让城市留下记忆、让居民记住乡愁""增强公共设施应对风暴、干旱和地质灾害的能力，完善公共设施和建筑应急避难功能""加强无障碍环境建设"等。每一项建设内容里面都包含有语言服务的需要："城市绿环绿廊绿楔绿道"需要具有绿色环保性质的语言服务来维护生态；"建设自行车道、步行道等慢行网络"需要以人为本的语言服务来帮助出行；"完善公共设施和建筑应急避难功能"中需要语言服务设施来应急补缺；"保护和延续城市文脉"需要语言服务来帮助城市留下记忆、让居民记住乡愁；"加强无障碍环境建设"需要特殊语言服务来帮助残障人士更好地融入城市感受到有品质的城市生活。

第二个维度，国家的区域战略布局提出了相关需求。《纲要》第九篇设定的主题是"优化区域经济布局 促进区域协调发展"，专列一章部署"深入实施区域重大战略"，聚焦实现战略目标和提升引领带动能力，推动区域重大战略取得新的突破性进展。这一章分成五节，分别提出"加快推动京津冀协同发展""全面推动长江经济带发展""积极稳妥推进粤港澳大湾区建设""提升长三角一体化发展水平""扎实推进黄河流域生态保护和高质量发展"。第九篇还另列一章部署"深入实施区域协调发展战略"，分别提出"推进西部大开发形成新格局""推动东北振兴取得新突破""开创中部地区崛起新局面""鼓励东部地区加快推进现代化""支持特殊类型地区发展"。不管是区域重大战略，还是区域协调发展战略，可以说覆盖了国土空间的绝大部分。这种优化区域经济布局、促进区域协调发展的规划布局，势必对语言文字工作的同步跟进提出相应的要求，更加及时地做好各个区域的语言服务，并对各个区域的语言服务能力在国家层面上进行科学布局和评估引导势在必然，也理所当然。只有这样，我们才能实现这两章的导语提出的"促进区域间融合互动、融通补充"和"在发展中促进相对平衡"目标。

第三个维度，现有的城市与区域的语言服务的实践提出了相关需求。前述第一个维度和第二个维度是从国家"十四五"经济社会发展规划需求方面所做的讨论。与此相关，笔者所在团队研制的《粤港澳大湾区语言服务发展报告（2022）》也说明，对语言服务能力加以评估，对于城市和区域都十分必要。粤港澳大湾区由广东珠三角九个城市和香港、澳门两个特别行政区组成,其中广州、深圳、香港、澳门是大湾区的四个中心城市。如果从《纲要》文本这个角度看,粤港澳大湾区既具有国家城镇化发展的特质,也具有国家区域发展的特质。从城镇化角度看,《纲要》里提出"优化提升京津冀、长三角、珠三角、成渝、长江中游等城市群……建立健全城市群一体化协调发展机制和成本共担、利益共享机制,统筹推进基础设施协调布局、产业分工协作、公共服务共享、生态共建环境共治";从区域发展战略看,《纲要》提出"以京津冀、长三角、粤港澳大湾区为重点,提升创新策源能力和全球资源配置能力,加快打造引领高质量发展的第一梯队",同时也提出"提高中心城市综合承载能力和资源优化配置能力,强化对区域发展的辐射带动作用"。从城市群一体化协调发展中心城市综合承载能力和资源优化配置能力、粤港澳大湾区提升创新策源能力和全球资源配置能力等方面考虑,语言服务能进行哪些方面的赋能?这就成为我们观察分析大湾区语言服务能力的一个重点。在《粤港澳大湾区语言服务发展报告(2022)》里,我们一共提交了26篇与大湾区语言服务有关的报告,分别放在不同的专题下,其中"教育湾区语言服务"6篇,"人文湾区语言服务"5篇,"智慧湾区语言服务"5篇,"健康湾区语言服务"4篇,"生活湾区语言服务"6篇。这几个专题主要是依据《粤港澳大湾区发展规划纲要》中关涉较大的一些重点内容来设定的。里面的报告既涉及面向大湾区面上的一些语言服务项目,也涉及大湾区内特定城市范围内的语言服务;既涉及现实物理空间里的语言服务,也涉及信息空间里的语言服务。这些报告的内容表明,我们实际上在语言服务层面已经有了很多实践。但在《粤港澳大湾区语言服务发展报告(2022)》研制的过程中,我们遇到一些问题:如何评估一个特定项目或者特定区域(城市)的语言服务能力?应该基于什么原则来帮助我们评估?又有哪些项目资源可以纳入语言服务能力的评估指标之中?这些项目资源如何获得以及怎样接受评估?这些问题虽然不是这部报告所要解决的,但它们确实启发我们,进行城市与区域的语言服务能力评估十分必要。

三 进行语言服务能力评估的基本原则

《纲要》城镇化战略布局和区域战略布局中关于语言服务需求的场景还有很多。再举两组例子。城镇化战略布局方面:在"推动城市群一体化发展"部分提出要"形成多中心、多层级、多节点的网络型城市群",在"建设现代化都市圈"部分提出"提高1小时通勤圈协同发展水平,培育发展一批同城化程度高的现代化都市圈""完善大中城市宜居宜业功能优化市政公用设施布局和功能,支持三级医院和高等院校在大中城市布局,增加文化体育资源供给,营造现代时尚的消费场景,提升城市生活品质",在"提高城市治理水平"部分提出"加强物业服务监管,提高物业服务覆盖率、服务质量和标准化水平"等;区域发展战略方面:京津冀协同发展要"紧抓疏解北京非首都功能'牛鼻子'""构建功能疏解政策体系,实施一批标志性疏解项目",长江经济带发展要"打造人与自然和谐共生的美丽中国样板""保护好长江文物和文化遗产",粤港澳大湾区建设要"深化通关模式改革,促进人员、货物、车辆便捷高效流动。扩大内地与港澳专业资格互认范围,深入推进重点领域规则衔接、机制对接",长三角一体化"要加快公共服务便利共享,优化优质教育和医疗卫生资源布局",黄河流域生态保护和高质量发展要"优化中心城市和城市群发展格局,统筹沿黄河县城和乡村建设。实施黄河文化遗产系统保护工程,打造具有国际影响力的黄河文化旅游带"。这些无不从不同的角度蕴含着各种各样的语言服务的需求。各级党委和政府组织以及学术机构与企业及社会力量,都应该从不同角度不同层面做出积极系统的响应,这是国家语言文字事业服务国家发展之必须,也是《国务院办公厅关于全面加强新时代语言文字工作的意见》提出的"提升城乡社区语言服务能力"、2025年达到"人民群众需求相适应的语言服务体系更加完善"目标的必然要求。

那么,语言服务能力评估应该遵循的基本原则有哪些呢?我们可以从三个方面来进行思考。

第一个方面,空间布局中的地位不同,相应的语言服务能力的评估要求也有所不同。根据《纲要》所示,从实施乡村建设到推进以县城为重要载体的城镇化建设,从完善大中城市宜居宜业功能到优化提升超大特大城市中心城区功能,从建设现代化都市圈到推动城市群一体化发展,从深入实施区域重大战略(京津冀、长江经济带、粤港澳、长三角、黄河流域)到深入实施区域协调发展战略(西部大开发、东北全面振兴、中部地区崛起、东部率先发展、支持特殊类型地区加快发展),此中的每一个方面都应该有相应的语言服务需求。不同方面的语言服务需求彼此之间有同有异,但在国家层面上,肯定是同大于异,如不同地区之间都要提供国家通用语言文字的教育服务,但随着区位的不同，势必在语言服务方面产生不同的需求。例如，粤港澳大湾区涉及香港、澳门与珠三角九市的规则衔接与机制对接以及人流物流车辆高效流动，在使用国家通用语言文字的基础上，一定会产生英语、葡语和粤方言等方面的语言服务的需求；在普通话普及率低于全国平均水平的省份，一定会存在实施"一地一策"的语言教育服务需求。城市地位也有着彼此之间的差异，在语言服务方面的表现也会有所不同。前文《纲要》提出推进新型城市建设中要"保护和延续城市文脉"，相应的语言服务表现可能随着城市区位的不同也会有所不同。《粤港澳大湾区语言服务报告（2022）》中有一篇是调查广州市荔湾区永庆坊旧城微改造项目中的语言景观。语言景观设置是语言服务的一种表现方式。报告显示，永庆坊商家店铺名称招牌的语言景观存在单语和双语两种情况，使用的语言有中文、英语、日语、法语和意大利语等多种。其中，单用中文或英语的占83.79%，中英、中日、中法、中意、英法双语的占16.21%。这里的双语情况和只用外语的情况就与广州作为国际旅游目的地的城市定位有着直接的联系。至于这样的语言服务是否完全到位，尤其是在传承历史文脉这方面是否做得十分到位，则还需要我们做出更加细致的调查论证才能得出结论。城市和区域的语言服务体系，尤其是辐射带动能力较强的中心城市和超大特大城市，它们的语言服务体系如何建设，语言服务能力如何评估，都应该成为我们的工作重点。

第二个方面，领域层级中的地位不同，相应的语言服务能力的评估要求也有所不同。 我们曾经从不同角度列举分析过语言服务的类型，领域和层级是其中的两个重要角度。[①] 从领域的角度看，可以分出网络领域、广告商业领域、会展导游领域、电信交通领域、体育医疗领域、法律灾异领域等；从层次角度看，可以分出国际语言服务、国家语言服务、族际语言服务、方言/社区语言服务、家庭/个体语言服务等。随着语言服务实践和语言服务研究的进展，这样的分类可能还不是十分周全，领域本身的开放性使得我们在领域语言服务方面难以一一列举，语言服务的层级层次的差异性使得我们对相关实践的观察与建设还不是十分及时。如果就《纲要》所涉及的不同领域进行一次全面的梳理，我们会发现可以进行语言服务的领域比我们曾经列出的要丰富得多。仅从《纲要》的章目看，一些关键概念就可以引导我们进行更多的语言服务方面的思考。我们不妨把这些章目中的核心概念罗列一下：企业技术创新、科技创新、制造强

---

① 屈哨兵主编《语言服务引论》，商务印书馆，2016年。

国、战略性新兴产业、服务业、现代化基础设施体系、国内大循环、国内国际双循环、数字经济、数字社会、数字政府、数字生态、海洋经济、公共文化服务、现代文化产业体系、生态系统、环境质量、开放型经济、"一带一路"、教育体系、健康中国、人口老龄化、公共服务制度体系、社会保障体系、妇女未成年人和残疾人基本权益、基层社会治理、国家安全体系和能力建设、国家经济安全保障、公共安全保障能力、社会稳定和安全、国防和军队现代化、国防实力、社会主义民主法治、党和国家监督体系、保持香港澳门长期繁荣稳定、两岸关系和平发展和祖国统一。上述这些关键概念在规划实施过程中涉及的领域千差万别，里面关涉的层级层次也同样千差万别，但它们一定都离不开这样那样的语言服务。对国民经济与社会发展中的语言服务能力进行建设并进行不同方式不同要求的评估，其重要性再怎么估计都不过分。

第三个方面，信息世界中的表现不同，相应的语言服务能力的评估要求也有所不同。这里我们将信息世界列为一个专门部分来讨论其语言服务问题，是基于一个新的现实，即新一代信息技术互联网已经成为与物理世界平行的一个世界。很多时候我们将信息世界称为虚拟世界，实际上随着社会发展，尤其是随着元宇宙概念及相关事实的出现，虚拟不再是其唯一特征，它与客观物理世界已经水乳交融般地同体存在。在信息世界里同样存在着巨量语言生活。某种意义上讲，语言在信息世界里所占的份额更大。我们研制的《粤港澳大湾区语言服务报告（2022）》，虽然整体上针对的是大湾区这个物理空间，但是此中相当多的语言服务现象却都是在网上运行并通过网上得来的，本来就是信息世界中的一种真实存在。信息世界中的语言服务能力应该成为我们观察、评估、建设、引导的一个重要方面。我们注意到《纲要》的第五篇《加快数字化发展 建设数字中国》的四章，分别从"数字经济""数字社会""数字政府""数字生态"角度来布局数字中国。数字中国也就是信息世界里的中国。我们曾经关注过数字经济框架下的主要经济业态与语言服务的关系，认为在这方面我们要做的工作还有很多，目前做得还很不够，[①]这里面涉及云计算、人工智能、大数据、工业互联网、区块链、虚拟增强现实技术等各个方面及层面里的语言要素如何介入服务的问题。至于在数字社会和数字政府方面，充分重视语言服务能力建设，进一步提高语言服务水平，更是题中应有之义。《纲要》数字社会建设中提

---

① 屈哨兵《数字经济时代里的语言服务能力建设问题》，中国-东盟语言文化论坛报告，贵阳，2021年。

到的"提供智慧便捷的公共服务""建设智慧城市和数字乡村""构筑美好数字生活新图景",每一个方面都离不开语言服务;同样,《纲要》数字政府建设中提出的"加强公共数据开放共享""推动政务信息化共建共用""提高数字化政务服务效能",任何一个方面也都离不开语言服务。就拿其最后一部分"提高数字化政务服务效能"来说,《纲要》提出要"强化数字技术在公共卫生、自然灾害、事故灾难、社会安全等突发公共事件应对中的运用,全面提升预警和应急处置能力",我国在抗击新冠肺炎疫情行动中引起大家关注建设的应急语言服务,就有着很强的数字技术应用追求。设想一下,在国家提出的一系列数字应用场景中,不管是智能交通、智慧教育、智慧医疗、智慧文旅,还是智慧社区、智慧家居、智慧政务,假如没有语言服务的参与,那几乎是不可想象的。营造开放、健康、安全的数字生态必须包括语言服务生态。但从目前情况看,数字中国中的语言服务能力建设与语言服务能力评估还没有提上议事日程,这需要我们及时及早做出规划部署。

四 进行语言服务能力评估体系建设的几点建议

很显然,我们虽然讨论了进行城市和区域语言服务能力评估的重要性、必要性及其相应的评估原则,但从可行性角度看,要拿出一个相对完备的语言服务能力评估指标体系并不是一件容易的事情。这里提出三点建议。

第一,要做好语言服务能力评估中城市和区域的统筹和区分。由于我国关于区域发展的战略通常是跨省域(海南自由贸易港除外)的空间构成,对区域语言服务能力的评估可以在国家层面进行,比较可行的途径是依托国家语委设在一定区域内的条件相对成熟的科研中心来做基础性工作,前期评估主要是基于学术机构提出相应的评估意见,也可以成为中国语言生活状况报告的一个内容,也可以进行专门报告,时机成熟时再成为国家语言文字事业发展报告中的组成部分。相对战略性区域而言,城市语言服务能力评估在行政区划板块上边界比较清晰,但城市本身规模层级有大小高低之分,还需要我们做出进一步的区分。从层级看,城市有县级市、地级市、省会城市、副省级省会城市、直辖市等区分;从规模看,城市又有超大特大城市和大中城市等方面的区别。此外,还有国家中心城市、计划单列市等不同角度的区分。对城市进行语言能力评估,不妨先选择辐射带动力强的中心城市作为语言能力评估的主要对象。由于辐射带动性强的中心城市在空间布局、领域层级及信息世界中的表现具有较强的覆盖性，首先对它们的语言服务能力进行建设评估，随后它们形成的上行支撑力和下行示范力都会有较大的活动空间。当然我们也清楚，城市和区域的层级不同，相应的语言服务能力评估指标体系及其相应参数的设计甚或评估指数的计算都会有所不同。我们目前在这方面的思考和研究还十分不够。

第二，要分步进行语言服务能力指标体系的构建。这实际上是本文讨论的主要内容。前文不管是从三个不同的维度讨论其设置的必要性，还是从三个不同的方面讨论其设置的基本原则，都是力图落脚在抽取不同的语言服务能力评估的内容项目上。通过讨论可以发现兹事体大。评估指标体系的建立是一个系统工程，有必要设立专项进行研究。不过我们认为，《国家语言文字事业"十四五发展"规划》已经为我们建立城市和区域语言服务能力评估指标体系奠定了一个比较好的基础，此中的绝大部分举措都可以在特定区域和辐射带动力强的中心城市工作中找到工作抓手。概略一点说，我们可以分别从服务需求和服务供给、服务体系和服务平台、服务质量和服务水平、服务内涵和服务功能、服务行业和服务领域、服务行动和服务措施等不同角度进行系统梳理，在此基础上形成语言服务能力的评估指标系统骨干框架，将《国家语言文字事业"十四五"发展规划》中提及的相关语言服务的具体事项作为语言服务能力评估的重点内容，这里面既包括"进城务工人员、留守儿童、留守妇女、老年人群体以及听力视力残疾人、来华旅居留学工作的外国人"等特定人群的语言服务，也包括"国家通用语言文字推广普及、语言文字规范化标准化信息化建设、语言资源保护利用、外语教育、国际中文教育、语言人才培养"等特定范围的语言服务，还应该涵盖相关区域或城市语言发展规划、语言产业发展状况、公共领域语言服务等方面的内容。以《国家语言文字事业"十四五"发展规划》所涉的语言服务能力评估体系构建为基础，在进一步结合国家"十四五"发展规划所需细化的相关领域构建更加完善、着眼长远的语言服务能力评估指标体系。

第三，要把握好数字社会数字政府建设的时代机遇，使语言服务能力评估更多更好地利用人工智能大数据进行，提升国家语言文字事业的服务力，从而更加精准助力现代化强国建设。我们注意到，《纲要》提出要"适应数字技术全面融入社会交往和日常生活新趋势，促进公共服务和社会运行方式创新，构筑全民畅享的数字生活"，要"将数字技术广泛应用于政府管理服务，推动政府治理流程再造和模式优化，不断提高决策科学性和服务效率"。在这些关于数字社会和数字政府的建设目标中,如何使语言服务能力成为观察政府管理服务能力和社会公共服务能力的一个窗口,应该具有一种特别的价值;不断提高语言服务能力,应该成为提高全民数字生活水平和政府服务效率的一种时代追求。"促进人的全面发展,满足人民对美好生活的向往,迫切需要语言文字事业向更高水平更高质量发展。"[①] 我们还注意到,《纲要》中提到"扩大基础公共信息数据安全有序开放,探索将公共数据服务纳入公共服务体系""开展政府数据授权运营试点,鼓励第三方深化对公共数据的挖掘利用",这些都为我们进行语言服务能力评估奠定了良好的政策基础,尤其是为我们进行语言服务能力指数系统的设计与实施提供了一种现实可能,值得我们高度关注并及时跟进。

(屈哨兵)

---

① 田学军《努力开创新时代语言文字事业发展新局面》,《光明日报》2020年10月14日08版。

第一部分

教育湾区语言服务

导 语

《粤港澳大湾区发展规划纲要》提出,将粤港澳大湾区打造成为教育和人才高地,积极服务国家重大发展战略,推动新时代形成全面开放新格局;拓展粤港澳大湾区在教育、文化、旅游、社会保障等领域的合作,共同打造公共服务优质、宜居宜业的优质生活圈。根据《广东省教育发展"十四五"规划》,广东将着力建设粤港澳大湾区国际教育示范区,推动大湾区教育交流与合作。

本部分包含六篇报告,从不同角度对大湾区教育领域的语言状况与语言服务问题进行观察和调研。《高校官网的语言服务状况及国际比较》调查大湾区内159所高校的官网的语言服务状况,并与美国纽约湾区、旧金山湾区和日本东京湾区等三个世界级湾区内高校官网的语言服务进行比较分析,为大湾区高校官网的建设提供借鉴。《珠三角地区小学汉字书写教学状况及服务需求》通过发放问卷调查和个别深度访谈的方式,调查珠三角九市的小学生汉字书写教学的现状,分析问题,提出了一些针对性的建议。大湾区参与国际中文教育的高校相对集中,留学生规模较大,《广州市国际中文在线教育服务》以广州地区六所高校的留学生为对象,调查后疫情时代广州国际中文在线教育的服务现状和存在问题,提出了相应对策。《广州新疆籍少数民族大学生语言状况及服务需求》以广州市三所高校的161名新疆籍少数民族大学生为对象,对他们的语言使用、语言态度、语言服务需求等进行了细致调查。《广州市小学中华经典诵读服务调查》调查了广州市43所小学中华经典诵读服务的实施情况,为加强中华优秀语言文化的教育传承、资源建设及活动开展提供参考。《汉字书写应用程序(APP)》调查了目前港澳地区和内地市场上常见的145个汉字书写应用程序,总结其类型、内容及特点,并提出了一些建议。

(王毅力)

高校官网的语言服务状况及国际比较*

《粤港澳大湾区发展规划纲要》提出打造粤港澳大湾区教育和人才高地,要求推动教育合作发展,支持粤港澳大湾区建设国际教育示范区,引进世界知名大学和特色学院,推进世界一流大学和一流学科建设,这对湾区内高校语言服务建设提出了更高的要求。高校官网是学生和外界获取高校信息的重要渠道,也是高校提供语言服务的重要场域。本报告考察粤港澳大湾区内高校官网语言服务状况,并与美国的纽约湾区、旧金山湾区和日本的东京湾区等三个世界级湾区内的高校官网语言服务进行比较分析,为大湾区高校官网建设提供借鉴。

一 调查对象

报告调查了粤港澳大湾区内 159 所高校,其中珠三角九市 127 所(本科 57 所,专科 70 所),香港高校 22 所,澳门高校 10 所。[①] 粤港澳大湾区内高校分布情况见表 1。

表 1 粤港澳大湾区高校分布情况

地区	高校数量	占比 /%
珠三角九市	127	79.87
香港	22	13.84
澳门	10	6.29
合计	159	100.00

---

* 2021 年国际中文教育研究课题一般项目"社会力量参与国际中文教育的现状调查与机制建设研究"(21YH62C)、国家社会科学重大项目"'两个一百年'背景下的语言国情调查与语言规划研究"(21&ZD289)阶段性成果。

① 数据来源:广东省教育厅 2021 年 3 月发布的广东正规普通高校名单;中华人民共和国教育部《香港高等学校名单》,http://www.moe.gov.cn/jyb_xxgk/s5743/s5744/A20/202109/t20210923_566126.html;《澳门高等学校名单》,http://www.moe.gov.cn/jyb_xxgk/s5743/s5744/A20/202109/t20210923_566127.html。

同时，结合 U.S. NEWS《2020 年美国大学排名》和日本统计局东京湾区大学名单，对纽约湾区、旧金山湾区和东京湾区的共 518 所高校进行调查。①加上粤港澳大湾区，共调查 677 所高校，其中 41 所官网无法访问，636 所可访问。这 677 所高校的官网情况见表 2。

表 2 四大湾区高校官网基本情况

湾区	高校数量	可访问官网	
		官网数量	占比 /%
粤港澳大湾区	159	158	99.37
纽约湾区	191	190	99.48
旧金山湾区	109	106	97.25
东京湾区	218	182	83.49
总数	677	636	93.94

二 官网首页语言

首页语言指网站主页首先呈现的语言，是网站的主导语言。

（一）粤港澳大湾区内高校比较

从总体上看，粤港澳大湾区 158 个可访问高校官网中，绝大多数首页使用单一语言，且中文居主导地位，占 85.44%：约 80% 为中文简体，约 5% 为中文繁体。珠三角九市和港澳之间差异较大：珠三角九市高校中，绝大多数官网首页语言为中文简体，占 98.41%；香港高校官网首页语言以英语为主，占 72.73%，但东华学院、香港都会大学、珠海学院三所高校官网首页语言为中文简体，②香港中文大学、香港能仁专上学院两所高校官网首页语言为中文繁体；澳门高校官网首页语言则以中文繁体为主，占 60.00%。详见表 3。

---

① 美国湾区高校官网数据收集于 2020 年 9 月，东京湾区高校官网数据收集于 2020 年 3 月 2 日，粤港澳大湾区高校网站数据收集于 2021 年 12 月。
② 受域名影响，此处三所香港高校官网在内地访问首页呈现为中文简体，在香港访问首页呈现为中文繁体。

表3　粤港澳大湾区高校官网首页语言使用状况

地区 （官网数）	语言使用									
	中（简）		中（繁）		英		中（简）+英		中（繁）+英	
	官网数	占比/%	官网数	占比/%	官网数	占比/%	官网数	占比/%	官网数	占比/%
珠三角九市（126）	124	98.41	0	0.00	1	0.79	1	0.79	0	0.00
香港（22）	3	13.64	2	9.09	16	72.73	0	0.00	1	4.55
澳门（10）	0	0.00	6	60.00	3	30.00	0	0.00	1	10.00
总数（158）	127	80.38	8	5.06	20	12.66	1	0.63	2	1.27

（二）四大湾区间高校比较

粤港澳大湾区、纽约湾区、旧金山湾区和东京湾区高校官网首页使用的语言分四种情况：中文、英语、日语和中英双语。总体上看，各大湾区高校官网首页语言都是本国的国家通用语言或官方语言。美国两大湾区高校官网首页语言除两所为中英双语外，[①] 其余均为英语单语；东京湾区高校官网首页语言都为日语。相比而言，粤港澳大湾区高校官网首页语言可谓类型多样。详见表4。

表4　四大湾区高校官网首页语言使用情况

湾区 （高校数量）	使用语言											
	中（简）		中（繁）		英		中（简）+英		中（繁）+英		日	
	官网数	占比/%	官网数	占比/%	官网数	占比/%	官网数	占比/%	官网数	占比/%	官网数	占比/%
粤港澳大湾区（158）	127	80.38	8	5.06	20	12.66	1	0.63	2	1.27	0	0.00
美国两大湾区（296）	0	0.00	0	0.00	294	99.32	0	0.00	2	0.68	0	0.00
东京湾区（182）	0	0.00	0	0.00	0	0.00	0	0.00	0	0.00	182	100.00
总数（636）	127	19.97	8	1.26	314	49.37	1	0.16	4	0.63	182	28.62

[①] 旧金山湾区的"国际医药大学""河洛医科大学"官网首页使用"英文+中文繁体"。国际医药大学开设了中医课程，因此需要使用中文。而河洛医科大学官网首页使用中文繁体则主要是讲述中国的二十四节气，并用拼音加以标注。

三 多语服务

（一）粤港澳大湾区内高校比较

粤港澳大湾区内高校官网语言服务的语种数量分为单语、双语、多语三种情况。从总体上看，可访问官网中，约一半只提供中文服务，46.20%提供中英双语服务，3.17%提供三种及以上语言服务。分别来看，珠三角九市高校官网中，62.70%只提供中文服务，34.92%提供中英双语服务，提供多语服务的仅有3个，都是外语类高校官网，其中广东外语外贸大学官网使用的语言最多，有中文（简）、英语、法语、俄语、阿拉伯语、西班牙语、德语、日语、印尼-马来语、朝鲜语[①]、意大利语、葡萄牙语、印地语、泰语和越南语，共15种。香港高校官网全部提供中英双语服务，但无一提供多语服务。澳门高校官网70.00%提供中英双语服务。见表5。

表5 粤港澳大湾区高校官网语言服务状况

语言使用	地区						总计	
	珠三角九市		香港		澳门			
	官网数	占比/%	官网数	占比/%	官网数	占比/%	官网数	占比/%
单语	79	62.70	0	0.00	1	10.00	80	50.63
双语	44	34.92	22	100.00	7	70.00	73	46.20
多语	3	2.38	0	0.00	2	20.00	5	3.17
合计	126	100.00	22	100.00	10	100.00	158	100.00

珠三角九市本科院校和专科院校的官网在语种服务上存在显著差异。126所高校中，本科院校官网一半以上提供中英双语或多语服务；专科院校官网则以中文单语服务为主，占81.16%。详见表6。

表6 珠三角九市本/专科高校官网语言服务状况

办学层次	语言使用						总数	
	单语		双语		多语			
	官网数	占比/%	官网数	占比/%	官网数	占比/%	官网数	占比/%
本科	23	40.35	31	54.39	3	5.26	57	45.24
专科	56	81.16	13	18.84	0	0.00	69	54.76

[①] 该校网页上为"朝鲜语"。报告中根据实际使用情况分别称为"朝鲜语"和"韩语"，统计为一种语言。

粤港澳大湾区高校官网使用的语言共有中文、英语、葡萄牙语、俄语、朝/韩语、日语、法语、阿拉伯语、西班牙语、德语、印尼语、意大利语、泰语、印地语和越南语等15种。其中，覆盖率最高的是中文，所有高校官网都提供中文服务。其次是英语，接近一半高校提供英语服务。英语在香港高校官网的覆盖率达到100%，在澳门和珠三角九市高校官网的覆盖率分别为80.00%和37.30%。再次为葡萄牙语，共有4所高校的官网提供葡语服务。详见表7。

表7 粤港澳大湾区高校官网的语言覆盖情况

语言使用	地区						总数	
	珠三角九市		香港		澳门			
	数量	占比/%	数量	占比/%	数量	占比/%	数量	占比/%
中	126	100.00	22	100.00	10	100.00	158	100.00
英	47	37.30	22	100.00	8	80.00	77	48.73
葡	1	0.79	0	0.00	3	30.00	4	2.53
俄	2	1.59	0	0.00	0	0.00	2	1.27
日、朝鲜、法、阿、西、德、印尼、意、泰、印地、越南	1	0.79	0	0.00	0	0.00	1	0.63

158个高校官网中，提供中文简体的占91.14%，提供中文繁体的占21.52%。其中珠三角九市高校官网全部提供中文简体，港澳高校官网全部提供中文繁体，同时有72.73%的香港高校官网和20.00%澳门高校官网提供中文简体。详见表8。随着大湾区的融合发展，网络空间中中文简繁体的自由切换将变得越来越普遍。

表8 粤港澳大湾区高校官网中文简繁体使用情况

地区	中文简体		中文繁体	
	数量	占比/%	数量	占比/%
珠三角九市	126	100.00	2	1.59
香港	16	72.73	22	100.00
澳门	2	20.00	10	100.00
总数	144	91.14	34	21.52

（二）四大湾区间高校比较

1. 东京湾区高校多语情况

四大湾区中，东京湾区高校官网的多语服务情况最为普遍。182个高校官网中，七成以上都提供双语或多语服务，只有25.28%只使用日语。详见表9。提供双语服务的全部为日英双语。提供多语服务的官网，以日、英、中三语和日、英、中、韩四语为主，分别有14个和29个，占50个多语网站的86.00%。

表9 东京湾区高校官网语言服务情况

语言使用	官网数量	占比 /%
单语	46	25.28
双语	86	47.25
多语	50	27.47
合计	182	100.00

东京湾区高校官网共涉及日语、英语、中文、韩语、越南语、西班牙语、印尼语、法语、菲律宾语、尼泊尔语、柬埔寨语、缅甸语和泰语等13种语言。覆盖率最高的是日语，全部覆盖；其次是英语，74.73%高校官网都提供英语服务；再次为中文和韩语，分别占25.82%和18.68%。详见表10。

表10 东京湾区高校官网的语言覆盖情况

语种	数量	占比 /%
日	182	100.00
英	136	74.73
中	47	25.82
韩	34	18.68
越南	3	1.65
西、印尼	2	1.10
法、菲律宾、尼泊尔、柬埔寨、缅甸、泰	1	0.55

2. 纽约湾区和旧金山湾区高校官网多语服务情况

美国两大湾区都拥有相对先进的高等教育机制，留学生群体规模庞大且国别多样，对双语或多语服务需求较大。但调查显示，两大湾区95%以上的高校官网只提供英语单语服务，只有少数高校提供双语或多语服务。其中比较特殊的是，位于旧金山湾区的 College of Adaptive Arts 的官网提供了 10 种语言[①]，Woodside International School 的官网提供了 11 种语言[②]，Oakland School for the Arts 官网提供 18 种语言[③]；位于纽约湾区的 Skidmore College 官网提供 16 种语言[④]。见表 11。

表 11　美国两大湾区高校官网语言服务状况

语种情况	官网数量	占比 /%
单语	289	97.64
双语	1	0.34
多语	6	2.02
合计	296	100.00

美国两大湾区高校官网共涉及英语、中文等 24 种语言。其中英语为全覆盖；其次是中文，共有 7 所美国高校官网提供中文服务；再次为西班牙语、俄语、法语和韩语。但总体而言，在美国高校官网中，英语居于绝对主导地位，呈现语言单一化局面。见表 12。

表 12　美国两大湾区高校官网不同语言覆盖情况

语言	官网数量	占比 /%
英	296	100.00
中	7	2.36
西、俄、法、韩	4	1.35
葡、荷、阿、日、越南	3	1.01
德、意、菲律宾、希腊、印地、乌克兰	2	0.68
波斯、捷克、土耳其、丹麦、柬埔寨、希伯来、旁遮普	1	0.34

---

① 10 种语言分别是：英语、阿拉伯语、中文（简）、荷兰语、法语、德语、意大利语、葡萄牙语、俄语、西班牙语。
② 11 种语言分别是：阿拉伯语、英语、中文（简、繁）、俄语、法语、印地语、日语、韩语、土耳其语、乌克兰语、越南语。
③ 18 种语言分别是：中文（简、繁）、荷兰语、英语、法语、德语、希腊语、意大利语、日语、韩语、葡萄牙语、俄语、西班牙语、越南语、菲律宾语、柬埔寨语、波斯语、印地语、旁遮普语。
④ 16 种语言分别是：阿拉伯语、中文（简、繁）、捷克语、丹麦语、荷兰语、英语、法语、希腊语、希伯来语、日语、韩语、葡萄牙语、俄语、西班牙语、乌克兰语、越南语。

3. 四大湾区高校官网多语服务比较

四大湾区 636 个高校官网中，只提供单语服务的最多，占 65.25%；提供双语和多语的分别占 25.16% 和 9.59%。粤港澳大湾区高校官网的单语和双语服务比例大致相当；东京湾区高校官网占比最大的是双语服务，占 48.35%，单语和多语服务各占约 25%；美国两大湾区近 98% 的高校官网只提供单语服务。见表 13。

表 13　四大世界级湾区高校官网多语服务情况

语言使用	湾区						总计	
	粤港澳大湾区		美国两大湾区		东京湾区			
	数量	占比 /%	数量	占比 /%	数量	占比 /%	数量	占比 /%
单语	80	50.63	289	97.64	46	25.28	415	65.25
双语	73	46.20	1	0.34	86	47.25	160	25.16
多语	5	3.17	6	2.02	50	27.47	61	9.59
合计	158	100.00	296	100.00	182	100.00	636	100.00

在语种分布上，英语居绝对主导地位，80.03% 官网提供英语；其次是中文和日语，分别占 33.33% 和 29.25%。除此之外，韩语在四大湾区高校官网中的覆盖率相对较高，共有 39 所高校官网提供韩语服务。见表 14。

表 14　四大湾区高校官网不同语言覆盖情况

语种	数量	占比 /%
英	509	80.03
中	212	33.33
日	186	29.25
韩	39	6.13
西、葡、越南	7	1.10
俄、法	6	0.94
阿	4	0.63
德、意、印尼、荷、菲律宾、印地	3	0.47
泰、柬埔寨、希腊	2	0.31
波斯、尼泊尔、缅甸、旁遮普、捷克、丹麦、土耳其、乌克兰、希伯来	1	0.16

636 个高校官网中，共有 212 个提供中文，除粤港澳大湾区的 158 个高校官网外，东京湾区有 47 个高校官网，美国两大湾区有 7 个高校官网都提供中文服务。在简繁体使用上，东京湾区高校官网多使用中文简体，美国两大湾区高

校官网中文简繁体使用数量相当。见表15。

表15 四大湾区高校官网中文简繁体使用情况

湾区（官网数）	中文简体		中文繁体	
	官网数	占比/%	官网数	占比/%
粤港澳大湾区（158）	144	91.14	34	21.52
东京湾区（182）	46	25.27	14	7.69
美国两大湾区（296）	5	1.69	5	1.69
总数	195	30.66	53	8.33

四 思考与建议

随着信息化、国际化的发展，高校官网语言服务在高校语言服务中扮演着越来越重要的作用。从面向湾区内部融通和湾区国际化发展两个维度看，粤港澳大湾区高校官网语言服务都还存在着改进空间。

（一）增设中文简繁体切换服务

调查显示，粤港澳大湾区内有20所高校的官网提供中文简繁体切换服务，其中香港最多，共16所，珠三角九市2所，澳门2所。应加快推进高校官网增设中文简繁体切换服务，推广国家通用语言文字，方便粤港澳三地高校人员学术交流和人才流动需要。

（二）提升英语水平

英语是当今世界流行最广的语言，是国际教育和学术交流的重要语言。目前粤港澳大湾区高校官网的英语覆盖率不到50%，远低于东京湾区74.73%的水平。就区域来看，香港22所高校的官网全部提供英语服务；澳门除2所高校外，其余8所高校的官网均有英文页面；但珠三角九市高校官网的英语覆盖率相对较低，不到40%。此外，部分高校官网存在英语页面内容单薄、信息更新缓慢等问题，英语网页建设质量有待提升。

（三）加强多语服务

粤港澳大湾区高校汇聚了世界各地的留学生和从教人员，他们除了来自英语国家，还有不少来自日本、韩国、东南亚等非英语国家和地区。调查显示，目前粤港澳大湾区提供三种及以上语言服务的高校官网不到4%，远低于东京湾区27.47%的水平。《粤港澳大湾区发展规划纲要》指出，要将大湾区打造为教育和人才高地，"支持大湾区建设国际教育示范区，引进世界知名大学和特色学院，推进世界一流大学和一流科学建设"。提升大湾区教育的国际化水平，不仅要提升高校的英语水平，也有必要根据需要加强多语服务，满足国际化人才的多元语言需求。部分高校官网虽然提供了多语服务页面，但在内容建设和语言文字使用规范化方面尚待提升。

（四）加强信息无障碍服务

信息无障碍的设计理念是在教育网站设计过程中充分考虑到用户的生理条件、技术能力、认知能力、所用硬件的多样性，考虑残疾人、老年人等特殊用户的需要，尊重每一个用户访问网站的权利，确保所有访问者可以获得平等、便利、完整的体验。在调查中，我们特别注意到港澳地区有10所高校的官网提供调节字号大小服务，另有12所高校的官网内附"无障碍网页声明"[①]，1所高校的官网提供高对比度阅览模式（指相较于标准对比度阅览模式而言，画面显示更清晰醒目、色彩更鲜明艳丽的阅读模式。高对比度阅览模式在黑白反差、清晰度、完整性等方面都具有优势）；但珠三角九市尚无有高校官网提供信息无障碍服务。与此相对比，纽约湾区有75所高校的官网设置信息无障碍服务相关栏目，占39.47%。珠三角九市高校应当积极借鉴其他湾区高校的信息无障碍服务经验，建设更为人性化、智能化、使用者友善化的高校信息平台。

（王海兰、王炜瑜、肖博瀚、刘栩妍）

---

① 指符合当地相关网页无障碍设计标准或达到无障碍网站标准等级要求的声明。如香港大学的《无障碍声明》："香港大学网站已符合万维网联盟（W3C）制定的无障碍网站指引（WCAG）2.0的AA级别要求。香港大学一直致力建立无障碍网页/流动应用程，为弱势社群服务和建构关怀共融社会出一分力，求令不同人士都可以轻易登入网站及流动应用程序收取信息。"

珠三角地区小学汉字书写教学状况及服务需求[*]

汉字书写教学是基础教育的重要内容，历来受到重视。1998年教育部制定的《九年义务教育全日制小学写字教学指导纲要（试用）》指出："写字是小学生应具备的一项重要的语文基本功。写字教学是小学语文教学的重要组成部分。"[①]2001年教育部印发的《基础教育课程改革纲要（试行）》指出："在义务教育阶段的语文、艺术、美术课中要加强写字教学。"[②]2002年《教育部关于在中小学加强写字教学的若干意见》进一步明确中小学应加强写字教学，"在重视学生掌握计算机汉字输入技术的同时，必须继续强调中小学生写好汉字。"[③]《义务教育语文课程标准（2011年版）》（以下简称《新课标》）继续对汉字书写教学做出明确细致要求：小学阶段累计认识常用汉字3000个左右，其中2500个会写；硬笔书写楷书，行款整齐，力求美观，有一定速度；能用毛笔书写楷书，在书写中体会汉字的优美；写字姿势正确，有良好的书写习惯。[④]2013年教育部专门印发《中小学书法教育指导纲要》，规定小学三年级要统一开设书法课程，并首次对教师书写水平提出具体要求。[⑤]当前，加强"中小学规范汉字书写教育"被明确列为新时代语言文字工作的一项重要任务。[⑥]本报告基于珠三角地区的调查，勾勒小学生汉字书写教学的现状，分析问题，提出建议。

---

[*] 广东省普通高校创新研究团队"语言服务与汉语传承"（2019WCXTD002）、广东省高等教育教学改革项目"对标师范认证的汉语言文学专业第二课堂育人体系构建"（粤高教函〔2021〕29号）成果。

[①] 教育部《九年义务教育全日制小学写字教学指导纲要（试用）》，人民教育出版社，1998年。

[②] 中华人民共和国教育部网站，http://www.moe.gov.cn/srcsite/A26/jcj_kcjcgh/200106/t20010608_167343.html。

[③] 中华人民共和国教育部网站，http://www.moe.gov.cn/jyb_xxgk/gk_gbgg/moe_0/moe_8/moe_25/tnull_350.html。

[④] 中华人民共和国教育部制定《义务教育语文课程标准（2011年版）》，北京师范大学出版社，2012年。这些要求为新颁布的《义务教育语文课程标准（2022年版）》（中华人民共和国教育部制定，北京师范大学出版社，2022年）所延续。

[⑤] 中华人民共和国教育部网站，http://www.moe.gov.cn/srcsite/A26/s8001/201301/t20130125_147389.html。

[⑥] 《国务院办公厅关于全面加强新时代语言文字工作的意见》（国办发〔2020〕30号），中华人民共和国中央人民政府网站，http://www.gov.cn/zhengce/content/2021-11/30/content_5654985.htm。

一　调查概况

调查于 2021 年 7 月开展，以线上线下发放问卷为主，个别深度访谈为辅，对象为小学语文教师和小学生家长。①

（一）小学语文教师

对珠三角九市的小学语文教师做了抽样访问。完成有效访问 62 人，其中广州（22 人）、深圳（16 人）较多，其他 7 个城市均覆盖。同一城市，适当兼顾不同县域，如广州涉及全市 11 区中的白云、番禺、海珠、花都、南沙、天河、越秀 7 区，佛山涉及全市 5 区中的禅城、南海、三水、顺德 4 区，惠州涉及全市 5 区（县）中的惠城、惠东、惠阳 3 区（县）。一名教师的反馈基本上就是一所学校乃至一个学区的面貌，调查样本具有较高的代表性。受访教师年龄：35 岁及以下 50 人，35 岁以上 12 人；教龄：5 年及以下 26 人，6—10 年 23 人，11—20 年 6 人，21 年以上 7 人，最短 1 年，最长 35 年。

（二）小学生家长

以深圳市光明区某小学为主向家长集中发放。共完成有效问卷 1831 份。女性受访者 1356 人（74.06%），男性受访者 475 人（25.94%）。受访者在读子女的年级分布为：一年级 315 人（17.20%），二年级 377 人（20.59%），三年级 283 人（15.46%），四年级 332 人（18.13%），五年级 315 人（17.20%），六年级 209 人（11.42%），总体分布较为均匀。深圳是改革开放前沿城市，基础教育水平较高，也是典型的移民城市，受访家长来自全国各地，分布在不同行业，调查样本同样确保了较广泛的代表性。

二　教学现状

根据调查所得，分别从学校与家庭、教与学以及教学资源利用等角度分析当前珠三角地区小学汉字书写教学的基本状况。

---

① 广州大学人文学院部分任职小学教师的校友、教育实习合作学校对本调查给予了有力的支持。

（一）学校教学与教师指导

1. 学校教学安排

学校普遍重视书写教学。62.90% 的受访教师认为所在学校对学生书写要求特别严格或比较严格，33.87% 认为要求一般；有两名受访教师认为学校没有要求，其所在的两所学校均为农村小学。学校对书写的要求，除了规范、端正（工整）、美观之外，有 13 人特别提到了对坐姿、握笔姿势"双姿"的重视。除了《新课标》、教师教学用书等常规教学指引外，有的地区或学校还统一制定了书写教学的规范文件，如广州市学科学业质量评价标准有《小学一、二年级写字评价表》，中山市东升片区有《一年级汉字书写考核评价标准》，深圳市光明小学自编的《学生学习规范》手册对书写规范有具体要求。

常规书写练习主要在语文课堂。每节语文课的书写练习时间在 10 分钟以内的占 48.39%，10—20 分钟占 35.48%，20 分钟以上占 16.13%，总体上符合《新课标》"要在每天的语文课中安排 10 分钟"的教学建议。① 部分课堂练习超过 20 分钟，与"班上人数较多，无法一一指导""学生缺乏练习时间，运笔架构较难教会学生运用"等考虑有关。但"语文课时不够用，不可能占用课堂太多时间在书写教学"，有的学校会"利用中午时间 15 分钟和课前 10 分钟，学生自由练字"。

书法课程的师资明显不足。毛笔字书写训练也是写字教学的内容，书法是汉字书写能力的进阶要求。93.55% 的受访教师所在学校开设有书法课，大部分每周一次（70.97%），也有学校虽设有课程但很少开课（11.29%）。只有不到三成（27.42%）的学校设有专职书法教师，多数学校由语文教师（54.84%）或其他人员充任。虽然"加强写字教学，培养良好的写字习惯是所有老师的共同任务"，② 但实践中仍以语文教师为绝对主力。

多种形式激励学生书写兴趣。全部学校均会采取作业评比或书法比赛等方式激发学生的写字兴趣，通过班级或年级评比，优秀作品展示、书法（书写）小达人评选等，给予学生激励。优秀学生会被推荐参加校内书法兴趣班，甚至参加各种书法比赛。有的地区会组织全学区（镇）的书写考核，考核内容包括书写姿势和汉字笔画笔顺、字、词、句（如图 1）。

---

① 在《义务教育语文课程标准（2022 年版）》中，该建议未予保留。
② 《教育部关于在中小学加强写字教学的若干意见》。

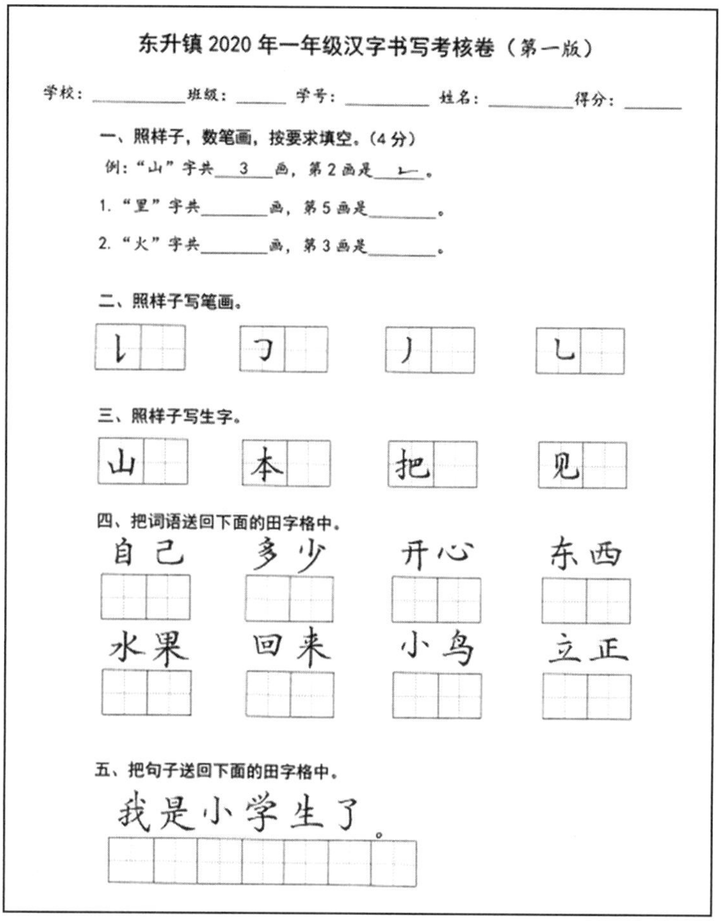

东升镇 2020 年一年级汉字书写考核卷（第一版）

学校：________ 班级：______ 学号：________ 姓名：________ 得分：______

一、照样子，数笔画，按要求填空。（4 分）

例："山"字共__3__画，第 2 画是__ㄴ__。

1. "里"字共______画，第 5 画是______。

2. "火"字共______画，第 3 画是______。

二、照样子写笔画。

㇙　㇆　㇓　㇟

三、照样子写生字。

山　本　把　见

四、把词语送回下面的田字格中。

自己　多少　开心　东西

水果　回来　小鸟　立正

五、把句子送回下面的田字格中。

我是小学生了。

图 1　中山市东升片区一年级汉字书写考核卷

教师的书写教学能力需要加强。只有 22.58% 的学校经常开展教师书写培训，偶尔培训的占 58.06%，从未培训的有 19.36%。虽然绝大部分教师自评书写笔画比较规范（77.42%）或非常规范（19.36%），但至少有 12 人（19.36%）认为自身汉字书写的专业能力不足，"欠缺专业的书法知识和技巧"，有必要加强培训。

2. 教师指导实施

教师对书写教育的重要性有高度共识。受访教师均认同提升学生汉字书写能力具有重要意义。一是培养核心素养，给出了"字如其人""文化传承""陶冶性情""审美能力""习惯养成"等关键词，认为书写教育"对传统书写优秀文化的传承和发扬具有重要作用""利于培养学生的自信心、耐心和协调能力，激发学生的求知欲""利于提高学生的个人修养和文化素质"。二是增强应用技能，无论是对学习、应试、求职还是对日后长远发展都有用，"书写是语文的基础""有效的书写教学能帮助学生在课堂上掌握字词的学习""写一手好字可以让学生终身受益，这是孩子应该掌握的一项基本技能"。所有受访教师均赞同学校开好写字课。

将范写作为书写教学指导的关键。第一学段（一、二年级）的写字教学，通常遵循出示生字、分析生字、范写生字、书空生字、学生描红和学生练习的过程。课堂上教师演示书写生字，让学生了解书写的动态过程，包括顿笔、收笔、轻重缓急等，可以给学生良好的示范。但部分教师书写技能不够扎实，范写底气不足，效果会受影响。

普遍重视写字作业的批改。一般包括圈错、订正、点评等内容。学生作业"全收全改"、教师课后统一批改是普遍做法，便于教师归纳共性问题统一反馈。超过一半（51.61%）的教师课堂评改和课后批改结合。课堂练习时，教师能及时关注到诸如姿势、笔顺等书写情况，适时面批或讲评，问题能第一时间反馈，效果较好。但班级人数众多，课堂时间有限，作业仍主要靠课后批改才能全体覆盖。有教师表示："将错字圈画出来、范写正确的字，利用下午语文课部分时间，每个小组的学生分批上讲台，逐一面批。假期建立班级钉钉书写群，每天发书写视频，学生当天发作业，逐一圈画并以图文形式反馈。"

书写姿势、字形结构指导最多。书写指导有偏重，指导最多的是书写姿势（坐姿、握笔姿势），占98.39%，其次分别是读帖能力（田字格、字体大小、间架结构）91.34%，笔画书写（笔画、笔顺）85.48%，运笔意识（起笔、顿笔、运笔）66.13%。书写姿势最直观，堂上可及时纠正；字形结构是书写的最后呈现，批改时具体可感。

（二）家庭练习与家长辅导

1. 家庭练习状况

学生平均每天练字35分钟。超过2/3的学生每天在家练习汉字书写时长在1小时以内，0.5小时以内的有659人（35.99%），0.5—1小时的有741人（40.47%），1—2小时的有195人（10.65%），两小时以上的有34人（1.86%），有202人（11.03%）表示在家不练习写字。一到三年级书写练习时间较长，0.5—2小时区间占比均超过55%；四年级以后开始减少；六年级减幅最显著，22.97%的学生不再有书写练习。见表1。

表1　小学生每天家庭书写练习不同时长的人数及占比（%）

年级（人数）	不同练习时长的人数及占比				
	0.5小时内	0.5—1小时	1—2小时	2小时以上	不练习
一年级（315）	113/35.88*	133/42.22	43/13.65	11/3.49	15/4.76
二年级（377）	145/38.46	165/43.77	46/12.20	4/1.06	17/4.51
三年级（283）	86/30.39	132/46.64	34/12.01	4/1.42	27/9.54
四年级（332）	128/38.55	128/38.55	22/6.63	4/1.21	50/15.06
五年级（315）	112/35.55	116/36.83	36/11.43	6/1.90	45/14.29
六年级（209）	75/35.88	67/32.06	14/6.70	5/2.39	48/22.97

＊"/"前为人数，"/"后为占年级人数的百分比。下同。

多数学生自购字帖练习。除完成学校布置的写字练习作业，1746名家长（95.36%）为子女购买了汉字书写练习字帖，没有购买的仅85人（4.64%）。字帖的实际使用情况，313人（17.09%）表示能全部完成，903人（49.32%）基本完成，489人（26.71%）则较少完成，还有41人（2.24%）是买了没写。可见，超过六成半（66.41%）的小学生较系统地使用字帖练习书写。一年级学生字帖购买率最高，但全部完成率则最低；六年级没有购买和没有完成的比率最高；二、三、五年级基本完成以上都超过七成。见表2。

表2　小学生自购字帖及不同完成情况的人数及占比（%）

年级（人数）	不同完成情况的人数及占比				
	全部完成	基本完成	较少完成	没有完成	没有购买
一年级（315）	35/11.11	154/48.89	107/33.97	11/3.49	8/2.54
二年级（377）	60/15.92	205/54.38	92/24.40	4/1.06	16/4.24
三年级（283）	63/22.26	137/48.41	64/22.62	6/2.12	13/4.59
四年级（332）	54/16.27	157/47.29	93/28.01	9/2.71	19/5.72
五年级（315）	75/23.81	155/49.21	69/21.91	2/0.63	14/4.44
六年级（209）	26/12.44	95/45.45	64/30.62	9/4.31	15/7.18

近四成学生参加书法培训班。725人（39.60%）表示参加过书法培训班，其中298人（16.28%）每周一次，140人（7.65%）每周两次以上，287人（15.67%）则是断断续续上课。每周坚持参加一次或以上书法培训的，一到三年级相对占比较大，分别为83人（26.35%）、105人（27.85%）、74人（26.15%）。

2. 家长辅导情况

一半以上家长会陪伴监督子女写字。安排在家练习写字的1629人中,家长全程陪伴的有84人(5.16%),偶尔监督的有927人(56.91%),还有85人(5.22%)表示从不监督;有533人(32.72%)表示主要是写完做检查。年级越高,家长陪伴监督越少,如一年级全程或偶尔监督的占66.67%,从不监督的仅2.54%;六年级全程或偶尔监督的降至41.15%,从不监督的则升到8.61%。

多数家长会给子女予书写姿势等指导。总是指导的197人(10.76%),经常指导的874人(47.73%),两项合计达58.49%;另有713人(38.94%)偶尔指导,从未指导的仅47人(2.57%)。具体指导得最多的是书写姿势,有993人(54.23%),其中697人(38.07%)明确指出会纠正坐姿,256人(13.98%)明确指出会纠正握笔姿势;在从未指导子女写字的47人中,至少有16人自述纠正过子女的书写姿势。态度耐心、字形布局等也是家长较多关注指导的内容。此外,有149人(8.14%)表示会关注子女书写的笔顺。

(三)教学资源及其利用

1. 语文教材

统编版语文教材一到六年级共12册均有明确的写字任务,按年级、学段有明显的梯度设计。每篇课文后呈现要求会写的生字,每册教材最后附识字表、写字表;一年级上册另附常用笔画名称表和常用偏旁名称表,一年级下册附常用偏旁名称表。一年级是书写教学的启蒙阶段,教材对写字教学的要求非常清晰。从认识田字格开始,强化四边框、横中线、竖中线、左上格、左下格、右上格、右下格的概念;四年级下册及以前各册要求会写的生字均以田字格呈现。认识新笔画和新偏旁,一年级上下册生字旁用红色字体标注新笔画和新偏旁。认识笔顺规则也是教学的重点,一年级上册每个生字的笔顺都有完整的呈现。教材对写字教学处理得非常细致,二年级下册及以前各册均以田字格列黑色字体的生字作示范,列红色字体的生字供描红,还有空白的田字格供练习书写,遵循先观察再描红最后练习的生字教学规律。调查显示,90.32%的教师会结合课文选取写字教学的资源。

2. 写字练习册(字帖)

多数学校会要求或建议学生配备与语文课堂同步的写字练习册。珠三角地区较常用的有《同步写字》（广东教育出版社）、《小学学霸同步写字》（陕西师范大学出版总社）、《写字课》（上海交通大学出版社）等。有的地区或学校也自主研发写字练习册，如深圳市统一使用该市小学语文写字课程编写组编写的《小学语文写字》（海天出版社）。

《小学语文写字》选取语文课本中学生必须掌握的生字进行书写训练，分为基础训练和技巧指导两部分，基础训练包括课文字、词、句，既训练学生的书写能力，又复习了语文基础知识，以期语文知识与书写能力同步提高。技巧指导重在对难写生字和难写笔顺的解析，利用辅助线标识及不同颜色突出重点，为教师讲解范字及学生书写提供详细参考。另外还设置了书写小常识、写字游戏、书法家小故事等栏目，以期激发学生的写字兴趣。

配合统编版教材的使用，人民教育出版社教学资源编辑室组编了《写字》字帖，与教材严格对应，作为识字、写字的配套练习，以期将学写字和学语文有机结合。但《写字》没有笔画训练和部首训练的设置。

3. 教学软件

很多教师会选择教学软件辅助书写教学，以下几种在受访教师中使用较多。

"一帆书法课堂"，语文写字同步教学软件，采用校园网络版设计，全套共含600余课件，10 000余个视频，20 000余张图片。软件对写字姿势、握笔姿势、基本笔画、偏旁部首有具体的视频讲解。软件最主要的模块是小学语文生字的同步教学，6个年级共分12个生字单元，与小学语文教材的课文一一对应，为每个必学的生字标注拼音、偏旁和组词，包含动画、粉笔字、钢笔字、毛笔字的规范书写和讲解示范。其中粉笔字和钢笔字对字形整体的间架结构，关键笔画的处理，起笔、运笔、收笔等要领分析详细，真人书写影像、原声讲解，便于融入课堂。为方便师生灵活教学，增加学习互动，软件设计有生字查询系统，可随时调出2500常用字中任一个生字的"三笔字"讲解示范，操作简便。

"智乐园"，教学辅助光盘，包含教师和学生两个版本，涵盖中小学各个科目各个学期的教学内容。小学语文光盘的识字、写字部分，包括的内容有：生字的拼音、读音、书写步骤、组词、造句，识字写字的趣味游戏和相应的练习。其中的写字模块，动画一边演示书写过程，一边读出笔画的名称，书写结束时提示该字共有几笔，演示结束呈现出完整的笔顺。

新近上线的国家中小学网络云平台①，提供了中小学各科详尽且非常高质量的教学课例，小学语文部分同样包括了写字教学的内容，值得参考。

与教师相比，家长对电子学习资源的态度较为消极。1102名（60.19%）受访家长表示不了解电子书写教学资源，或认为有关资源用处不大。家庭较多使用的学习软件，如，"一米阅读"APP，一款搭配主题阅读丛书的软件，主要针对阅读能力提升，也包含识字写字课的课件、相应的练习卷；"一帆老师教写字"公众号，有教学视频，有点评反馈，详细指出书写的问题和改进建议（图2）；"河小象写字"APP，以微信伴学方式提供书写服务，书法教师在线答疑，班主任监督学生每日习字打卡，采取学习—练习—收听点评—复习的学习模式，同时有上墙、小红花、勋章等措施激发学生的书写积极性。此外还有"幼学中文"（以小故事加动画的形式开展识字教学，也有写字示范）、"麦田写字王"（写字部分以描红为主，主要训练学生的笔顺）、"洪恩识字"（玩、认、练、写结合，识字为主，写字为辅）、"悟空识字"等APP。

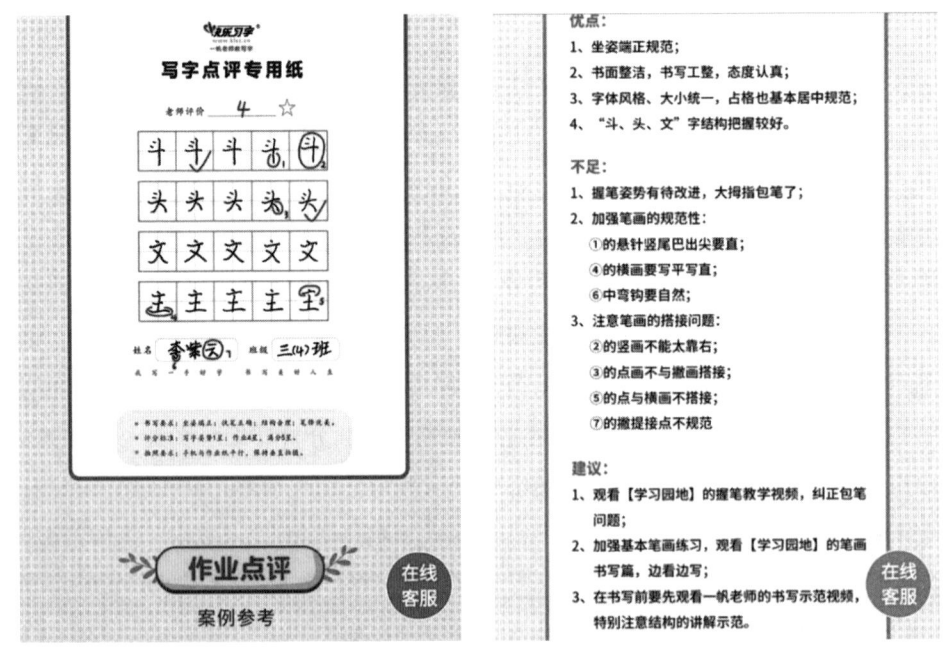

图2 "一帆书法课堂"的教写字界面

① https://ykt.eduyun.cn/。

三 教学效果

(一) 效果评价

1. 教师的评价

对班上学生写字质量的评价,受访教师中,有33人(53.23%)认为大多数学生写字端正、整洁,25人(40.32%)认为仅一半学生能做到写字端正、整洁,另有4人认为多数学生写字达不到端正、整洁的要求。具体到大部分学生书写能力对应《新课标》的分学段写字教学目标要求达成度,前述的三组教师,第一组的33人中有2人认为"不能达到"、4人认为"基本达到",第二组的25人中有9人认为"不能达到"。总体评价差强人意。学生书写存在的问题包括写字姿势、字形间架结构、运笔意识、笔顺等。

2. 家长的评价

家长对自家子女的总体书写情况评价,认为优秀的有108人(5.90%),良好的有620人(33.86%),一般的有840人(45.88%),较差的也有263人(14.36%)。优良率不足四成,满意度不算高。数据显示,优良率也没有随着年级增长而有明显提升。家长认为子女书写存在的不足,主要是态度(41.89%)、书写姿势(19.50%)和笔法(13.16%)。

(二) 存在问题

1. 教师教学

教师普遍认为指导和练习的时间不够。"语文课时不够用,不可能占用课堂太多时间在书写教学""因此一般只会挑几个重点笔画的字在课堂上写""班上人数较多,无法一一指导""学生缺乏练习时间,运笔架构较难教会学生运用""课后反馈学生书写所用时间太长"。

部分教师感觉自身专业能力不足。"常常觉得自己水平不够,体现在自己对字的结构、运笔没有系统了解、练习,写出来的字仅仅限于写对""自己没有经过专业的培训,在教学中只停留在教学生写规范,但无法提供给学生诸如运笔、笔锋、风格等更高层次的指导""缺乏有效的教学方法、效果不好"。

2. 家长辅导

陪伴时间难以保证。74.44%的家长认同应该全程关注子女的书写过程。

但是，只有不到 1/3 的家长有足够的时间和精力全程指导，经常有时间的占 24.79%，仅偶尔有时间的占 58.06%，还有 17.15% 表示难以有时间陪伴。如前所述，真正做到全程陪伴的仅有 84 人（5.16%）。

指导能力明显不足。有 660 人（36.05%）表示自己有能力指导孩子写一手好字，剩下的 1171 人（63.95%）则认为不具备这一能力。如前所述，家长的指导主要是书写姿势和书写态度，书写技巧包括笔顺规范等予以的支援较少。

四　分析建议

从调查的情况看，在珠三角地区，无论是学校、教师还是家长，均普遍重视写字教学，信息化时代键盘输入技术高度普及，并未对小学生书写造成很大的冲击。小学阶段的汉字书写教学，在教学设计、时间安排、指导落实等方面均有较高水平，家庭练习时间也有较好保证。教材、教辅、教学软件等教学资源相对充足，较充分考虑小学生的认知特点，在书写姿势、书写规范等层面做了适当的设计。小学生的汉字书写，大体达到规范、端正、整洁的基本要求。但同时也应注意到，对标《新课标》的目标要求，小学生的书写水平还没完全达到教师和家长的预期，还有需要改善的空间。

（一）书写过程的动态指导不足是瓶颈

小学低年级对学生书写的训练和要求比较高，但对学生书写过程的动态监测难以完全到位。教师或家长大多数情况下只看到书写的结果，而看不到书写的过程，针对性的指导就有所欠缺。学生从教师示范、教材示例和教学软件演示等，看到书写应如何做，标准规范的写法如何，但却难以自我评价自己的书写过程和最后的书写质量。

教师教学时间有限，课堂上不可能逐一细致指导，作业批改难以发现书写过程的问题；家长陪伴时间有限，多半更缺乏实质指导的能力。而书写训练恰恰需要的是动态的过程的规范指引，包括坐姿、握笔姿势、用笔力度、运笔方式、书写笔顺等良好书写习惯的养成，良好的书写习惯是书写整齐、美观、达到一定速度的重要保证。

书写教学的电子资源主要是人工教学的复制，解决了示范的问题（有的教师自身书写水平不足，课堂上较多借助教学软件来间接示范），却没有解决过程性动态监测和教学互动的问题。

（二）语言智能技术的深度介入是方向

对基础教育阶段尤其是小学中低段学生来说，汉字书写是刚需，成功的智能产品可以有力辅助教师的教，吸引学生的学。汉字书写，重在练习，主要是课外练习，产品须在自主练习、智能引导（智能"学伴"）、数据提取分析、电子设备合理使用等方面配合，提升学习者的汉字书写水平，解决基本的书写能力培养问题。

（1）**儿童模式**。真实的书写体验、适宜的书写环境、正确的书写姿势是小学生书写学习的重要保证。运用传感技术，实现纸质的真实书写能够简捷完成数据收集，包括动态书写过程的全记录、可回放。通过光感技术，调节书写者书写环境的光线，感应学生书写姿势并实时提示。设置学习时长的适当提醒、非学习任务的监督功能，防止电子设备滥用。

（2）**全程监测**。面向基础教育（中小学生、大学师范生），重点针对小学中低学段，开发全过程的汉字学习和书写训练系统及产品，包括笔画、笔顺、字形、部首等规范指引、书写演示、错误纠正、对照示范等。在吸收目前已有的书写训练设计的基础上，强化动态的批改评价功能，对学生的书写提供即时评价，利于及时纠正问题，养成正确的书写习惯。

（3）**综合学习**。产品不仅面向书写训练，还需要紧扣语文教育的内容。以字为核心，串联认字、写字、辨字、组词、造句，服务配合整个语文教学。设置智能的简繁对应转换及说明，利于港澳台地区学生写繁识简，大陆（内地）学生写简识繁，促进互通。

（4）**系统交互**。形成产品的师生、家长端差异性设置，教与学系统互动。通过书写痕迹统计，利用数据发掘、建模等技术分析评价学生的学习进度，查找问题，为学生制定个性化的书写评价和适切的学习资源。通过系统检测反馈，形成对整班学生的书写情况统计分析，形成学习者的测评档案和动态进程，便于教师针对性跟进和家长的参照了解。

（5）**兴趣激励**。小学生的书写兴趣需要不断激发。如设置趣味闯关型进阶模式，直观呈现进步轨迹，增强书写兴趣。完善激励机制，实时正面反馈，增强书写信心。创建学生社群，设置多样排行榜，展现不同学生的闪光点，激发书写热情。

（6）**用户反馈**。通过使用反馈不断优化产品功能。一方面实时智能回应用户在使用时遇到的问题，另一方面通过大数据处理持续优化产品功能。注重用户体验，在内存、兼容性、流畅度、操作性方面下功夫，做到学生、家长、教师使用无障碍。

（禤健聪、龚钰萍、朱颖蓉、陈俞君）

广州市国际中文在线教育服务

新冠疫情暴发以来，国际中文教育方式发生了根本性变革，在线教学成为后疫情时代国际中文教育最重要的教学方式和手段。目前，国内的国际中文教育主要由高等教育机构实施。广州是粤港澳大湾区的中心城市之一，参与国际中文教育的高校相对比较集中，留学生规模也相对较大，其国际中文教育的实践在粤港澳大湾区具有一定的代表性。本报告主要调查研究后疫情时代广州国际中文在线教育的服务现状、问题，并提出相应的对策。

一 调查设计

（一）调查内容与方法

本报告调查在线汉语教育服务现状和服务效果，内容主要包括关于学习者在线学习的五个方面：基本情况、在线学习效果评价、互动方式、学习平台的使用及其评价、对未来在线学习的期望和建议。问卷分为基本信息和问题部分，问题部分共13道题，包括6道单选题、6道多选题和1道问答题。

此次调查采用问卷星形式发放问卷，问卷附有对应的英文翻译。

（二）调查对象及样本构成

本次问卷调查对象为来自中山大学、华南师范大学、华南理工大学、暨南大学、广东外语外贸大学、广州大学等高校在线学习中文的留学生。共回收问卷101份，其中有效问卷99份。

调查对象汉语学习时长和汉语水平情况见表1、表2。

表1 汉语学习时长

学习汉语时长（T）	人数	占比/%
T≤1年	36	36.36
1年＜T≤3年	23	23.23
3年＜T≤5年	19	19.19
5年＜T≤7年	12	12.12
T＞7年	9	9.09

表2 汉语水平

汉语水平（HSK）	人数	占比/%
三级及以下	39	39.39
四级	13	13.13
五级	32	32.32
六级	15	15.15

二　结果分析

（一）在线学习基本情况

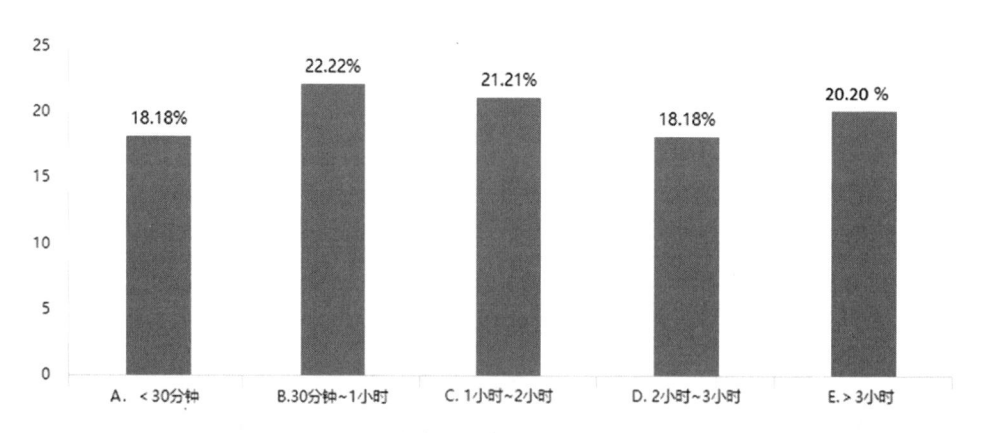

图1　平均每天在线学习中文的时间

据图1可知，留学生在线学习各时长段比例大体相当。具体而言，每天学习30分钟—1小时的比例最高，为22.22%；其次为1—2小时和3小时以上，比例分别为21.21%、20.20%。每天学习少于30分钟和2—3小时的比例最低，均为18.18%。这说明留学生在线学习具有较大的自由度和灵活性。

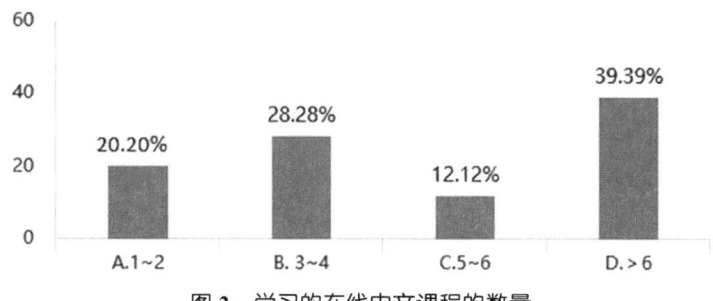

图2　学习的在线中文课程的数量

图 2 显示，从在线学习课程的数量来看，39.39% 的留学生学习了 6 门以上，比例最高；其次为学习 3—4 门的，占 28.28%；学习 5—6 门的比例最低，为 12.12%。总体而言，学习 3 门以上课程的留学生比例高达 79.80%，可见在线课程已经成为留学生中文学习的重要途径。

（二）对在线学习效果的评价

1. 对学校实施在线教学的评价

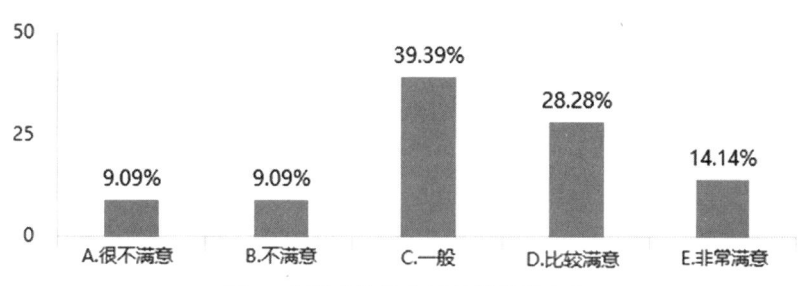

图3　学校实施的在线教学的满意度

图 3 显示，在对学校实施的在线教学的满意度评价上，39.39% 的留学生认为效果一般，占比最高；其次为"比较满意"，占 28.28%；9.09% 的留学生选择了"不满意"和"很不满意"；持完全肯定态度的（非常满意）仅占 14.14%。由此可以看出，留学生对在线教学的满意度并不高。

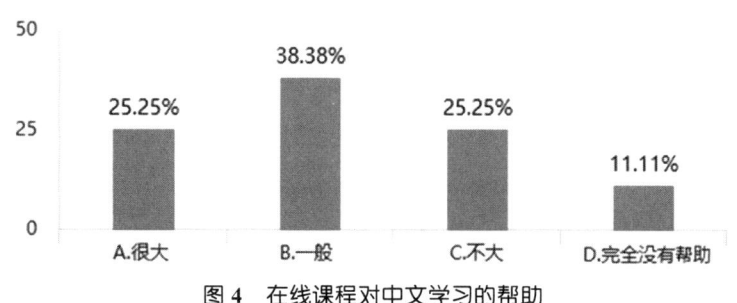

图4　在线课程对中文学习的帮助

图 4 显示,关于在线课程对中文学习的帮助,选择"一般(有点帮助)"的留学生最多,比例为 38.38%;选择"很大"和"不大"的比例均等,为 25.25%,认为完全没有帮助的占 11.11%。从总体上看,超过一半(63.64%)留学生认为在线课程对中文学习有帮助。

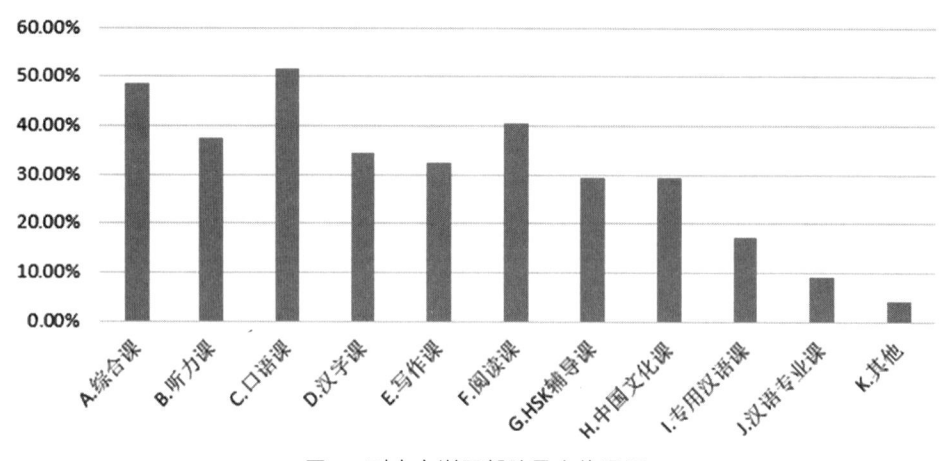

图 5 对中文学习帮助最大的课程

图 5 显示,在对中文学习帮助最大的在线课程的选择上,分别有 51.52%、48.48%、40.40% 的留学生认为口语课、综合课、阅读课对中文学习帮助最大;还有超过 30% 的留学生选择了听力课、汉字课和写作课。相对于技能类课程而言,选择汉语专业知识类课程(如现代汉语)的比例较低,仅 9.09%。

2. 对在线学习优缺点的评价

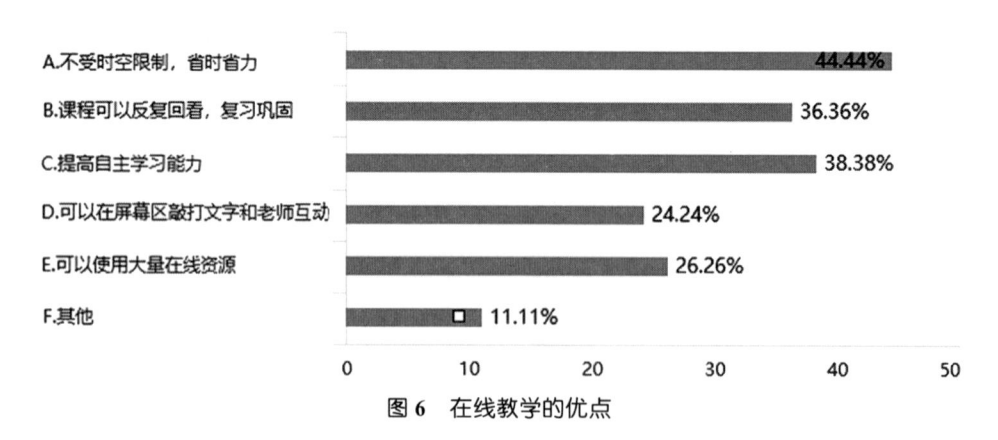

图 6 在线教学的优点

图 6 显示,关于在线教学的优点,认为"不受时空限制,省时省力,节约成本"的留学生最多,占 44.44% 的;认为在线学习"提高自主学习能力""课

程可以反复回看，复习巩固""可以使用大量在线资源"和"可以在屏幕区敲打文字和老师互动，缓解焦虑"的依次为38.38%、36.36%、26.26%和24.24%。

在线教学的以上五个优点不同程度上获得留学生的认可，但我们在11名留学生选择的其他选项中收到7条填写信息，大都倾向于负向评价，见图7。

17	5月16日 20:26	most of the time it's not benefited. if we do our class class physically we understand everything and attend class with full of mood. in online sometimes we do others work in the class.
38	5月17日 01:04	Just running the time
40	5月17日 02:29	\It is costly
41	5月17日 03:39	没有
43	5月17日 09:53	No benefit of online learning because I can't improve my Chinese as it supposed to be,we are in china before pandemic and after pandemic,we already take all measures and we all safe now.why the school can't let us go to school and study like other Chinese do
75	5月17日 20:33	No benefits because like online classes you are going to be lazy and can't grow up your mind
95	5月18日 04:16	我完全觉得在线学习没有什么好处哦

图7 在线学习优点关于"其他"选项的填写内容

如样本41、95认为在线学习完全没有好处；样本17认为大部分时候没有好处，在线课堂中学生会去做别的事；样本75认为在线课堂上学生会变得懒惰，不能取得进步。这表明部分学生对在线学习有较强的抵触情绪，认为在线学习并不能有效提高中文水平。

关于在线教学的不足之处，我们设计了9个选项，并设置"其他"选项让留学生填写补充，调查数据见图8。

A.课堂和老师及同学互动减少 71.72%
B.有问题不能及时向老师提出 24.24%
C.缺乏老师监督，注意力不集中 30.30%
D.课堂活动形式单一，沉闷乏味 30.30%
E.课堂操练练习太少 27.27%
F.教材内容不适合网上学习 18.18%
G.课下没有汉语环境 58.59%
H.网络不稳定，经常掉线 40.40%
I.时差不同，作息变化 36.36%
J.其他 5.05%

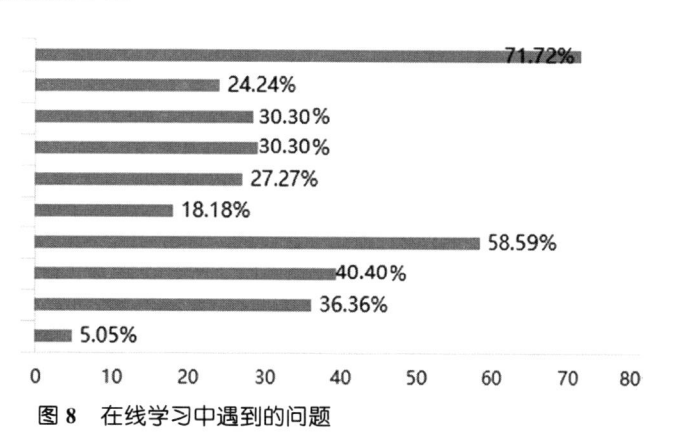

图8 在线学习中遇到的问题

图 8 数据显示,"课堂和老师及同学互动减少""课下没有汉语环境"和"网络不稳定,经常掉线"是留学生在线学习遇到的最集中的三个问题,选择比例分别为 71.72%、58.59% 和 40.40%。

师生互动、生生互动是课堂营造语言学习氛围、创造语言练习机会的最重要的手段和方法,由于在线教学中师生之间在不同的虚拟时空中,互动机会和互动形式都受限于在线交流平台,与真实互动相去甚远。除了互动因素以外,课下汉语环境对汉语学习也至关重要。在疫情期间,大部分留学生不在中国,课下没有真实的中文环境,使用和练习中文的机会仅限于在线课堂上和老师的对话,中文提升水平大幅减缓。另外网络环境的好坏对在线教学质量也有显著的制约作用,网络质量不好,容易出现掉线、课件播放不畅、语音传送阻断等问题。

此外,有超过 30% 的留学生在线学习中遇到了"时差不同,作息变化""缺乏老师监督和帮助,注意力不集中""课堂活动形式单一,沉闷乏味"等问题,分别有 27.27%、24.24%、18.18% 的留学生认为在学习中存在"课堂操练练习太少""有问题不能及时向老师提出""教材内容不适合网上学习"等问题。

在其他选项里,有留学生还反映了"信号常常不好""线上课不符合要求,学习气氛无聊,资料很少"等问题。

(三) 在线学习时的互动方式

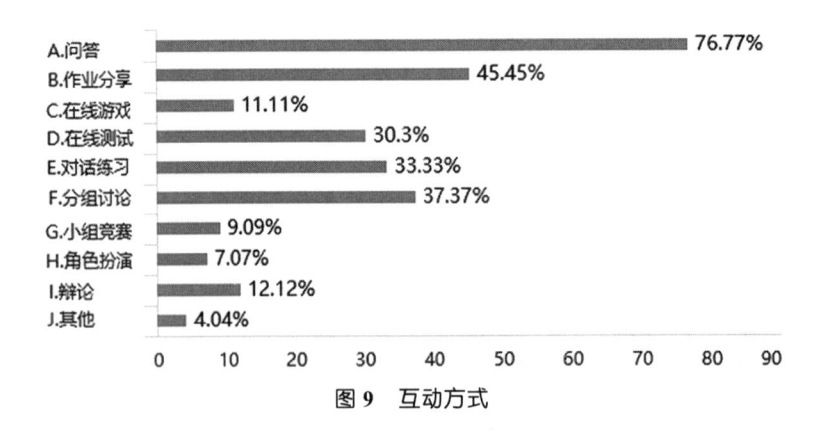

图 9 互动方式

图 9 显示,关于在线学习的互动方式,师生问答占比最高,为 76.77%,说明问答还是目前在线教学中主要的互动方式;其次为作业分享、分组讨论和对话练习,比例分别为 45.45%、37.37% 和 30.30%。在传统线下课堂中使用较为广泛且互动效果较好的辩论、游戏、角色扮演、小组竞赛等活动在线上课堂难

于开展，使用率较低，均低于15%。也有学生在"其他"选项部分填写"课堂只有师生问答""师生之间基本没有互动""在线学习没有好的互动方式"等内容。

（四）在线教学平台的使用及评价

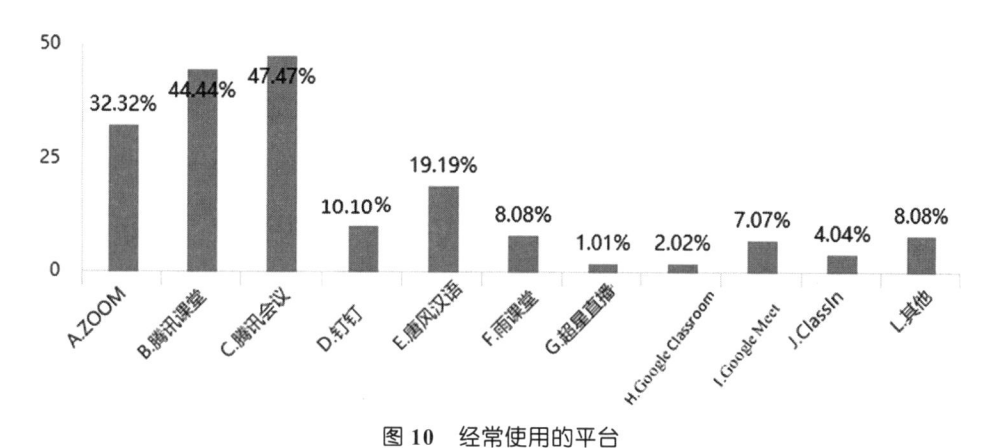

图10 经常使用的平台

图10显示，留学生使用最多的三个在线教学平台为腾讯会议、腾讯课堂和ZOOM，比例分别为47.47%、44.44%和32.32%。其次为唐风汉语，这是一个专门的汉语国际教育云平台，比例为19.19%。钉钉、雨课堂使用比例为10.10%、8.08%。其他选项中还包括企业微信。

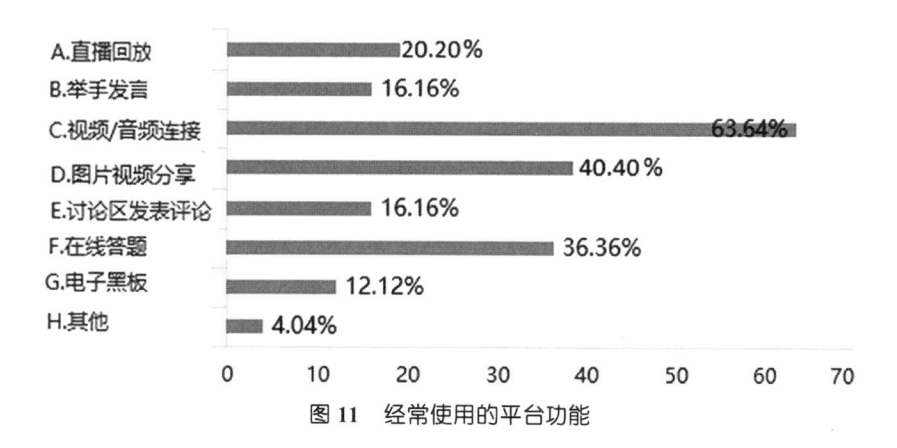

图11 经常使用的平台功能

图11显示，留学生使用最多的平台功能主要有视频/音频连接、图片视频分享、在线答题，比例分别为63.64%、40.40%和36.36%。视频/音频连接是直播课中连接上课的主要方式，图片视频分享是通过分享图片、视频等与老师和其他同学互动交流的一种方式，在线答题常常是完成老师的在线提问或测试。直播回放、举手发言、讨论区发表评论、电子黑板等功能使用比率较前三者偏低。

```
        75
                                        51.52%
        50
                         30.30%
        25   12.12%
                                                       6.06%
         0
            A.完全不能满足  B.大部分不能满足  C.基本能满足  D.完全能满足
```

图 12　平台是否能满足中文学习需求

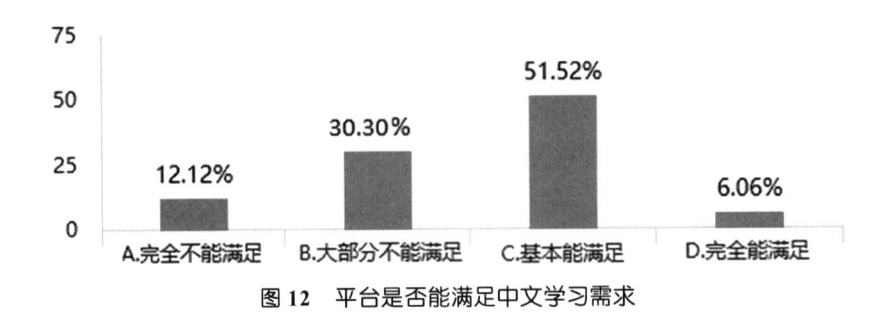

图 12 显示，关于平台是否能满足中文学习需求，57.58% 的留学生持肯定态度，其中 51.52% 认为基本能满足学习需求。42.42% 的留学生持否定态度，其中认为大部分不能满足需求和完全不能满足的比例分别为 30.30% 和 12.12%。

（五）对未来在线教学的期待和展望

```
        100
                         64.65%
         50
                                        18.18%
              7.07%                                   10.10%
          0
             A.线上      B.线下      C.线上+线下    D.都可以
```

图 13　未来中文学习的理想方式

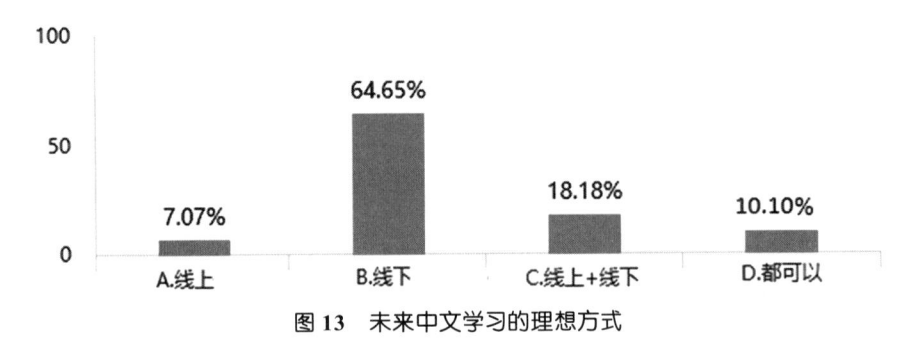

图 13 显示，关于未来期待的汉语学习方式，64.65% 的留学生希望将来能在线下的真实课堂学习中文，18.18% 可以接受线上+线下的方式，只有 7.07% 愿意继续参加线上学习。

在最后一道主观题部分，部分留学生对目前在线教学提出了自己的看法，主要包括：

（1）在线学习时间不能太长，否则注意力没办法集中。

（2）在线课堂应该尽量像真实课堂，有大量的小组讨论、辩论和其他课堂活动，增加互动性。

（3）在线课堂感受不到汉语的氛围，没办法在汉语环境中进行操练。即便是练习也只能跟老师进行。

（4）在线汉语老师应具备丰富的教学经验，课程内容应提前发给学生，课后也提供回看功能。

有些学生直接提出不喜欢在线课堂，想尽快回到中国学习；也有学生认为只要放轻松，每天努力学习有问题及时问老师的话，在线课堂也是不错的选择。

（六）小结

调查结果显示：

（1）留学生在线学习具有较大灵活性和自由度，中文学习时长在各时间段分布均等，在线课程已成为疫情后留学生中文学习的重要途径。

（2）留学生对学校实施的在线教学满意度不高，但超过半数的留学生认为在线课程对中文学习有帮助。留学生认可其省时省力、可提高学习自主性等优点，认为在线学习最主要的不足在于：互动性减少、课下没有中文环境、网络环境不稳定等。有留学生对在线学习持完全否定态度，有强烈的抵触情绪。

（3）留学生在线学习中的互动方式主要是问答，其次是作业分享、分组讨论和对话练习，线下课堂中辩论、游戏、角色扮演等互动活动受线上学习制约开展较少。

（4）留学生使用得最多的三个学习平台是腾讯会议、腾讯课堂和ZOOM，唐风汉语是他们使用的唯一专用中文学习平台。留学生使用最多的平台功能主要有视频/音频连接、图片视频分享、在线答题。超过一半的留学生认为平台能满足中文学习需求。

（5）关于未来中文学习，64.65%的留学生更期待线下教学方式，仅有7.07%愿意继续参加线上学习。

三　建议

（一）重视线上课堂活动开展，增强师生和生生互动

在线中文教育面临的最大困境是在线课堂无法给学生提供真实的课堂教学情景和浓厚的汉语氛围，师生、生生之间缺乏真实有效的沟通和互动。在线中文教育应充分开展线上课堂活动，增强师生和生生互动。有两点值得注意。

第一，在教学流程安排上，翻转课堂等课堂教学模式对线上教学可能更具实效性。跟线下课堂相比，在线课堂需要适当减少基础的知识性输入，把更多的时间留给线上课堂活动的开展和汉语的运用练习。课前教师可将教学内容、辅助性学习资料和教师录播课程分发给学生学习，课中教师针对学生疑问和教

学重点设置多样的课堂活动，让学生获得大量的练习和使用汉语的机会。

第二，在课堂活动的选择上，应有条件开展分组讨论、竞赛、辩论、话题演讲、故事讲述、角色扮演、作业分享等活动形式，创造性地使用网络教学工具如 Kahoot!、Quizlet 等设计互动练习，增强课堂趣味性，活跃课堂气氛。在线课堂因网络限制和同步效果不好，真实课堂的学生间的合作探究活动无法在线上有效开展，线上教学需要做出新的调整和改变，如分组讨论教师可课下布置任务然后课上汇报，这要求学生课前能做好相关准备，以文字、音频、视频和线上直播的形式分享相关成果。

（二）对教师进行现代教育技术培训，提升在线教学水平

相对线下课堂而言，线上教学对现代化信息技术提出了更高的要求，教学形式和手段更为灵活和复杂。疫情的突然暴发将线上教学迅速提上日程，教师对此并未做好充分的准备，仅仅只是把传统课堂搬到线上进行，教学手段较为单一，对在线教学所需的多媒体技术、社交平台及软件不能灵活运用，需要进行系统培训，线上教学模式和教学风格的调整更需要专业的指导。培训过程中，应鼓励教师大胆尝试新的信息技术手段，突破教学风格，找到适合自己的在线教学方法，努力提升在线教学水平。

（三）开展在线语言文化活动，营造语言文化氛围

积极开展丰富的语言文化活动能为学生提供更多的中文学习和交流的机会，营造浓厚的汉语氛围。世界各地孔子学院在疫情期间推出的线上语言文化活动很值得推广和借鉴，如德国 19 家孔子学院开展了"中文读书会""文化体验星期天""孔夫子教你做中餐""中国诗画大赛"等各类创意活动，并且各个孔院举办的活动信息在第一时间先通过网页和公众号向外界预告，所有在德孔院学生均可在线参与。[①]各高校和国际中文教学机构也可以根据以往文化活动的经验，利用音频、视频和各种软件平台创造性地开展有特色的在线文化活动。鼓励各中文教学单位交流合作，成立大湾区留学生中文联盟，创设线上汉语角，定期举办各种汉语文化交流活动，为留学生营造在线中文交流环境。

（周清艳）

---

① 蔡琳《新冠疫情下的在德孔院线上课堂和文化活动集锦》，见中德人文交流微信公众号"中德人文交流"（微信号 cd_dialog）。

广州新疆籍少数民族大学生语言状况及服务需求*

一 引言

近几十年来,越来越多的少数民族大学生进入内地高等院校,成为城市少数民族流动人口的重要组成部分。作为少数民族高学历人才,他们的语言使用和语言态度一定程度上影响着民族语言未来发展的方向。[①]

广州是全国移入人口最多的城市之一,也是对外开放程度最高的城市之一,少数民族族别齐全,进城务工人员集中,当地人使用粤方言较为常见,外籍常住人口和访客众多,具有语言生态多样性的样本价值。了解广州少数民族大学生的语言使用状况,具有典型意义。

本调查以广州新疆籍少数民族大学生为对象,样本的高校分布为:广州大学、广州中医药大学、广东工业大学。

调查内容包括以下方面。(1)基本情况:受访者性别、年龄、民族、年级等;(2)语言能力:会讲哪些语言或方言,对国家通用语言文字的听、说、读、写能力的自我判定等;(3)语言使用:不同语境下的语言使用情况;(4)语言态度:对不同语言或方言在不同语境中的重要性的判断,以及对学习普通话的动机和态度意愿。调查采用网络问卷调查和访谈相结合的方式,共完成有效问卷161份。问卷样本概况如下:

(1)性别。男生94人(58.39%),女生67人(41.61%),男生多于女生。

(2)民族。维吾尔族144人(89.44%),哈萨克族14人(8.70%),柯尔克孜族2人(1.24%),锡伯族1人(0.62%)。

(3)年级分布。预科班学生有95人(59.01%);非预科班学生66人(40.99%),其中,大一29人(18.01%),大二20人(12.42%),大三11人(6.83%),大四6人(3.73%)。

---

* 广州市社科规划青年学人项目(2020GZQN59)成果。

二 语言生活状况

广州高校新疆籍少数民族大学生来自新疆维吾尔自治区的各个地区，南疆有阿克苏、喀什、和田、库尔勒、阿图什等地，北疆有塔城、阿勒泰、伊犁、昌吉、哈密、吐鲁番等地。无论来自哪里，他们的母语都与其民族语保持一致，即144名维吾尔族学生的母语均为维吾尔语，14名哈萨克族学生的母语均为哈萨克语，2名柯尔克孜族学生的母语均为柯尔克孜语，1名锡伯族学生的母语为锡伯语。新疆籍少数民族大学生的母语保持基本完好。

现阶段，他们的语言掌握状况主要是普通话和本民族语。具体情况见表1。

表1 新疆籍少数民族大学生语言掌握情况

掌握人数	语言							占比/%
	普通话	维吾尔语	哈萨克语	柯尔克孜语	锡伯语	粤方言	英语	
125	√	√	—	—	—	—	—	77.64
10	√	—	√	—	—	—	—	6.21
1	√	—	—	√	—	—	—	0.62
1	√	—	—	—	√	—	—	0.62
2	√	√	—	—	—	√	—	1.24
1	√	—	—	—	—	—	√	0.62
1	√	—	—	√	—	—	—	0.62
14	√	√	—	—	—	—	√	8.70
3	√	√	√	—	—	—	—	1.86
2	√	√	—	—	—	√	√	1.24
1	√	√	√	—	—	√	—	0.62

从表1可见，新疆籍少数民族大学生的普通话掌握率为100%。2020年，全国范围内普通话普及率达80.72%，比2000年提高了27.66个百分点。[①] 近几十年来，随着普通话推广的步伐加快，大部分民族地区的普通话普及率显著提高，尤其是青少年群体，普通话越来越好。除了本民族语和普通话外，一部分新疆籍少数民族大学生还掌握了其他几种语言，有18人掌握了英语，有3名哈萨克族学生掌握了维吾尔语，有1名维吾尔族学生掌握了哈萨克语。另有5人自述能够听懂

---

① 《我国普通话普及率达80.72%》，中华人民共和国教育部网站，http://www.moe.gov.cn/fbh/live/2021/53486/mtbd/202106/t20210602_535127.html。

或能说粤方言，结合其粤方言掌握程度（见表2），这5人中实际有2—3人可视为基本掌握粤方言，其余人仅掌握日常用语的听说和个别粤方言词的读写，应视为未掌握粤方言。综上，除了本民族语和普通话外，虽然掌握其他语言的人数并不多，但能够反映出新疆籍少数民族大学生语言掌握种类的多样性。

尽管前述所有调查对象都掌握本民族语言和普通话，但在掌握水平上还存在着明显差异。表2反映了他们的本民族语、普通话和粤方言实际掌握情况。

表2 新疆籍少数民族大学生语言掌握情况

评价项目	评价指标	本民族语（文）人数	占比/%	普通话（文）人数	占比/%	粤方言（文）人数	占比/%
听	1.完全能听懂	151	93.79	141	87.58	1	0.62
	2.基本能听懂	8	4.97	18	11.18	1	0.62
	3.能听懂一些日常用语	2	1.24	2	1.24	34	21.12
	4.基本听不懂	0	0.00	0	0.00	64	39.75
	5.完全听不懂	0	0.00	0	0.00	69	42.86
说	1.能熟练地交谈	153	95.03	139	86.34	1	0.62
	2.基本能交谈	6	3.73	19	11.80	2	1.24
	3.会说一些日常用语	2	1.24	3	1.86	22	13.66
	4.基本不会说	0	0.00	0	0.00	136	84.47
读	1.能读书看报	151	93.79	158	98.14	0	0.00
	2.能看懂家信或简单文章	3	1.86	1	0.62	3	1.86
	3.能看懂便条或留言条	0	0.00	0	0.00	9	5.59
	4.只能看懂个别词语	5	3.11	2	1.24	21	13.04
	5.完全看不懂	2	1.24	0	0.00	41	25.47
	6.无此情况	0	0.00	0	0.00	87	54.04
写	1.能写文章或其他作品	151	93.79	154	95.65	0	0.00
	2.能写短文或通知、字条	3	1.86	5	3.11	2	1.24
	3.能写个别词语	5	3.11	2	1.24	18	11.18
	4.完全不会写	2	1.24	0	0.00	54	33.54
	5.无此情况	0	0.00	0	0.00	87	54.04

从表2可见，新疆籍少数民族大学生的本民族语和普通话掌握程度远远高于粤方言。将听、说、读、写中的前两项指标视为掌握该语言，具体表现如下。

（1）听：能听懂本民族语和普通话的均超过98%；能听懂粤方言的仅有2人，占1.24%。

（2）说：能使用本民族语和普通话交谈的均超过98%；能使用粤方言交谈的仅3人，占1.86%，其中1人能熟练交谈，2人能基本交谈。

（3）读：本民族语和普通话的阅读指数较高，但有5名维吾尔族大学生表示只能看懂个别维语字词，有2人仅能看懂个别汉语字词；另有2人表示完全看不懂维吾尔语字词。在粤方言阅读中，有87人（54.04%）表示无此情况，即未接触过粤方言书面材料；有41人（25.47%）表示虽接触过但完全看不懂，合计阅读评价指标3和4，有18.63%的人能看懂个别词语或语句。

（4）写：从写作水平看，本民族语和汉字的水平较高，与阅读指标相对应，前述未能掌握本民族语和汉语阅读的调查对象，同样未掌握两种语言的写作。由于粤方言书写通常仅限于新媒体如微信、微博交流时使用，因此仅有2人自述能写粤方言句子，其余人均未掌握。

综上，从语言水平的评价指标看，新疆籍少数民族大学生的粤方言总体能力很弱，本民族语和汉语则较强，但二者相比也有差别，如汉语能力中，阅读＞写作＞听力＞表达；本民族语能力中，听力＞表达＞阅读＝写作。

新疆籍少数民族大学生离开家乡到广州求学，语言环境发生变化。从原来的民族语言、新疆汉语方言为主的环境，变成粤方言、普通话为主的环境。语言环境变化引起语言使用变化，在广州，新疆籍少数民族大学生在不同场合、与不同对象交流时的语言使用见表3。

表3 新疆籍少数民族大学生在不同语域中语言使用情况

语域		普通话	本民族语	维吾尔语	哈萨克语	粤方言	英语
家庭语域		√	√	—	—	—	—
公共语域		√	√	—	—	√	—
社区（课堂）语域		√	—	—	—	—	—
民族语域	本民族	√	√	—	—	—	—
	外族	√	√	√	√	√	√

在家庭语域中，有121名调查对象与家人交流时使用本民族语，21人使用普通话，19人兼用本民族语和普通话与家人交流。一名维吾尔族大学生说，原本在家乡跟父母、兄弟姐妹交流都是维吾尔语，来到广州后说普通话的频率越来越高，有时候跟家人打电话不自觉地就用普通话交流了。由此可以看出，语言环境的变化会使得家庭语言使用也发生变化。

在公共语域中，有157人表示去商店或外出逛街时使用普通话交流。有3

人选择了普通话和本民族语,他们经常去本民族同胞经营的商店或餐厅,用本民族语交流更方便。有1人选择了普通话和粤方言,该调查对象的粤方言能力较好,能够用粤方言进行基本的听说交流。

在社区(课堂)语域中,如课堂回答问题时,所有人均选择了普通话。学校教育是普通话推广的主要阵地之一,除特殊情况外,课堂语言必须使用普通话。

在民族语域中,与本族学生交流和外族学生交流的语言使用差别较大。与本族学生交流时,61人选择本民族语,49人选择普通话,51人选择本民族语与普通话混合使用,三种语言使用情况的比例相差不大。与外族学生交流时,153人选择单用普通话;其余8人中,语言选择状况稍许复杂。有3人选择普通话+维吾尔语,经调查这3名学生为哈萨克族,母语是哈萨克语,同时掌握维吾尔语,因此在与维吾尔族同学交流时,会使用对方的民族语言;有1名维吾尔族学生选择了本民族语和普通话,使用维吾尔语交流时的对象是哈萨克族同学;还有1名维吾尔族学生选择了普通话+哈萨克语,使用哈萨克语交流的对象是哈萨克族同学。其余几种语言使用情况分别是:普通话+粤方言(1人,维吾尔族),普通话+粤方言+维吾尔语(1人,哈萨克族),普通话+英语(1人)。

综上所述,新疆籍少数民族大学生在求学过程中的语言使用分工较为明确,不同的语言通行域中,语言使用状况较为清晰。

三 语言态度与语言服务需求

语言态度是语言适应的衡量指标之一。新疆籍少数民族大学生从家乡来到广州,对新的语言环境中的语言态度,体现了他们的城市融入、城市认同度。语言态度同时影响语言学习的主动性和积极性。调查将语言态度分为五个维度,调查结果见表4。

表4 新疆籍少数民族大学生的语言态度

语言	语言态度									
	非常喜欢		比较喜欢		没感觉		不太喜欢		不喜欢	
	人数	占比/%	人数	占比/%	人数	占比/%	人数	占比/%	人数	占比/%
本民族语	150	93.17	8	4.97	3	1.86	0	0.00	0	0.00
普通话	147	91.30	12	7.45	2	1.24	0	0.00	0	0.00
粤方言	57	35.40	43	26.71	53	32.92	4	2.48	4	2.48

由表 4 可见，对本民族语和普通话持正向情感评价（非常喜欢、比较喜欢）的分别为 158 人（98.14%）和 159 人（98.76%），有 3 人（1.86%）对本民族语表达了中立的态度，2 人（1.24%）对普通话表达了中立态度，无一人表达负向情感评价。总的来说，这两种语言态度以积极正面为主。

对粤方言的语言态度中，持"非常喜欢"态度的有 57 人（35.40%），"比较喜欢"态度的有 43 人（26.71%），中立态度的 53 人（32.92%），另有 8 人（4.97%）表达了负向情感评价（不太喜欢、不喜欢）。可见，新疆籍少数民族大学生对粤方言的态度差于本民族语和普通话态度。三种语言对日常生活的影响见表 5。

表 5 新疆籍少数民族大学生的语言影响程度

语言	语言影响程度					
	各方面都受影响		影响不大		几乎不影响	
	人数	占比 /%	人数	占比 /%	人数	占比 /%
本民族语	93	57.76	49	30.43	19	11.80
普通话	124	77.02	22	13.66	15	9.32
粤方言	26	16.15	73	45.34	62	38.51

由表 5 可见，新疆籍少数民族大学生认为在当前语言环境中，普通话在日常生活中影响最大，124 人（77.02%）表示各方面都受普通话的影响；93 人（57.76%）认为在目前学习生活各方面都受本民族语影响，这部分人群以预科班学生为主。预科班实行统一上课和管理，学生周围大多是新疆籍族胞，日常交流离不开本民族语。认为各方面都受粤方言影响的仅 26 人（16.15%），认为影响不大、几乎不影响的合计 135 人（83.85%）。结合表 4 中新疆籍少数民族大学生对粤方言的语言态度，可初步判断，语言对学习、生活的影响与语言态度成正比。

语言环境影响语言学习。在调查中，我们了解了新疆籍少数民族大学生目前在学习国家通用语——普通话方面存在的困难和期望得到的帮助。在普通话学习中，有 135 人（83.85%）认为普通话能力已经很好，不存在困难。在其余几个可多选选项中，有 12 人（7.45%）表示周围没有良好的语言环境，10 人（6.21%）表示没有专业老师教，因此自己的普通话水平一直不高。9 人（5.60%）感觉普通话比较难学，还有 2 人（1.24%）表示自己不想学。1 人（0.62%）称因社交恐惧，用普通话与他人交流不多，本民族语也如此。另1人认为自己以前普通话基础不好，现在很难提高。

针对以上学习困难，我们设置了帮助新疆籍少数民族大学生学习普通话的几个选项。有91人（56.52%）认为不需要任何帮助。其余可多选选项中，有29人（18.01%）希望能提供学说普通话的教材、工具书，35人（21.74%）希望能提供辅助学习软件，15人（9.33%）希望能参加普通话辅导班，48人（29.81%）希望能参与用普通话交流的兴趣活动组织，1人（0.62%）表示希望能提升自学能力。

四　结论及讨论

作为流动人口，少数民族大学生在外地求学的过程中，需要经历心理适应、生活适应和语言适应等过程。语言适应是文化适应的重要基础，如果语言适应不顺利，会导致生活、学习等一系列的不适应，甚至还会形成社会的不安定因素。[①] 在语言适应的过程中，有针对性地增强对这部分群体的语言服务，可以帮助他们更快地融入城市生活中。

新疆籍少数民族大学生来自新疆的各个地区，母语为本民族语，兼用汉语普通话，还有少部分人掌握周边其他少数民族的语言。因此，他们的语言使用具有多样性。语言环境的变化决定了语言选择，来到广州后，一部分学生能够迅速适应本地方言粤方言，虽然语言水平不高，但他们愿意尝试学习和使用粤方言，说明对求学地语言环境的适应，对当地方言的认可。

新疆籍少数民族大学生对本民族语和普通话的情感态度评价很高，对粤方言的情感态度虽逊于以上两种语言，但负面评价并不显著。在访谈中，有多名调查对象表示很喜欢粤方言，觉得粤方言声调婉转好听，但学起来困难重重。因此，为这些新疆籍少数民族大学生提供粤方言学习服务，能让他们更好地融入城市。

基于以上问题，我们提出以下建议。

1. 强化语言资源和语言竞争力意识

本民族语、国家通用语言、外语，多语能力提升，是少数民族人才核心竞

---

① 丁石庆主编《人口流动与语言适应——北京少数民族社区及家庭语言调查研究之三》，民族出版社，2017年。

争力提升的重要组成部分。既要掌握好本民族语，做好民族语言和文化的传承；又要掌握好国家通用语言，加强国家认同和更好融入国家发展；还要学好一门外语。

在相应的大学课程体系中，无论是预科班还是已就读各个专业的学生，均应有针对性地强化语言类课程。如对于民族预科班学生，应强化语文、汉语基础写作等课程学习。以广州大学为例，开设语文课程群，覆盖从汉语基础、写作能力、文学鉴赏到文化传承等层面，知识、能力和价值观培养融为一体。既提高学生写作能力，也增强学生对文学经典的阅读与理解力，并由此加强民族文化的交流与认同，提高学生对真善美的感知与欣赏能力。

2. 创设更好的语言学习环境和语言使用氛围

一是创设大语境的实际应用。安排新疆籍少数民族学生与汉族学生共同生活，增进相互交流，鼓励他们并将所学知识运用到现实生活中，让他们在不同语境和不同场合下体会汉语的应用。二是结对交流，如广州大学组织汉语言文学、汉语国际教育专业的研究生和本科生，配合大学语文、写作课等课程的教师，对新疆籍少数民族预科生进行一对一课外辅导，通过辅导演讲或朗诵，提高他们的汉语口语水平；通过批改日记、习作、会考练习题，提高他们的书面语表达能力。

3. 适当增进对地域文化和地方方言的接触和了解

广州是我国改革开放的前沿城市，也是粤港澳大湾区的重要中心城市，具有丰富多彩的地域文化积淀和兼收并蓄的多元文化品格。鼓励、引导少数民族大学生多看、多接触、多了解广州，增进其对中华文化的全面了解，能帮助他们更好地认识到个人与国家、自身民族与中华民族共同体的密切关系。语言是文化的重要载体，了解粤方言有助于更深入了解广州、广东。由此，有助于增强民族团结，铸牢中华民族共同体意识。

（魏　琳、周嘉兴）

广州市小学中华经典诵读服务调查

1998年"中华古诗文经典诵读工程"启动至今，我国一直在中小学循序渐进地推广中华经典诵读活动。本报告主要调查广州市小学中华经典诵读[①]服务的实施情况，为加强中华优秀语言文化的教育传承、资源建设及活动开展提供参考。本调查结合了广州市小学教师和小学生家长有关经典诵读的问卷反馈，其中教师有效问卷57份，涉及43所小学，调查对象来自天河、海珠、花都、白云、越秀、番禺、荔湾、黄埔和南沙等9个行政区，取样有一定代表性。家长有效问卷102份，参与调查的家长来自天河、越秀、海珠、番禺、花都、南沙和增城区，孩子各年级均有分布，主要集中在五、六年级。

一 广州市小学经典诵读服务途径

为了传承弘扬以语言文字为载体的中华优秀文化，广州市小学开展了一系列活动保障经典诵读的落实。

（一）广州市小学经典诵读主要活动途径

1. 经典诵读课程的开发

中华经典诵读课程指的是讲授中华经典内容、教授诵读技巧的综合课程，一般与国学课堂相融合，根据不同的开展主体，课程可分为两种。一种是小学老师开展的诵读类或国学类课程，这类课程一般作为选修课出现，无论在诵读内容还是在诵读方法上都表现出较强的专业性，诵读时间和师资都能得到较好的保障。例如，先烈东小学设有专门的"经典诵读课"，乐贤坊小学在2017年3月开展了"博文国学课程"，广州大学附属小学在2019年开展的选修课内含经典国学课程，华阳小学、市桥中心小学也设有专门的经典诵读相关课程。但

---

① 本报告所涉及的经典诵读，其内容既包括经过历史检验、具有代表性的古代和近现代经典著作，又包括与具有一定时代特点和精神内涵、由师生对经典再创造或新创的美文作品。

广州市开设此类课程的小学比例并不高。在调查所涉及的43所小学中，仅6所设有经典诵读课堂或国学课堂，可见这类课堂仍未在小学中普及。

另一种是校外机构在小学中开展的课后经典诵读课程，如天府路小学430课程[①]中就有中华经典诵读课程。这类课程由校外机构主导开发，只有部分学校有，不具有普及性，且课程变化较大，有时只在某一学期开展，发展不连贯，暂时不具有稳定性。

2. 晨读经典的常态化

利用晨读时间诵读中华经典，不增加教师和学生的课外任务，这种方式最受欢迎。据调查，广州市小学基本都有晨读环节，时间为15—20分钟。但就晨读内容而言，不同学校、甚至同一学校不同班级的做法差异都比较大，有的学校开展的是有计划、有规律的持久的经典晨读，如天府路小学晨读《小学生必背古诗文》，整本语文书中的古诗文晨读也较为常见；而有的学校则无明确规划，语文晨读多为课文的随机朗读。

3. 经典诵读比赛的开展

中华经典诵写讲大赛是由教育部、国家语委主办的国家级赛事，其中经典诵读大赛已举办三届。在三届"诵读中国"经典诵读大赛中，广州市小学取得了不俗的成绩。如第三届比赛中《木兰辞》获得国赛三等奖，《忠·魂》《红领巾，我为您扬采》《祖国礼赞》等作品获得国赛优秀奖，并在中华经典诵写讲大赛官网进行展示。

市、区组织的其他诵读比赛更是层出不穷。市级比赛"广州市中小学生诵读中华经典美文表演大赛"从2009年延续至今，影响巨大。2020年"广州市少儿诗文朗诵系列活动优秀选手擂台赛"中，孩子们通过现场朗诵表达对中华经典诗文的理解，同场较量，趣味十足。区比赛如荔湾区2018年举办的"协同杯"中小学语言艺术与戏剧比赛，各校展演的语言类节目有名篇诵读、诗歌朗诵等，内容广泛，形式多样。

广州市小学还会根据自身学校条件，举办独具校园特色的中华经典诵读比赛。如广州大学附属小学2019年"乐韵·国风"年级合唱比赛，分年级举行，各班派出合唱组合吟诵诗词比拼；2021年举办"领诵百年伟业，传承红色精神"的毛泽东诗词诵读活动。

---

① 430课程是指下午四点半放学后，以学校为依托，由校外辅导机构为学生开展课堂服务或兴趣培养活动的一种形式，在广州市小学中盛行。

4. 经典诵读主题活动的开展

小学校园中与国学经典相关的经典诵读主题活动，专业性强，关注学生对诵读内容的理解与感悟，能充分体现诵读的价值和意义。如2020年海珠区实验小学举办的"童心·童创·同绽放"主题艺术节活动，四、五、六年级学生诵读国学经典并制成短视频展示；广州大学附属小学2020年疫情期间更是举办了"读你所爱，'音'你而美"童声童韵朗诵活动，学生以个人朗读、亲子共读、小组合作或师生共读的形式朗诵经典古诗文、学生原创佳作，并录制音频，把音频投稿到微信公众号、校园广播，形成了自己的特色。

广州市、区同样会组织一些与经典诵读相关的系列活动，这些活动不仅在实施方案中有明确措施，具有指导意义，而且有时会进行持续一学期的诵读评比，让经典诵读在校园中的落实具有长期性和稳定性。如广州市连续五年举办的"明日之星"全市中小学生阅读系列活动之"小学生经典阅读之旅"，该活动虽是经典阅读系列活动，但在活动方案中，体现出注重经典诵读的特点，如在2016年首届活动实施方案中，就提出了学校需"分学段组建诵读团队""保证诵读时间""分年级、有计划落实诵读内容""家校配合""结合其他学科进行诵读"等要求，这一系列指导切实有力，给小学开展经典诵读活动提供了有效指导。这个活动也得到广州市各区小学的积极响应，在2018年，有124所小学数百支诵读队参与了评比活动，是广州市经典诵读活动的重要里程碑。

综上所述，广州市中华经典诵读活动基本已实现校内外全覆盖，组织方既有学校、教育行政部门，也有社会团体。教育部门为学生提供了各类经典线上线下诵读平台，不断推进学生阅读服务工程建设，打造特色品牌活动，形成了中华经典文化传播合力。

（二）广州市中小学生诵读中华经典美文表演大赛服务状况

广州市中小学生诵读中华经典美文表演大赛是由市教育局、市文明办主办，各区教育局、区文明办协办，广州市规模较大、独具特色的诵读活动。该比赛可以呈现广州市在经典诵读赛事服务方面的大体状况。

1. 赛事组织稳定

广州市中小学生诵读中华经典美文表演大赛自2009年至今，已经举办了13届，积累了较为丰富的组织经验，活动的覆盖面广，反应热烈，营造出浓厚的经典诵读氛围，成为具有广州特色的品牌文化活动。每届比赛学生作品均需至少经过区初赛、区决赛和市总决赛三层选拔。从学校老师的指导到选拔中专业评委的点评，有利于学生更加深入了解经典文化，学习诵读技巧，反思诵读表演，打磨作品。数据显示，第十一届大赛举办期间，共有近400支队伍和1万多名师生、家长（包括小学、中学和职业学校）参与了各区教育局和市直属学校初赛。

2. 赛事主题富有情怀

大赛主题内容主要为两个情怀：一是家国情怀，提倡爱国主义；二是传统情怀，重视中华优秀传统文化传播。第九届和第十届大赛尝试融入了广州地域文化元素，引导学生关注地域特色文化，树立文化自信。这一尝试取得了良好效果。可见，大赛主题一直在探索和扩展（见表1）。

表1 广州市中小学生诵读中华经典美文表演大赛历届主题

举办时间	赛事主题
第一届	迎国庆 讲文明 树新风行动之"中华之魂"
第二届	读经典 诵中华 做好人
第三届	（信息缺失）
第四届	诵经典诗文 扬民族精神
第五届	吟诵经典文 同筑中国梦
第六届	（信息缺失）
第七届	践行核心价值观 齐力共筑中国梦
第八届	诵中华经典 做有志少年
第九届	弘扬优秀传统 讲好广州故事
第十届	奋进新时代 展望新广州
第十一届	爱国情 强国志 报国行
第十二届	我爱你祖国
第十三届	童心向党 永远跟党走

学生的经典诵读作品常常巧妙地展示活动主题，如2018年一等奖作品《月之颂》诵读有关"月"的优美诗篇，表现出了新中国的登月壮举，为祖国进步感到自豪，学生在打造作品的同时，也增强了民族认同感。又如2018年特等奖作品《岭南少年志·携梦五羊城》表现了广州地域文化和岭南特色。

3. 诵读表演形式多样，趣味性强

大赛在表演形式上以诵读为主，可借助音乐、服装、吟诵等辅助手段展现诵读内容。一方面努力将传统优秀文化提炼、组合、展现，融入时代特色；另一方面将诵读与舞蹈、武术、歌唱、粤剧等其他艺术形式结合，创新诵读表演形式，丰富经典内涵，给经典诵读注入趣味性与时代性。例如2018年特等奖作品《岭南少年志·喜梦五羊城》利用响板和富含广州特色文化的木屐打击配合诵读，道具新颖，节奏轻快，增添了诵读趣味；2020年二等奖作品《中国赢了》在诵读中加入《诗经·秦风·无衣》清唱片段，大胆加入说唱元素，富有创意。

（三）粤港澳大湾区经典诵读合作服务状况

为推进落实《粤港澳大湾区发展规划纲要》，广州市与香港、澳门近五年来政治、经济联系愈发紧密，语言文化艺术建设也随之蓬勃发展，大湾区经典诵读文化方面的交流也愈发频繁。详见表2。

表2　2016—2021年粤港澳经典诵读部分活动情况

赛事名称	主办单位	举办时间	举办地点
粤港澳姊妹学校中华经典美文诵读比赛	广东省教育厅、广东省语言文字工作委员会、香港特别行政区政府教育局和澳门特别行政区政府教育暨青年局主办，广州市教育局承办，香港教育工作者联会协办	2016—2021（每年一届）	广州、深圳
致经典·粤港澳大湾区双语朗诵会	21世纪报社、北京圣陶教育发展与创新研究院主办	2018—2021（每年一届）	广州
粤港澳大湾区"未来精英"全民经典朗读系列活动	学习出版社、韬奋基金会、中国下一代教育基金会、中国儿童文学研究会等指导单位联合开展，广州新华出版发行集团股份有限公司主办	2019年启动	线上
粤港澳大湾区朗诵艺术节	中国童话节组委会、深圳读书月组委会、深圳语委会等联合主办	2020	深圳
粤港澳大湾区中英双语朗诵者大赛	佛山市外语学会主办	2017	佛山
"湾区少年说"双语朗诵大赛	广州市人民政府新闻办公室、广州市教育局指导，广东广播电视台主办	2021	广州

1. 诵读节目内容丰富、形式多样

粤港澳大湾区经典诵读活动大多数面向中小学生进行，诵读节目内容丰富，主题更加凸显爱国情怀、地域文化、民族情怀，传递三地同根同源的优秀文化，抒发穗港澳情谊。

如2021年"湾区少年说"双语朗诵大赛的主题为"湾区少年，时代强音"，体现粤港澳三地的真挚情谊,展现三地紧密的联系和对青少年发展的期望;2019年粤港澳姊妹学校中华经典美文诵读比赛的作品《锦绣前程》《姐妹情·浓于水》《忆往昔,大湾腾飞向未来》《粤港同心诵真情》等作品表达了粤港澳师生对共同传承中华优秀经典文化的深切认同,和对未来粤港澳发展的期待与展望。2020年粤港澳大湾区朗诵艺术节决赛涌现出诸如《平凡中见证伟大,致敬最美逆行者》等紧跟时事、歌颂抗疫英雄的优秀作品。

这些节目通过音乐、服装、道具等手段拉近穗港澳学生间心理距离,将传统与现代有机地结合在一起,让传统经典美文焕发出新的光彩,进一步深化穗港澳姊妹学校间的沟通交流,积极引导穗港澳青少年弘扬爱国情怀,传承民族精华。

2. 双语诵读,让中华经典走得更远

粤港澳大湾区依据复杂的语言使用情况,设有双语诵读经典比赛,如粤港澳大湾区中英双语朗诵者大赛、致经典·粤港澳大湾区双语诵读会、"湾区少年说"双语朗诵大赛等,具有很大的影响力。如2021年第三届致经典·粤港澳大湾区双语诵读会,学生以中英文分别朗诵中华古典诗词和西方经典诗歌,并在评委问答、诗情话意的环节全程用英语进行,为广大青少年搭建一个用英语讲述中国故事、传递中华传统文化的舞台。

3. 诵读比赛日益丰富,具有较强的影响力和号召力

以第三届致经典·粤港澳大湾区双语诵读会为例,该活动吸引了广州、佛山、深圳、东莞、中山、汕头等多所城市的约400所学校,近3万名中、小、幼学生踊跃报名参与。又如2020年粤港澳大湾区朗诵艺术节,4000余位来自粤港澳大湾区的中小学、幼儿园的选手参与视频初选,颁奖典礼逾56 000位观众在线参加了云颁奖并观看直播。由此可见,粤港澳大湾区经典诵读活动具有较强的号召力和影响力,可以带动中小学师生共同感受经典魅力,探索经典之美。

二 小学经典诵读资源情况

小学经典诵读资源指的是为小学生提供的各类有关中华优秀经典作品的文字、音频、视频等诵读资源,包括纸质版的经典诵读读物和线上资源如网站、应用程序(APP,以下简称APP)等各种形式。

（一）纸质版经典诵读读物开发和使用

市面上已经出版的经典诵读读物琳琅满目，问卷调查的43所小学中，仅有4所学校拥有统一的经典诵读读物，分别是花都区新华街三华小学、海珠区大江苑小学、天河区盈彩美居小学和龙口西小学，所用教材分别为《国学》《爱国古诗文180篇》《小学生必备古诗词75+80首》。而其他零散的读物，则往往是教师的个人推荐。

上述在用的纸质版教材，由广州市教师团队研发的是《国学》（全12册）。该套教材由郑国岱主编，是广东第二师范学院国学教育团队与海珠区知信小学、东风小学、赤沙小学、佛山市禅城区澜石中学等多所学校协作开展国学教育实践，历经五年时间总结提炼编写的，在目前在使用的纸质版教材中具有一定的代表性。内容设置上循序渐进，构建学生国学知识架构，充分考虑大多数学生的年龄，根据其阅读水平、智力水平和诵读能力，筛选不同主题和内容，在系列上体现"大中小学一体化"的教材编写理念。不过，这套教材并非为经典诵读量身定做，因而更侧重于对经典的理解和为学生提供系统化的阅读材料。

市面上也有一些适合诵读的教材，如陈琴《中华经典素读本》（全12册）、赵敏俐《中华经典吟诵》（全6册）等影响较大，但这些教材或者读物在广州市小学中并未普及广泛。这些读物凸显"诵读"特点，文本设置上更注重细节。如《中华经典吟诵》突出每篇诵读的难点和重点句子，特殊字的声调或韵母有所变化时，会在文本中随文标注，突出重点，避免师生使用教材时出现误读。再者，这些读物还会结合互联网技术补充诵读音频，书本上放置二维码，提供音频、视频资料，扫码即可直接模仿音频、视频诵读学习，不仅可以让学生直观感受诵读经典的魅力，还可以让学生自主学习诵读技巧。

（二）经典诵读网站和APP的开发和使用

本报告搜集了35个服务对象明确为中小学生的网络资源库。其中常见的经典诵读网站有"中华经典诵写讲大赛"[①]"中小学语文示范诵读库"[②]等，微信小程序使用量排名前五的有"朗读评分""途途朗读""博看朗读""朗朗

---

① 教育部 国家语委主办，https://www.jingdiansxj.cn/home。
② 中央广播电视总台、教育部 国家语委主办，http://m.cnr.cn/chanjing/edu/zxxywsfsdk/。

书声""朗读评测",华为应用市场下载量排名前五的有"国学启蒙古诗词典""爬梯朗读""诵读帮""三字经图文有声""弟子规图文有声"。网络资源开发团队来源不一,因此,这里仅就目前常见资源库的服务功能和特点做简单介绍。

1. 涵盖内容丰富,部分内容忽略儿童认知水平

网络资源库和手机 APP 的优势首先在于存储功能强大,在经典的收录方面可以不受限制,因此,涵盖的经典颇为丰富。多数资源库都会收录国学经典如《三字经》《笠翁对韵》《弟子规》《声律启蒙》《增广贤文》等蒙学经典和精选的唐诗宋词等内容,而且不同资源库在内容上各有侧重,如"校园诵读"设有"现代诗文"栏目,收录冰心、艾青、王蒙等现当代诗人作家的作品,"途途朗读"设有"纪念建党100周年""重阳诗会""诗话端午"等主题诵读栏目。容量大固然是网络国学资源库的优势,但因资料庞杂,更需要根据对象的不同年龄对诵读内容进行筛选和区分。如"朗朗书生 | 统编人教语文朗读指导"总体上根据"学前娃""小学生""中学生""大朋友"分大类,根据诵读内容细分小类,如"迎建党百年 读红色课文"专题根据年级划分学生适宜诵读的篇目。

但是有一些经典诵读软件并未做到这一点。"诵读帮"把《老子全集》放入拓展材料中,没有进行节选或者适宜学段的阅读提示;"途途朗读"小学阶段收录《三十六计》(全文)《史记》(节选)等阅读难度较高的材料。

有的网络诵读库则分类不够细致,例如"朗读少年"把《三字经》《弟子规》《声律启蒙》《千字文》放入四至六年级的诵读内容里;"朗读评分"将《共产党宣言》(节选)和《水浒传》(节选)加入一年级拓展书本里。如此分类增加了小学生的诵读压力,降低了其诵读兴趣。

2. 经典诵读网络应用功能丰富

经典诵读网站的应用服务功能丰富,大部分网站都设有基本的文字、音频范读、作品分类等功能,此外不同的服务网站在功能设计上各有侧重。如"国学启蒙古诗词典"对每一篇诗词都加了拼音、注释、译文、评析、道理启示,图文并茂,帮助学生更好地理解文本内涵。"小马朗读"还设置了排行榜激励机制,加入了评测系统,从声韵、声调、流畅度、完整度、错音分析五个方面评价学生的诵读练习作品。"校园诵读"则提供专业诵读技巧教授付费课堂。以上功能弥补了纸质经典诵读读物的缺陷。

三 广州市小学经典诵读相关服务保障

为了确保经典诵读活动顺利有效开展，广州市多数小学提供了服务保障，如以语文教师为主体的经典诵读教学培训、诵读活动推广宣传、校园诵读语言氛围的营造等。

（一）经典诵读师资培训

师资是经典诵读活动专业性的重要保障。问卷显示，广州市仅约9%的学校表示有"专门的负责国学或诵读的指导老师"，大多数小学则由语文老师承担此工作，偶尔也有艺术类老师（音乐、舞蹈老师）负责中华经典诵读教学。而对承担指导诵读活动的教师，学校大多会组织师资培训，34.88%的教师表示"学校会组织经典诵读的教师培训"，37.21%的教师表示"学校不会组织培训"。虽然问卷调查显示培训较多，但或为教师诵读技能或教学能力方面的培训，或为教师国学素养培养和深度解读经典能力的培训，兼顾诵读教学技能和解读经典能力的教师培训较少。值得提及的是，广东省第二师范学院团队开展了两期国学教育的校长培训和骨干教师培训夏令营，在2017年"中华经典诵读写"培训夏令营中，参训教师都完成了"阅读一部经典""上好一节国学诵读课""完成一篇专题教学论文"等目标。这类活动受众为中小学语文教师，目标明确，定期举行，专家和一线教师共同指导的培训活动并不多见。

（二）校园经典诵读宣传服务保障

广州市诵读中华经典的宣传和普及已经颇有成效。但是就具体赛事活动宣传而言，仍然存在不足。

以连续13年举办的大型赛事广州市中小学生诵读中华经典美文表演大赛为例，只有2.22%的受访家长表示对这一大赛"非常了解"，10.00%的家长"比较理解"，35.56%的家长"了解一点"，52.22%的家长"完全不了解"。

经典诵读与语文学科关系密切，然而语文教师对该活动的了解情况也并不乐观，非常了解的占29.31%，比较了解的占20.69%，了解一点的占24.14%，完全不了解的占25.86%。从上述数据可以看出小学家长和语文教师对这一大型经典诵读赛事的了解非常有限，值得我们反思（见图1）。

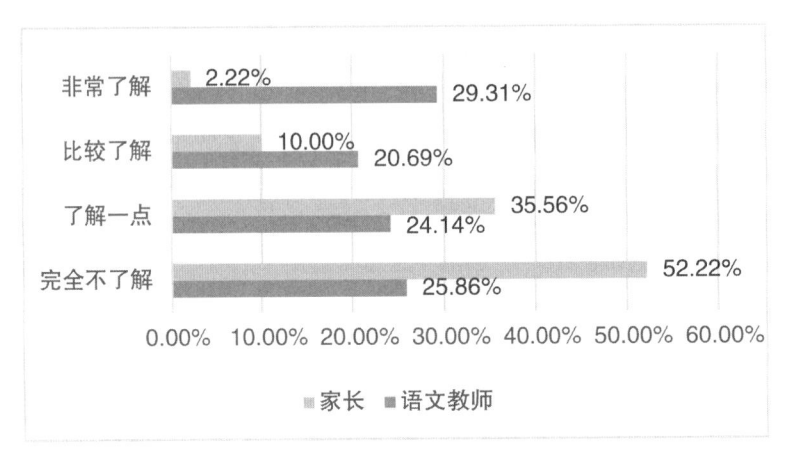

图 1　家长和语文教师对广州市中小学生诵读中华经典美文表演大赛的了解程度

	家长	语文教师
非常了解	2.22%	29.31%
比较了解	10.00%	20.69%
了解一点	35.56%	24.14%
完全不了解	52.22%	25.86%

从广州市中小学生诵读中华经典美文表演大赛的宣传中，我们可以看出中华经典诵读服务的一些不足。总的来说，无论是大型赛事还是一般活动，都存在宣传方式缺乏新意、活动信息零散和活动宣传缺少针对性的问题，导致宣传面不广，宣传效果不理想，不能充分发挥诵读活动在广州市小学经典教育中的引领带动作用。

造成上述原因，一方面是学校宣传力度不足；另一方面，校外宣传也存在明显缺陷。以连续13年举办的广州市中小学生诵读中华经典美文表演大赛为例。一是没有专属的活动宣传网站和官方媒体账号。二是赛事信息零散，缺乏连续性和系统性。主办方对早期大赛的参赛学校、获奖名单、节目发布、获奖作品等没有系统全面地归整，仅能从广州市政府门户网站找到零碎的赛事信息。三是广州市官方教育媒体的宣传方式创新性不足。虽有报道，但只管"推出"，不管"宣传"；赛后宣传多，赛前预告文章少；而且文章阅读量低，宣传范围有限。

四　建议

（一）落实日常经典诵读活动，增加粤港澳经典诵读合作

小学经典诵读比赛和主题活动虽形式丰富，但在加深对经典的感悟方面收效甚微，要使学生们真正以诵读的方式发掘经典的魅力，必须落实日常的经典诵读。最有效的方式是开设专门的经典诵读课程；其次，推进校内课后430课

堂中经典诵读系列课程的开设；第三，完善和落实经典晨读制度，既要确保晨读时间，又要使晨读内容具有计划性和连贯性，同时建立激励机制。

此外，为了促进湾区文化建设，广州市应该积极倡导组织粤港澳大湾区经典诵读合作，如组织多元化、高质量的经典诵读赛事，提倡多语诵读中华经典，满足穗港澳学生的多样化需求；积极探索与港澳学校的交流合作项目，推进中华经典诵读教育交流合作长期纵深发展；鼓励高校进中小学，合作开展丰富多彩的经典诵读实践活动，改善大中小学中华经典教育实践彼此脱节、缺乏互动关联的现状。

（二）加强师资建设与培训

教师是沟通学生与经典文化的重要桥梁。中华经典诵读教学对教师的国学素养和教学方式都提出了较高的要求，这需要我们更加关注师范教育课程的完善与在职教师的培训。我们建议，一方面应建设面向基础教育的中华经典诵读教育师范课程体系，设有师范院系的高校应该在这方面发挥积极作用。另一方面，针对一线教师开展相关培训，加强校本培训组织教学评比，以评促教；积极组织跨校跨区中华经典诵读教育教学交流活动，交流教学经验；邀请国学研究专家开展培训讲座，夯实基础，厚积薄发。

（三）坚持开发适合小学生的经典诵读资源

无论纸质版还是网站、APP，资源建设方面均可以从以下几点展开：

首先，体现"大中小学一体化"的教材编写理念。目前出版的经典诵读读物作为教材多不合适，主要原因是缺乏整体编写思路。要改变这种状况，一定要从小学、中学到大学通盘考虑，注重教材的衔接过渡。高校和中小学合力打造诵读教材是未来的发展趋势和工作重点。其次，注重诵读资源内容的层次性，循序渐进，充分考虑不同年级、不同学龄的学生需求。第三，开发更多纸质经典诵读读物与数字技术结合的可能性，如与优质纸质版诵读读物搭配使用的APP和在线教学课程。第四，纸质读物配套的音频或者是经典诵读APP可以尝试开发普通话与方言多种形式相结合，供学生们自由选择。如对广州小学生而言，增设粤方言相关音频资料，既能对粤方言传承起到积极作用，又能够激发学生的诵读积极性。

至于资源的推荐利用方面，建议学校或者教育部门推行有"序列""系统"

的优质教材,避免随机选取。据调查,广州市大多数学校都是"语文老师自行推荐读物",读诵内容比较随意零散,或者拓展性不足,或者在诵读内容方面缺乏规划性、系统性。在这种情况下,92.86%的受访教师认为"由教育部门统一发布诵读篇目"很有必要。

(四)健全经典诵读活动宣传机制,重视赛事宣传

广州市小学的各类经典诵读活动目前普及度不足,家长和学生不甚了解,尤其是一些大型比赛,"吆喝"不足,比赛的影响力受到限制。建议从以下几方面入手:首先,扩大选拔的范围,以班级为重要宣传选拔阵地,尽可能使每位学生都可以直接接触经典诵读。其次,充分利用学校多种宣传资源,以达到资源利用最大化。公示栏、活动传单、校园广播等是学生了解学校动向和活动的主要途径,学校官网和微信公众号是学生和家长了解学校动向和活动比赛的重要窗口。第三,建立活动官网,收录活动实时动向。这主要是针对一些重要赛事(如广州市中小学生诵读中华经典美文表演大赛、粤港澳姊妹学校中华经典美文诵读比赛)而言,这类比赛网上信息零散,整体曝光度偏低。应该为持续举办的、活动规模大的诵读活动建立专门的官网,将活动信息系统整理,并及时更新,展示优秀作品。

(王秀玲、曾敏仪、黄　珊)

汉字书写应用程序（APP）

随着科学技术的高速发展与移动终端的日益升级，在线学习以其时空灵活、形式多样、资源丰富等优点，吸引了越来越多的人使用，市场上出现了各式各样的汉字书写学习软件。本报告全面调查目前市场上常见的汉字书写应用程序（APP）（以下简称 APP），总结其类型、内容及特点，并提出一些相关建议。

一　调查对象及方式

本报告的调查对象是适用于 3 岁及以上人群的汉字书写 APP，具体的调查方式有二：

（1）在华为应用市场和苹果系统的应用程序商店（APP Store）中，利用"书写""写字""写""练字""字帖"等关键词搜索汉字书写 APP。

（2）结合百度、必应等网站，通过"汉字书写 APP""书写 APP""写 APP""练字 APP""字帖 APP"等关键词搜索汉字书写 APP，并在手机应用商城搜索验证，避免遗漏。

二　总体情况

（一）总数量和分布

本次调查共收集到 145 个汉字书写 APP，分内地和港澳两大区域。汉字书写 APP 在安卓系统与苹果系统的搜索结果有差别，但也有重合。在内地与港澳地区的搜索结果也有不同。具体情况见表 1。

表1　汉字书写APP的数量与分布

地区	安卓系统	苹果系统	二者相同	总数
内地	60	81	39	102
港澳	32	21	10	43
合计	92	102	49	145

从表1可见，汉字书写APP在安卓系统中的数量略少于在苹果系统中的数量；两个系统中都有的汉字书写APP约占总数的三分之一；内地汉字书写APP的数量远多于港澳地区。由此可知，对于汉字书写APP，苹果系统的搜索功能比安卓系统更为强大；相较于港澳地区，内地汉字书写APP的开发更为成熟，受到更多关注。

（二）服务方式

汉字书写APP的服务方式有单向供给式服务和双向互动式服务两种。单向供给式服务，指APP根据自身的定位和市场的需求提供汉字书写学习的资源，学习者只能按APP提供的资源进行学习。双向互动式服务，指APP除了提供汉字书写学习资源外，还可以与用户互动，如在软件社区内上传用户的书法作品或名家字帖、创建自己的书法作品集、与好友互动等，促进用户之间的交流。

据初步调查，71%的汉字书写APP是单向供给式服务，仅有29%能提供双向互动式服务。

（三）服务类型

汉字书写APP的服务类型有三类：无偿服务型、有偿服务型、无偿服务与有偿服务混合型。收费形式大分为两类，一是以月、季度、年为单位收费的会员制，二是一次性购买制。收费的内容也可分为两类：一是按汉字书写课程、字帖等与汉字书写相关的内容进行收费，二是为去除软件内的广告而收费。

内地APP大部分属于无偿服务与有偿服务混合型，共58个，占56.9%；无偿服务的39个，占38%；有偿服务的只有5个，占4.9%。

港澳地区APP与内地大致相同，有偿服务与无偿相结合的最多，共23个，占53.5%；无偿服务的有18个，占41.9%；有偿服务的只有2个，占4.6%。

(四)服务对象

根据用户年龄的不同,汉字书写APP的服务对象可分为成人和少儿两类人群。其中,专门供成人使用的APP总体来说内容比较丰富。以书法类APP为主,成人使用的APP约占54%;专供少儿使用的APP内容难度相对较低,以识字类、习字类APP为主,娱乐性较强,约占46%。

三 服务内容及特点

总体上,汉字书写APP可分为三类:(1)书法类。目的是让用户掌握汉字的不同艺术表现形式,学习汉字的不同书写方式,强调掌握汉字的不同字体、书体,让书写更富有美感。它们的目标用户以想通过练习提高汉字书写艺术水平的人群为主。(2)习字类。目的是让用户掌握汉字的基本书写方法,注重汉字书写的笔画、笔顺的学习,字体以楷书为主。目标用户以需要检测、练习与巩固汉字的学龄前儿童、学龄儿童为主。(3)识字类。主要目的是让用户尽快认识汉字,但基于认读汉字和学习汉字的书写相辅相成,一般都设有书写环节。其目标用户以需要初学识字、写字的学龄前儿童、学龄儿童为主。据统计,书法类APP共53个,占36.6%;习字类的APP共39个,占26.9%;识字类的APP跟书法类APP一样共53个,占36.6%。下面分内地和港澳地区分别加以介绍。

(一)内地

1. 书法类APP

内地汉字书写APP共收集到102个,其中书法类APP共计48个,占47.1%。下面两款是下载量最高的。

(1)书法字典大全

"书法字典大全"APP是一款专供学习书法的软件,目标客户是3岁以上使用人群,提供应用内购买。软件内提供了王羲之、王献之、颜真卿、柳公权、欧阳询等1000多位书法名家的作品,共30多万个书法字体,包括篆书、隶书、楷书、行书、草书等。APP支持下载书法字高清图片,支持无限放大,图片质量高清不失真。此外,APP支持导入用户的书法作品,可对用户的书法图片进行自动切边、智能校正、裁剪、旋转等加工,并提供装裱服务。

APP共有四个板块，分别为：发现、字典、装裱、我的。"发现"板块主要展示高清书法碑帖与对书法家的简要介绍，并提供书法练习的诗词素材；"字典"板块供用户查找单个字的不同字体的书法写作图例，有篆、隶、楷、行、草书五种字体，在字体下展示不同书法家的写作图例；"装裱"板块供用户自行为自己的作品进行线上装裱，有边框、背景、衬纸等装饰设置；"我的"板块用于展示用户收藏的书法字、书法帖等内容。据华为应用统计，该APP共有419万次安装，902条评论。图1是其界面展示。

图1　"书法字典大全"APP展示

（2）毛钢字帖

"毛钢字帖"APP是一款针对3岁以上人群的书法学习软件，提供应用内购买。它具有手机生成字帖的功能，包括毛笔字帖与钢笔字帖，内置多款书法家字体，并支持行书、楷书、隶书、瘦金体、草书、篆书等书法单字的查询。用户可自主选择田字格、米字格、方格、回字格等生成PDF字帖模板，通过电脑下载字帖模板，打印后临帖。

APP主要分为四个板块，分别是：字帖、圈子、造字、我的。"字帖"板块展示硬笔、毛笔及空白帖模板，硬笔板块下分汉字帖、数字帖、拼音帖等，毛笔板块下分篆书字帖、楷书字帖、行书字帖等，空白帖展示比赛帖、长篇诗文等书法练习模板；"圈子"板块供用户进行社交、互动与上传书法作品等信息；"造字"板块为该APP的特色板块，用户可在此创建属于自己的字体；"我的"板块用于用户管理个人资料、个人作品、字帖等。据苹果应用统计，该款APP共有48 610次评论。图2是其界面展示。

图2　"毛钢字帖"APP展示

书法类APP的软件内容多以汉字书写练

习为主,提供字帖、名家碑帖等资源,受众群体广泛,用户较多。它们的目标客户既包括学龄前儿童和学龄儿童,也包括成人。较为广泛的受众群体促成了此类APP内容的多样性。美中不足的是,此类APP同质化比较严重。尽管大多数APP的服务模式属于双向互动式,但多停留在用户与用户互动交流的层面,对提高用户汉字书写水平作用有限。我们建议,针对上传后的用户作品设置相应的评分系统,以便提高汉字书写APP的使用效率。

2. 习字类APP

内地汉字书写APP中,习字类APP共有28个,占27.5%。使用人数较多的是"汉字笔画笔顺部首"APP和"乐写字"APP。

(1)汉字笔画笔顺部首

"汉字笔画笔顺部首"是一款提供应用内购买项目的汉字笔画与书法启蒙教学APP,内容包括笔画名称、笔顺规则、偏旁部首。该APP融合语文三大权威教材,将笔画、笔顺、偏旁部首分门别类,逐笔描红,真人发声,让用户身临其境。据华为应用统计,该APP共有58万次安装。图3是其界面展示。

图3 "汉字笔画笔顺部首"APP展示

(2)乐写字

"乐写字"是一款结合了线上、线下教学优势的AI写字APP。主要特色是真人趣味教学视频,根据每一个字不同的形态、结构特征,场景化设计趣味AI课,让专业书法老师作示范。模拟真人现场教学中,专业书法老师通过视频进行真人示范,传授书写技能。在练字过程中进行实时监测,用户书写的每一个笔画实时传输,APP对笔顺进行智能判断。还设有趣味练字挑战赛,并以游戏化的方式,让用户主动学习。专业书法老师对用户作业进行点评,个性化地指出其不足之处,可以精准解决用户练字过程中出现的问题。据华为应用统计,该APP共有26万次安装。图4是其界面展示。

图 4 "乐写字" APP 展示

习字类 APP 的主要目的是让用户掌握汉字的基本书写方法，掌握汉字的笔画和笔顺。目标用户是学龄前儿童、学龄儿童，内容多选取教育部教材中出现的汉字和词语。

3. 识字类 APP

在内地汉字书写 APP 中，具有书写教学环节的识字类 APP 共有 26 个，占 25.5%。其中"益智识字认字写字板"和"布布识字"两款下载量最高，具有代表性。

（1）益智识字认字写字板

"益智识字认字写字板" APP 是一款面向 2—8 岁儿童的识字、写字启蒙软件，提供应用内购买。该 APP 涵盖简单的汉字认知和学习笔画笔顺的练字书法卡片，是锻炼孩子练习写字、学写字的练习板，也可培养儿童看图认字的能力，让幼儿从娱乐中学会基础生字。应用特色在于画风可爱，颜色灵动活泼，具有听说读写多种学习功能。APP 内分"学习模式""训练模式"和"娱乐模式"三大板块，从基础笔顺学习开始，到听歌谣加深对汉字的印象，让用户在提示音的引导下，掌握汉字书写的笔画顺序和简单技能。据华为应用统计，该 APP 共有 4 万次安装。图 5 是其界面展示。

图 5 "益智识字认字写字板" APP 展示

（2）布布识字

"布布识字" APP 是一款面向 3—6 岁儿童的识字软件，曾入选 CCTV 亲子品牌计划，提供应用内购买。该 APP 采用"汉字思维"体系，用神话故事引出汉字，以字根构建常用字，再以常用字联系语汇，让孩子在故事中学习汉字，培养孩子的"汉字思维"。课程的内容包含 3200 个常用字词句扩展、1600 个汉字小故事、1988 个识字游戏、67 集神话故事。主要特点是启发式情景教学、结构记忆、感官训练、系统记忆、AI 私教，以及采用艾宾浩斯记忆法制定复习时间。据华为应用统计，该 APP 共有 2188 万次安装。图 6 是其界面展示。

图 6 "布布识字"APP 展示

识字类 APP 的主要目的是通过认识汉字与学习汉字书写掌握汉字。该类 APP 多与市面上较为常见的语文官方课本配套，受众群体大多为学龄前儿童与学龄儿童。这类 APP 一般内容丰富，形式多样，重视汉字书写学习的趣味性，激发用户学习兴趣。但绚丽的画面、刺激的游戏等，可能容易让低龄儿童注意力分散，在学习中家长的陪伴监督必不可少。

（二）港澳地区

1. 书法类 APP

在收集到的共 43 个港澳地区汉字书写 APP 中，书法类 APP 共计 5 个，占 11.6%。下面介绍下载量较高的两款。

（1）临池轩书法

"临池轩书法"APP 是一款提供应用内购买项目的书法学习软件。在华为应用市场与苹果应用市场的港澳地区上架。目标客户是 4 岁及以上的书法学习者。软件内包含"首页""活动""文创""书友圈"和"我"五个板块。具有碑帖展示的功能，能够展示高清图片、释文、译文等资料，并支持下载和打印；能够任意查询碑帖中的单字图片，并有米字格、田字格等供用户选择；具有"重影比对"功能，可与用户临摹字作比较、修改。稍有不足的是，软件内植入广告较多，影响用户使用。据华为应用市场统计，该APP共有40万次安装。图7是其界面展示。

（2）CalliPlus Chinese Calligraphy

CalliPlus Chinese Calligraphy 是 Sourav Dey 开发并提供应用内购买项目的中国书法移动字典。通过该APP可查询历史上著名书法家的书法作品。该APP支持查找单字，使用者可据此了解不同书法家的风格书写，列出书法家的信息。此外，该APP具有字符放大功能，支持用手指在屏幕上写字，提供网格线和汉字轮廓线方便书写练习，并具有保存笔迹与书法作品的功能。图8是其界面展示。

图7 "临池轩书法" APP 展示

图8 "CalliPlus Chinese Calligraphy" APP 展示

2. 习字类 APP

港澳地区习字类 APP 共计 11 个，占 25.6%。下面介绍下载量最高的两款。

（1）How to write Chinese character-Stroke order

How to write Chinese character-Stroke order 是由 Edgar Rosario Martinez 开

发并提供的汉字学习 APP。该 APP 列出了常用字符的每一笔，通过每个字符的简单英语含义、中文繁体字符集 4672 个常用字符的笔画顺序与广东话和普通话的发音的结合，为初学汉语的学习者提供书写汉字的帮助。图 9 是其界面展示。

图 9 "How to write Chinese character-Stroke order" APP 展示

（2）中文笔顺

"中文笔顺"APP 是一款针对书法爱好者的练字软件。拥有两万多个汉字的中文笔顺与拼音标注，配备真人发音，支持简繁转换。能够查找内地小学人教版、苏教版、北师大版语文教材内的汉字的笔顺写法。并支持不同难度的手写临摹功能，配备手写自动检查引擎。据苹果应用商店统计，该软件共有 359 次评分，分值在 4.5 左右。图 10 是其界面展示。

港澳地区的习字类 APP 的受众群体与内地相比更加有针对性，用户范围集中在中小学生。在 APP 内容的选择上，港澳地区的习字类 APP 同样像内地会更多地结合教材，不同的是除了结合内地的教材，还会结合港澳地区的教材，扩大用户内容的学习范围。

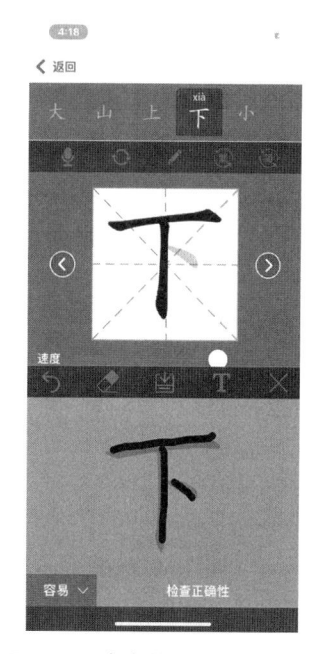

图 10 "中文笔顺"APP 展示

3. 识字类 APP

在收集到的共 43 个港澳区域汉字书写 APP 中，具有书写练习功能的识字类 APP 共有 27 个，占 62.8%。下面将从中选取下载量最高的 2 款 APP 进行说明，分别为香港小学习字表、认字识词。

（1）香港小学习字表

"香港小学习字表"APP 由星盟科技公司研发的根据教育局《香港小学学习习字词表》指引设计，以香港小学生为目标用户人群，帮助其认识中文字的正确笔顺。软件内采用繁体字，主要分为汉字搜寻和教育文章两大板块。展示汉字的部首、动态笔顺、总笔画数、字典页码、英文解释以及普通话、粤方言的发音，还显示与所查询的汉字有关的词语与成语，并配备有普通话和粤方言的发音。能够直接在查询汉字的页面进行描摹书写。美中不足的是该软件内广告较多。据华为应用市场统计，香港小学习字表共有 15 万次安装；据苹果应用商店统计，共有 320 个评分，评价为 3.6 分。图 11 是其界面展示。

图 11 "香港小学习字表"APP 展示

（2）认字识词

"认字识词"APP 是由 Eternal Technology Consulting Limited 开发的针对 6—8 岁儿童的一款中文汉字识记与书写软件。所选的汉字是参考了香港、台湾、大陆三地教育机构的编著汇合而成，选取了其中最简单、常用的字开始，由浅入深地通过游戏闯关的形式进行教授。软件采用了简体、繁体相结合的显示方式，每个故事都有若干例句，以不同的方式使用生字来增加小朋友对汉字的认识。课前课后都有配套的写字练习，在观看完示范的写字笔顺后可以进行直接在手机上进行书写，并及时修改、订正。该软件曾入选香港、台湾及澳门地区 App Store "2015 年度精选 Best of 2015" 及在 "儿童类，文字游戏及教育类销量榜、下载榜" 排名第一。图 12 是其界面展示。

图 12 "认字识词" APP 展示

港澳地区的识字类 APP 与内地的一样会与语文教材相配套，不同的是，港澳地区的识字类 APP 还会加入一些名著作为学习的内容。除此之外，港澳地区的识字类 APP 的内容不仅有中文简体，还会有中文繁体，甚至有的会有英文，为用户提供多样的学习内容。同样地，该类 APP 不仅会提供字词的普通话发音，也会提供粤方言发音，可以使用户更全面地了解汉字。

四 相关建议

内地与港澳地区的汉字书写 APP 在服务方式、服务类型、服务对象上大致相同，主要不同在于内容类型的比例。从调查中可以看出，书法类 APP 未受到港澳地区市场的重视，其开发者大多源于内地，相较于内地的书法类 APP 总体占比，由港澳当地研发的书法类 APP 数量很少。此外，在 APP 内可供使用的语言类型中，港澳地区大多采用中文繁体，而内地则大多采用中文简体，产生此现象的原因是不同地区所实施的不同语言政策。内地汉字书写 APP 的开发者在港澳地区发布软件时，大多简单地将软件名称改为中文繁体，软件内容所选用的语言类型仍是中文简体，未根据地区特点进一步适配软件的内容。

从调查的汉字书写 APP 的情况来看，市场上的产品质量有高有低，参差不齐。整体上软件的设计和研发还有较多的提升空间。高质量的汉字书写 APP，需要汇聚教育学、语言学、书法学等相关领域的专家，携手信息化团队共同合作开发。针对目前市场上主流 APP 存在的一些问题，我们提出以下建议。

第一，具体内容上，一些APP中都不同程度出现了笔画错误、拼音错误、字体混杂等问题，这会误导汉字书写学习者。因此有关部门应在APP推出前做好质量监管工作，设计方在研发APP时也要聘请相关专家指导审查相关内容，APP设计时和使用中要接受用户反馈的界面，帮助共同纠正错误，提升产品质量。还有一些APP中存在字词没有注音、讲解中缺少例句、讲解速度过快、导出的字帖较为模糊、屏幕上临摹容易断笔等问题，这都需要在APP设计时或使用中加以纠正。

第二，部分APP在板块设计和特色功能上重合度较高，需要注重自身独特性。个别软件只是简单复制其他APP，其特色不够明显，用户数量较少，且互动较少，造成了一定程度的资源浪费。建议汉字书写APP在遵守汉字规范的基础上，做到界面简洁大方，并在双向互动式服务上多下功夫。要学习港澳地区汉字书写APP的目标用户群定位准确，在应用市场中，将适用用户特征精确到年龄层。提高目标用户群的准确程度有利于软件自身定位，从而开发出更具创造性、独特风格的汉字书写APP。

第三，港澳地区的汉字书写APP在服务内容类型占比上分布不均，书法类APP占比最少。这主要是受到不同地区的文化、历史底蕴以及语言政策的影响。且该地区现存的APP多由内地研发，软件内容、语言选择、使用习惯等没有进一步适配，这实际上不利于当地用户使用、学习。建议立足于服务港澳地区的汉字书写APP开发商，适当增加书法类APP的研发强度，可参考内地一些优质优秀书法类APP，做好汉字书写传统的传承。

第四，服务类型上，一些APP开发者未能考虑到用户的费用承受能力，存在收费定价较高，收费后无法正常使用收费内容等情况，因此监管部门有必要规范APP有偿服务内容及收费标准，并保障有偿服务的顺利到位。

此外，一些汉字书写APP的界面存在不够简洁的情况。有的背景音乐稍显嘈杂，部分画幅与屏幕尺寸不太匹配，这些问题都不太利于使用者的使用。在界面设计上建议从用户的角度出发，优化软件界面与交互体验，给用户更多使用上的自主选择，如利用筛选功能供用户自主选择。

（王毅力、余慧文、李昕健）

第二部分

人文湾区语言服务

导　语

《粤港澳大湾区发展规划纲要》提出要坚持以人民为中心的发展思想，积极拓展粤港澳大湾区在教育、文化、旅游、社会保障等领域的合作，共同打造公共服务优质、宜居宜业宜游的优质生活圈；倡导要共建人文湾区，塑造湾区人文精神，共同推动湾区文化繁荣发展。人文湾区的建设发展，需要语言助力，需要加强语言服务调查与研究，贡献语言学智慧。

本部分包含五篇报告，分别就粤港澳大湾区方言传承问题、方言表情包、地名用字、十三行领域翻译等进行语言服务方面的调查和研究。《惠州客家话家庭传承情况调查》调查了惠州客家人对客家话的语言态度、使用场合等情况，提出宣传习得多语增智、利用新媒体营造客家话传承氛围等方言传承发展的建议。《粤方言微信表情包服务》收集313个粤方言微信表情包专辑，对其基本情况、用语情况和用户偏好情况等加以介绍和分析，探讨了粤方言微信表情包与广府文化传承之间的紧密关系。《珠三角地区大学生方言传承与服务》调查了珠三角地区方言传承出现问题的11位大学生，结合调查材料，以质性研究方法分析了其方言传承出现问题的原因，提出了相应的语言服务对策。《广州市地名通名用字用词服务》梳理分析广州市下辖11个区内11 800个地名中的通名用字用词情况，特别提出要在城镇化过程中，注意对现存的原生地名通名的保护，要认识到地名通名用字用词在记录地理变迁、人类历史文化发展方面的重要意义。《广州十三行语言翻译服务状况》以广州十三行为切入点，梳理粤港澳大湾区作为语言翻译服务重镇的历史，强调语言翻译服务对十三行研究学术话语系统建构的贡献，并为十三行未来的语言翻译服务发展方向提出建议，认为要规范十三行研究的术语翻译、打破十三行学术翻译的逆差、彰显十三行语言翻译服务的译者身份、推广多模态翻译等。

（王文豪）

惠州客家话家庭传承情况调查

粤港澳大湾区存在着以粤方言为主、潮客方言为辅的多言现象，以及英语为主，法、葡等语言为辅的多语现象。大湾区内惠州属于客家话为主的地区。我们拟以惠州为点，考察客家话在大湾区的家庭传承情况。经过初步访谈发现，以客家话为母方言的惠州客家人，相当一部分还通晓粤方言、学佬话（潮汕话的一种）和普通话，语言学习和运用能力超乎我们的想象。这让我们对惠州人的语言习得和客家话家庭传承情况产生了极大兴趣。

一 惠州及当地语言基本情况

惠州地处粤港澳大湾区东岸，下辖惠城区、惠阳区、惠东县、博罗县和龙门县，设有仲恺高新技术产业开发区和大亚湾经济技术开发区两个国家级开发区。惠州在隋唐已是"粤东重镇"，是东江中下游的中心城市，处在客家文化、广府文化和潮汕文化的交汇地带。客家人是惠州人数最多的群体。

惠州主要通行客家话，当地人认为还有部分人说本地话。本地话是指惠州旧城里的老居民使用的方言，它覆盖的区域包括：惠城区市区、郊区以及沥林、水口、马安、平潭、横沥、芦洲、汝湖等分布在东江流域的镇；惠阳区的平潭与良井、永湖、镇隆、秋长等乡镇街道；惠东县西北角与惠城区交接的地方，即多祝镇的三胜、明溪，大岭镇的大埔、蕉田等少数村落；博罗县南部东江北岸，如罗阳（县城）、龙溪、龙华、湖镇、横河、杨村、公庄、观音阁等镇少数村落；龙门县东南部的平陵、路溪等乡镇。惠州本地话到底是归属客家话还是归属粤方言，尚有争议，从它所具有的特点来看，跟客家话相似的地方多于跟粤方言相似的地方。庄初升在《广东省客家方言的界定、划分及相关问题》[①]一文中认为以惠州话为代表的东江流域"本地话"应该划归客家方言，属

[①] 庄初升《广东省客家方言的界定、划分及相关问题》，上海师范大学《东方语言学》第四辑，上海教育出版社，2008年。

于老客家话，居民一般都没有自觉的客家族群意识，与"新客家话"有显著不同。"老客"被认为是唐五代以后，特别是两宋期间直接由江西等地进入广东东江中、上游地区而基本不再转徙的迁民，这些迁民所带来的方言成为今天"老客家话"的直接源头；"新客"是唐五代以后由江西等地迁入福建西部宁化、长汀一带，宋元之交到明末之间再陆续迁徙到粤东、粤北等地的迁民（也包括清初以后由粤东、粤北再事迁徙的迁民），他们与先期到达的"老客"比邻而居。

本报告客家话指的是"新客"，惠州本地话单列出来。不论本地话是不是客家话的一种，均不影响本报告的讨论。

二 问卷设计与调查样本

（一）问卷设计

此次调查采用问卷星系统，问卷共33题，大致分为"基本信息""家庭语言生活状况""语言能力""语言使用和选择""语言态度和评价"等几个方面。共收到问卷319份，其中有效卷319份，有效率为100%。针对不同类型调查对象，又抽样进行了访谈。

（二）样本构成

1. 性别构成

319位接受调查者分别来自不同家庭，其中男性102人，占31.97%；女性217人，占68.03%。

2. 年龄构成

表1 样本人群年龄段分布

年龄	17岁以下	18—22岁	23—30岁	31—40岁	41岁以上
人数	6	214	42	26	31
占比/%	1.88	67.08	13.17	8.15	9.72

22岁以下的年轻人占68.96%（其中绝大部分为18—22岁的在校大学生），这与我们的调查初衷有关。年轻人是语言传承的主力军，我们重点关注年轻人特别是大学生的语言家庭传承，问卷发放主要面向大学生。

3. 文化程度构成

表 2　样本人群文化程度构成

受教育程度	初中及以下	高中（中专）	大专	本科	研究生及以上
人数	17	22	62	212	6
占比 /%	5.33	6.90	19.43	66.46	1.88

样本人群中大专及以上学历的有 280 人，占 87.77%。我们重点调查当代大学生对自己母方言的传承意识，考察他们的语言能力、语言选择、语言态度等情况。

4. 职业构成

表 3　样本人群职业构成

职业	全日制学生	机关单位/事业单位人员	企业、服务业从业人员	自由职业者	离退休人员	其他
人数	221	31	32	18	4	13
占比 /%	69.28	9.72	10.03	5.64	1.25	4.08

全日制学生（69.28%）占了三分之二多，符合我们的调查目的。

5. 样本人群父母籍贯和是否会说客家话

表 4　样本人群父母籍贯

父母是否惠州客家人	父母都是	父亲是，母亲不是	母亲是，父亲不是
人数	218	53	48
占比 /%	68.34	16.61	15.05

表 5　样本人群父母是否会说客家话

父母亲是否会说客家话	父母亲都会说	父亲会说，母亲不会	母亲会说，父亲不会	父母都不会
人数	292	13	8	6
占比 /%	91.54	4.07	2.51	1.88

本报告的目的是考察惠州人的客家话家庭传承情况，对样本的一个要求是父母至少有一方是惠州本地客家人。表 4、表 5 联系起来可看出惠州地区客家话是权威语言。不是惠州客家人的父母加起来共 101 人，但不会说客家话的父

母加起来只有33人，前者远多于后者，这说明有很多父母不是客家人却会说客家话，充分体现了客家话在惠州的影响力。

6. 样本人群跟祖辈居住过情况统计

表6 样本人群跟祖辈居住情况统计

是否跟爷爷奶奶或外公外婆住在一起过	是	否
人数	187	132
占比/%	58.62	41.38

在跟祖辈一起居住的187位调查对象中，其祖辈会说客家话的有164位，占总数87.70%；其祖辈不会说客家话的有12位，占总数6.42%。另11位选择没填。

三 客家话水平与多语能力

我们来看调查对象对自己客家话的评价。

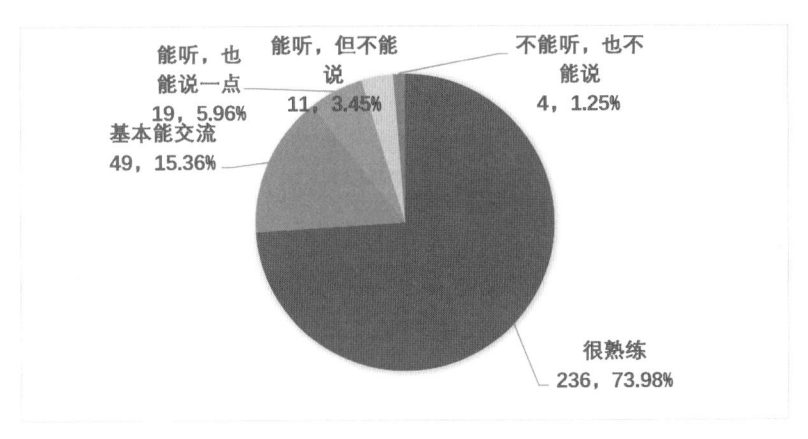

能听，也能说一点 19，5.96%
能听，但不能说 11，3.45%
不能听，也不能说 4，1.25%
基本能交流 49，15.36%
很熟练 236，73.98%

图1 调查对象客家话掌握状况

从图1数据能够看出，绝大部分调查对象能够说客家话。能够熟练运用客家话的占比最大，达73.98%；能够运用客家话进行基本交流的占15.36%。有30人不能很好地掌握客家话，处于只会听，不怎么会说的水准；另有4位完全听不懂也不会说。这表明客家话在惠州地区得到了较好的传承，但也有10.66%的调查对象基本不会说客家话。

惠州客家地区处在客家文化、广府文化和潮汕文化的交汇地带。客家人最多，境内客家话处于优势地位。惠州本地话我们称为"老客"，跟客家话实际差别也较大，本报告单列出来。还有一部分说潮汕话的居民，惠州也叫学佬话。粤方言是广东强势方言，在惠州很多客家人主要通过广播电视也学会了粤方言。惠州的90后、00后普通话和英语多数都是在学校学会，掌握程度也普遍较好。从表7（见101页）中可以看出，掌握了3种以上语言的人数占比达到75%以上。这说明惠州地区客家人处在多种语言人群中，多语能力强，语码转换快。

根据详细数据，只会说客家话的4位调查对象都在40岁以上，只会说普通话的4位都在18—22岁。从表7数据可以看出，有97.50%的调查对象都会说多种语言。其中会说3种以上语言的多为18—22岁的调查对象。我们对掌握4种以上语言的调查对象进行了数据调查和深度访谈，发现他们的父母大多只有一方是客家人，他们分别习得了父亲和母亲的方言，在上学后学习了普通话和英语，在和同学的交流中学习了其他语言，从而成了名副其实的多语能力者。可见调查对象的多语码使用能力普遍较强。

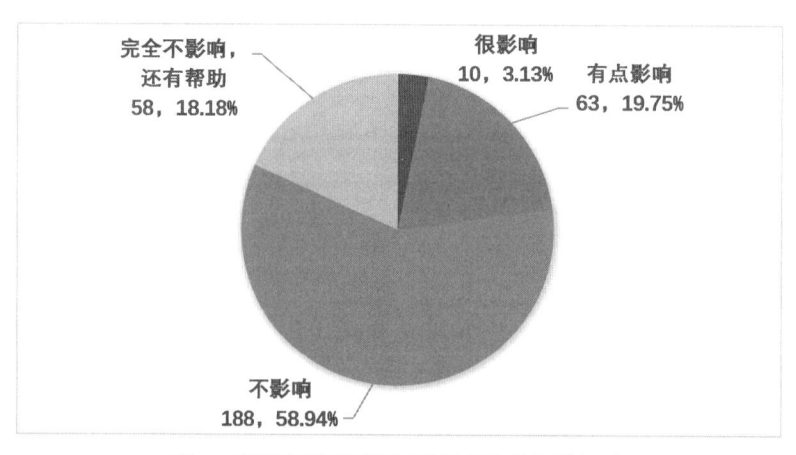

图2　掌握客家话对学习普通话和英语的影响

关于掌握客家话对学习普通话和英语的影响，从图2数据可以看出，77.12%的调查对象认为掌握客家话并不影响学习普通话和英语，其中有18.18%的人认为不仅完全不影响，还有帮助；有19.75%的调查对象认为有点影响；认为很影响的人很少，只占3.13%。这表明掌握客家话对学习其他语言的影响较小。从语言学习的角度来说，实际上还有帮助。

表7 调查对象的语言掌握情况 *

能使用的语言	1 种		2 种						
	客	普	客+普	本+普	客+本	潮+普	本+潮	普+英	普+其他
人数	4	4	58	4	3	1	1	1	1
占比/%	1.25	1.25	18.18	1.25	0.94	0.31	0.31	0.31	0.31
	2.50		21.63						

能使用的语言	3 种												
	客+粤+普	客+普+英	客+本+普	客+本+其他	客+普+潮	本+普+英	客+本+普	本+普+普	客+本+潮	客+粤+英	客+本+英	客+粤+粤	粤+普+英
人数	29	24	17	8	4	3	2	2	1	1	1	1	1
占比/%	9.09	7.52	5.33	2.51	1.25	0.94	0.63	0.63	0.31	0.31	0.31	0.31	0.31
	29.47												

能使用的语言	4 种												
	客+粤+普+英	客+本+粤+普	客+本+普+英	客+本+普+粤	客+潮+普+英	本+潮+普+英	客+粤+普+其他	客+潮+普+其他	客+普+英+其他	客+本+普+其他	客+粤+普+其他	本+潮+粤+普	客+本+潮+普
人数	40	16	7	4	3	3	2	2	1	1	1	1	1
占比/%	12.54	5.02	2.19	1.25	0.94	0.94	0.63	0.63	0.31	0.31	0.31	0.31	0.31
	25.71												

能使用的语言	5 种									6 种		7 种
	客+本+粤+普+英	客+本+粤+潮+普	客+本+潮+粤+英	客+粤+潮+普+其他	客+本+潮+粤+其他	客+粤+普+英+其他	客+本+普+英+其他	潮+粤+普+英+其他	本+潮+粤+普+英	客+本+潮+粤+普+英	客+本+粤+普+英+其他	客+本+潮+粤+普+英+其他
人数	26	9	7	2	1	1	1	1	1	10	4	3
占比/%	8.15	2.82	2.19	0.63	0.31	0.31	0.31	0.31	0.31	3.13	1.25	0.94
	15.36									4.39		0.94

* "客"为客家话,"本"为本地话,"潮"为潮汕话,"粤"为粤方言,"普"为普通话,"英"为英语,"其他"为没有列举出来的语言。

四 交际场合、对象与语言选择

到什么山唱什么歌,看什么人说什么话。语言的选择跟交际场合、对象密切相关。来看相关数据,我们收集了调查对象的语言使用状况,分为家庭场合不同对象交流的语言使用状况、在居住地不同场合交流的语言使用状况以及在特定场景下的语言使用状况,分别见表8、表9、表10。

表8 家庭场合不同对象交流的语言选择

家庭关系	客家话	本地话	粤方言	学佬话	普通话	其他
父亲	210（65.83%）*	45（14.10%）	8（2.51%）	25（7.84%）	28（8.78%）	3（0.94%）
母亲	229（71.79%）	36（11.29%）	7（2.19%）	11（3.45%）	26（8.15%）	10（3.13%）
兄弟姐妹	188（58.93%）	39（12.23%）	6（1.88%）	16（5.01%）	65（20.38%）	5（1.57%）
祖辈	226（70.85%）	52（16.3%）	5（1.57%）	24（7.52%）	8（2.51%）	4（1.25%）

* 括号外为样本数,括号内为占比,下同。

家庭内部交流中,调查对象用客家话与祖辈和父母亲交流的人数都达到或接近三分之二,与同辈兄弟姐妹交流的就只有58.93%了。普通话则是反过来,用普通话与兄弟姐妹交流的有20.38%,与父亲交流的只有8.78%,与母亲交流的只有8.15%,与祖辈就只有2.51%了。从表8数据可以看出,客家话的使用在家庭域中占比最高,表明客家话在家庭交流语言使用中占主要地位,在调查对象与祖辈和父母辈的交流中占据优势,在与兄弟姐妹的交流中也达到一半以上。但有一个趋势值得注意,那就是家中兄弟姐妹之间使用普通话的有65人,表明普通话的使用在当代客家家庭环境中得到了扩大。

表9 居住地不同场合交流的语言选择

场合	客家话	本地话	粤方言	学佬话	普通话	其他
日常场合	183（57.37%）	19（5.96%）	5（1.57%）	4（1.25%）	105（32.91%）	3（0.94%）
菜市场买菜	219（68.65%）	29（9.09%）	8（2.51%）	4（1.25%）	57（17.87%）	2（0.63%）
商场购物	127（39.81%）	17（5.33%）	5（1.57%）	3（0.94%）	165（51.72%）	2（0.63%）
政府部门办事	72（22.57%）	9（2.82%）	3（0.94%）	3（0.94%）	229（71.79%）	3（0.94%）

表9显示,调查对象在菜市场这种当地人居多的地方使用客家话的比率为68.65%,超过三分之二。日常场合是指居民之间日常碰面打招呼、聊家常的情

况，在日常场合使用客家话的比率为57.37%，超过一半。而普通话正好相反，在政府部门办事这种正式场合使用人数为229，超过三分之二；在商场这种比较高端的地方购物时使用人数为165，超过一半。这表明在居住地不同场合的语言选择中，客家话在菜市场买菜和日常场合的情境中使用率较高，而在政府部门办事和商店购物的情境中，普通话的使用率较高。这说明调查对象在非正式场合中多倾向于使用客家话，在正式场合中多倾向于使用普通话。

表10 特定场景下的语言选择

场景	客家话	本地话	粤方言	学佬话	普通话	其他
课堂上	19（5.96%）	3（0.94%）	4（1.25%）	0（0%）	289（90.6%）	4（1.25%）
课外	86（26.96%）	10（3.13%）	5（1.57%）	2（0.63%）	215（67.4%）	1（0.31%）
读书看报时	32（10.03%）	5（1.57%）	2（0.63%）	2（0.63%）	275（86.20%）	3（0.94%）
自言自语或沉思默想时	90（28.21%）	18（5.64%）	3（0.94%）	5（1.57%）	200（62.7%）	3（0.94%）

在特定场景下的语言使用状况中，从表10中数据可以看出，普通话的使用在列举的四种情况中都是占比最高的。在课堂上的占比最高，达90.6%，表明普通话在课堂上几乎完全普及。其次是读书看报时，占86.20%，表明调查对象在汉字语音的影响下，在阅读文字时多使用普通话。在课外和自言自语或沉思默想的情况下，普通话的使用占比有所降低，而客家话的使用占比有所上升，表明在课外和自言自语或沉思默想的情况下，客家话会得到较多的使用。

五 语言态度

对客家话和普通话的评价我们设立了三个选项，作为多选题出现。具体选择情况见表11。

表11 客家话、普通话评价统计

评价	客家话		普通话	
	人数	占比/%	人数	占比/%
亲切好听	257	80.56	175	58.46
有社会影响	140	43.89	225	70.53
有用	168	52.66	229	71.79

客家话作为惠州权威方言，在方言群体中容易激发人们的情感共鸣，因此多达 80.56% 的调查对象认为客家话更加亲切好听。客家方言本身为全国七大方言之一，使用人口有 5000 万左右，具有一定的社会影响力和地域实用性。普通话作为各民族、各区域间的交流共同语，在社会影响和有用评价方面显然都高出客家话，到了 70% 以上，说明普通话国家通用语言的地位不可替代，日益成为人们进行社交的首选语言。

表 12 希望下一代学客家话的态度

态度	人数	占比 /%
希望	183	57.37
顺其自然	127	39.81
无所谓	8	2.51
不希望	1	0.31

表 13 对客家话进幼儿园的态度

态度	人数	占比 /%
很好，有必要	150	47.02
无所谓	68	21.32
没必要	101	31.66

随着人口流动增强，人们对配偶的选择呈现多地域的分布，孩子的母方言多半会根据地域、另一半的母方言情况、带孩子的祖辈母方言情况等进行选择。因此客家年轻人对下一代学客家话的态度持顺其自然和无所谓态度的有 135 人，占比 42.32%。

以往方言传承的重要性极少被宣传，导致人们对于客家话传承的重要性认识并不深刻。学校主张说普通话，人们对客家话进幼儿园觉得无所谓和没必要的占到了 52.98%。

表 14 对客家话播新闻和拍影视剧的态度

态度	客家话播新闻		客家话拍影视剧	
	人数	占比 /%	人数	占比 /%
亲切，有必要	202	63.32	167	52.35
无所谓	65	20.38	90	28.21
没必要	52	16.30	62	19.44

惠州虽说以客家话为主，但广东粤方言是权威方言。客家年轻人从小接触的就是普通话或粤方言等影视剧，新闻播报除了普通话以外，也多半只听过粤方言播报，形成了固定观念。调查对象认为用客家话播新闻无所谓和没必要的占36.68%，拍影视剧无所谓和没必要的占47.65%。

在问到对客家话使用与传承的态度时，284人都鼓励在一定场合使用并传承，30人表示不鼓励也不反对，5人表示难以回答。客家人对自己的母方言有较深的情感，因此人们纷纷表示鼓励在一定场合下使用并传承。

在问客家话的传承中哪些是重要因素，我们给出了"家庭环境""社会环境""学校教育""政府倡导""其他"五个选项，可以多选。认为家庭环境是重要因素的有304人，认为社会环境重要的有260人，认为政府倡导重要的有149人，认为学校教育重要的139人，认为其他方面重要的有6人。孩子的童年时期是语言学习的敏感期和关键期，孩子在这个时期具有很强的语言学习能力，家庭是孩子的语言第一学习环境，社会环境是学习语言的第二重要环境。政府倡导体现在加强客家话的宣传力度，如地方政府网站可以有客家语言文化的介绍等。学校教育使用的语言是普通话，如果在学校第二课堂能够适当学习一些客家语言文化，也能促进客家话的学习。

在问到对客家话传承有什么好的建议和想法时，很多人都给出了建议，如：爷爷说宁卖祖田莫忘祖言，从娃娃抓起，从小学习方言，保留客家文化根基；幼儿园、学校都应该鼓励孩子学习方言，年轻父母不要为了让小孩从小学习外语就忘了学习自己的方言，掌握自己所该传承的文化才是为人立世之本；希望政府能鼓励新惠州人学习说客家话，融入本地文化，特别是南北结合的家庭；粤方言在八九十年代广为传播是因为香港优秀影视剧和歌曲的创作，因此客家话的传承也需要借助于艺术作品，一首脍炙人口的客家方言歌曲，一部客家人生活的纪录片，一部客家方言的影视剧作品，都可以非常有效地帮助客家话传承；要抓住年轻人，让年轻人感兴趣，要在网络像东北话、粤方言那样有梗出圈。有一位调查对象说得特别好："或许在很多人眼里，方言和普通话之间在某种程度上存在矛盾关系，但在我看来，两者并不冲突。什么场合说什么话，对什么人说什么话，提倡普通话不代表方言就会失去传承。方言是我们在出生地的根，普通话是对于别国而言我们的根，本是同根生，无须对立。我们提倡普通话的同时也需要宣传方言的不可替代性。"

六 家庭因素对客家话传承的影响

为了精准了解客家话家庭传承受哪些因素影响,我们从留下联系方式的75位调查对象中挑选了14位,通过访谈进一步了解其客家话的家庭传承情况。访谈对象除五号是在读研究生外,其余都是在读本科生。表15的9位访谈对象居住地都是惠东县平山和大岭街道(属于惠东县城),表16的5位访谈对象居住地都是惠州市惠城区。

表15　惠东县访谈对象家庭域语言使用状况

访谈对象编号	一	二	三	四	五	六	七	八	九
性别	女	男	男	女	男	女	女	女	男
父母母方言	客家	客家	客家	父：客家，母：潮汕	父：潮汕，母：客家	父：潮汕，母：客家	父：客家，母：潮汕	父：潮汕，母：客家	父：客家，母：海南黎话
父亲学历	初中	初中	高中	初中	高中	初中	本科	大专	大专
母亲学历	小学	初中	初中	小学	小学	小学	大专	大专	本科
掌握语言数	4	3	5	3	4	6	3	4	4
客家话自评*	5	5	5	5	4	3	4	4	3
父母交流	客家	客家	客家	客家	父：潮汕，母：客家	客家	客家	客家	客家
与父交流	客家	客家	客家	客家	潮汕	潮汕	客家	普通话	客家
与母交流	客家	客家	客家	客家	客家	客家	普通话	客家	普通话
与祖辈交流	客家	客家	客家	客家	潮汕	潮汕	潮汕	潮汕	客家
与同辈交流	客家	客家	客家	客家	潮汕	普通话	客家	普通话	(无)

＊访谈对象按照下面标准对自己的客家话打分。5分为非常熟练,交谈自如,发音很标准;4分为熟练,交谈自如,发音比较标准;3分为比较熟练,交谈无障碍,发音基本正确;2分为能交流,有少许发音不标准;1分为基本能交流,有时有些许障碍,发音不太标准。表16同。

表16　惠州市惠城区访谈对象家庭域语言使用状况

访谈对象编号	十	十一	十二	十三	十四
性别	女	男	女	男	女
父母母方言	客家	父：客家，母：本地	父：深圳龙岗客家，母：客家	父：客家，母：江西吉安话	父：韶关客家，母：客家
父亲学历	本科	本科	高中	本科	大专
母亲学历	高中	小学	高中	本科	本科

（续表）

掌握语言数	4	3	2	2	3
客家话自评	5	5	5	4	2
父母交流	客家	客家	客家	普通话	普通话
与父交流	客家	客家	普通话	普通话	普通话
与母交流	客家	本地	普通话	普通话	普通话
与祖辈交流	客家	本地	客家	客家	客家
与同辈交流	普通话	普通话	普通话	（无）	（无）

14位访谈对象可以从三个维度考察。一是从居住地来看，惠东县城和惠州市区客家话家庭传承有无区别；二是从父母双方是客家人和一方是客家人来看，比较客家话使用频率的高低；三是从父母文化程度来看，看文化程度高低和普通话使用频率是何种关系。

先看居住地。表15的9位居住在惠东县县城，表16的5位居住在惠州市惠城区。两表对比可明显看出，惠城区家庭内部交流普通话的使用率要高于惠东县城。这是因为惠州市惠城区流动人口多，普通话作为通用语言有更强的需求。

再从父母双方是客家人和一方是客家人来观察。表中访谈对象一、二、三、十这4位的父母双方都是客家人，一、二、三号家庭内部交流全部使用客家话。惠城区十号只与同辈使用普通话。这说明如果父母双方都是惠州客家人，那么通常家庭内部之间基本说客家话，客家话传承会很好。

而父母只有一方是惠州客家人，家庭内部说客家话的比例一般来说可能会降低。这里还细分四种情况。第一种情况是四号访谈对象，母亲不是客家人，但会说客家话，家庭内部交流全部使用客家话。第二种情况是五、六、十一号访谈对象，同时习得父亲和母亲的母方言，跟父母亲分别说他们的母方言。第三种情况是七、八、九号访谈对象，跟父母中非客家的一方直接说普通话。第四种情况是十二、十三、十四号访谈对象，跟父母亲均说普通话。

最后看父母文化程度。一般来说，父母文化程度高低与普通话使用率高低成正比。文化程度高的家庭，内部交流的普通话使用率也会提高，说明方言使用的重要性远没有得到重视。像七、八、九、十二、十三、十四号访谈对象家庭内部普通话使用范围明显加大。

我们请访谈对象给自己的客家话自评打分。一、二、三、四、十、十一、十二号都给自己客家话打了满分5分。一、二、三、十号父母都是惠州客家人，十二号父母也都是客家人,只不过父亲是深圳龙岗客家人。四号母亲虽不是客家人,但在家庭内部都改说客家话了。

七 思考与建议

总体来看,客家话在惠州家庭内部传承比较稳定,但我们也看到惠州市惠城区家庭内部使用普通话正在成为一种趋势,越是文化程度高的家庭这种趋势越明显。这说明普通话推广在文化程度高的家庭深入到了家庭内部。年轻一代开始出现普通话就是自然母语的人群,"非方言族"人口逐渐出现。我们给出以下几方面的服务建议,促进客家话在家庭内部稳定传承。

(一)树立客家话家庭传承意识

在年轻一代客家人中树立客家话家庭传承意识。方言的保留有助于保持语言的多样性,说普通话和传承方言并不矛盾。客家话作为一种在惠州较为强势的方言,总体而言在惠州传承得比较好,但变化也在悄无声息地进行。惠州年轻一代需要树立在家庭内部传承客家话的意识,如果意识缺乏,加上社会流动性加快,就容易形成方言断代,没法继续传承。现在社会城市化进程加快,惠州家庭父母只有一方是客家人的情况非常普遍,很容易造成父母之间只说普通话,如十三、十四号父母之间就说普通话,访谈对象跟父母亲也都说普通话,家庭内部交流语言变成了普通话。十三、十四号访谈对象是跟爷爷奶奶住在一起才习得了客家话。家庭是方言最重要的传承基础,如果家庭内部都不说方言,那么这种方言就会加快衰退并消亡。

父母文化程度高的家庭内部语言较容易变成普通话,这跟父母语言多样化意识缺乏有关。我们要大力提倡方言保护,让家长意识到方言传承家庭最重要,不要把普通话作为家庭主要交流语言,尽量让方言在家庭中传承下去。惠州惠城区内有较多的外来人口,在公共场合,客家话的使用率已大大低于普通话。惠东县城客家话的使用率也有降低趋势。让家庭成为方言传承最重要的堡垒,只要家庭内部坚持用方言交流,方言传承就能得到保障。

(二)树立习得多语增智观念

惠州境内以客家话为主,也有潮汕话、粤方言。多语环境中的居民掌握和使用多种语言，不仅是可能的，而且是常见的。本调查中75.87%的调查对象都习得了三种以上的语言或方言。从小习得方言有助于提高孩子的语言学习能力，对普通话、外语的学习都有利。本调查77.12%的调查对象认为掌握客家话并不影响普通话和外语的学习，提供了很好的数据支撑。也早有学者以心理学实验证明，多语多言环境不但不会妨碍普通话和外语学习，而且还有助于孩子的智力发展，甚至在年老之后延缓大脑的衰老。

（三）社会多方助力客家话家庭传承

社区是家庭活动最直接的场所，可以促进方言进社区，以社区为单位开展客家话的宣传推广活动。周末社区可以邀请志愿者服务团队来开展相关活动，让孩子们用客家话朗诵作品，讲故事，猜谜语，唱客家民谣歌曲，以多种形式激发孩子们学习方言的兴趣，鼓励父母与孩子共同参与。

客家音乐人可以在客家传统民谣和山歌中加入流行元素创作新民谣、新山歌，制作成视频在当地电视台、微信公众号等多种媒体发表播放，营造客家文化氛围，形成潜移默化的影响。

客家话是粤港澳大湾区的一种重要方言。大湾区内语言生态具有多样性，湾区个人和家庭要平衡好当地方言和普通话的关系。方言传承功在当代，利在千秋。我们应及时应对，遏止方言失传的苗头，让湾区各种语言各司其职，和谐并存。

（邓永红、薛尔恒、陈　琳、胡益慧）

粤方言微信表情包服务[*]

近年来,各种由表情包设计和方言融合而成的微信方言表情包层出不穷,丰富了表情包的文化内涵,同时提供了一种促进方言文化传承传播的新路径。粤方言是粤港澳大湾区的重要方言,也是港澳地区的主要交际用语,是岭南文化的重要载体,在人文湾区建设中发挥重要作用。本报告以粤方言微信表情包为对象开展调查研究,描写粤方言表情包发展现状,并就如何引导其健康发展提出建议。

本报告在安卓系统和iOS系统中以"粤方言""广东话""白话""广东"四个关键词在微信软件搜索栏和表情包商城进行粤方言表情包专辑搜索。剔除重复者,共得到313个表情包专辑,包含6192个表情包。各表情包专辑包含的表情包数量不等,规模最大的包含24个表情包,规模最小的包含16个表情包。[①]

一 粤方言表情包专辑介绍

根据表情包状态的不同,可将表情包专辑分为静态和动态两类。313个表情包专辑中,静态的有194个,占61.98%,包含3800个表情包;动态的有119个,占38.02%,包含2392个表情包。详见表1。

表1 粤方言表情包专辑状态基本情况

状态	专辑数量	占比/%	表情包数量	占比/%
静态	194	61.98	3800	61.37
动态	119	38.02	2392	38.63

表情包专辑形式上分为三类:纯文字类、图文结合类和纯图片+图文结合类。其中,图文结合类最多,共有215个,占68.69%,包含4224个表情包;

---

[*] 国家社会科学重大项目"'两个一百年'背景下的语言国情调查与语言规划研究"(21 & ZD289)阶段性成果。

[①] 数据收集截止时间为2021年4月30日。

其次是纯文字类，共 69 个，占 22.04%，包含 1400 个表情包。图文结合类的图片又分为有特定形象和无特定形象两小类。从统计数据来看，绝大多数表情包都设计特定形象，且以动画形象为主。详见表 2。

表 2　粤方言表情包专辑形式基本情况

表情包形式			专辑数量	占比/%	表情包数量	占比/%
纯文字			69	22.04	1400	22.60
图文结合	有特定形象	动画	159	50.79	3072	49.61
		真实	8	2.56	152	2.45
	无特定形象		48	15.34	1000	16.14
纯图片＋图文结合	动画		21	6.71	416	6.71
	真实		8	2.56	152	2.45

从赞赏开通情况看，282 个专辑开通了赞赏功能，占 90.10%，包含 5592 个表情包。可见，开通赞赏功能已成为粤方言微信表情包专辑的普遍现象，这是粤方言资源开发利用的一种重要形式。开通赞赏功能的表情包专辑中，62.77% 为静态，94.44% 为图文结合类，一半以上是以动画作为特定形象的表情包专辑。从赞赏量来看，开通赞赏功能的 282 个表情包专辑共获得 41 055 次赞赏，平均每个专辑获得 145.6 次赞赏，其中有特定形象的动画表情包和动态表情包专辑平均获得赞赏次数最高，分别为 259.4 次和 239.6 次，说明这两类最容易受到用户赞赏和喜爱。具体如表 3 所示。

表 3　粤方言表情包赞赏情况

赞赏情况	状态		形式						合计
	静态	动态	纯文字	图文结合			纯图片＋图文结合		
				有特定形象		无特定形象	有特定形象类		
				真实	动画		真实	动画	
开通赞赏	177（62.77%）*	105（37.23%）	63（22.34%）	7（2.48%）	144（51.06%）	47（16.67%）	6（2.13%）	15（5.32%）	282（100.00%）
未开通赞赏	17（54.84%）	14（45.16%）	6（19.35%）	1（3.23%）	15（48.39%）	1（3.23%）	2（6.45%）	6（19.35%）	31（100.00%）
赞赏量	15 905（38.74%）	25 156（61.26%）	2286（5.56%）	123（0.30%）	37 359（91.99%）	1293（3.15%）	52（0.13%）	421（1.03%）	41 055（100.00%）

*　括号外为数量，括号内为占比。下同。

二 粤方言表情包用语情况

粤方言表情包的核心用语是粤方言。313 个表情包专辑包含的 6192 个表情包中，有 6068 个使用了粤方言，27 个仅使用了其他语码（如纯英文和通用的数字流行语等），97 个为纯图片。本部分将对 6068 个使用粤方言字的表情包用语进行统计分析。

（一）词频统计

粤方言用语的出现频次可以反映该用语及其意义在粤方言表情包中的地位，对粤方言表情包的设计与发展具有借鉴意义。由于目前的词频软件对粤方言的识别与分析存在明显弊端，我们人工统计了 6068 个粤方言表情包的用语，将用字完全相同的用语归为一种表达，统计结果为 6068 个短语，共涉及 3386 种用语表达。此后，进一步将用语翻译为普通话，将意义相近或相同的用语归为一类，并依据普通话意义进行词频统计，排名前 10 的如表 4 所示。

表 4 粤方言表情包语义排名前 10 位高频词

排名	普通话意义	词频/次	粤方言表达类型	粤方言用语及其词频
1	谢谢	133	29	唔该晒（48）；多谢晒（20）；唔该（17）；多谢老细（11）；多谢（6）；多谢嗮（4）；唔该嗮（3）；多谢老板（3）；多谢大佬（1）；多谢甘多位（1）；多谢你（1）；多谢嚟（1）；多谢曬（1）；多謝浙（1）；多謝曬（1）；m goi（1）；唔该啊（1）；唔该啦（1）；唔该老细（1）；唔该塞（1）；唔该嚟（1）；唔该赛（1）；唔该晒0㖭（1）；唔该晒啊（1）；唔该晒啦（1）；唔该晒喔（1）；唔该晒鸭（1）；唔該多謝辛苦曬（1）；唔該曬（1）
2	棒	92	40	叻（11）；你好叻啊（10）；好叻吖（8）；叻猪（8）；叻仔（7）；叻叻猪（4）；叻叻猪喔（3）；好叻咯（2）；叻啦叻啦（2）；你至叻（2）；哇叻叻猪（2）；哇你好叻啊（2）；你好叻阿（2）；叻叻猪（2）；超叻（1）；成个地球最叻你（1）；成个小榄至叻你（1）；好叻（1）；好叻啊（1）；好叻啵（1）；好叻咩（1）；好叻喔后生哥（1）；加油你最叻（1）；劲叻好犀利（1）；叻到咁（1）；叻叻（1）；叻叻吖（1）；叻女（1）；叻晒（1）；叻仔哦（1）；你好叻（1）；你好叻咯（1）；你好叻叻啊（1）；你好叻赞（1）；全广东至叻系你（1）；唔该至叻就你（1）；真叻女（1）；真叻仔（1）；至叻系你（1）；係嚟嚟猪喔叻猪（1）

（续表）

排名	普通话意义	词频/次	粤方言表达类型	粤方言用语及其词频
3	晚安	88	13	早唞（73）；早唞啦（2）；Zou tau（1）；晚安（1）；夜啦早唞啦（1）；早唞咯（1）；早唞啦小宝贝（1）；早唞早发达（1）；早抖（1）；早头（1）；早投（1）；早透（1）；早响（1）
4	早上好	77	12	早晨（66）；zau Sin（1）；Zou san（1）；各位早晨（1）；Hi 早晨（1）；古摸宁（1）；靓女早上好（1）；靓仔早上好（1）；猫宁（1）；早（1）；早晨吖（1）；早晨啊（1）
5	什么	74	23	咩啊（21）；咩话（13）；咩呀（4）；咩（12）；咩嘢（2）；乜（2）；乜啊（2）；乜水（2）；乜嘢（2）；咩 ya（1）；咩啊乜嘢啊（1）；咩话（1）；咩喈（1）；咩咩啊（1）；咩咩（1）；咩咩咩咩（1）；咩咩咩咩啊（1）；咩喔（1）；咩哇（1）；咩吖（1）；乜话（1）；乜野话（1）；乜嘢吖（1）
6	为什么	70	9	点解（50）；点解嘅（7）；点解噶（5）；点解啊（2）；点解唧（2）；点解 ge（1）；点解阿（1）；Dim gai（1）；点解架（1）
7	傻	69	36	傻猪猪嚟噶（12）；傻猪猪（10）；傻猪猪嚟嘅（5）；傻豬豬（3）；发咩傻（2）；你系咪傻嘎（2）；傻猪嚟㗎（2）；傻猪猪来噶（2）；傻猪猪来嘅（2）；憨居居（2）；拾下拾下（2）；距系咪傻嘎（1）；你傻嘎（1）；你傻咗啊（1）；你唔好傻啦（1）；你唔好诈傻扮懵（1）；你系唔系傻左啊（1）；你係咪傻嘎（1）；容忍傻仔嘅目光（1）；傻（1）；傻 zhu zhu（1）；傻的吗（1）；傻的嗎（1）；傻耕耕（1）；傻更更（1）；傻味浓易爆红（1）；傻猪来嘎（1）；傻猪来噶（1）；你都焓憨噶（1）；嗦嗦地（1）；傻猪嚟噶（1）；傻猪猪黎噶（1）；傻佐（1）；傻咗咩（1）；唔好傻啦（1）；系咪傻嘅（1）
8	不知道	67	16	母鸡鸭（24）；我母鸡啊（5）；母鸡啊（4）；母鸡喔（2）；冇知啊（1）；母鸡（1）；母鸡哦（1）；我母鸡啦（1）；我唔知（1）；我唔知啊（1）；我唔知嘎（1）；唔知（1）；唔知 wor（1）
9	没眼看	62	7	冇眼睇（53）；无眼睇（4）；冇眼睇你（1）；無眼睇（1）；喋眼睇（1）；真系无眼睇（1）；我都冇眼睇（1）
10	想念你	58	13	挂住你（24）；好挂住你（17）；好挂住你啊（4）；我好挂住你（4）；baby 好挂住你（1）；挂住（1）；挂住你啊（1）；挂住你了（1）；挂住你鸭（1）；讲冇挂住我（1）；人地好挂住你啊（1）；我好挂住你喔（1）；褂住你（1）
	总计	790	198	

词频排名前 10 的普通话意义涉及的粤方言用语有 790 个，占总粤方言用语的 13.02%。排名第一的普通话含义为"谢谢"，出现 133 次，有 29 种粤方言表达。其中，最常见的粤方言表达为"唔该晒"，出现 48 次。"多谢晒"和"唔该"的使用也不少，分别出现 20 次和 17 次。"多谢噻""多谢曬"等 21 种

表达都仅出现过1次。排名第二的普通话含义为"棒",出现92次,有40种粤方言表达。其中最常用的粤方言表达为"叻",出现11次,其次是"你好叻啊""好叻吖"等。排在第3—10位的分别是"晚安""早上好""什么""为什么""傻""不知道""没眼看"和"想念你"。同一普通话意义有多种粤方言表达,这类现象在粤方言表情包中特别普遍。这一方面反映了粤方言表情包用语作为方言书面语在用字上的随意性,如粤方言中"谢谢"大致可分为"唔该"和"多谢"两种表达,而"唔该"的具体粤方言表达又是多样的,有"唔该晒""唔该嗮""唔该塞""唔该噻""唔該赛"和"唔該曬"等,读音一致而书面语用字不一;另一方面也体现了粤方言表情包用语作为网络流行语在用字上的创新性,如"母鸡""母鸡鸭"等网络语都是粤方言"唔知"(不知道)的谐音表达,使同一含义的粤方言表达种类更为丰富。

(二)用语分类

1. 使用场景分类

6068个粤方言用语中,部分用语具有鲜明的使用场景。根据语用含义,可分为七大场景:"怼人""称赞""情绪""问候""爱恋""祝贺""工作"。如表5所示。

表5 粤方言表情包用语场景分类情况

场景	数量	表达种类	常见用语及其词频
怼人	1344(22.15%)	804(23.75%)	冇眼睇(53);扑街(20);你条粉肠(17);收皮啦(17);收声(15);屃屎啦你(14)
称赞	408(6.72%)	204(6.03%)	猴塞雷(22);好犀利(14);叻(11);你好叻啊(10);好叻吖(8);叻叻猪(8);犀利(8);叻叻豬(4)
情绪	361(5.95%)	207(6.11%)	好劫(14);个心嬲住嬲住(13);好眼训(13);嗨森(10);发烂渣(8);哈哈(6);好劫啊(6)
问候	341(5.62%)	107(3.16%)	早啊(71);早晨(66);食咗饭未(17);系咁先(13);雷猴(10);拜拜(10);走先(8);好耐冇见(6)
爱恋	305(5.03%)	140(4.13%)	锡晒你(35);挂住你(24);傻猪猪来嘅(22);好挂住你(17);傻豬豬(13);锡啖先(9);钟意你(8)
祝贺	79(1.30%)	41(1.21%)	恭喜晒(13);恭喜发财(7);猪笼入水(5);利是逗来(4);步步高升(3);新年快乐(3);恭喜你(2)
工作	67(1.10%)	42(1.24%)	收工啦(10);返工(5);收工(5);中间分界升职最快(4);出粮(2);返工大吉(2)
其他	3163(52.13%)	1841(54.37%)	点解(50);唔该晒(47);对唔住(44);冇问题(40);唔使客气(29);唔该(29);得闲饮茶(25)
总计	6068(100.00%)	3386(100.00%)	

排在首位的是"怼人"类,共有804种表达方式,包含1344个粤方言词语,占22.15%;其次是"称赞""情绪""问候"和"爱恋"场景,数量都在300—410之间,表达种类都在100—210之间,数量相对集中,也是粤方言表情包的常用语。"祝贺"和"工作"类场景用语数量最少,各有79个和67个,各占1.30%和1.10%。七类用语应用场景鲜明,在粤方言表情包用语中占重要地位。

2. 词性分类

在6068个粤方言表达中,共筛选出997个词,总占比为16.43%。其中形容词、动词和名词的数量最多,各有330个、308个和227个,各占33.10%、30.89%和22.77%;叹词、拟声词和代词次之,各有51个、41个和32个;其他(即副词、助词、语气词、量词和介词)有9个。其中,"嘅"字对应的表情包释义不明,依据搜索结果,"嘅"在粤方言中为兼类词,兼为助词和语气词,与普通话"的"字意义和用法基本相同,如:

(1)我唔系随便嘅人。(我不是随便的人。)(助词)
(2)乜嘢嚟嘅?(什么东西来的?)(语气词)

名词以称呼语为主,如"靓仔""靓女"等。带有评价性质的称谓也十分常见,此类词语多为AAB式,其中A为形容词,表示对人的评价;B为动物名称,"猪"最为常用,如"叻叻猪""乖乖猪"等;还有一部分名词特指具有某类性质的人,这类词多以动物喻人,如"水鱼"指容易上当受骗的人,"蛇王"指喜欢偷懒的人。详见表6。

表6 粤方言表情包用语词类划分情况

词性	数量	表达种类	常见用语及其词频
形容词	330（33.10%）	150（33.04%）	湿湿碎（13）;叻（12）;痴线（10）;嗨森（10）;核突（9）;得（8）;猴（8）;犀利（8）
动词	308（30.89%）	123（27.09%）	唔该（29）;扑街（20）;收声（15）;搞掂（11）;拜拜（10）;瞓觉（9）;发烂渣（8）;吹水（7）
名词	227（22.77%）	113（24.89%）	靓仔（12）;靓女（10）;傻猪猪（10）;叻叻猪（8）;叻仔（8）;弊家伙（7）;阴公猪（6）;衰鬼（5）
叹词	51（5.12%）	23（5.07%）	哦（6）;啊（5）;哇（4）;吓（4）;妖（4）;嗯嗯（4）;哼（3）;哇哦（3）;哗（2）;嗯（2）
拟声词	41（4.11%）	22（4.85%）	哈哈（6）;哈哈哈（4）;切（3）;呵呵（3）;哈哈哈哈哈（3）;哈（2）;嗨（2）;嘿嘿（2）

（续表）

词性	数量	表达种类	常见用语及其词频
代词	32（3.21%）	16（3.52%）	咩（12）；咁（2）；乜（2）；你（2）；我（2）；边度（2）；佢（1）；边渡（1）；冰肚（1）
其他	8（0.80%）	7（1.54%）	唔（2）；梗（当然）（1）；无（1）；哋（1）；嘅（1）；个（1）；俾（1）
总计	997（100.00%）	454（100.00%）	

（三）用语特点

1. 用语简短，集中在 2—4 个音节

我们对 6068 个粤方言用语的音节数量进行了统计，音节数量跨度从 1 个到 27 个，具体如表 7 所示：

表 7 粤方言表情包用语音节数量分布

音节数量	1	2	3	4	5	6	7	8	9	10	11	12
用语数量	165	1247	1956	1181	552	361	204	157	61	82	26	14
占比/%	2.72	20.54	32.22	19.45	9.09	5.94	3.36	2.59	1.01	1.35	0.43	0.23
音节数量	13	14	15	16	17	18	19	20	22	23	27	总计
用语数量	10	27	9	2	3	3	3	1	2	1	1	6068
占比/%	0.16	0.44	0.15	0.03	0.05	0.05	0.05	0.02	0.03	0.02	0.02	100.00

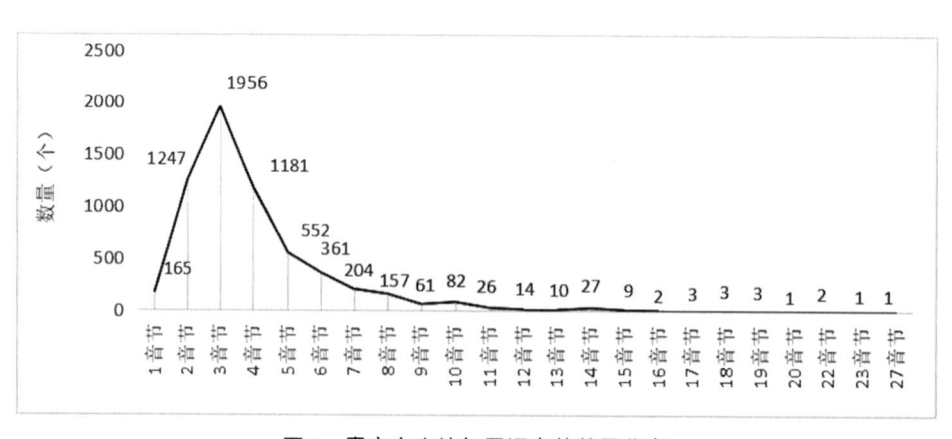

图 1 粤方言表情包用语音节数量分布

6068个用语至少为1个音节①，最多为27个音节。数量最多的是"3音节"，有1956个，占32.23%；其次是"2音节"和"4音节"，各有1247和1181个，各占20.55%和19.46%。用语音节数量主要集中在2—4个音节，共4384个，占72.24%。2—4个音节粤方言用语承载着一定信息量且较简短易读易记，便于日常交流。

2. 以粤方言字为主，少量其他语码混用

在语码使用上，粤方言表情包以粤方言字为主，少量使用拼音、英文等多种语码以及数字流行语，总体上可分为"单形式"和"多形式"两大类语码使用形式。具体如表8所示。

表8 微信粤方言表情包用语语码使用情况

形式		数量	占比/%	举例
单形式	粤方言字	5833	96.13	冇眼睇（没眼看） 唔该晒（谢谢）
	粤方言拼音	21	0.35	m goi（谢谢） mou men taii（没问题）
	英语谐音	3	0.05	why（喂） Call Lao Yeah（可恼也）
多形式	粤方言字+英语谐音	104	1.71	up乜（说什么） 快D啦（快点啦）
	粤方言字+英语	64	1.05	BB做紧咩啊（宝贝在做什么） Call我（叫我）
	粤方言字+粤方言拼音	37	0.61	激si我啦（气死我啦） 点解ge（为什么呢）
	粤方言字+数字	5	0.08	冇带银纸88（没带钱拜拜） 唔该晒0黑（谢谢喔）
	粤方言字+英语谐音+英语	1	0.02	悭D啦Baby（省点吧宝贝）
总计		6068	100.00	

在各种语码使用中，以粤方言字的单形式运用为主，包括5833个用语，占96.13%，体现"粤方言字"在表情包用语中的绝对地位。此外有少量语码混用现象存在。"粤方言字+英语谐音"混用形式最多，涉及104个短语，占1.71%。英文单词作为谐音只起表音作用，只借其音而不用其义。如"up乜"（说什么），up实为粤方言字"噏"的谐音，其英文义与用语意义并无关联。在104

---

① 音节数量中的"音节"指的是汉语音节，统计对象包括含汉字、注音语符以及具有具体中文意义的数字的句子，而含英文语符的句子则单独分列出来进行统计，依据汉语习惯将一个单词视为一个音节。

个用语中,有 77 个短语使用了英文字母 D,D 为粤方言字"啲"的谐音,对应普通话"点"字,如"快 D 啦"是"快点啦"的意思。涉及"粤方言字+英语"形式的用语有 64 个,占 1.05%。受香港话的影响,粤方言区也流行粤方言偶尔夹杂英文的表达。

"粤方言字+粤方言拼音"混用用语有 37 个,占 0.61%。使用粤方言时偶尔搭配粤方言拼音,能让人直观感受粤方言与普通话的不同,凸显粤方言的特色。在"粤方言字+数字"形式中的数字多为通用数字流行语,以谐音数字代替用字,如用语"冇带银纸 88"(没带钱拜拜)以"88"表示"拜拜"。也存在个例以数字代替形状相似的粤方言字的偏旁,如"唔该晒 0 餧"(谢谢喔)中,以数字"0"代替"喎"字的"口"部,此应为表情包设计者书写错误或其他原因导致的文字使用不规范。最复杂的语码混用为"粤方言字+英语谐音+英语"形式,涉及 1 个用语,为"悭 D 啦 Baby"(省点吧宝贝)。"悭"为粤方言字,D 为粤方言字"啲"谐音,Baby 义为"宝贝"。以粤方言字使用为主,少量语码混用并存,是粤方言表情包的语码使用特征,这也与粤方言本身的特点相吻合。

图片来源:网络

图 2 粤方言表情包语码混用

3. 少数用语附加注音或注释

在粤方言表情包用语中,少部分用语除了用语本身外,还添加了注音或注释,这对理解粤方言提供了方便。具体如表 9 所示。

表 9 微信粤方言表情包用语注音注释情况

注音注释情况		数量	占比/%	举例
无另外的注音或注释		5814	95.81	冇眼睇
注音	粤方言拼音	117	1.93	唔好意思(mh hou yi si)
	粤方言谐音	10	0.16	我爱你(鹅爱梨)
	英文谐音	1	0.02	拜拜(by bike)
	数字谐音+英文谐音	1	0.02	唔得(5 duck)
	粤方言谐音+英文谐音	1	0.02	多謝曬(Door 遮曬)

（续表）

注音注释情况		数量	占比/%	举例
注释	普通话注释	53	0.87	雷猴（你好）
	英文注释	31	0.51	好的（OK）；唔得（NO）
	注音注释	13	0.21	生旧叉烧好过生你（Fei wu）
	数字注释	3	0.05	一嚿水（100）；系甘先（886）
注音+注释		24	0.40	早晨（zou chen）（早安 早上好）
总计		6068	100.00	

6068个粤方言用语中，5814个没有补充注音或注释，占95.81%。254个用语有注音或注释，其中"粤方言拼音"注音最多，有117个，占总用语的1.93%；"普通话注释"和"英文注释"次之，分别有53个和31个，占0.87%和0.49%；再次为既有注音又有注释的情况，有24个，占0.40%。总体上，粤方言用语不添加注音或注释是主流，仅少部分用语有注音或注释，且注音和注释的形式复杂多样。

在注音方面，"粤方言拼音"成为表情包设计者的首选。粤方言与普通话最大差别在于发音，由于粤方言字与规范汉字是部分重叠的，所以不会说粤方言的人也能看懂部分粤方言表情包，而让使用者会读会说其中的粤方言则需依靠粤方言拼音来完成。"粤方言谐音"也是注音的方式之一，这种注音用字甚至比用语本身更复杂难懂的注音方式似乎不值得提倡，但实质上谐音注音的意义与表情包的图画义相符（如图3中的"我爱你（鹅爱梨）"），一定程度上增加了粤方言表情包的生动感和趣味性。在注释方面，普通话注释和注音注释本质是一致的，不同的是后者以汉语拼音的形式标记对应普通话，如"生旧叉烧好过生你"的注释为"Fei wu"，代表普通话"废物"义。在微信聊天界面打开表情包专辑时，表情包下方会标注出普通话含义（如图4），因此使用者在发送表情包时已清楚其含义，聊天对象则需点击表情包才能看到用语含义。而在表情包中添加注释，可以让接收者即时了解表情包含义，提高了对话效率，同时也宣传了粤方言文化。

图片来源：网络

图3 粤方言表情包注音注释

雷猴	早晨	早抖	訓覺
你好	早上好	晚安	睡觉
系边度	做紧咩	食佐饭未	咩事
在哪里	在干嘛	吃饭了吗	什么事

图片来源：网络

图 4　微信聊天界面表情包专辑呈现方式

三　用户对粤方言微信表情包的认知与偏好

本报告调查了微信用户对粤方言微信表情包的了解程度、使用情况和选用偏好。

（一）调查对象及基本情况

本调查通过线上"问卷星"平台制作并发放问卷，共回收有效问卷113份。调查对象以大学生为主，平均年龄21岁。调查对象中，母方言为粤方言者占40.71%，为其他方言者占41.59%，以普通话为自然母语者占17.70%。在粤港澳大湾区生活超过五年的占75.22%，不到五年的占21.24%，从未在粤港澳地区生活过的占3.54%。71.68%的被调查者能熟练使用或基本会粤方言。

（二）调查结果

1. 对粤方言表情包的了解情况

调查显示，七成受调查者听说过粤方言表情包（图5），六成以上的受调查者曾以单个或整个专辑的形式使用过粤方言表情包（图6）。在"听说过粤方言微信表包"的80人中，有69人正在使用或曾经用过粤方言表情包，占86.25%。由此可见，粤方言表情包在调查对象中流传较广，人们对粤方言表情包兴趣较大。

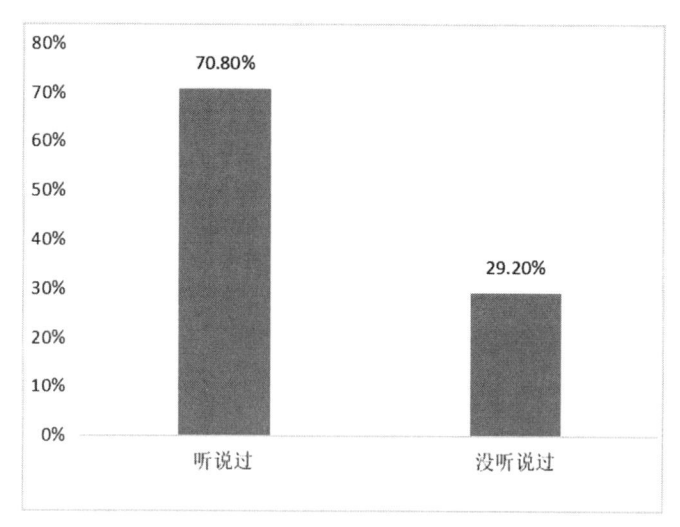

图 5　调查者对粤方言表情包的了解情况

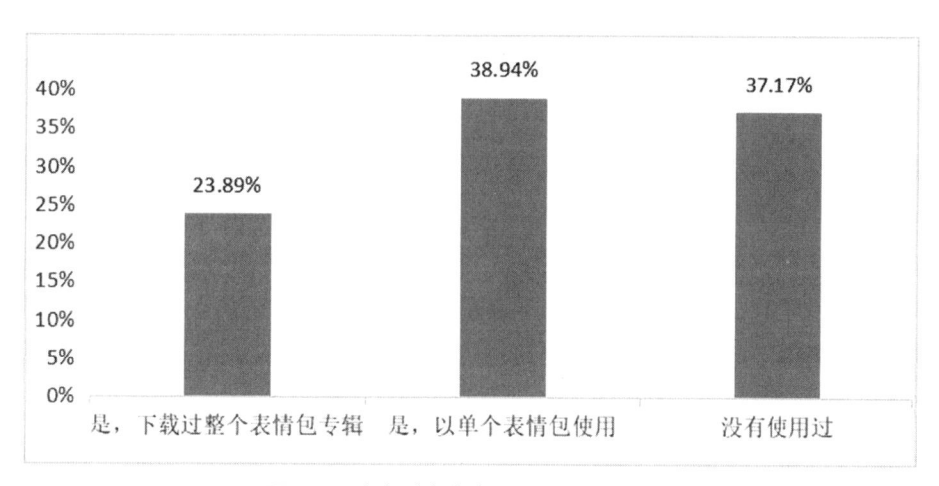

图 6　调查者对粤方言表情包的使用情况

2. 粤方言表情包使用者的选择偏好

在使用过粤方言表情包的 71 人中，以单个表情包使用的有 44 人，占 61.97%；下载表情包专辑的有 27 人，占 38.02%。在使用频率方面，有 7.04% 的使用者表示频繁使用，73.24% 的偶尔使用。使用的原因多种多样，其中趣味性较强和受聊天对象的影响是主因，还有部分用户是为了满足娱乐搞笑的表达需求和出于对粤方言的兴趣，也有的是为了拉近与粤方言使用者的距离和传承发扬粤方言文化。如图 7 所示。

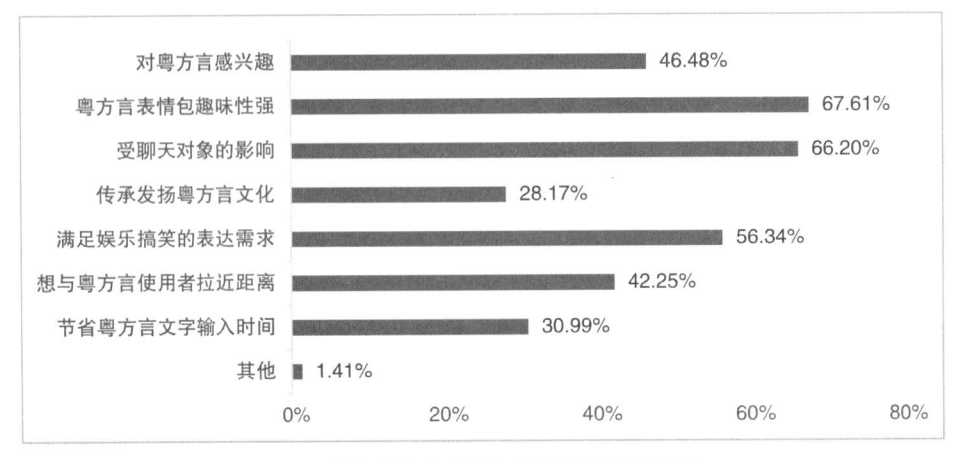

图7 微信粤方言表情包使用者的使用原因

使用原因	百分比
对粤方言感兴趣	46.48%
粤方言表情包趣味性强	67.61%
受聊天对象的影响	66.20%
传承发扬粤方言文化	28.17%
满足娱乐搞笑的表达需求	56.34%
想与粤方言使用者拉近距离	42.25%
节省粤方言文字输入时间	30.99%
其他	1.41%

在粤方言表情包的使用类型方面（如图8），使用问候类和祝贺类的人数比较多，其次是称赞类和怼人类。使用爱恋类和工作类的人数较少，主要是因为这两类表情包对使用人群具有针对性，从而提高了使用门槛，加上调查对象以大学生为主，恋爱和工作交际需求不突出。在粤方言表情包内容使用方面，本次调查共收集了149个使用者认为自己常用的粤方言用语，其中出现次数排名前四的为："训觉"（睡觉）27次、"饮茶"（喝早茶）8次、"唔该"（谢谢）8次、"走先"（先走）8次。使用者更偏爱可爱卖萌、简约、幽默诙谐的表情包设计风格（图9），更偏爱"动画形象+文字""真实场景+文字"和"文字装饰+文字"的图文结合的表情包（图10）。在表情包状态方面，使用者对于动态、静态的选择差别不大，分别占59.15%和40.85%（图11）。

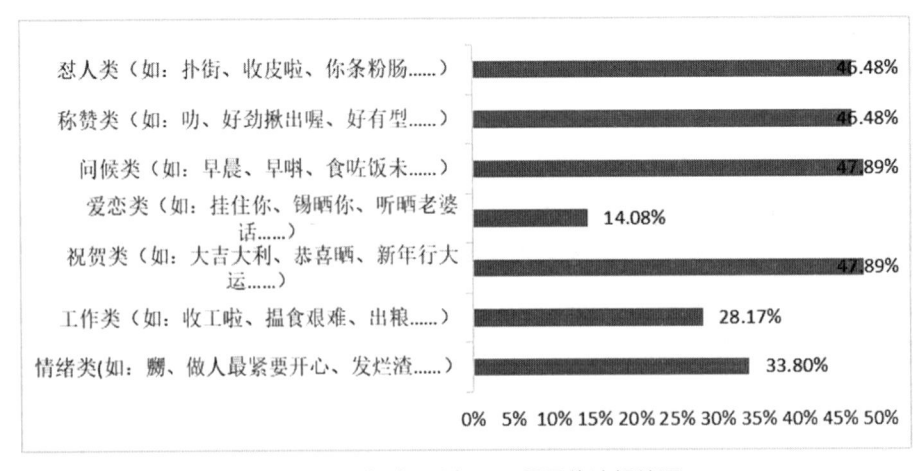

图8 使用者对表情包用语场景的选择情况

类型	百分比
怼人类（如：扑街、收皮啦、你条粉肠……）	45.48%
称赞类（如：叻、好劲揪出喂、好有型……）	45.48%
问候类（如：早晨、早哨、食咗饭未……）	47.89%
爱恋类（如：挂住你、锡晒你、听晒老婆话……）	14.08%
祝贺类（如：大吉大利、恭喜晒、新年行大运……）	47.89%
工作类（如：收工啦、揾食艰难、出粮……）	28.17%
情绪类（如：嬲、做人最紧要开心、发烂渣……）	33.80%

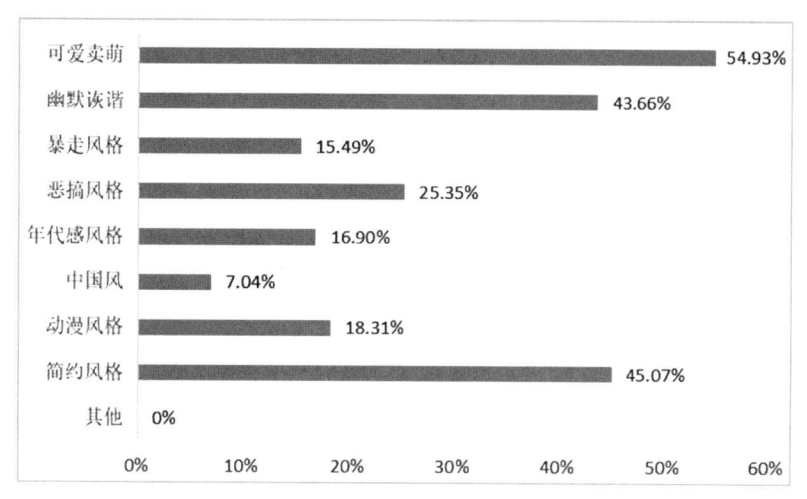

图 9 使用者对表情包设计风格的选择情况

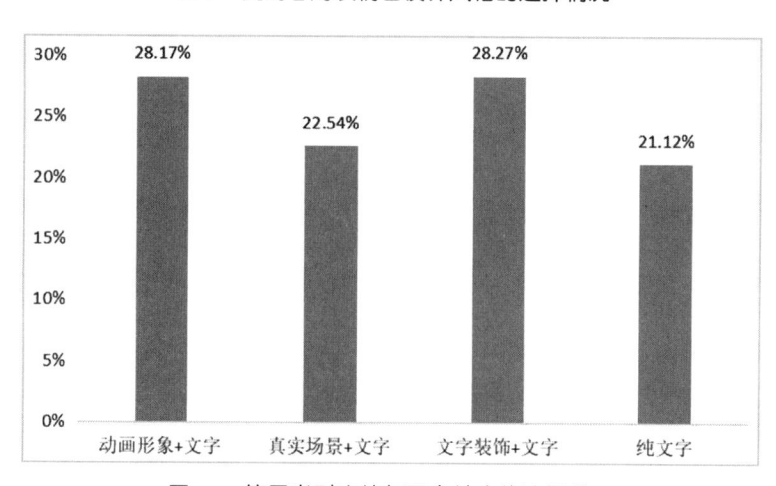

图 10 使用者对表情包图文结合的选择情况

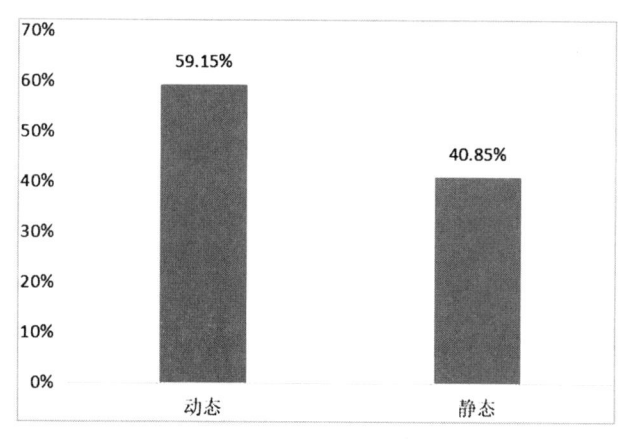

图 11 使用者对表情包状态的选择情况

在对微信粤方言表情包的看法方面,如图12所示,大多数人认为粤方言表情包语言生动有趣,有利于彰显地域文化特色、促进粤方言及其地域文化传播,较多人认为粤方言表情包呈现出较强的娱乐性强;而对表情包中错字、别字和用字不统一现象,大多数人没有感受。

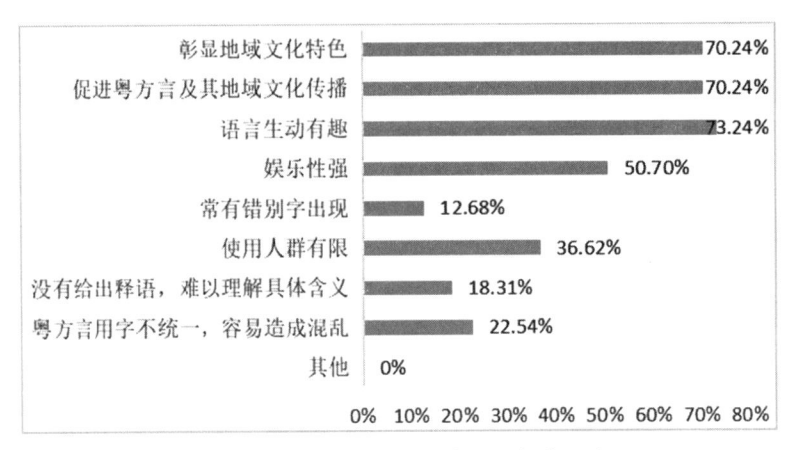

选项	比例
彰显地域文化特色	70.24%
促进粤方言及其地域文化传播	70.24%
语言生动有趣	73.24%
娱乐性强	50.70%
常有错别字出现	12.68%
使用人群有限	36.62%
没有给出释义,难以理解具体含义	18.31%
粤方言用字不统一,容易造成混乱	22.54%
其他	0%

图12 使用者对微信粤方言表情包的看法

3. 未使用过粤方言表情包的原因

在受调查者当中,无论是粤方言表情包专辑还是单个表情包都从未使用过有42人,占37.17%。而这42人中,有25人在粤港澳生活了五年以上,占59.52%。这表明,粤方言表情包的传播范围有限。

调查数据显示(图13),未使用粤方言表情包的主要原因是:没有听说过、缺少使用粤方言表情包的环境和对粤方言表情包不感兴趣(可能是对粤方言不了解或没有接触过)。在未使用过粤方言表情包的42人当中,有19.05%使用过其他方言表情包:潮汕话、客家话、安徽话、东北话。

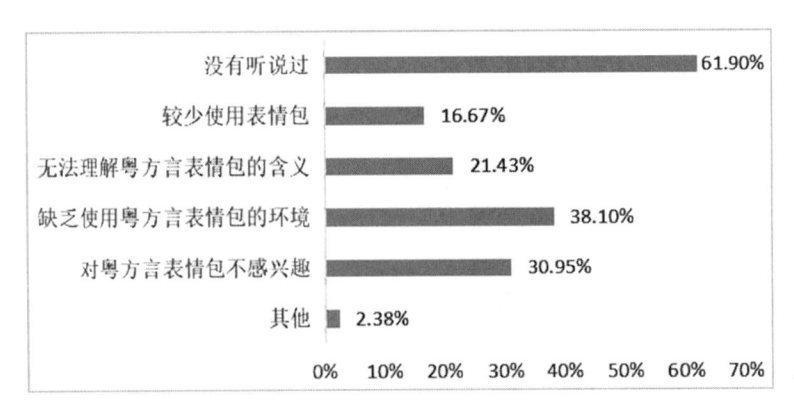

选项	比例
没有听说过	61.90%
较少使用表情包	16.67%
无法理解粤方言表情包的含义	21.43%
缺乏使用粤方言表情包的环境	38.10%
对粤方言表情包不感兴趣	30.95%
其他	2.38%

图13 未使用过微信粤方言表情包的原因

四 思考与建议

（一）粤方言表情包有助于传播广府文化

大力推广国家通用语言文字，科学保护各民族语言，传承传播中华优秀传统文化，是国家语言文字事业的重要任务。粤方言是广府文化的重要载体，也是重要组成部分。

粤方言微信表情包，借助自媒体，以粤方言为主要载体，将广府文化的地域元素灵活地融入表情包，如借助粤方言常用的"猴""猪""蔗""桔"等意象将粤方言特色文化融入表情包中进行传播。粤方言表情包用语贴近网民情感表达需求，部分表情包中的歇后语和顺口溜内容蕴含了鲜明的岭南文化内涵，对此创作者可以借助注音或注释进行解释说明，降低理解难度，以提高其使用频率，将粤方言特色文化进一步推广。

（二）粤方言表情包服务与使用者需求基本相适应

目前微信粤方言表情包的使用较为广泛，使用者多为基本理解粤方言的人。创作者基本掌握受众喜爱的风格倾向，创作出来的粤方言表情包设计风格多样、适用场景众多、语言特色鲜明、静动态结合、卡通形象独特，具有较高的传承文化自觉。创作者普遍对粤方言使用情况有着一定的了解，在6068个粤方言用语当中，词频较高的短语涵盖了使用者的常用的交际表达。此外，创作者需注意微信平台的特点，针对深色模式版本掩盖表情包黑色字体的问题，结合微信版本的新特点进行创作，灵活应对。

（三）粤方言表情包用语仍需加强规范和引导

在新媒体时代，人们的交流方式发生了巨大的转变，从单一的文字使用逐渐过渡到以文字为主，兼具符号、图片、表情等多种形式。在这一过程中，以表情包为载体的交流方式得以迅速发展。新奇有趣的表情包传播速度快，范围广，若不注意用字规范、用语文明，则容易对使用者带来不良影响，破坏良好的粤方言用语环境。调查显示，目前粤方言表情包中存在少量方言字错别字（如图14）。作为粤方言文化的传播者，创作者应遵循粤方言文字用字规范，可参照现有的《广州话方言词典》《广州话正音字典》。其次，表情包的用语不文明现象突出，如"冇眼睇""扑街""你条粉肠"等怼人类表达多达804种，相关表情包数量共1344个，占表情包总数的22.15%。尽管粤方言存在詈语泛娱乐化倾向，但我们仍不可忽视目前表情包存在用语不文明的突出问题。创作者应以文明表达为主线，兼顾地方用语特色，创作出"好用"又"好听"的粤方言表情包。微信平台应加强对表情包用语内容的管理和引导，更好发挥微信在传递方言语言文化中的作用。

图片来源：网络　　　　　图片来源：网络
（第3个字为"瞓"的错别字）　（第2个字为"姆"的错别字）

图14　表情包中的错别字

总的来看，粤方言字作为粤方言的特色，在粤方言表情包中应用广泛。粤方言表情包以其用语简短、使用场景多样、呈现形式丰富的特点，对其使用者而言，娱乐性突出，能够满足日常交流的需求。另一方面，表情包中的粤方言用字规范意识仍有待进一步提高。政府要持续进行语言文明教育，对于在社会语言生活中出现的某些粤方言鄙俗化的倾向要进行引导与干预。同时，粤方言使用者在线上下交际中都应当注意自身的语言表达，努力营造健康良好的语言环境，共同致力于人文湾区的建设。

（王海兰、李停珍、钟　清、苏楚欣）

珠三角地区大学生方言传承与服务*

方言是地方文化的重要组成部分，蕴涵着深厚的文化内涵，具有重大的价值。随着社会经济的发展，国家通用语言文字推广卓有成效，人们的语言态度和语言使用情况发生了巨大的变化。方言传承出现了代际传承差异、语言活力下降甚至传承中断等现象，很多青少年没有习得父母所持方言，也不再像祖父辈，高频率、多场合地使用方言。学界在方言使用现状和语言态度研究方面已取得很多成果，内容多是阐明方言传承现状，分析原因和提出保护方言的各种措施。以往研究在分析造成方言传承问题的原因时，更多考虑国家通用语言文字的推广、社会经济发展等宏观因素，但也有部分研究开始关注家庭语言生活在方言传承中的作用。本报告深入珠三角地区大学生群体，关注方言传承个体，在微观层面观察方言传承过程，从细节处了解方言传承存在的问题，并根据现状提出相应的语言服务策略。

一 调查方法和调查对象

本报告主要采用质性研究方法，以求调查到真实的方言传承过程资料。调查要点包括家庭背景、语言使用情况、语言态度、方言传承状况等。根据调查要点设计问题提纲，然后引导调查对象撰写个人语言习得综述，获取了大量的纪实性描写。在整理受访者自述的基础上，针对有特点的受访者进行个别补充访谈。调查提纲中，语言使用情况主要涉及调查对象个人的语言能力、语言环境、语言使用的场合、交际对象等。语言态度则包含了对方言和普通话的社会地位、情感态度的评价以及语言选择的行为倾向等。

本报告选择的调查对象主要是生活在珠三角地区的在读大学生。根据研究目的，抽样选取了11位现阶段方言传承出现不同问题的大学生。调查对象具体情况见表1，基于学术伦理，姓名均为代称。

---

* 2021年度国家语委项目"港澳地区国家通用语言文字学习资源平台建设及应用研究"（YB145-13）阶段性成果。

表1 调查对象基本情况

姓名	第一习得语言	方言能力	家庭情况
1 小苗	普通话	能够听懂部分日常使用的粤方言，但是不怎么会说，只会讲一些基础简单的。	父亲广东湛江人，母亲广东茂名，均说粤方言，在广东居住约48年。受访者没有和祖父母生活的经历。
2 小迪	普通话	能听懂父母亲的方言，会几句打招呼的家乡话。	父亲广东茂名人，说粤方言和潮汕话；母亲广东汕尾人，说说粤方言和客家话。在深圳居住。受访者没有和祖父母生活的经历。
3 小天	普通话	完全听得懂粤方言、广宁话，会讲一些简单常用的粤方言，但很难用粤方言与人沟通。	父母说均说粤方言。受访者2—7岁与祖母一起生活，祖母多说普通话。
4 小婷	普通话	能听懂父母的家乡方言，会说几句方言日常用语而已。	父亲广东广州人，说粤方言；母亲四川江油人，说四川话。在广州居住约23年。受访者两岁时与祖父母生活过一年左右。
5 小英	粤方言、普通话	能听懂母亲的家乡方言（客家话），但是听不懂父亲的家乡方言（潮汕话），不会说家乡话。	父亲广东汕头人，说粤方言和潮汕话；母亲广东惠州人，说粤方言和客家话。父母在汕头居住约18年，在广州居住约10年，在东莞居住约20年。受访者一岁时与祖父母生活过一年。
6 小李	普通话	能听懂家乡话，会讲几句日常的家乡话，比如说："吃饭了没""早上好"之类的。	父母均为广东茂名人，说信宜话、丁堡话，在茂名居住37年，在广州居住10年。受访者没有与祖父母生活的经历。
7 小易	粤方言、普通话	听不懂父亲和母亲的家乡方言，不常使用方言。勉强学会了几句粤方言，听得懂大部分粤方言却不太会说。	父亲江西赣州人，说赣州方言；母亲湖南赫山人，说普通话。在深圳居住30年。受访者两岁时与祖父母一起生活过一年。
8 小阳	普通话	能听懂家乡方言比较常用、简短的句子，长句子或难以根据普通话推测的就听不懂。会讲一些日常基本的句子和词语。	父亲湖南永州人，母亲湖南郴州人，说湘方言。在湖南居住约19年，在深圳居住约20年。受访者两岁起与祖父母一起生活过两年。
9 小麦	粤方言	能听懂也会说家乡方言。	父母、外祖父母均为广东肇庆人，说粤方言。一直在肇庆居住。受访者三岁前与外祖母生活过两年。
10 小荣	普通话	能听懂慢速、日常对话的家乡方言，但是不会说家乡方言。	父母均为湖南永州人，说湘方言。在永州居住25年，在珠海居住20年。受访者没有与祖父母生活的经历。
11 小雪	普通话	可以听懂语速慢的河南话，河南话和普通话很像，正常的交流没有问题。	（不详细）父亲河南信阳人，说河南方言。在新疆居住约18年。孩子没有与祖父母生活的经历。

上述11位受访者中，只有3位把居住地的方言作为第一习得语言，大多数人只会简单的方言词汇和日常用语，不能使用方言进行交流。11个家庭中，父

母均可以正常使用方言。大多数家庭的父母在珠三角以外地区长大，第一习得语言为当地方言，后在珠三角地区务工或经商。孩子多出生、成长于珠三角地区，没有传承父母所持方言，而是选择了普通话或地区强势方言粤方言。

二 核心家庭的方言环境

随着经济的发展、地域流动的便利以及当代人家庭观念的转变，以前四世同堂、三代同堂的景象已被单位相对较小的核心家庭所取代。本次调查，11个家庭都是由父母和未成婚子女组成的核心家庭。其中，5位大学生从小没有与祖父母生活的经历，其他6位在三岁前与祖父母生活过1—2年。祖辈主要使用方言交流，但是当下出现了祖辈与孙辈交流机会少、接触时间短的情况，也侧面导致青少年接触方言的机会变少。核心家庭里的孩子要想习得方言，更多地是依靠父母构建的家庭语言环境，还有家庭生活环境辐射的区域。

5号小英，一岁时和祖父母生活过一年，后一直居住在东莞，能听懂母亲家的客家话，听不懂也不会说父亲所持的潮汕话。小英的父母因为生计需要，都可以自如使用粤方言，她接触粤方言的机会比家乡方言多。据她反映，在东莞父母多使用粤方言，很少说家乡方言，只有和亲戚通电话说家乡方言时，小英才能接触到家乡方言。所以小英日常家庭环境中以粤方言为主，没有传承父母的方言，第一习得语言是粤方言和普通话。

7号小易两岁时和祖父母生活过一年，但之后一直和父母居住在深圳，听不懂父母的家乡方言，倒是能听懂大部分粤方言。小易在语言习得自述里提到："平时会听粤方言歌曲、也看粤方言的影视作品；尝试过学习粤方言但是进度较慢。深圳是一个外来人口居多的城市，大家交流也大多习惯用普通话，粤方言的环境相对较少。但是今年来到广州后我发现广州的粤方言氛围更加的浓厚，广州本土人也相对较多，身边讲粤方言的朋友也有很多，所以现在也勉强学会了几句粤方言，听得懂大部分粤方言却不太会说。"脱离了家乡方言的环境，小易进入到了比较强势的粤方言地区，生活中会接触到说粤方言的人、粤方言媒体等，促使了她习得居住地方言。

从上述两个案例看，生活在核心家庭的孩子，方言环境的供给主体不再是祖辈，而是父母以及其居住地的语言环境。不使用家乡方言的核心家庭大大限缩了家乡方言的语言环境，祖辈没有机会给孩子创造说家乡方言的环境，孩子接受家乡方言的渠道越来越窄，要想习得方言有一定的困难，家乡方言的传承在流动的核心家庭中断。

三　父母方言态度

语言态度又称语言观念，是指人们对语言的使用价值的看法，其中包括对语言的地位、功能以及发展前途等的看法。人们对任何语言的社会地位、情感价值方面都有着自己的评判标准，语言态度在人们的语言生活中起到十分重要的作用。一定程度上语言选择会受到了语言态度的影响。在询问父母孩子应该优先掌握哪种语言时，6位家长选择首先要掌握普通话，倾向于选择使用在社会上更广泛的交际语言。家长不论与孩子日常交流还是辅导作业，都使用普通话进行。表2是对11位大学生父母的语言态度的体现。

表2　调查对象父母的语言态度

家庭	优先语言	在家与孩子交流使用的语言	父母对方言的评价
1 小苗	普通话	与受访者交流使用普通话，当孩子对粤方言感兴趣时，会尝试和她用简单粤方言进行交流。	后面发现一些普通话讲得很好的孩子，其实他们也是会讲方言的，所以当父母的就有些后悔，不应该跳过教孩子方言这一步。现在孩子长大了，渐渐对粤方言产生兴趣，父母十分支持。
2 小迪	方言	都用普通话。	与家乡的人肯定是讲家乡话更为亲切，他们十分愿意且享受用方言跟同乡人交流。但也担心先学习方言会影响孩子的语言学习。总体上，父母鼓励孩子讲方言。
3 小天	普通话	父母与受访者沟通基本上什么方言都说。	父母好像没有那种一定要孩子学说家乡话的意愿，反正听得懂就行，没有要求我会说。有时无意提起孩子不会说粤方言这件事，也只是说不明白为什么这么简单孩子都一直学不会。
4 小婷	方言	母亲和受访者的弟弟，日常交流都用四川话。辅导作业方面，会选择使用四川话而非普通话。	对家乡方言的看法：要学会，能听能说。对于居住地方言看法：母亲认为要听懂，父亲则是无所谓的态度。认为至少要继承一下父母原操有的语言。
5 小英	普通话	和受访者多用普通话交流，辅导作业也用普通话。	父母认为方言应该要传承下去，但是各个小辈基本上都不太会说家乡方言，所以鼓励支持孩子学习，但是不要求孩子一定学会家乡方言。孩子未来是在东莞或者广州发展，没有什么说潮汕话和客家话的机会。而在广州，学好粤方言也许比学好难学的潮汕话更重要。

（续表）

家庭	优先语言	在家与孩子交流使用的语言	父母对方言的评价
6 小李	—	普通话和方言混合用，受访者都能听懂，不过受访者一般都是用普通话回答。如果有的方言听不懂，他们会用普通话解释。	认为方言很亲切，不应该忘记自己的方言，不会说家乡话其实是很不应该的。
7 小易	普通话	和受访者多用普通话交流，辅导作业也用普通话。	但是也稍忽略了家乡方言的传承；一直觉得很方便并且在周围都是讲普通话的大量人群中觉得普通话已经够用了，并没有学习方言的意识。父母也是讲方言的机会比较少；方言毕竟只适用于一个地区的人交流。
8 小阳	普通话	和受访者交流时多使用普通话，辅导孩子作业时会使用普通话。	父母认为讲好家乡方言是一张独特的名片，讲家乡方言也给人一种亲切感，在跟亲戚和家乡的人交流会更方便、更亲近。父母也认为孩子毕竟是湖南人，学会家乡方言也是很重要的。
9 小麦	方言	和受访者用粤方言交流，辅导时多用粤方言，读语文课文时用普通话。	父母都更亲近粤方言。鼓励孩子说粤方言，从学说话起首先教粤方言。出于地域认同，在交流时多使用粤方言。会担心孩子不会说粤方言，见到不会说粤方言的亲戚孩子，会开玩笑说，"成外省仔了"。
10 小荣	普通话	与受访者交流多使用普通话，辅导孩子作业时使用普通话。	（不详细）家乡方言是家乡文化的传播媒介，能有效和乡亲沟通，增进亲情和友情。
11 小雪	普通话	都说普通话。	因为生活的环境大都说普通话，回到老家的时候孩子也可以大概听懂大家在说什么。父母没有特地让孩子去学家乡的方言，且身边没有语言环境。父母没有在方言方面对孩子有要求。

根据表2，可以将受访者父母对待方言的态度大致分成三种。

第一种是对孩子掌握方言的能力要求较低甚至无要求的态度。统计表明，有4位家长表示"鼓励支持孩子学习，但是不要求孩子一定学会家乡方言"，或是根本不要求习得方言。这4个家庭有一个共同的特点，都有从其他地方迁到珠三角久居的情况，在居住地多使用普通话或是本地方言交流。家长们认为普通话已经能满足日常的交流，家乡方言在居住地并没有交际功能的需要，于是在构建家庭语言环境时舍弃了家乡方言，选择使用当地交际功能更广泛的普通话或粤方言，体现了家长们对语言交际功能的重视。

第二种是希望孩子能习得方言，但实际上更倾向于使用普通话，存在一种语言态度和语言行为矛盾的态度。其实这种情况也是多数核心家庭的共相，父母没能在家庭语言环境中平衡好家乡方言和普通话的关系。随着社会呼吁保护方言，方言承载的文化价值日益凸显，但交际功能却在不断减弱。意识的拔高左右了家长们的语言态度，令其处于矛盾的状态。如小迪的父母表明，孩子应该优先掌握方言；但孩子习得的第一语言是普通话，而父母与孩子交流也都使用普通话。

"在我九年义务教育期间，父母跟我交流都使用普通话，但父母还是希望我能掌握一门方言，优先掌握方言，但也担心优先讲方言会影响我的语言学习。但总体上，父母鼓励我讲方言。"

认可普通话的社会地位与功能，但重视方言作为个人身份认同的标志和家乡归属感的象征，潜意识里又担心学方言会影响孩子对其他语言的学习。这种矛盾心态呈现出了态度与行为不一致的现象。这种情况下，不论家长语言态度如何，家乡方言在孩子的语言能力上都不会得到有效的传承。

第三种与前面的语言态度相反，有些家庭认为，孩子必须掌握方言。9号小麦从小到大都生活在家乡，外出求学也没有离开使用家乡方言的大环境。在家乡，小麦除了在课堂上使用普通话，多数场域都使用方言与不同的对象交流，所以方言能力较强。而小婷的家庭虽有迁移的情况，但从其父母对弟弟的语言培养的描述来看，父母在孩子学龄前说方言的同时重视对普通话能力的培养，日常交流甚至辅导作业也使用方言，所以弟弟的方言能力较强。两个家庭的父母都有着对家乡的强烈认同感，认为方言是维系情感的重要因素之一。没有方言环境，父母也能在家庭中创造出来，以实现方言的交际功能，让孩子们能习得方言。父母的语言态度以及如何处理家庭中方言与普通话之间的使用关系是影响孩子习得方言的关键。

四 方言使用场域

根据调查数据，本报告还总结了不同场域下调查对象的方言使用情况，如表3。

表3 调查对象在不同场域的语言使用情况

姓名	学龄前	上学后					公共场域
	父母	父母	亲戚	老师	同学	邻居	陌生人
1 小苗	普通话	普通话	普通话	普通话	普通话	会用简单的几句粤方言打招呼	普通话
2 小迪	普通话	普通话	—	普通话	普通话	—	普通话
3 小天	普通话	（模糊）父母说方言，小天用普通话回答	普通话	普通话	普通话	普通话	普通话
4 小婷	粤方言	普通话	亲戚说粤方言，小婷用普通话回答	普通话	普通话	—	普通话
5 小英	粤方言和普通话	父母说粤方言或普通话，小英都用普通话回答	普通话	普通话	普通话	普通话	普通话
6 小李	—	普通话	—	普通话	普通话	—	普通话
7 小易	普通话	普通话	普通话	普通话	普通话	普通话	普通话
8 小阳	普通话	普通话	爷爷奶奶有时说方言，小阳用普通话回答	普通话	普通话	普通话	普通话
9 小麦	粤方言	粤方言	粤方言	上课用普通话，下课后都用粤方言交流	粤方言	粤方言	普通话，如果对方使用粤方言，也会用粤方言回答
10 小荣	方言	普通话	普通话	普通话	普通话	普通话	普通话
11 小雪	普通话	普通话	普通话	普通话	普通话	普通话	—

结合不同场域的语言使用情况看，学龄前使用普通话或方言的青年，在上学后与不同的交际对象也统一使用普通话回应。接受教育后青年接触到的方言的环境更小了，普通话成为青年日常交际使用最广泛的语言，方言失去了一定的交际功能。缺少说方言的环境也导致了青年对方言的语音、词汇掌握不熟练，表现出来则是说的方言不地道，磕磕绊绊。"总觉得自己讲得很别扭，所以也不会怎么讲。"从而陷入一种排斥使用方言的循环，遇到说方言的情况首先想到的不是用方言回应，而是用普通话。失去开口说方言的机会，语言的沟通能力得不到锻炼。

对于以上情况，有些大学生也表达出了一些方言传承的建议，"一直想找机会重新找回粤方言，找一些时间回爷爷奶奶那边待一段时间，或许可以寻找一些记忆。"有些父母也认为"孩子现在能够听懂并讲一些日常的家乡方言已经足够日常交流了。之后我们在不断地积累中，会越学越多，越懂越多，越讲越多。他们对此不是十分担心。"

五 促进方言传承的语言服务建议

根据11位大学生个人语言习得自述，本报告着重分析了年轻一代方言传承的特点与原因：一是因为父母异地谋生，父母所持方言的传承遇到较大问题；二是父母的语言态度更倾向于选择交流更广泛的语言；三是年轻一代方言使用不流利，陷入不想使用方言的循环。本报告以方言传承中出现的问题为基点，进一步提出针对性的语言服务建议。

第一，进行有效的方言传承与保护，要抓住青少年。建议应该增加对青少年语言文化知识的科普活动，例如，教育电视台开展专门针对青少年的语言专家讲座，让青少年了解方言与文化的关系、语言与思维的关系等。启发青少年探究方言，特别是父母所持的方言，对方言保持兴趣，要扭转他们因使用方言不顺利而产生的排斥感。

第二，导致青少年方言传承中断的重要原因之一是家庭的语言态度。父母如何认知语言，如何认知当下的语言国情，是否将方言作为一种资源，是否有意识地进行有效的家庭语言规划，需要进行广泛的宣传和引导。建议教育部门加强全社会的语言国情教育，可以利用新媒体平台如抖音等，录播短小精准的语言国情知识性小视频。

第三，发展家庭语言规划方面的语言服务机构。如何设计和规划一个家庭的语言，是需要具体服务和指导的。以珠三角地区为例，本地区语言资源丰富，人员往来密切，加之粤港澳大湾区规划在新时代具有指标意义，可以尝试在湾区首先设置专门语言服务机构，开展家庭语言规划咨询服务，在微观层面助力家庭语言和谐，助力宏观层面构建湾区和谐语言生活。

（王文豪、莫舒晴）

广州市地名通名用字用词服务

地名是指代一定地域中特定地理实体的专有名称。它是人们在社会活动中的重要交际媒介。恰当的地名包含所指地理实体的空间位置、地理属性、人文历史等信息，既可为人们的日常生活和工作提供服务，也可为国家的政治、经济、军事、科技等活动提供服务，还可为传承历史文化提供服务。

地名的基本结构是由专名加上通名构成。通名指代地理实体的共性部分，专名指代地理实体的个性部分。联合国地名标准化委员会地名专家组下设的"术语名称工作组"对地名通名的解释是："地名中表示该地名所指事物类别的字眼，这类字眼用于各种地名时有相同的意义。"[①]通名用字的情况反映一个地区的自然风貌和人文特点。我们收集到广州市下辖11个区内11 800个地名，限于篇幅，本报告仅对广州地名通名的用字用词服务进行考察。

地名通名的主要功能是标示地名所指地物的类别。它便于人们在使用地名时迅速了解地名所指代的地理实体的类别和属性。一个地区的地名通名用字用词要很好地服务于社会，首先要做到不同的通名对所指地理实体类型具有区别性，其次通名对当地各种地理实体要能全覆盖，再次通名要反映当地的地理特点、历史文化。

一 地理实体通名用字用词服务情况

本报告收集到广州市自然地理实体地名1950个，对其通名在对地理实体类型的标示情况进行了统计和分析，统计结果见表1。

---

① 吴郁芬、哈丹朝鲁、孙越峰等《中国地名通名集解》，测绘出版社，1993年。

表 1 广州市自然地理实体通名用字统计

地名类型		通名序号	通名	出现次数	举例
水系	河流	1	涌	965	澳口涌、车陂涌、海珠涌、荔湾涌、蚬涌
		2	河	153	白坭河、官洲河、花地河、石井河、派潭河
		3	水	143	白坭水、官湖水、地派水、里波水、罗洞水
		4	坑	57	冷水坑、沙贝坑、蓝田坑、黄场坑、新村坑
		5	水道	27	沙湾水道、虎门水道、骝岗水道、蕉门水道
		6	沥	5	西沥、大岗沥、潭洲沥、黄坭沥、江鸥沥
		7	江	5	北江、东江（北干流）、砺江、增江、珠江
		8	海	4	沙贝海、仑头海、江乐海、黎塘海
		9	门	3	虎门、蕉门、洪奇门
		10	滘	2	赤沙滘、蕉门滘
		11	溪	2	朔溪、楹花溪
		12	口	2	珠江口、龙穴河口
		13	洋	1	狮子洋
		14	沟	1	神仙沟
		15	滩	1	龙穴隆滩
			无通名（河）	2	大王头、沙席仔
	湖泊	16	湖	40	麓湖、流花湖、北秀湖、凤凰湖、白云湖
	瀑布	17	瀑布	7	南山瀑布、凝碧瀑布、厚德瀑布、山洞瀑布
		18	瀑	3	汇泷潭瀑、芙蓉石瀑、毓秀灵瀑
	泉	19	泉	5	九龙泉、虎跑泉、甘露泉、雾泉、沁花泉
	陆地岛屿	20	岛	27	长洲岛、二沙岛、龙穴岛、南浦岛、琶洲岛
		21	沙	21	白兔沙、北帝沙、赤沙、万顷沙、下沙
		22	洲	15	白鹤洲、金沙洲、长洲、官洲、琶洲
		23	岗	2	鲤鱼岗、海心岗
			无通名（岛）	9	上横档、沙堆、沙仔、大虎、洲仔头
陆地地形	丘陵山地	24	岗	172	鳌鱼岗、赤岗、黄花岗、荔枝岗、浔峰岗
		25	岭	68	飞鹅岭、柯子岭、摩星岭、狮岭、丫髻岭
		26	山	57	白云山、大夫山、观音山、莲花山、象山
		27	顶	42	凹头顶、大岽顶、鸡𫛪顶、狮髻顶、斜顶
		28	坳	22	伯公坳、从化坳、罗迳坳、梅窿坳、门坳
		29	台	21	安定台、龙啸台、越王台、执信台、朱雀台
		30	嶂	5	牛牯嶂、埔排嶂、君子嶂、芙蓉嶂、红萝嶂
		31	髻	4	三角髻、了哥髻、亚婆髻、鹅公髻
		32	峰	4	大尖锋、尖峰、荔枝峰、小尖锋
		33	脑	2	东岭脑、梳脑
		34	石	3	将军石、葫芦石、三板石
		35	岩	3	飞鼠岩、澄鬼岩、鸡公岩
		36	凹	2	马骝山凹、赶牛凹
			无通名（山）	43	飞鹅、观音座莲、禾打尖、花影、飞天马
合计			101	1950	

从我们收集到的广州市自然地理实体地名统计的情况来看，广州市自然地理实体地名通名共36个，这些通名用字用词所指自然地理实体主要包括水系和陆地地形两个方面。

（一）水系通名用字用词指类分明、符合地域水系特征

1. 指类分明、覆盖全面

我们收集到的广州市水系地名共1502个，其中有通名的1491个，无通名的11个。水系地名通名用字用词共23个，分属5种水系类型。

（1）河流通名：江、河、水、水道、门、溪、口、沟、滩、涌、坑、沥、海、滘、洋。

河流类通名中每个通名各有所指，区别性强。

"江"指大河流，如珠江、北江、东江、增江；"河"一般指水流面积较大的河流，如流溪河、石井河；"水"指河的支流，如铜古水、竹坑水；"水道"指江河中可以通航的水域，如沙湾水道、虎门水道；"洋"指河流水道，如狮子洋；"口"用于指河口，河流注入湖泊、海洋或其他河流的地方，如珠江口、龙穴河口；"门"用于指河口，如虎门；"溪"指山间水流，如朔溪、楹花溪；"沟"指小的河流，如神仙沟；"滩"指河、湖、海边的浅滩，如龙穴隆滩。

（2）湖泊通名：湖。

"湖"指陆地上聚积的大水体，是湖泊通名用字，如麓湖、流花湖、北秀湖。需要说明的是，广州市的湖泊多为人工湖，兼具拦洪蓄水、调节水流、灌溉、美化环境、改善生态环境等多种功能。

（3）瀑布通名：瀑布、瀑。

"瀑布"指从山崖上直流下来像悬挂着的布匹似的水。"瀑"是"瀑布"的简称。"瀑布"更常用，如南山瀑布、凝碧瀑布；以"瀑"为通名的瀑布，如汇泷潭瀑、芙蓉石瀑、毓秀灵瀑。广州市的瀑布多为景观瀑布。

（4）泉通名：泉。

"泉"指从山崖泉穴中流出的水，如九龙泉、虎跑泉、甘露泉。广州市的泉多为景点。

（5）陆地岛屿通名：岛、沙、洲、岗。

"岛"用于指分布在江、河、湖泊中的陆地，如二沙岛、龙穴岛、南浦岛；"沙"指沙洲，如赤沙、万顷沙；"洲"指水中的陆地，如白鹤洲、金沙洲；"岗"

用于指江、河、湖泊中的小岛，岛上有隆起的山岗，如鲤鱼岗、海心岗。

2. 方言用字特色鲜明，符合本地水系特征

广州市河流通名中的"涌、坑、沥、海、滘"是具有方言色彩的河流通名。属于粤方言色彩的水系通名用字有"涌、沥、海、滘"4个。

"涌"在粤方言中指河汊，读作chōng，多用于指近海的大河旁出的小河，通行于珠江三角洲地区。在我们所收集到广州市的河流地名中，使用"涌"作为通名的，最多的是南沙区（292个，如十涌、西樵涌），其后排序依次是番禺区（190个，如上滘涌、沙溪涌）、增城区（140个，如何屋涌、百花涌）、白云区（103个，如海口涌、滘心涌）、海珠区（70个，如海珠涌、黄埔涌）、黄浦区（56个，如文涌、珠江涌）、荔湾区（50个，如茶滘涌、南漖涌）、天河区（33个，如车陂涌、潭村涌）、花都区（25个，如鲤鱼涌、茶炭涌）、越秀区（5个，如东濠涌、新河浦涌）、从化区（1个，鹿颈坑涌）。可见，越是临海的地方，使用"涌"作为河汊通名就越普遍。"涌"作为水系通名用字与珠江三角洲河网纵横，又濒临南海的地理特点是非常吻合的。

"沥"在粤方言中指经过疏浚的河汊，吴方言也有这种用法（如上海市的横沥，浙江瑞安市的前林沥）。广州市用"沥"作为河流通名的主要出现在珠江下游的番禺区、南沙区，如潭洲沥、沙角沥。它记录了该地区人们疏浚河汊的历史。

"海"用于指河流，属于粤方言独特用法，如仑头海、江乐海。

"滘（漖）"，读作jiào，用于指分支的河道，属于粤方言用法，如东漖、赤沙滘、蕉门滘。

"坑"在广州市水系通名中是具有客家方言色彩的用字。"坑"本义指地面上凹下去的地方。客家方言用作河流名称通名时指山间小溪涧。广州市用"坑"作为河流通名的名称主要出现在多山的从化区，有47个，如牛心岭坑、青苔坑；增城区有3个：长坑、籍竹坑、冷水坑；天河区有2个：西边坑、南蛇坑；花都区有2个：铜鼓坑、大官坑；其他7个区没有发现以"坑"作为通名的河流名称。

（二）陆地地形通名用字特征突出、符合本地陆地地形特征

我们收集到的广州市陆地地形名称448个，其中有通名的405个，无通名的43个。陆地地形通名用字共13个：岗、岭、山、顶、坳、台、嶂、髻、峰、石、岩、脑、凹。

"岗"指高起的土坡，如荔枝岗、浔峰岗。

"岭"指丘陵，如飞鹅岭、柯子岭。

"山"用于指地面形成的高耸的部分，如白云山、大夫山、莲花山。由于广州市陆地平均海拔不高，高于海拔500米的山并不多，所以"山"作为通名所指很多实际上相当于丘陵，如乌洲山、小虎山。

"顶"用于指山峰，如凹头顶、大岽顶。"顶"还用于指丘陵，如飞鹅顶、铜鼓顶。

"坳"用于指山间平地，如伯公坳、从化坳。

"台"用于指平而高的地方。广州市陆地地形名称中用"台"作通名的有21个，多为古迹，如安定台、龙啸台、越王台。

"嶂"用于指形势高险如同屏障的山峰，如牛牯嶂、埔排嶂。

"髻"用于指形如髻的山峰，如三角髻、哥髻、亚婆髻、鹅公髻。

"峰"用于指丘陵，如尖峰、荔枝峰、小尖锋、大尖峰。

"石"用于指山，如将军石、葫芦石、三板石。

"岩"用于指山，如飞鼠岩、澄鬼岩、鸡公岩。

"脑"用于指丘陵，如东岭脑、梳脑。

"凹"用于指周围高、中间低的山，如马骝山凹、赶牛凹。

上述这些陆地地形通名用字多与山地丘陵地形有关，这与广州市辖区中多丘陵地形是相符合的。

二 人文地理实体通名用字用词服务情况

我们收集到广州市自然地理实体地名9850个，对其通名在对人文地理实体类型的标示方面进行了统计和分析，统计结果见表2。

表2 广州市人文地名通名用字统计表

地名类型	序号	通名	出现次数	举例
行政区域	1	区	11	越秀区、荔湾区、天河区、海珠区、黄埔区
	2	镇	34	江高镇、花山镇、横沥镇、石碁镇、派潭镇
	3	街	142	龙归街、龙津街、沙面街、石牌街、流花街
	4	村	1144	汉塘村、红湖村、水沥村
	5	社区	1614	十三行社区、越秀社区、派潭社区

(续表)

地名类型	序号	通名	出现次数	举例
自然村落	1	围	275	大坦围、榄核围、同德围、万胜围、盈围
	2	庄	215	长沙庄、树滋庄、简庄、广杨庄、岳备庄
	3	塘	191	稔塘、清水塘、凤凰塘、燕塘、下塘
	4	岭	111	木鱼岭、坡头岭、牛笠岭、帽岭、望牛岭
	5	岜	100	白石岜、大坑岜、花园岜、龙眼岜、朱庄岜
	6	屋	93	叶屋、蔡屋、姚屋、王屋、陈屋、旧屋
	7	岗	90	桂花岗、百足岗、麒麟岗、下元岗、对面岗
	8	里	88	三元里、铺锦里、长塘里、长兴里、凤鸣里
	9	洞	80	陈洞、廖洞、龙洞、十八洞、十九洞
	10	坑	77	坑尾坑、京坑、黄豆坑、景泰坑、大寺坑
	11	头	76	大塱头、马岭头、水井头、坑头、高沙头
	12	山	71	双凤山、大岭山、寺山、八哥山、郭家山
	13	田	70	公社田、荷田、学田、大陂田、大夫田
	14	地	64	朱地、陈地、许地、花地、西来初地
	15	吓	53	伯公吓、塘基吓、邓路吓、树吓、黄岭吓
	16	村	51	员村、珠村、黄村、潭村、冼村、苏村
	17	下	44	独树下、新屋下、香车下、山岩下、坳下
	18	排	38	鹤排、杉排、坳背排、松林排、荔枝排
	19	尾	37	凤岗尾、圳尾、长岗尾、岜尾、沙鹿尾
	20	口	36	滘口、东坑口、迳口、旦岗涌口、沙冲口
	21	牌坊	35	石溪牌坊、香雪牌坊、张村牌坊、萧岗牌坊
	22	埔	34	岭埔、南埔、莲塘埔、榕树埔、大禾埔
	23	园	34	黄花园、大龙园、李家园、竹园、沙里园
	24	坊	30	旧村坊、西定坊、东平坊、西城坊、生北坊
	25	涌	30	沙涌、草河涌、下东涌、下均涌、石基涌
	26	约	28	南约、麦约、增滘南约、下渡中约、花围西约
	27	坳	25	江西坳、大田坳、凉风坳、茅草坳、伯公坳
	28	边	22	钟边、蔡边、黄边、简边、凌边
	29	圩	22	人和圩、坪山圩、新圩、白坭圩、大埔圩
	30	东	19	江东、水东、沙湾东、沙东、大田东
	31	街	19	水上街、钟屋街、渡头西街、楼上街、松洲街
	32	南	18	腾茂南、共和南、豪贤南、荣华南、沙涌南
	33	队	18	新光队、泮塘队、侨光队、新中队、向东队
	34	凹	17	大凹、丹竹凹、分水凹、蕉隆凹、梨头凹

（续表）

地名类型	序号	通名	出现次数	举例
	35	前	17	矛前、站前、松漱前、祠堂前、公园前
	36	溪	16	榕溪、塱溪、新莲溪、粤溪、京溪
	37	沙	16	南沙、大沙、白兔沙、沥沁沙、禾狸沙
	38	脚	16	观音山脚、大树脚、山脚、大山脚、高桥脚
	39	墩	16	高楼墩、贝墩、对面墩、元墩、白沙墩
	40	湖	15	下黄泥湖、落水湖、清湖、棉湖、龙湖
	41	北	15	小北、大北、腾茂北、雅荷北、十七甫北
	42	场	15	站场、斋场、彭场、东场、东较场
	43	背	15	禾寮背、桥头背、黄屋背、岭背、枫树背
	44	陂	12	上九陂、下九陂、和顺陂、贝壳陂、车陂
	45	潭	12	乌石潭、洗马潭、上高潭、长潭、饭甑潭
	46	湾	12	石湾、白沙湾、沙湾、南湾、花地湾
	47	布	12	海布、长布、坪布、大塘布、深林布
	48	洲	11	三角洲、南洲、潭壳洲、蚝壳洲、葵蓬洲
	49	栏	11	沙栏、东船栏、糙米栏、羊马栏、鱼栏
	50	滘	11	潭洲滘、沙滘、下沙滘、西滘、中沙滘
	51	冲	11	过冲、板冲、文冲、下孖冲、大江冲
	52	西	11	六顷西、赤西、傍西、龙溪西、龙口西
	53	坪	11	长坪、高坪、大禾坪、大沙坪、庙仔坪
	54	罗	11	小罗、大罗、洞罗、上油罗、上拖罗
	55	寮	10	王屋寮、耕寮、田寮、荣寮、香车寮
	56	角	10	太子角、大沙角、良角、石角、大石角
	57	窝	10	大窝、茶头窝、下窝、蚂蜂窝、金银窝
	58	迳	10	上黄迳、横迳、龚迳、小迳、上迳
	59	桥	10	岑村桥、石榴桥、百足桥、七木桥、五仙桥
	60	水	9	秀水、对面水、白水、响水、长流水
	61	门	9	周门、龙村门、桥门、上山门、下山门
	62	堂	9	上堂、科甲堂、新庆堂、大和堂、关屋堂
	63	楼	9	桂花楼、杭楼、牛楼、红楼、石门楼
	64	底	8	圳底、大塘底、屋背底、塘底、冲底
	65	坡	8	白沙坡、增江坡、松坡、虎坡、上木茶坡
	66	顶	8	沙河顶、园岗顶、元潭顶、拖坑顶、沙头顶
	67	基	7	四方基、横田基、沙基、北基、墩头基
	68	塱	7	大塱、菜地塱、西山塱、小塱、柯木塱

(续表)

地名类型	序号	通名	出现次数	举例
	69	咀	7	麦村咀、榕树咀、象拔咀、岗咀、犁头咀
	70	市	7	龙归市、良田市、公和市、聚龙市、中市
	71	圩	6	大圩、沙圩、吓圩、天光圩、黄沙圩
	72	家	6	朱家、罗家、郭家、侧田家、桥中毛家
	73	路	5	牛路、红路、丰路、大板路、沙路
	74	井	4	沙井、石井、龙井、流水井
	75	磜	4	白水磜、大磜、和里磜、吓磜
	76	河	3	沙河、界河、西河
	77	池	3	大牛池、凤池、南池
	78	沥	3	简沥、清水沥、上横沥
	79	良	3	夏良、市良、沙鼻良
	80	隆	3	板隆、上吉隆、黄竹隆
	81	上	3	彭上、车上、新宝安上
	82	寨	2	林寨、鹿寨
	83	江	2	上江、下江
	84	海	2	新海、对海
		无通名	90	饭甑潭、石庵咀、猪仔梁、新围仔、和里磜
城镇交通运输设施	1	路	1401	八一路、北京路、车陂路、法政路、科韵路
	2	街	1383	仓前街、濠畔街、六榕街、寺前街、象牙街
	3	巷	622	扁担巷、崇贤巷、惠福巷、探花巷、学院巷
	4	桥	254	海珠桥、海印大桥、三沙高架桥、东圃立交桥
	5	里	156	安贤里、丹桂里、积善里、慎德里、珠玑里
	6	道	109	白云大道、花城大道、猎德大道、龙江道
	7	隧道	74	官洲隧道、珠江隧道、机场隧道、车陂隧道
	8	坊	49	百岁坊、观贤坊、状元坊、九曜坊、丽水坊
	9	公路	27	广从公路、广汕公路、广珠公路、良沙公路
	10	横	26	松岗街二横、同兴路一横、北环路一横、三甫横
	11	约	26	永福西约、水荫西约、永泰西约、太平约、太和约
	12	径	24	牡丹径、金菊径、湖景径、逍遥径、凌波径
合计		101		9850

表2的统计结果表明，广州市人文地理地名通名非常丰富。地名用字既有汉语共性，也有地方特色。

（一）行政区域通名用字用词使用准确规范

广州市下辖行政区域通名有5个：区、镇、街（全称"街道办事处"）、社区（全称"居民委员委会"）、村（全称"村民委员会"简称）。

"区"指市辖区，广州市现有11个市辖区，故"区"作为行政区域通名出现11次，即越秀区、荔湾区、海珠区、白云区、番禺区、天河区、黄浦区、南沙区、花都区、增城区、从化区。

"镇"指区辖镇，广州市现有34个区辖镇，故"镇"作为行政区域通名出现34次，如江高镇、花山镇。

"街"指街道办事处，广州市现有142个街道办事处，故"街"作为行政区域通名出现142次，如沙面街、石牌街。

"社区"指社区居民委员会，广州市现有1614个社区居民委员会，故"社区"作为行政区域通名出现1614次，如越秀社区、派潭社区。

"村"指村民委员会，也称行政村，广州市现有1144个村民委员会，故"村"作为行政区域通名出现1144次，如红湖村、水沥村。

广州市下辖行政区域通名用字用词使用准确、规范。

（二）自然村落通名用字用词丰富多样、特色鲜明

我们收集到的广州市自然村落名称2751个，其中有通名的自然村落名称2685个，无通名的自然村落名称90个。自然村落通名用字用词共84个，既有汉语通用的通名，也有地域特色鲜明的通名。

1. 通用的自然村落通名用字用词种类丰富、区别性强

广州市自然村落通名中的通用字词有70个，按出现次数由多到少排列依次是："围、庄、塘、岭、屋、岗、里、坑、头、山、田、地、村、下、排、尾、口、牌坊、埔、园、坊、坳、圩、东、街、南、队、凹、前、溪、沙、角、墩、湖、北、场、背、陂、潭、湾、洲、冲、西、坪、寮、脚、窝、迳、桥、水、门、堂、楼、底、坡、顶、基、咀、市、氹、家、路、井、河、池、窿、上、寨、江、海"。这些字词是在全国或者全国多数地区通用的自然村落通名用字词。具体还可以作以下分类。

（1）聚居类自然村落通名用字词

"庄、村、里、圩"均指聚居的场所，是汉语典型的自然村落通名用字。

"庄"指村落，如长沙庄、树滋庄。

"村"指屯聚的场所,也是汉语典型的自然村落通名用字之一,如冼村、苏村。

"里"指聚居的地方或街坊,如三元里、杨家里、玉堂里。

"圩"原指集市,多流行于湘、赣、闽、粤等地区,后用于指自然村落,如人和圩、坪山圩、新圩、白坭圩、大埔圩。

(2)居所及设施类自然村落通名用字词

"屋、门、家、楼、寮、场、堂、坊、街、路、桥、迳、牌坊、地、田、园、墩"是以居住的地点、房屋、场地、设施的名称用字作为自然村落通名用字。这也是汉语常用的自然村落通名用字。家庭是自然村落的基本单位,而房屋、院门、房门、楼阁、场院、园圃、祠(庙)堂、街巷、道路、桥梁、牌坊等都是自然村落的设施,故"屋、门、家、楼、寮、场、堂、坊、街、路、桥、迳、牌坊、园、墩"也可作为自然村落的标志。在我们收集的地名中,广州市自然村落通名用字"屋"使用93次,大多是在通名"屋"之前加上姓氏,如叶屋、蔡屋,体现了古代中国社会聚族而居的特点。"门、家、楼、寮、场、堂、坊、街、路、桥、牌坊、园、墩"的使用也有一定的数量。

(3)水系类自然村落通名用字词

"围、基、洲、沙、塘、湖、潭、井、海、江、河、溪、池、湾、水、氹"是与水相关的通名用字。广州市辖区内水系发达,河网密布,地名中运用了大量与水有关的字作为自然村落通名用字。

"围"指围占江、湖、海於滩造的田。在我们收集的地名样本中,广州市自然村落通名用字"围"使用275次,在自然村落通名用字中排名第1位,如榄核围、同德围。高居榜首的带通名"围"的自然村落地名,记载了广州市世代拓荒者围江、围海造田的艰辛和成就,几条大的河流下游,几乎无田不"围"。

"基"指围垦江湖海淤滩时而修筑的堤坝,又称基围、堤围,如横田基、沙基。以"基"作为通名的自然村落地名同样是对广州市世代拓荒者围江、围海造田的历史的真实记录。

"洲、沙"已如上文解释,均指水中之地,"洲"指水中陆地,"沙"指沙洲。我们收集到的广州市以"沙、洲"作为自然村落通名用字的地名分别有16和11个,如南沙、大沙、白兔沙、南洲、潭洲、蚝壳洲。

"塘、溪、湖、潭、湾、水、氹、井、河、池、江、海"字都是指水体的不同存在形式。

"塘"指堤岸、堤防、水池，如稔塘、凤凰塘、清水塘、燕塘、下塘。广州市以"塘"作为自然村落通名用字的地名之所以数量多，是因为自然村落旁边大都筑有池塘。

"溪、湖、潭、湾、水、氹、井、河、池、江、海"作为自然村落通名用字使用次数依次递减，如塱溪、京溪、下黄泥湖、清湖、长潭、饭甑潭、白沙湾、沙湾、白水、响水、大氹、沙氹、石井、龙井、沙河、界河、凤池、南池、上江、下江、新海、对海。

（4）地形类自然村落通名用字词

"岭、岗、坑、山、排、坳、凹、冲、窝、坪、坡、顶、底"是以丘陵山地地形特点用字作为自然村落通名用字。广州市辖区多丘陵山地，相应地，这类通名用字出现频率相对较高，如木鱼岭、柯子岭、桂花岗、百足岗、黄豆坑、景泰坑、双凤山、大岭山。"排、坳、凹、冲、窝、坪、坡、顶、底"的使用也有一定的数量。

（5）方位类自然村落通名用字词

"头、顶、脚、背、尾、底、东、南、西、北、上、下、前"是以部位、方位用字作为自然村落通名用字。

"头"原指物体的上部、顶部、前部等方位，用作地名通名，如水井头、坑头、高沙头。

"顶"原指物体的最高部位，用作地名通名，如沙河顶、园岗顶。

"脚"原指物体的下端，用作地名通名，如观音山脚、大树脚。

"背"原指物体的上面、后面或反面，用作地名通名，如黄屋背、岭背。

"尾"原指物体的末端、底部等部位，用作地名通名，如凤岗尾、圳尾。

"底"原指物体的最下部位。广州市自然村落通名用字"底"使用了8次，如大塘底、屋背底。

"东、南、西、北、上、下、前"是汉语中最常见的方位用字，广州市自然村落名称中运用这些方位字作为通名用字比较普遍，如水东、沙湾东、腾茂南、共和南、六顷西、赤西、小北、腾茂北。"下、前、上"作为自然村落通名用字使用也比较普遍，如香车下、山岩下、豸前、公园前、彭上、车上。

2. 自然村落通名用字用词保留了古南越音和方言用字

广州市自然村落通名中有许多带有鲜明地域特色的用字用词。其中有些是古南越音的保留，有的是方言用字，有的具有岭南特色。

（1）保留古南越音的特色用字

广州市所在区域在先秦时期属于南越部落的世居地，自秦朝统一岭南后，南越部落与汉族融合，大部分演化成今天的汉族，古南越音在广州市自然村落通名中仍有留存。

"洞、罗、边、良"在广州市自然村落地名中作为通名，运用较多，但很难用这些字的本义和基本义去解释，一般认为这是古南越语音的留存。

"洞"作为地名通名用字，不是指山洞。古越语"洞（峒、崬）""本指山间谷地、盆地或群山环抱的小河流域，后演化为某个血缘氏族居地，含义有所扩大。"① 以"洞（峒、崬）"作为地名通名用字主要分布在广东、广西、台湾一带。在广西多写作"峒"，而在广东、台湾由于受汉语习惯影响，多写作"洞"。② 在我们收集的广州市自然村落地名中，通名用字"洞"使用了80次，在自然村落通名用字中排名第8位，如陈洞、廖洞、龙洞。

"罗"作为地名通名用字，古越族指某种自然地理区域，后演化为指某个聚落。③ 在我们收集的广州市自然村落地名中，通名用字"罗"使用了11次，如小罗、大罗、洞罗、上油罗、上拖罗、沙罗、下扶罗。

"边"作为地名通名用字，是古越语"板"字的音译，指村落。④ 在我们收集的广州市自然村落地名中，通名用字"边"使用了22次，如钟边、蔡边、黄边、简边。

"良"作为地名通名用字，良字古越语意为平地，用作自然村落名称。⑤ 在我们收集的广州市自然村落地名中，通名用字"良"使用了3次，如安良、夏良、市良。

（2）具有粤方言色彩的用字

"涌、栏、滘、沥、布、塱"是具有粤方言色彩的自然村落通名用字。

"涌、滘、沥"三字，如上文所叙，是具有粤方言色彩的水系通名用字，同时也是广州市自然村落地名通名用字。

"涌"，作自然村落通名，由粤方言水系通名用字"涌"发展而来。我们收集的广州市自然村落地名中，通名用字"涌"使用了30次，如沙涌、草河涌、下东涌、下均涌、石基涌。

---

① 司徒尚纪《岭南地名文化的区域特色》，《岭南文史》1997年第3期。
② 付梅梅《地名词"峒"的由来》，《中国地名》2018年第5期。
③④⑤ 同①。

"滘",作自然村落通名,由粤方言水系通名用字"滘"发展而来。我们收集的广州市自然村落地名中,通名用字"滘"使用了11次,如潭洲滘、沙滘、下沙滘、西滘、中沙滘。

"沥",作自然村落通名,由粤方言水系通名用字"沥"发展而来。我们收集的广州市自然村落地名中,通名用字"沥"使用了3次,即简沥、清水沥、上横沥。如上文所述,"沥"作为水系通名,在吴方言区也有使用。同样,"沥"作为自然村落通名,在吴方言中也有使用,如浙江省绍兴市的金家沥、羊角沥、深江沥。但广州市以"沥"作通名的自然村落地名,显然是粤方言影响的结果。

"栏"作为地名通名用字,粤方言原指买卖货物的地方,后作为自然村落的名称。我们收集的广州市自然村落地名中,通名用字"栏"使用了11次,如糙米栏、羊马栏、鱼栏。

"布"作为地名通名用字,粤方言原指水滨码头,后作为自然村落的名称。我们收集的广州市自然村落地名中,通名用字"布"使用了11次,如海布、长布、坪布、大塘布。

"塱",读作lǎng,作为地名通名用字,粤方言原指江湖边的低洼地,后用作自然村落的名称。我们收集的广州市自然村落地名中,通名用字"塱"使用了7次,如大塱、菜地塱、西山塱、小塱、柯木塱。

(3)具有客家方言色彩的用字

"岃、磜、吓"是具有客家方言色彩的自然村落通名用字。

"岃",读作kǎn,客家方言和粤方言中都有这个字,基本义是"盖"的意思。但用作自然村落地名通名用字,主要是客家方言影响的结果,如白石岃、大坑岃、花园岃。用"岃"作通名的自然村落,往往坐落在三面环山、呈半包围状态的丘陵山地之中。而且用"岃"作通名的自然村落地名,主要分布在增城区(69次)、从化区(24次)、黄浦区(7次)。其他8个区没有发现。这与广州客家民系集中聚居地是相吻合的。

"磜",读作zhài,客家方言读音同"寨",是客家地区地名常用字,指高大的石壁悬崖,也用作自然村落的通名。我们收集的广州市自然村落地名中,通名用字为"磜"的有4个:白水磜、大磜、和里磜、吓磜,全部分布在增城区。

"吓",读作xià,客家方言用字,意义相当于"下",用作自然村落的通名。我们收集的以"吓"作通名的广州市自然村落地名有 53 个,如塘基吓、邓路吓、树吓、黄岭吓,主要分布在增城区。

（4）具有岭南地域特色的用字

"约"作为地名通名用字,原指一种称为"乡约"的"划地分民管理地方基层社会"的组织,[①] 后用作自然村落的名称。以"约"作为地名通名,现今还存在于广东省和广西壮族自治区,如广东省深圳市的上约、上八约、六约,广东省佛山市的三约、南约、西南约,广西壮族自治区河池市的摸约、苏约、塘约。我们收集的广州市自然村落地名中,通名用字"约"使用了 28 次,如仙岭南约、中约、麦约、西约、增滘南约、下渡中约、花围西约,分布在荔湾区、海珠区、黄浦区、番禺区、天河区、白云区、南沙区。

（三）交通运输设施通名用字用词指类全面、有地域色彩

我们收集到的广州市交通运输设施名称共 4151 个。交通运输设施名称运用通名共 12 个,大部分是汉语通用的通名,也有少数具有地域特色的通名。

1. 交通运输设施通名用字用词指别性强、覆盖全面

广州市交通运输设施通名中的通用字词有 11 个,按出现次数由多到少排列依次是：路、街、巷、桥、里、道、隧道、坊、公路、横、径。

"公路"指由国家或地方政府修建管理的供汽车长途行驶的道路,按快慢角度分为高速公路、快速公路、普通公路。如机场高速公路、广园快速公路、广从公路、良沙公路。

"道"主要指城市主干道,如白云大道、花城大道、猎德大道、黄埔大道、龙江道。

"路"主要指城市次干道或支路,如八一路、北京路、车陂路、法政路、科韵路。

"街"主要指两边有房屋的、比较宽阔的道路,通常指开设商店的区段,如仓前街、濠畔街、六榕街、寺前街、象牙街。

"巷"指大街旁的小通道,如扁担巷、崇贤巷、惠福巷、探花巷、学院巷。

"里"指巷弄、小巷,如安贤里、丹桂里、积善里、慎德里、珠玑里。

"坊"指里巷,如百岁坊、观贤坊、状元坊、九曜坊、丽水坊。

"横"指主路两侧的道路,如爱国西一横、松岗街二横、同兴路一横、北环

---

① 王一娜《明清广东的"约"字地名与社会控制》,《学术研究》2019 年第 5 期。

路一横、石东路三横。

"径"指小路,一般用于指公园里的观景小路,如牡丹径、金菊径、湖景径、逍遥径、凌波径。

"桥"指桥梁,如海珠桥、海印大桥、三沙高架桥、东圃立交桥。

"隧道"指在山中或地下凿出的通路,本报告主要指公路隧道,如官洲隧道、珠江隧道、禾岭头隧道、雷公山隧道。

2. 具有地域特色的交通运输设施通名用字

"约"的原义上文已述,源自"乡约",但在广州市地名中除了作自然村落通名外,也用于指城镇的小胡同。"约"作为道路通名,这种用法在全国是独有的。我们收集的广州市以"约"为通名的道路名称有 26 个,如永福西约、水荫西约、永泰西约、太平约、太和约。以"约"为通名的道路名称分布在城镇化比较早的越秀区、海珠区、荔湾区,其他 8 个区没有发现。

三 相关建议

上文通过对收集到的大量地名通名的统计和分析,比较全面地发掘了广州市现存地名的通名用字用词资源。在如何运用和保护地名通名资源方面,我们提出以下建议。

1. 在地名牌匾中对方言字、多音字、罕见字标注汉语拼音

广州市现存地名通名用字有的是方言字,如"滘(漖)、冚、塱、磜"等,字音不为人所熟悉;有的是多音字,如"陂、吓、涌"三字;有的是罕见字,如"氹、寮"等。这些字,应该在地名牌匾中标注汉语拼音,以便于认读,利于交际。

2. 在对地名进行介绍的时候增加对不常用的通名用字含义的介绍

有些作为地名通名的用字使用不普遍,组成地名后也不容易为人所理解。如果在对一些地名进行介绍的时候,增加对不常见通名用字含义的介绍,可以提高人们对地名含义的理解,起到触类旁通的效果。例如在介绍"许地"这个地名时,可以增加介绍通名用字"地"的含义:"指聚居之地,用作自然村落名称"。这样人们就很容易理解"许地"即许氏族人聚居之地的含义,也能触类旁通地理解"朱地、陈地、花地、鹤地、竹地、西来初地"等一系列地名,而不会简单地把这些地名中的"地"理解为地块、田地。

3. 在城镇化过程中注意对现存的原生地名通名的保护

原生地名（如自然村落地名）往往是最初的垦荒者和建设者留下的地名，它们不仅记录了原有的地理地貌，也记录了垦荒者的历史文化。在城镇化过程中，可以将这些地名通过街道办、社区居委、街路、公交站、地铁站的命名保留下来，而且在命名时尽量保留原有地名的全称，不要省略原来地名的通名。例如三元里、仁生里、长胜里、福恩里等原生地名中的通名"里"，是一种古代居民组织（先秦以二十五家为"里"。不同历史时期，"里"所包含的户数不完全一致）。现在"里"一般不作为新的地名通名用字。因此，保留时不宜省略"里"字。类似的还有三元坊、洞神坊中的通名"坊"字，保留时不宜省略。又如同德围、万胜围等原生地名中的通名"围"字，是对世代拓荒者围江、围海造田的历史记录，保留时不宜省去。

总之，地名通名用字用词首先要服务于社会，为人们的交往提供方便，要注意其认读的便利；同时地名通名用字用词在记录地理变迁、人类历史文化发展方面具有重要的意义，一定要注意保护。

（戴仲平）

广州十三行语言翻译服务状况*

我国翻译研究专家指出:"随着国际间合作的不断增强,全球化的趋势愈来愈明显,翻译逐渐成为实现国家发展战略必不可少的一环。"① 本报告以广州十三行为切入点,梳理粤港澳大湾区自明清以降就是语言翻译服务重镇的历史,指出语言翻译服务对十三行研究学术话语系统建构的贡献,并为十三行未来的语言翻译服务提供几点建议,旨在让语言翻译工作更好地服务粤港澳大湾区建设国家战略需求。

一 历史回顾:广州十三行与粤港澳大湾区

广州十三行自古以来就是紧密连接粤港澳多地的枢纽。众所周知,广州是古代海上丝绸之路的发祥地,而广州十三行则起源于明朝末年中国商人与葡萄牙人的商贸往来。葡萄牙人在1553年占据澳门,并定期乘船前往广州贸易。清初实行海禁,造成走私一度猖獗。为绝此患,康熙皇帝恢复开海贸易,在1684年设立江、浙、闽、粤四大海关,广州的外贸又开始恢复繁荣。时人屈大均诗中有云:"洋船争出是官商,十字门开向二洋。五丝八丝广缎好,银钱堆满十三行。"该诗就是明末清初广州十三行带动香山县十字门和澳门外贸的明证。

1757年,乾隆皇帝颁布"一口通商"命令,只允许通过海路来华的西方商人在广州经商,使广州十三行的发展达到了顶峰,享有"天子南库"之美誉,见证了鸦片战争前中西方文明的交流与碰撞。十三行在历史上的贡献不仅属于广州,也属于今天所说的整个粤港澳大湾区。当年葡、西、英、荷、法、美等多国商人来华贸易必须先抵达澳门南湾,在澳门拿到粤海关允许入城的通行证后,才能把商船开到黄埔港口,在十三行商馆区贸易和居住,而且在贸易结束

---

* 本报告是国家哲学社会科学基金重大项目"广州十三行中外档案文献整理与研究"(18ZDA195)成果之一。
① 仲伟合《文化对外传播路径创新与翻译专业教育》,《中国翻译》2014年第5期。

后必须返回澳门居住，等待下一年的贸易季度开始才能再次前往广州。这种有明显地缘政治特征的外贸管理制度，被外国人称为"广州贸易"（Canton Trade）或"广州体制"（Canton System），但这种体制不限于广州，而是辐射到澳门、香山、佛山、顺德等地。后来，直到两次鸦片战争的战败，十三行的垄断贸易落下帷幕，大量本地从业者和外国商人纷纷前往五口通商之地，其中包括日后成为"东方之珠"的香港。从辉煌到落幕，清代十三行这85年的中外交往历史，塑造了兼容并蓄、务实开明的岭南文化，印证了湾区人们自古以来民心相通、唇齿相依的友好关系。

关于中外语言文字的交流，粤港澳大湾区自从明清以来就是语言翻译服务重镇。自16世纪中叶开埠以来，澳门是各国商人和传教士来华的必经之地，也是他们学习中文的基地。特别是耶稣会士利玛窦（Mateo Ricci）在1583年由澳门取道广州等地抵达肇庆后，他在传教的同时，把中国的经典"四书"译成拉丁文，后来还跟徐光启、李之藻等人汉译了《几何原本》和《同文指算》等书，由此掀起了中国翻译史上继佛教翻译以来的第二次高潮，为中西文化交流谱写了最初的篇章。

在清代十三行期间，来华外国人的汉语学习和翻译活动也十分积极，成就最为突出的是第一位来华的基督教新教的传教士马礼逊（Robert Morrison）。他在1814年汉译了《圣经·新约全书》，在广州印刷了2000册，后来又和米怜（William Milne）合译了《旧约全书》。除了这些为传教服务的翻译活动，马礼逊还是英国东印度公司的译员，承担了在华外国商人和广东官员之间沟通的大量口笔译工作，并且致力于推动中西文化交流。例如他1817年在澳门出版了第一卷《华英字典》，1828年又出版了《广东省土话字汇》，1834年病逝前还留下遗嘱，捐出藏书，倡议办学。五年后，以他的名字命名的马礼逊学堂在澳门正式开办，是中国第一所新式学堂。①

值得注意的是，"中外语言的交流应该是双向的，不可能永远是单向的"。② 外国人在努力学习汉语和参与语言翻译服务的同时，以广州和澳门为中心的大湾区民间已有自学外语的传统。当葡萄牙人前来贸易之初，当地居民依靠简单口语和肢体语言和他们交流，逐渐就出现一批能用汉语来表达葡语的人，叫"通事"，而他们掌握的这种早期中西语言交流的工具被称为"广东葡语"，或

---

① 张伟保《中国第一所新式学堂——马礼逊学堂》，中国社会科学出版社，2012年。
② 刘圣宜、宋德华《岭南近代对外文化交流史》，广东人民出版社，1996年。

"澳译",时人印光任、张汝霖所编的《澳门记略》有具体记载。到了十三行成为"一口通商"之时,英国取代了葡萄牙,成为了中国对外贸易的最大伙伴,"广东葡语"逐渐演变为"广东英语",是后来在上海盛行一时的"洋泾浜英语"的前身。除了这些民间的语言翻译活动,也还来自中国官员组织的翻译工作。1839年,林则徐在广东禁烟期间为了收集西方情报,组建了一支以亚孟、袁德辉、林阿适、梁进德四人为主的翻译团队,编译了《澳门月报》《澳门新闻纸》《澳门杂录》《世界地理大全》《各国律例》等报刊书籍,使他成为清朝"开眼看世界的第一人"。

回顾这段以广州十三行为中心的语言翻译服务往事,有助于我们理解粤港澳大湾区共同的语言和文化血脉基因,追溯大湾区语言翻译服务的深厚历史渊源,并为下文彰显语言翻译对十三行历史研究的学科建构作好铺垫。

二 十三行学术研究的语言翻译

我国学者在研究学术翻译对学科发展的独特贡献时指出,"翻译的历史作用无需赘述,人文社科领域的发展离不开外文论著汉译",[①]而这一观点尤其适用于十三行的学术研究。十三行研究专家冷东教授在《20世纪以来十三行研究评析》一文中指出,十三行研究1900—1949年为奠基阶段、1950—1979年为国内外反差阶段、1980—1999年为重振阶段、2000—2011年为继续发展阶段。而且,冷东在文中还强调有许多海外研究成果(包括港澳台)在外文资料和原始档案利用上具有优势,专题考证颇具功力,可惜未翻译成中文,影响有限,[②]这也是学界认可翻译对十三行学术研究发展的重要性。

具体而言,在过去四个发展阶段里,与十三行研究相关的外语著作汉译,主要发生在20世纪80年代以后的两个阶段,包括与十三行直接相关的清代外国人在华记录的汉译,例如美国商人亨特(William Hunter)的《广州番鬼录》《旧中国杂记》和美国学者马士(H. B. Morse)的《东印度公司对华贸易编年史》(下文简称《编年史》)和《中华帝国对外关系史》等。这些中译本面世较早,成为国内研究者的必读书和最常引用的文献,为十三行学科建设提供了史料依

---

① 宋晓舟、林大津《学术翻译与中国媒介环境学的发展——何道宽教授访谈录》,《国际新闻界》2016年第9期。

② 冷东《20世纪以来十三行研究评析》,《中国史研究动态》2012年第3期。

据和理论基础。还有就是以中外关系史为题并间接与十三行相关的学术著作，例如《鸦片战争前中英通商史》《中外关系史译丛》《英使谒见乾隆纪实》《大门口的陌生人》等，这些汉译本在国内反响强烈，因此也被频繁引用和评析，为国内十三行研究的进一步发展奠定坚实的基础。

十年过去了，笔者观察到，十三行研究自 2012 年以来进入了新的发展阶段，即翻译助推学科的广度和深度发展。在 2012—2021 年间，上述部分十三行研究奠基之作被重新翻译，还有更多的与十三行研究直接或间接相关的著作被译入，呈现出译中有研、研中有译和译者显身、助推译作这两大特征。

（一）译中有研、研中有译

十三行学术专著汉译都是由学者型译者操刀，他们在翻译的过程中不断思索研究，常以"译者前言"和"译者后记"的形式写出对原作者乃至原作者所属学科领域的论文，为原著补充了很多新的研究发现。同时，翻译学者也关注十三行历史中的翻译问题，从译学的角度深化十三行的研究。

首先，译者在翻译过程中对原书进行勘误、润改、增补。例如，马士《编年史》的中译本在 1991 年出版时，仅有两页纸的《译序》里已特别指出，译校者章文钦"以巨大心力，参考有关中西文献，对译本和原书人名、地名、船名及其他方面的误漏进行订补，并增加注解三百二十余条"。[①] 该书 2016 年再版，章文钦进一步介绍了其译校的新进展："其一是将英文原书与校样再校核一遍，改正译名、字句、格式中的一些错误，并补入中译本初版漏排的译稿十多页，盖因当年排版者数度易人，清样虽已校了六七遍，但一些地方并未按照校者要求改正。其二是积二十多年读书所得，从中西文献中寻出相关资料与本书内容相印证，又增补了 500 条补注。其三是翻译第四、第五卷卷末索引，并以此为基础补入索引未编入词汇，编成约 15 万字的《词汇索引》及《征引文献》（包括原著部分和译校部分）。"[②] 又如，王杨红负责主译和校对的《朝贡与利润：1652—1855 年的中暹贸易》在 2021 年出版。该书有涉及十三行商人从事东南亚帆船贸易的研究，时间纵贯 200 年，涉及泰国及东南亚其他地区、中国、日本等诸多史事、地名，翻译难度可想而知。译者在《译后记》里提到："为方便翻

---

① 区宗华《译序》，见〔美〕马士《东印度公司对华贸易编年史》（第一卷），中国海关史研究中心组译，区宗华译，林树惠校，中山大学出版社，1991 年。
② 章文钦《中译本简介》，见〔美〕马士《东印度公司对华贸易编年史》（第一卷），区宗华译，林树惠校，章文钦校注，广东人民出版社，2016 年。

译、校订,在正式开始翻译前,我花了较长时间搜集书中所列参考文献……其间,我发现书中正文、注释存在一些错讹,遂边译索引,边列相关错误,并附详细史料,另加若干译者注。"①通过这两个前辈译者和青年译者的例子,我们可以窥探其语言翻译服务是镶嵌在译者勤学敏思的学术研究里,对十三行研究起到重大作用。

其次,译者在翻译过程中与学界展开讨论,甚至发现新的研究问题。以2015年出版的《小斯当东回忆录》的中文译本为例。小斯当东(George Staunton)在广州十三行工作18年,曾任东印度公司的大班兼译员,参与了英国两次访华使团,是中英关系史上的重要人物。他写于1856年的回忆录是珍贵翔实的历史资料,但由于成书时的行文习惯与今天的英语差异很大,译者屈文生坦言翻译难度很高,他"完全是兴趣使然"②才译好。其实,屈文生的研究兴趣是法律史、翻译史和辞书史,已出版多部专著和译著,这次也写下《近代中英关系史上的小斯当东——译后余语》,里面涉及对学界已有的观点的讨论,例如他指出巴罗(John Barrow)是小斯当东的好友,而不是他的家教。又如,他认为小斯当东大约是在1806年夏天开始翻译《大清律例》,而不是在1801年。而且,他"不仅仅单纯进行翻译,实际上还陆续发现一些史学界感兴趣的议题",③例如小斯当东撰写回忆录的方式,实际上是仿效18世纪英国著名历史学家吉本(Edward Gibbon)的做法,而且前者不时在著作中提及对后者的崇敬,这是译者新的学术发现。

第三,十三行的研究是中西交流史的一部分,其中涉及的外语词语译法和重大翻译事件也是研究者的重点关注领域。例如,金国平教授关于澳门和十三行的研究很多都是与翻译相关的。金教授本科学的是西班牙语及葡萄牙语专业,是葡萄牙历史科学院院士,多年来深耕关于澳门的西语和葡语史料,其研究领域也跟广州十三行相关。他也是资深的译者,2005年编译了《西方澳门史料选萃:15—16世纪》,2018年出版的论文集《澳门学:探赜与汇知》里涉及许多与十三行研究相关的翻译问题。例如,他在《葡萄牙语史料中是否有关于明"十三行"的信息》《葡萄牙语"(Hão)行"字系列词汇研究》和《德庇时与〈通商字汇〉——"公班衙"及"十三行"相关词语之时译析读》三篇论文里从

---

① 王杨红《译后记》,见〔泰〕吴汉泉《朝贡与利润:1652—1855年的中暹贸易》,王杨红、刘俊涛、吕俊昌译,王杨红校,社会科学文献出版社,2021年。
② 屈文生《译后记》,见〔英〕斯当东《小斯当东回忆录》,屈文生译,上海人民出版社,2015年。
③ 游博清《序二》,见〔英〕斯当东《小斯当东回忆录》,屈文生译,上海人民出版社,2015年。

葡语和英语文献里的关于"十三行"的词语译文入手，探究十三行的历史起源问题。[1]另外，十三行时期的重大外交事件中的翻译问题也是近年来学界的研究热点。例如，香港学者王宏志在过去十年持续开展十三行期间的英国访华使团、英国译员及鸦片战争的中英双方译员的研究，在历史学界和翻译学界都引起较大的反响。

（二）译者显身，助推译作

西方学者韦努蒂（Lawrence Venuti）用"译者隐身"（translator's invisibility）[2]描述翻译过程中译者选择的翻译策略令译文看不出译者痕迹的现象，而这一学说被引进到我国翻译研究体系后，其内涵不断丰富，还引申出"译者显身"这一对立之说，最近还被我国学者用来形容一种社会地位高、主体性强、影响力大的"大译者"现象。[3]在十三行学术汉译过程中，特别是最近十年，类似的译者显身现象尤为突出，主要表现为译者在译作中的身份明显、译者获得原著作者的肯定、媒体对译者的宣传。

首先，以历史学家为主导的译者在译作中有明显的形象标识。例如，2016年再版的《编年史》在卷首刊登了译者区宗华的照片，从中依稀可见他在20世纪80年代初在家中翻译此书的情景。而且，书中也有简短的《译序》，译者轻描淡写地提到"本译本完成于十年浩劫前期，译者当时处境艰难，孤立无援"，[4]而书中的《译者传略》则详细描述他如何在两年半内独立译出这部140万字的译作，并介绍了他作为一名历史学家如何栽培后学，以及他"真诚、正直、达观、重友"的学人本色。[5]这篇《译者传略》长达接近18页纸，在学术著作中极为罕见，足以证明译者受到景仰，身份地位崇高。又如，2018年出版的《广州贸易》是美国十三行研究专家范岱克（Paul van Dyke）的成名之作的中文版，译者是该书作者在中山大学历史系的同事江滢河和黄超。书中介绍译者的时候不仅介绍了其工作单位、学术背景和代表性作品、译著等，还刊登了三人的合

---

[1] 金国平《澳门学：探赜与汇知》，广东人民出版社，2018年。
[2] Lawrence Venuti. *The Translator's Invisibility: A History of Translation.* London & New York: Routledge, 1995.
[3] 肖洋《译者的显身——中国翻译史独特的大译者现象》，《渤海大学学报（哲学社会科学版）》，2020年第1期。
[4] 〔美〕马士《东印度公司对华贸易编年史》（第一卷），区宗华译，林树惠校，章文钦校注，广东人民出版社，2016年。
[5] 同上。

照,让译者走向幕前。再如,2021年出版的《与中国海盗同行》提供了十三行落幕以后西方人士对近代广州和珠三角地区海盗问题的观察,是十三行的拓展研究,书中的《译者简介》也强调其资深翻译家的身份:"沈正邦(1944—),中国翻译协会会员,获中国译协资深翻译家称号。译有《旧中国杂记》《早期澳门史》《博济医院百年》《学海堂与晚清岭南学术文化》等文史类译著;另有文学、教育、宗教等方面多种译作和著述在京、沪、穗、港、台等地出版。"①

其次,原著作者对译者的表彰。对于质量上乘的译作,原著作者通常都会在译作的新序中对译者表达感谢,例如上文提到的《广州贸易》作者范岱克在中文版书中感谢了两位译者所付出的辛勤工作。还有一个例子,即陈国栋(Chen Kuo-tung)的英语专著《经营管理与财务困境》在2019年推出了中文版,他还负责全书的校译,并在序言中不吝对译者的赞美之词:"译者杨永炎博士十分用心,译笔亦佳,能让读者从我的粗劣英文作品中挣脱出来,自然要和他多说几次谢谢。杨博士十分负责谨慎,经常将译稿寄来给我修订或补充,往往复复,几近十余次。"②而译者也在《译后记》中回应:"作为译者,我很荣幸能完成这件有价值的工作。翻译是件劳心费力的活,但也是锻炼心智、扩宽视野、提升研究能力的过程。在翻译过程中,我反复阅读陈教授在大陆出版的论文集《东亚海域一千年》和《清代前期的粤海关与十三行》,熟悉专业话语,揣摩遣词造句,核对脚注格式,力争做到译稿准确且规范。"可见译者和懂得中文的作者之间有充分的交流互动,而且译文有后者校对把关,质量自然就更好。

第三,媒体在宣传译作时也强调译者的身份。例如,《沙面要事日记(1859—1938)》是关于外国人如何在广州沙面延续十三行的生活和工作,是《西方文献中的近代广州》大型译丛项目较早出版的作品。与上述例子的译者杨永炎相似,本书译者麦胜文在译作里写了《译前序》和《译后记》介绍他对沙面的研究和翻译的心得,而且历史学家程美宝也在《序二》里也回顾了她与译者因沙面而结下的学缘。③除此以外,译者被媒体誉为"知名广州历史图像研究者",④他还受邀出席在相关研讨会和译作首发式,并亲自讲述他在翻译的过程

---

① 〔芬兰〕利留斯《与中国海盗同行》,沈正邦译,何思兵校译,花城出版社,2021年。
② 陈国栋《经营管理与财务困境——清中期广州行商周转不灵问题研究》,杨永炎译,陈国栋校译,花城出版社,2019年。
③ 〔英〕哈罗德·斯特普尔斯·史密斯《沙面要事日记(1859—1938)》,麦胜文译,花城出版社,2019年。
④ 朱蓉婷《珍贵史料重现于世:从英侨日记中寻找沙面百年足迹》,《南方都市报》2020年12月01日。

中如何利用当年公开发行的书籍、报刊和地图等印刷品，以及友人珍藏的日记和信函等私人文字记录，研究解读了这些珍贵历史图像背后鲜为人知的沙面故事。① 又如，在上文提及的《广州贸易》中文版面世后不久，该书的两位译者也受邀出席新书享读会，而且享读会的海报和新闻媒体的报道里也把译者的名字和作者的名字并列排放。②

三　思考与建议

广州十三行自明清以降就是语言翻译服务的重镇，是粤港澳大湾区一张亮丽的历史名片。如何推进十三行的语言翻译服务工作，如何通过语言翻译服务增强大湾区的文化软实力，对于推动十三行学科的可持续性发展和粤港澳大湾区的翻译与文化建设具有战略意义与时代价值。为此，笔者愿提出以下四点建议，旨在让广州十三行的语言翻译服务在实践和研究中不断地得到检验、调整和改善。

（一）规范十三行研究的术语翻译

"任何成熟的学科都有比较完善的术语体系，但任何学科也不能回避术语中存在的问题。"③ 十三行研究的术语也存在问题，无论是汉译还是外译的术语都有不规范的现象。例如，外国学界经常用以描述十三行贸易术语 Canton System 有译为"广州体制""广州体系""广东体制""广东系统""一口通商"等。又如，中国学界常用的"十三行"这一术语，在西方文献里的对应词各异，包括直译的 Canton Thirteen Hongs，还有意译的 Foreign Factories of Canton，音译的还有粤方言发音的 Shih-sang-hong 和普通话的 Shi-san-hang。另外，外国原著涉及较多明清时代术语，翻译过程需要"回译"，即从汉语到外语再回到汉语。如果译者没有回到当时的历史语境，深刻理解其起源和意义变迁，其译文必定与原文相距甚大，甚至出现同一个原文有几个不搭边的译文，例如 Hoppo 被译为"户部""海部""河伯""粤海关"等，cumsha 被译为"金沙""规礼""陋

---

① 周甫琦《〈沙面要事日记（1859—1938）〉首发，讲述远来蕃客的广州记忆》，《南方日报》2021年11月26日。
② 路红《范岱克×江滢河×黄超：广州贸易体制的历史阐释》，搜狐新闻网，2018-11-29，https://www.sohu.com/a/278594640_692521。
③ 方梦之《译学术语的演变与创新——兼论翻译研究的走向》，《中国外语》2011年第3期。

规银""赏钱"等。诚然,也有翻译研究者指出认为,在不产生误译的前提下,"要允许一个术语有不同的译名,让时间来做出判断"。①但十三行的学术研究已接近一个世纪,现在应该对一些关键术语的翻译做出标准化的判断。

(二)打破十三行学术翻译的逆差

根据上文所述,目前十三行的语言翻译服务绝大部分是英美著作的汉译,外译项目几乎为零,造成严重的翻译不平衡。当然,这种情况并非十三行研究独有。要打破这种"翻译逆差",首先需要管理部门的组织和赞助。就如上文提到的《广州番鬼录》《旧中国杂记》和《编年史》的中译本属于全国第一套大型地域文化丛书的"岭南文库",而《近代华南海盗纪事》《经营管理与财务困境》和《沙面日记》的中译本则属于由广州市社会科学院历史研究所主持的"西方文献中的近代广州"丛书,可见国家和地方管理部门对十三行学术著作汉译的重视。相比之下,十三行研究的外译工作才刚刚起步,而且也是得益于2010年起国家社科基金设立的中华学术外译项目。在该项目里,2020年已立项的有黄启臣的《澳门通史》葡语译作,其中两个章节关于明清澳门历史的篇章跟十三行紧密相关。到了2021年,该项目的推荐书目里就有历史学家蔡鸿生的《中外交流史事考述》和李伯重、董经胜主编的《海上丝绸之路》的外译,里面有部分章节是关于十三行的学术研究成果。随着这些拓展十三行研究的新锐作品开展有组织的外译工作,中外学者可以进一步平等地交流和切磋,也希望未来有更多中国学者十三行研究的著作通过翻译而走进国际学术界。

(三)彰显十三行语言翻译服务的译者身份

我国学者曾指出:"译界对应用文体翻译(史)长期缺乏研究,加上其中有些翻译家在各自专业领域独树一帜,其专业声誉盖过其翻译事业上的辉煌,以至在过往翻译史中难寻踪影或着墨不多。"②随着翻译学研究不断深入,有学者发出"加强翻译家的研究"的呼声,③目前已有多个领域的专家以翻译家身份走进翻译研究者的视野,例如,关于著名社会学家、人类学家费孝通,近年来已有学者钩沉其翻译家的身份。④然而,在十三行研究领域,大部分的译者都是研究

---

① 姜望琪《论术语翻译的标准》,《上海翻译》2005年第1期。
② 方梦之、庄智象《翻译史研究:不囿于文学翻译》,《上海翻译》2016年第3期。
③ 刘云虹、许钧《走进翻译家的精神世界——关于加强翻译家研究的对谈》,《外国语》2020年第1期。
④ 马士奎、徐丽莎《费孝通的翻译实践和翻译思想》,《上海翻译》2017年第2期。

型译者，他们在翻译、校对、补注的过程中付出了比普通译者更多的时间和精力，但他们对学术翻译和学科建设的贡献却没有受到足够的重视，例如上文提及的已故译者区宗华，以及依然活跃在翻译和历史研究工作前线的沈正邦、章文钦、江滢河、屈文生等人。因此，学界应该深入研究这些学者型译者的翻译心得，例如通过收集并研究他们的手稿、他们与原作者的通信、他们与出版社编辑的通信，挖掘其翻译与研究之间的互动机制，提炼其翻译思想，供后辈学人和译者参考借鉴，打造朋辈引领、互学互鉴的良好学术氛围。此外，出版社也应该在推广译著的时候彰显译者的身份，例如上文提到的在书中刊登译者照片和邀请译者出席图书推介会等，都是值得继续发扬的做法。

（四）推广多模态翻译服务

目前，广州十三行的学术翻译已经形成一定气候，但文学翻译、影视翻译、文创产品翻译等工作尚未开展，是一片正待开发的处女地。其实，学界对十三行文艺作品颇有研究，归纳其三大特点，即作品丰富、特色不一、文体多元；立足于商业书写；作品形式新颖，跨界改编，创意迭出，网络小说、体验式纪录片等新型文艺形式相继出现。[①] 针对这些中文作品的外译，可以尝试使用多模态翻译。多模态翻译，是既包括多模态话语，即文字、图像、音乐、表情、手势等各种符号，又包括多模态形式，即海报、视频多媒体、语料库、自媒体公众号等多种媒介传播的翻译。近年来，我们已经看到十三行多模态翻译的成功案例。例如，2016年建成的广州十三行博物馆内的介绍文字配有英语译文，其语音导览服务也有中文和英文两种选择，但其官方网页还没有英语译文。又如，以中英双语对照出版的《艺述大湾区·广州十三行故事》是一本2021年的台历，每页都有十三行简介的双语文字和精美的外销艺术图片，是较为成功的文创产品翻译案例。展望未来，希望相关部门组织十三行的影视作品的字幕和长篇小说的外译工作，并借助大湾区的传统媒体和新媒体平台，用多语和多模态的方式，向世界讲好十三行的故事，讲好大湾区的故事。

（叶霭云）

---

① 张衡《从"十三行文艺"看粤港澳海商文化的书写策略》，《广州大学学报（社会科学版）》2021年第4期。

第三部分

智慧湾区语言服务

导　语

　　《粤港澳大湾区发展规划纲要》明确指出，大湾区建设要加强粤港澳智慧城市合作，大力发展智慧交通、智慧能源、智慧市政、智慧社区。《中华人民共和国国民经济和社会发展第十四个五年规划和2035年远景目标纲要》也指出，要加快建设数字社会、数字政府，聚焦重点领域，推进数字化服务普惠应用。目前，湾区智慧化已经成为提升公共服务品质，打造宜居宜业宜游优质生活圈，促进粤港澳三地社会交往、文化融通、资源共享的重要抓手。在以上背景之下，本部分辑录五篇报告，从四个角度对大湾区智慧政务、智慧文博、智慧旅游和特殊人群智慧化服务中的语言文字问题进行调研与分析，力求通过以点带面的方式勾勒出整个大湾区智慧化建设中的语言服务状态。

　　《广州地区老年用户智能手机语言服务体验调查》和《旅游出行类应用程序（APP）适老化语言服务调查》两篇报告关注信息化时代特殊人群智能产品与应用软件使用中的语言服务。前者以121位老年智能手机使用者为样本，调查该群体的智能手机使用体验、困难与语言服务需求，从语言环境、语言技术、产品设计、社会宣传等方面提出老年人智能手机语言服务的相关建议；后者则针对71个旅游出行类应用程序的语言服务现状、中老年使用者的服务需求进行调查，并从适老版配置率、语音识别和朗读、应用程序的使用和功能说明等方面对应用程序的信息无障碍化建设提出建议。政府门户网站是湾区智慧政务的重要载体。《珠三角九市政府门户网站语言服务的优化升级》调查了2018—2022年珠三角九市政府门户网站的语言服务变化发展，数据显示政府门户网站的语言服务在国际化和多样化、智能化、适老化、信息无障碍等方面水平提升显著。《线上博物馆语言服务调查》着眼于大湾区智慧文博建设中的语言服务，从语言配置、英文译写、文字配置、手语配置等角度对18个线上博物馆门户网站、虚拟展区语言文字使用与服务之中存在的问题进行分析。景区微信公众号是大湾区智慧旅游的重要组成部分，《旅游景区微信公众号语言服务状况》以121个旅游景区微信公众号为观察对象，在对其自动回复、线上导览语言服务状况进行调查的基础上，提出了提高公众号创建率、提高多语服务和语言服务的智能化等具有针对性的建议。

粤港澳智慧湾区的建设不仅要关注不同领域、不同城市的智慧化建设，更为重要的是，在未来的湾区发展中，要以智慧化手段从区域层面实现城市群之间的协同发展，通过资源、数据的共通共享，促进各类资源要素的自由流动，实现湾区内部的融合融通。毫无疑问，这一过程不仅涉及城市间的基础设施共建、数据平台联通，更会关涉各种各样的语言文字问题。换言之，本部分提到的各种语言服务问题仅仅是冰山一角，随着智慧湾区建设的不断推进，我们将会面对更多、更复杂的课题。对于大湾区语言服务研究来说，这既是责任与挑战，也是难得的机遇。

（张迎宝）

广州地区老年用户智能手机语言服务体验调查

2020年11月24日,《国务院办公厅印发关于切实解决老年人运用智能技术困难实施方案的通知》(国办发〔2020〕45号)(以下简称《方案》)公开发布。《方案》对老年人使用智能产品的困难做了大致划分,要求在终端和软件方面都进行适老化改造,要"紧贴老年人需求特点,加强技术创新,提供更多智能化适老产品和服务,促进智能技术有效推广应用,让老年人能用、会用、敢用、想用。坚持'两条腿'走路,使智能化管理适应老年人,并不断改进传统服务方式,为老年人提供更周全、更贴心、更直接的便利化服务"。

老年人由于生理机能、经验、心态等方面的原因,对迭代快速的智能产品可能适应较慢,与数字时代之间产生较为明显的"数字鸿沟"。比如,老年人不会网上挂号、在线购票,出现新的"看病难""出行难";不知道APP或公众号预约,无法进入某些公共场所;新冠肺炎疫情期间,因出示不了"健康码",屡屡遇阻;等等。此类事件不断被报道,引起多方关注。如何才能帮助老年人群体,实现智能产品使用的"无障碍",成了一个亟待解决的问题。

《方案》指出,智能产品的适老化改造,需要"紧贴老年人需求特点……要推动手机等智能终端产品适老化改造,使其具备大屏幕、大字体、大音量、大电池容量、操作简单等更多方便老年人使用的特点"。这说明两点。第一,在诸多智能产品中,智能手机与生活的相关度最高。而且,其他种类的智能产品也可以通过无线网络、蓝牙等方式与手机关联。老人们使用智能手机遇到的问题,具有很强的代表性。第二,语言服务方式应尽量贴合老年人需求,成为智能产品适老化改造的重要内容之一。那么,老年人在智能商品的使用过程中,尤其是在使用智能手机的过程中,对其提供的语言服务的体验如何?他们的真实困难有哪些?他们有什么样的客观需求?这些问题需要我们进行有效调查,以了解他们在智能化浪潮中时有搁浅的原因。

一 调查概况

当前智能产品种类多样,包括智能手机、平板电脑、智能手环、智能音箱、智能家电、智能护理产品等。其中智能手机的普及率最高,在我们调查的老年人中,每个人都拥有至少一部智能手机,普及率远超其他智能产品。另外,智能手机功能富集,其他智能产品都试图让手机搭载其操作软件,让使用者在手机与产品交互。所以,在此次调查中,我们将重点考察智能手机所提供的语言服务。

我们在调查过程中观察和访谈老年智能产品用户,并结合老人们的生活环境、日常活动、接触对象,围绕智能产品中涉及语言方面的功能,请他们进行评价,回忆使用智能产品的具体困境;同时调查智能产品的语言服务特征、水平,向销售人员了解老年人群体对智能产品语言服务的主观需求和客观需求。主要的调查点有:

(1)天河区、黄埔区的两个住宅小区;

(2)小区周边的公共服务场所,如银行、医院、药店、市场、便利店等;

(3)天河区、黄埔区的智能产品实体售卖点,线上的旗舰店等。

我们主要采用观察和访谈的方式,对以下对象分别进行了调查:

(1)老年人群体(121人,均居住在两个小区内,年龄在57—74岁之间);

(2)智能产品销售人员(40人,分布在天河区太阳新天地、天河区美林天地、黄埔区大沙街道的实体销售店,以及华为、三星等网上旗舰店);

(3)公共场所服务人员(24人,分布在黄埔区大沙街道,包括社区工作者、银行大堂经理、医院导诊员、超市和市场的销售人员、便利店员工等)。

二 智能手机语言服务体验情况

经过调查,我们发现,老年人使用智能产品时,普遍对产品提供的语言服务评价一般。他们时常会遭遇一些语言使用上的困难,主要有以下情况。

1. 对智能手机中的图标和词汇的理解有困难

这个是返回嘛,这个是下一个,这个我不懂什么意思……哎很多都不懂,无事,每天用就能记住……不懂的那些我不点就是了,我女也叫我不要乱点，免得点错，反正就用微信，买东西，打电话，有时看看视频，短信看很少，够用啦，还有拍照，可以啦。

——林女士，68岁，黄埔区君和名城花园住户

林女士向我们展示了自己智能手机的常用功能，其评价具有一定的代表性。我们后续采访到的其他老人，观点和态度基本与之相同，他们均表示不太了解手机中的一些图标和词语，或者曾有过操作失败的经历，于是形成了回避陌生图标、词语的使用习惯。

当前智能手机的界面设计，图标的使用较为普遍，有时甚至替代文字来标识功能，系统图标的艺术风格也趋于简洁，老年人们看到图标会比看到陌生词语更加困惑。我们尝试整理出"智能手机功能词语图标对照表"（表1），将之作为测试文本，请接受访谈的老人们进行辨认，以测查他们对文字和图标的识别准度。

表1　智能手机功能词语图标对照表

功能	图标	功能	图标	功能	图标
主页	🏠	图片照片	🖼	位置地址	📍
短信	✉💬	震动	📳	回收站	🗑
联系人通讯录	👥👤	用户账户	👤	通知	🔔
邮件	✉	密码	🔑	电池	🔋
蓝牙	✳	调整字体大小	AA	产品信息	ⓘ
无线局域网WiFi	📶	指纹识别	👆	无线投屏	📺
移动数据流量	↑↓	人脸识别	😊	前进下一级	>
扫码	⎡⎤	搜索	🔍	返回上一级	<
照相机	📷	手电筒	🔦	更多功能	⊕⋮
语音	🎤	屏幕旋转	🔄	在线帮助客服	🎧

（续表）

功能	图标	功能	图标	功能	图标
系统设置	⚙	飞行模式	✈	开始播放	▶
分享转发	↗ ⤴	免打扰	☾	暂停播放	⏸
开关	⏻	编辑	✎	下一个（节目） 上一个（节目）	⏭ ⏮
下载	⬇ ☁	刷新	↻	浏览器	🌐
上传	⬆ ☁	二维码	▦	小程序	◉

我们将这些词语和图标拆分成两份，请接受访谈的老人辨识，并向我们展示功能所在位置。完成测试的老年人有46位。通过观察发现，老人们的表现有以下特点。

（1）基本功能了解程度较好，对各项功能文字名称的识别效果远优于图形。文字名称的识别正确率在60%以上，图标的识别正确率不足20%。

（2）有些智能手机的通用图形，老年人很难将之与具体功能形成认知关联，他们认为，部分图标含义十分难解，如"免打扰"与月亮的关系，需要经过多次推理才能得出结论；还有一些图标，虽然形象直观，但其对应的功能却不易使人了解，如"飞行模式"，他们虽然能够理解飞机图标，却因缺乏乘机经验，不知道此项功能的作用为何。

（3）不同品牌的智能手机，图标的设计也有差异；或虽图标类似，但对应的功能完全不同。比如，同是采用手掌元素的图标，在华为和苹果手机系统中的含义却相去甚远（如图1）。其他品牌智能产品也有类似情况。用户在更换手机品牌之后，必须重新建立认知节点。

图1 华为手机（左）、苹果手机（右）功能图标

（4）如果文字和图标同时出现，老人们习惯性地需要看清文字才能决策操作。这也许解释了为什么很多老年人对智能产品的"精简模式""老人模式"并

不满意，在这些已经做了适老化改造的模式中，图片和图标依然占据了屏幕的大部分空间，文字明显处于从属地位（如图2）。

图2　VIVO Y31S 智能手机主界面的默认模式（左）及简易模式（右）

（5）老年人们对于"红包、助力、点赞、返现、砍（价）"一类的词语极为熟悉，对相关操作也极为熟悉，应该是频繁操作的结果。这也从侧面反映了老年人群使用智能手机时，感兴趣的活动有哪些。

2. 与智能产品进行交互有困难

> 什么输入法……我女儿帮我弄的，我就用微信的，打语音就可以……发语音也可以啰，写字也会，就慢很多……（微信语音）转文字不准的嘛，字有字的好，声音有声音的好，也都有不好，所以就打语音，跟打电话一样最方便，还不要钱。……（智能音箱）有一个，可以放歌，跟它讲话让它放歌、放新闻，……话多，有时候也找不到歌。……上次查小区（的信息），我叫"小度小度"（普通话发音），然后说"君和名城（粤方言发音）"，它就不知道了……
>
> ——刘女士，62岁，黄埔区君和名城花园住户

经过访谈汇总，老年人认为当前人机交互主要有以下不便。

（1）输入法使用不便

智能手机输入法对老年人来说门槛较高。手机自带的输入法和第三方输入法APP，老年人们都觉得不够方便。很多老人不愿意使用拼音输入法，认为自

己的拼音水平不够，且拼音输入极易误触，修改麻烦。如采用语音输入，普通话和主流方言的识别效果较好，若自己的方言偏小众，则不易被识别。所以，很多老人选择在微信中直接发送语音信息，或者手写输入。但手写输入对连写程度、手写速度有一定要求，对方言字词的识别和扩展联想也不够丰富。

实际上，现在市场占有率较高的输入法（如搜狗、百度、讯飞等）都设置了多种方言和外语选项，如图3。

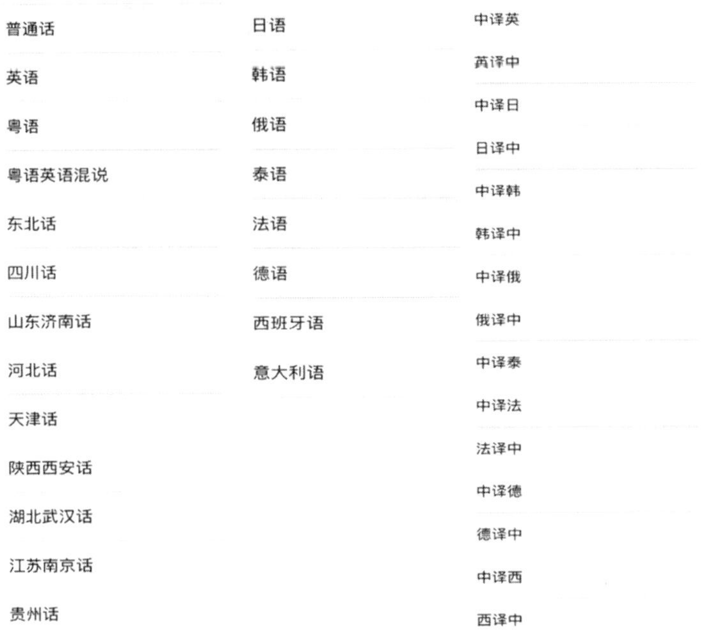

普通话	日语	中译英
英语	韩语	英译中
粤语	俄语	中译日
粤语英语混说	泰语	日译中
东北话	法语	中译韩
四川话	德语	韩译中
山东济南话	西班牙语	中译俄
河北话	意大利语	俄译中
天津话		中译泰
陕西西安话		中译法
湖北武汉话		法译中
江苏南京话		中译德
贵州话		德译中
		中译西
		西译中

图3　搜狗输入法语音设置中的语言包种类

还有一些输入法开发了一些有特色的功能，如搜狗输入法中的"粤语英语混说"，百度输入法中的"方言自由说"，能够精准识别口音更重的普通话，广受业界好评，比较适合老年人使用，但我们发现，所有的老年用户都不了解这一功能。

（2）语音交互使用不便

在人机语音交互时，智能产品的回复语言过于复杂，常有网络流行语或俏皮话（如用户在咨询餐饮问题时，某智能音箱会回复"今天我去吃火锅，你去吃火锅底料"；用户在询问时间时，会回复"我1点没有想你，我1点半想你了"等），不仅拉长执行任务的时间，也会给老年人带来理解上的负担。智能手机的语音助手也有此类问题。

成功的语音交互，需要指令的声音和语法都极为清晰，并触及"关键词"，才能有效执行任务。最让老人们觉得头疼的，是这些语音交互功能有时不能及时回应主人的呼叫，但在被提及的时候反而容易被唤起，这说明其语音识别的精度有待进一步提高。

另外，想要开展语音交互，需要先通过声音或按键唤起语音助手，很多老年用户卡在了这第一步，原因是语音助手的名字"难记""难说"。我们搜集到各品牌的语音助手的名字，见表2。

表2 智能手机语音助手名称及唤醒词

品牌	华为	VIVO	三星	小米	苹果	OPPO
语音助手	小E（Mate）YOYO(荣耀)	Jovi	Bixby	小爱同学	Siri	小欧（Reno）Breeno（Find X）
默认唤醒词	小艺小艺 你好YOYO	小V小V	嗨Bixby	小爱同学	Hey, Siri	小欧小欧 小布小布
其他可选唤醒词	我的荣耀	Hi, Jovi	无	无	无	你好小布 嘿，Breeno
用户自定义	支持	不支持	不支持	支持	不支持	支持

我们可以看到，语音助手名称各异，有些是英文名，有些含有英文字母，用户必须尽量使用标准语音（普通话和英语）和标准语法格式，才能成功唤起。同时也有不少智能产品支持自定义唤醒词，甚至支持使用方言进行唤醒，但接着发布指令时，仍然需要使用偏书面语风格的标准普通话。老人们普遍不愿意呼叫语音助手，认为"很麻烦"，并且认为与机器交谈，有点"不大正常"。

（3）手势交互使用不便

手势动作能越过层层目录，直接发布指令，快速便捷。在我们了解到的在售机型中，每个品牌都为自己的产品设计了相应的手势动作，且各有不同。以最常用的"截屏"命令为例，方式见表3。

表3 智能手机截屏手势

品牌	华为	VIVO	三星	小米	苹果	OPPO
手势动作	单指关节双击屏幕	三指上滑	手掌滑动	三指下滑	无	三指下滑
图示					无	

此处仅选取了最具代表性的手势，实际上，不同品牌开发出的截屏手势远不止一种，华为手机就有包括"隔空抓取"在内的四种手势，来应对不同需求的截屏。特定手势节省了操作步骤，但手势的掌握也会带来学习成本。在我们访谈的老年人中，只有不到三成喜欢用手势，而且有不少老人表示，在智能产品的使用过程中，拇指和食指的指尖最为常用熟练，使用指关节和手掌边缘则相对陌生，如果换了手机，他们不希望花费较多的时间精力来培养新习惯。苹果手机并无特殊的截屏手势，而是通过按键或者辅助触控来截屏，老人用户对此设计的满意度较高，因为无须改变已有的动作和思维习惯。

3. 在智能手机购买和获得后续帮助方面有困难

> 这手机儿子买的，我哪知道买哪种（手机）好……手机上很多骗子的，我们那儿有人买药就被骗过，我儿子叫我少看手机，我颈椎不好，平时买吃的用的……没有绑银行卡，儿子给我转钱……是有很多（功能）不会用，不会就不用嘛，要用的儿子帮我弄，去医院银行也叫人帮我弄，那些人不会骗我……骗子太多了，就骗老年人……（在线支付）用密码，我不相信刷脸的，但是密码很难打，我眼神儿不好，（光是）数字不行，（光是）拼音不行，还得要大小写，好麻烦……
>
> ——毕先生，69岁，黄埔区君和名城花园住户

老年人和智能手机之间的障碍，并不完全由他们自己造成，还有其他的社会角色在起作用。在访谈和观察的过程中，我们发现老年人对智能手机的话语权较低，且自己也默认了这种状态，导致他们当前的主观需求偏离了客观需求。我们可以从老年人了解、获取、熟悉智能手机的时间线上，来查看他们遇到的困难。

（1）了解智能手机的过程。在我们访谈的老人中，大多数人表示不会主动、详细地了解智能手机是否为自己所需。原因是老人们觉得智能手机与自己相距甚远。从产品名称、功能简介到广告宣传语，所用的词语和语言风格都偏年轻化、科技化，并没有考虑到老年用户的知识结构和认知习惯。

（2）购买智能手机的过程。在购买物品时，销售人员熟悉产品，往往能起到深度介绍、精准推荐的作用。但是，绝大部分老年人不是自行购买智能产品，要么是子女赠予的旧产品，要么是他人代买，或者是商业活动赠送，即使有部

分老人愿意自己参与购买过程，也需要亲友的全程陪同。图4为一名老人正在家人陪同下购买智能手机，购买过程约半小时。老人全程仅围观，未与销售人员沟通，也未主动发表意见，全程由家属代言。

图4　老年用户在家人陪同下选购手机

老人们的解释是"专卖店的商品介绍只有年轻人看得明白"，销售人员"说的内容也听不大懂"。有时老人在实体店试用样机，店员并不会及时上前主动进行介绍和推荐。对此，店员们的看法是，老人们"只是进来看看，肯定不会买"，而且"沟通起来不大顺畅"。所以，销售人员根据"价格实惠、操作简单、音量大、待机时间长"等标准来推荐手机。老年人由于不了解或不在场，他们的智能手机语言服务需求被推断为"看得清"和"听得清"，这和《方案》中提到的"大屏幕、大字体、大音量"的要求比较一致，很多老人也认同这种选择标准，并形成自己对智能产品语言服务的主观需求。

（3）熟悉智能手机的过程。在获得智能产品后，想要熟练使用，需要用户不断自主探索，逐步了解更多的"使用技巧"，对于不够熟悉电子产品的老年用户来说，机器附带的使用指引，就显得非常重要。这些指引一般会放在官方网站，或者内嵌在机器的出厂设置中。比如，华为手机的指引（如图5）比较直观，在画面中给出了手势操作演示。老人们也认为带有手部动作的视频更直观易懂。

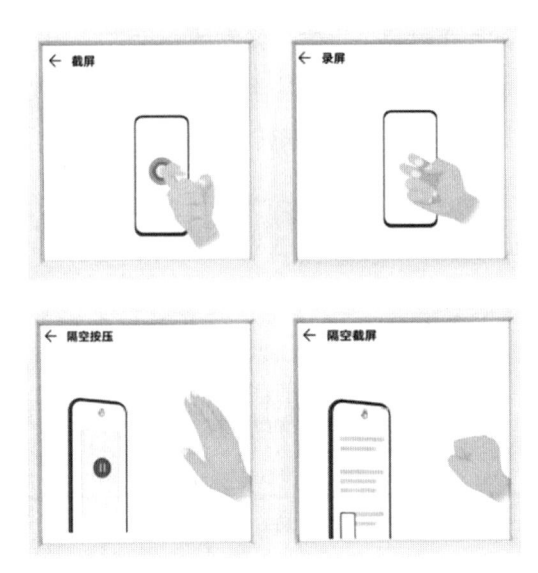

图 5　华为手机用机指引示范图

但是，无论是深入系统去寻找用机指引视频，还是上网搜索答案，老年用户都觉得颇为不便，他们更倾向于直接询问身边的亲朋好友，如子女或孙辈，有些老人也会前往实体店去请教店员。不少老年人向我们抱怨，自己的咨询得不到满意的回复，比如，对方说的内容专业词汇较多，自己听不懂，或者指导过程言语简单，不够耐心。子女在指导之后倾向于劝诫自己"少玩手机""不要乱点"等，以免陷入信息安全或经济安全方面的困境，销售店员常用的语句则包括"这个功能你可以不用管""这个功能对你没用"等。

这样的语言环境，逐渐对老人产生规训的作用，他们将手机的智能程度与网络安全风险程度挂钩，认为掌握的操作技能越多越精，遭遇的风险也就越大越频。久而久之，老人们对于智能手机及其背后的网络世界，难免产生怀疑、回避、否定的情感态度，一定程度上阻碍他们适应智能化的进程。

（4）获得帮助的其他方式。也有一些心态相对积极的老年人，他们的策略是寻求更多的社会支持。比如他们会在银行、医院、商超等场合，就具体的问题咨询工作人员，一次解决不了就多去几次。我们对几家国有银行网点做了调查，大堂经理和保安都非常愿意帮助老年人解决手机银行的问题；在医院和诊所，提供这项服务的是导诊人员；在一些便利店，也有店员乐意为老人解惑。不少老人评价，这些工作人员的解答效果比子女好，热情耐心，"他们说的能听懂"，但这些工作人员仅能解决其业务范围的问题。

我们对这些工作人员也进行了访谈，他们称为用户答疑解惑是工作职责之一，面对老年人群体，他们会付出更多的耐心，语速放缓，如方言相通则尽量用方言，采用形象化的、描述性的语言去指导老人操作（如"那个小房子就是主页""三个点就像省略号，点一下还有更多功能"等）。

还有一些老年人更愿意请同龄人分享经验。在调查中，我们发现有不少老年人建立了自己的微信群，他们会在群内讨论智能产品的使用障碍和技巧，互惠互助。他们认为，同龄人面临着同样的困境，没有信息不对等带来的地位差异，彼此之间没有说教。这样的聊天群内氛围宽松，类似于小组探究学习，确实更有利于加深认识、解决问题。

另外，还有一些商业机构提供智能产品使用教学的活动，如主要售卖苹果产品的新联（Sunion）公司，在线上和线下都提供"我的私教"课程（如图6），一对一帮助解决不同年龄段用户的使用问题。我们曾在天河区美林天地销售点观察到老年用户使用这项服务。据了解，该老人在网上预约，依时到店咨询，销售人员进行指导，并确保老人最终能独立完成，时长约一小时，老人显得认真但放松，并评价良好。

图6 "Sunion新联"公众号内的课程介绍

三　思考与建议

不管老年人愿意与否，电子产品智能化的进程已不可逆，智能产品越来越丰富，功能也日益增多。智能手机与生活的相关度最高，老年人使用智能手机遭遇的困境极具代表性。而这些困境，几乎都和语言服务的内容相关。因此，针对现有情况，我们提出以下建议。

1. 语言环境层面

营造宽松、友善的话语环境，家庭成员、销售人员，包括厂商广告，应鼓励老年人接纳、熟悉智能产品，并以此为契机，向他们普及信息化、网络化、智能化的相关专业词汇，让他们了解网络语言和网络文化，减少信息盲区。

2. 语言技术层面

根据老年人使用智能手机遇到的实际问题，品牌厂商应正视并立足于老年人的客观需求，及时更新技术，提高产品语言服务的质量。

（1）向老年用户及时普及输入法等常用APP的新功能，鼓励老年人及早享受科技便利；结合老年语言学研究成果，提高对老年人的口语（诸如重复、停顿、句中语气词使用较多等非流利现象）的识别精度。

（2）在产品界面中，增强文字的标识和指引功能，与语音指引相结合，设计更加适用于老年人的操作界面。调查显示，老年人对操作界面中的图标并不熟悉，更依赖文字进行理解，所以对"大字体"有很高的需求。如果将适老版操作系统的功能图标换成汉字，老年用户的辨识过程会更加顺利。而部分不够直观的图标、符号，则可以考虑增加长按出现文字气泡或语音朗读的功能。

3. 社会资源层面

争取并整合资源和各方社会支持，以灵活多样的方式帮助老年人克服智能产品的操作问题。

（1）鼓励并宣传老年大学开设的手机应用课程，尝试以形象化和口语化的语言，以科技词汇为切入点，介绍智能技术，介绍智能产品使用方法和技巧，尤其是重要软件的新功能，如微信、支付宝、各类输入法等，可及时对适用的功能进行讲解，也可将授课地点安排在社区公共活动场所或商场超市等地，主动靠近老年人的生活轨迹，方便他们参与。

（2）智能手机销售方可以开展宣传活动，根据老年人的需求，介绍产品功能与操作方式，挖掘潜在的老年消费者群体。或面向老年人设立在线指导、模拟训练等活动，鼓励老年人主动探索智能产品，快速培养习惯。

（3）社会工作人员在社区内的"适老化改造"项目，可考虑增加普及智能手机词汇、介绍智能手机使用技巧、用户分享使用经验（如购物、拍照等）等内容，切实推进老年人适应智能化进程。

（4）减轻"所有业务都在智能手机上办理"的压力，多设置办理专门业务的智能机器，放置在银行、医院、超市等公共场所（如图7、图8）。这些机器屏幕较大，内容围绕具体业务，标志和指引清晰，方便操作。事实上，老人们操作此类机器的流利程度要好于智能产品。

图7 一名老人在沃尔玛超市自助结账　　图8 全家便利店提供的自助结账机

（5）增加能够适配手机投屏的设备类型，如智能电视、投影仪等，如因新冠疫情等原因无法外出，可以利用家中大屏设备辅助办理业务。

（张晓苏）

旅游景区微信公众号语言服务状况*

大湾区旅游资源丰富，在"互联网+"时代，利用互联网新技术发展智慧旅游是大湾区旅游业的发展趋势。微信公众号是发展智慧旅游的重要载体，其智慧化服务主要体现在公众号自动回复和线上导览两个方面。自动回复和线上导览是旅游景区依托微信公众号平台优势提供的重要旅游语言服务，提升了游客们的旅游体验，也推动了大湾区"互联网+旅游"的高质量发展。

一 基本情况

本报告根据广东省文化和旅游厅、香港旅游发展局和澳门特别行政区政府旅游局官方网站信息，同时结合携程网等旅游评分系统，共选取粤港澳大湾区143个重点景区，[①]从自动回复和线上导览两个角度对这些景区公众号的语言服务现状展开调查。

143个景区中，112个已创建了一个或多个微信公众号，占总数的78.32%。深圳、珠海两地所调查的景区公众号创建率为100%，香港和澳门景区公众号创建率则比珠三角九市低。[②]广州市长隆旅游度假区、广州市白云山风景区、广州白水寨旅游区、广州市南沙滨海湿地景区、广州百万葵园主题公园、珠海市御温泉度假村景区、佛山市西樵山景区、澳门旅游塔会展娱乐中心等8个景区建立了两个或两个以上微信公众号。112个景区一共建有121个微信公众号。详见表1。

---

* 国家语委"十四五"科研规划2021年度省部级重大项目"我国语言文字治理体系现状及创新研究"（ZDA145-1）、国家社会科学重大项目"'两个一百年'背景下的语言国情调查与语言规划研究"（21&ZD289）阶段性成果。

① 其中珠三角九市110个，香港21个，澳门12个。珠三角九市选取了官网（http://whly.gd.gov.cn）《广东省A级旅游景区名录表》（官方统计截至2021年3月31日）全部4A、5A景区；澳门选取官网（https://www.macaotourism.gov.mo/zh-hans/sightseeing）提供的澳门世界遗产、博物馆及展览厅等七类景区的列表的前10%，香港结合携程网站中香港景区综合排名前40，综合选取官网（https://www.discoverhongkong.cn/index.html）提供的景区。港澳景区选取均剔除有包含关系的景区。

② 港澳少部分景区只设立网站或通过当地旅游局展示景区信息，如香港的太平山顶景区和澳门的澳门大熊猫馆和珍稀动物馆景区。

表1 各地区重要景区数量及创建微信公众号情况

城市	调查的景区		设置公众号的景区	
	数量	占全部景区之比/%	数量	占本地景区之比/%
香港	21	14.69	9	42.86
澳门	12	8.39	3	25.00
广州	30	20.98	29	96.67
深圳	10	6.99	10	100.00
珠海	6	4.20	6	100.00
佛山	17	11.89	13	76.47
惠州	13	9.09	12	92.31
东莞	15	10.49	14	93.33
中山	4	2.80	3	75.00
江门	10	6.99	9	90.00
肇庆	5	3.50	4	80.00
总计	143	100.00	112	78.32

二 自动回复

自动回复，指用户在公众号对话框发送消息后接收的来自运营方在后台提前设置的回复。相较于人工回复，自动回复更加智能、快捷，是公众号提供智慧旅游语言服务的重要形式。自动回复又可分为关注回复、关键词回复。关注回复指用户关注公众号后即刻接收的信息。121个微信公众号中，有115个公众号提供此服务，占95.04%。关键词回复指用户在公众号对话框输入特定关键词后接收的对应信息，有77个公众号提供此服务，占63.64%。

（一）自动回复内容类型

自动回复内容大致分为8类，包括景区消费、交通指引、景区介绍、导览服务、联系方式、问候语、平台指南和其他。各项内容下又分了很多不同的项目，如景区消费中包括购买/预约门票、预订酒店房间、景区内消费、开通会员等。具体如表2所示。

表 2　自动回复的内容类型

内容类型	具体项目示例
景区消费	购买/预约门票、预订酒店房间、景区内消费、开通会员等
交通指引	车位信息、景区地址、公交查询、自驾游路线等
景区介绍	景区景点介绍、官网链接、美食攻略、开放时间、表演时间、签到兑换门票等
导览服务	景区地图、导游服务、语音导览（讲解）等
联系方式	热线电话、预约电话、客服电话、投诉电话等
问候语	"欢迎关注……"／"感谢您关注……"等
平台指南	公众号菜单栏介绍、提供服务介绍、"关键词"介绍等
其他	景区便民服务、防疫提示、入园指引、商业合作等

关注回复中，覆盖率最高的是问候语，85.12%的公众号都提供了问候语。其次是联系方式和平台指南，30%以上的关注回复都提供了这两项回复。关键词回复中，覆盖率最高的是景区消费和联系方式，占比均超过40%。如表3所示。

表 3　自动回复的形式及类型数据分布

形式	类型	公众号数量	占比/%
关注回复	问候语	103	85.12
	联系方式	43	35.54
	平台指南	40	33.06
	景区介绍	32	26.45
	景区消费	29	23.97
	其他	17	14.05
	导览服务	7	5.79
	交通指引	6	4.96
关键词回复	景区消费	59	48.76
	联系方式	50	41.32
	景区介绍	40	33.06
	导览服务	40	33.06
	交通指引	35	28.93

（二）自动回复内容组合

不同微信公众号关注回复和关键词回复所包含的内容项数不同。关注回复中,包括内容1—6项不等,占比最大的是1项和2项,占有关注回复公众号的近60%。2项中最多的组合类型是"问候语+平台指南"。3项中最多的组合类型是"联系方式+问候语+平台指南"。关键词回复最多的是提供1项内容,其次是提供5项内容,组合方式为"景区消费+交通指引+景区介绍+导览服务+联系方式"。如表4所示。

表4 自动回复的所包含内容项数情况

形式	包含内容项数	公众号数量	公众号占比/%
关注回复（115个）	1	33	28.70
	2	35	30.43
	3	21	18.26
	4	20	17.39
	5	5	4.35
	6	1	0.87
关键词回复（77个）	1	22	28.57
	2	12	15.58
	3	11	14.29
	4	15	19.48
	5	17	22.08

三 线上导览

线上导览指旅游景区利用网络技术为游客提供的在线游览引导。整体上看,旅游景区公众号的导览功能集中体现在景点介绍与路线指示两大方面上,导览服务类型多样,文字、图片、音频、视频等传统型导览发挥重要作用,新兴的VR、闯关式等导览形式带来了沉浸式体验和提升了视听观感质量。在121个景区公众号中,有99个提供该服务,占比81.81%。

（一）文本导览

文本导览,包括介绍景区景点的导览推文、导览地图中的文字指示等。有87个公众号提供文本导览服务,其中70个提供中文文本,占80.46%；14个提供中英双语文本，[①] 3 个提供多语服务，包括佛山西樵山景区的公众号提供中英日三语文本，香港海洋公园公众号提供中文繁体、英文、日语和韩语四语文本，香港迪士尼乐园公众号则提供了中文简体和繁体、英语、日语、韩语、泰语、印尼语和马来语等 7 种语言版本。如表 5 所示。

表 5 文本导览服务语种数量统计表

语言	中（简）	中（简）、英	中（简）、英、日	中（繁）、英、韩、日	中（简、繁）、英、日、韩、泰、印尼、马来
数量	70	14	1	1	1
占比 /%	80.46	16.09	1.15	1.15	1.15

导览推文是文本类导览提供服务的重要形式，为游客提供基本景区信息，以直接多元的方式树立景区印象，有助于加深游客对旅游景点的了解，方便游客做好游玩准备。提供导览推文的公众号共有 61 个，占公众号总数的 50.41%。推文内容分为 7 类，如表 6 所示。

表 6 文本导览推文内容

推文内容	公众号数量	占比 /%*
景区概况	52	85.25
各景点简介	51	83.60
景区文化介绍	27	44.26
景区活动介绍	31	50.82
游玩路线攻略	17	27.87
景区纪念品介绍	4	6.56
科普介绍	8	13.11

* 发布各类型推文的公众号数量占提供导览型推文的 61 个公众号的比例。

以"叶挺将军纪念园"公众号为例，其导览推文包括景区概况、各景点简介与景区文化介绍三项内容，提供了较为全面的景区资讯，同时也能加深用户对此景区历史文化的理解（见图 1）。

[①] 14 个景区分别为：广州市长隆旅游度假区、广州市黄花岗公园、中国科学院华南植物园、广州南沙天后宫、广州北京路文化旅游区、深圳市仙湖植物园、佛山市清晖园、中央电视台南海影视城景区、东莞市鸦片战争博物馆、广东东江纵队纪念馆、肇庆市星湖旅游景区、肇庆市龙母祖庙景区、天际 100 香港观景台和澳门渔人码头。

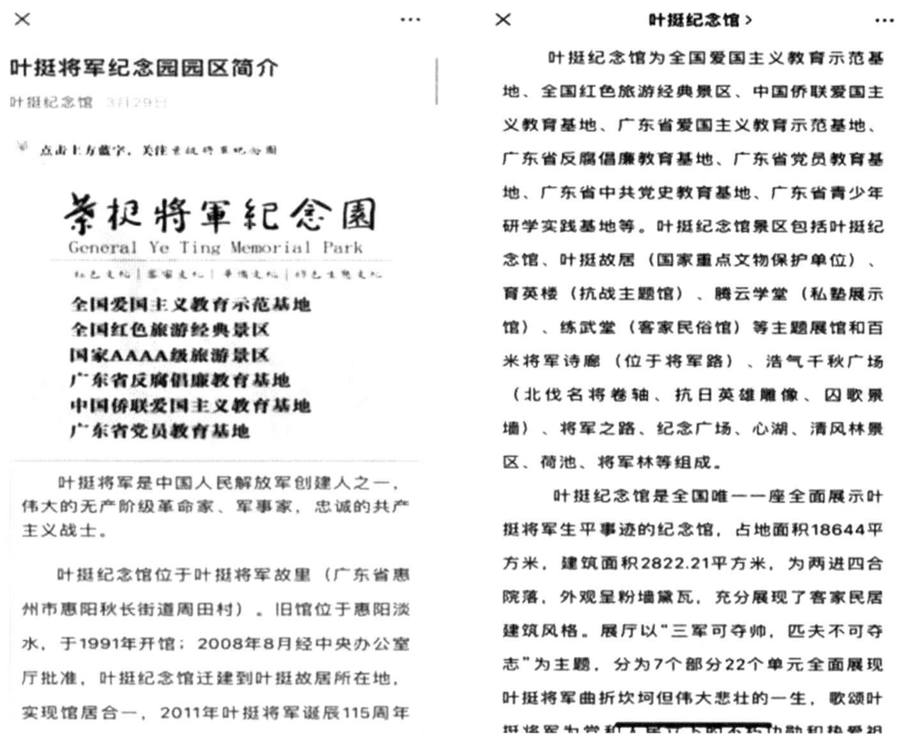

图1 叶挺将军纪念园公众号推文示例

（二）图片导览

图片能直观地向游客传递旅游信息，是传统型导览中最为便利、直观的一种服务形式。图片导览分景区图片预览、路线地图导航与混合型地图三种呈现形式。

景区图片预览以图为主，配以文本描述景区，增强了游客的"临场感"，给旅客带来更直观的景区印象。如香港杜莎夫人蜡像馆景区以名人蜡像为旅游特色，借助公众号充分发挥图文导览优势，直观展示蜡像馆的蜡像制作工艺，能更大范围地吸引潜在游客。

路线地图导航指景区提供的电子景区地图；混合型地图则是在此基础上增加对应景点的语音或文本讲解、显示游玩线路等互动元素。提供此类服务的公众号共有60个，其中提供路线地图的有27个，提供混合型地图的有26个，两者皆提供的有7个。

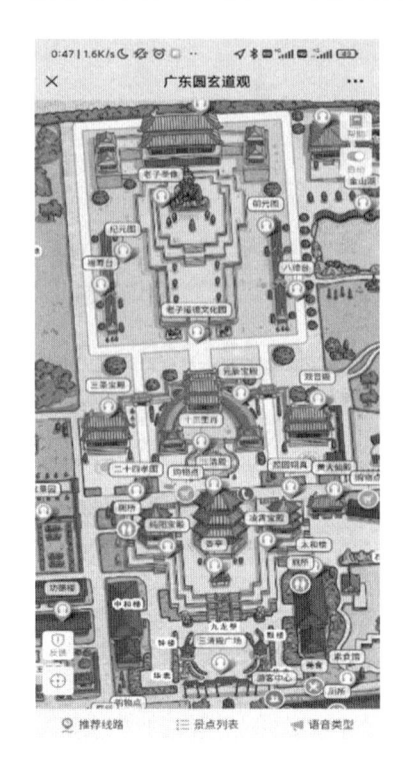

图 2　白水寨景区路线导览地图示例　　图 3　圆玄道观混合型地图示例

混合型地图最突出的特点是其互动功能，在旅客与地图的互动中拉近彼此的距离，使导览界面更简洁直观。用户可通过点击相应区域，直接从地图跳转到景点讲解、景点定位等不同功能区。

图片导览为用户了解景区、实地游览提供了便利。但目前公众号提供的图片一半以上存在图片像素低、标识不清晰的情况，影响实际服务效果。

（三）语音导览

语音导览通过音频为旅客讲解景点相关信息。共有 44 个公众号提供语音导览，占公众号总数的 36.36%。从语言和方言类型上看，语音导览共涉及普通话、粤方言、英语、日语、韩语等，其中普通话覆盖率最高，除佛山梦里水乡景区的公众号只提供粤方言讲解外，其他 43 个公众号的语音导览都配有普通话，占 97.73%；其次是有 14 个配备了粤方言，占 31.81%；12 个配备了英语，占 27.27%。从语种和方言数量看，有 26 个只配备了普通话或粤方言，占 59.10%；9 个配备了普通话和粤方言或普通话和英语两种语言，占 20.45%；9 个配备了三种以上语言，占 20.45%。

表7 公众号语音导览的语种配备情况

语言	单语言		双语言		多语言			
	普	粤	普、粤	普、英	普、粤、英	普、英、日	普、粤、英、日	普、英、日、韩
数量	25	1	6	3	6	1	1	1
占比/%	56.82	2.27	13.64	6.82	13.64	2.27	2.27	2.27

配音类型也会影响到旅客的导览体验。配音类型可分为人声、机器和人机共同配音三种。目前以人声配音为主，37个音频为人声配音，占提供音频导览公众号的84.09%；此外有4个为机器配音，1个为人机共同配音。相比机器配音，人声语音讲解更自然，朗读节奏更分明，更富有感情。机器配音现阶段尚不成熟，会出现读音不自然、断句错误、朗读卡顿等情况。

（四）视频导览

视频导览指在景区公众号中以视频短片形式呈现的导览，以音画的连贯性和呈现内容的多样性提升了服务质量。以下从各公众号所提供的视频导览数量和语种两方面分析。

在提供线上导览服务的99个公众号中，使用视频导览的共25个，占25.25%。由于景区类型、服务领域和功能区域的不同，不同公众号所提供的视频数量存在差异。大多数公众号提供的视频导览数量为1—5个，它们通常是以具体景点为主体分别制作视频，少部分以整个景区作为介绍对象制作成一个视频。其中，东莞科技馆的视频数量最多，超过100个。详见表8。

表8 视频数量统计表

数字段（x为视频数量）	公众号数量	占比/%
1≤x<5	14	56.00
5≤x≤10	6	24.00
x>10	5	20.00
合计	25	100.00

语音讲解作为视频导览中重要的讲解形式，帮助用户快速获取景区信息，提升游览体验感。不同语言讲解给不同语言使用者提供差异化的体验感。

调查显示，25个有视频导览的景区公众号中共有21个公众号的视频配有语音,占 84.00%。19 个视频的播放语言为单语,其中 17 个公众号只提供普通话,2 个只提供粤方言配音,即广州市白云风景名胜区公众号和惠州市龙门铁泉旅游度假区公众号。2 个提供双语言视频的公众号中,肇庆市龙母祖庙景区的提供普通话和粤方言,兰桂坊香港的提供英语和粤方言。见表 9。

表 9 公众号视频导览配音语言(方言)组合情况

语言(方言)配置	单语言		双语言		合计
语言(方言)种类	普通话	粤方言	普通话+粤方言	英语+粤方言	
公众号数量	17	2	1	1	21
占比 / %	80.95	9.53	4.76	4.76	100.00

21 个公众号提供的视频语言覆盖率如表 10 所示。覆盖率最高的是普通话,占 85.71%;其次是粤方言,占 19.05%;最后是英语。

表 10 公众号视频导览语言(方言)使用覆盖情况

语言(方言)种类	公众号数量	百分比 /%
普通话	18	85.71
粤方言	4	19.05
英语	1	4.76

(五)VR 导览

VR 即虚拟现实技术,是 20 世纪发展起来的一项全新实用技术。与视频导览相比,VR 导览通过三维场景和移动交互结合的形式,载以人文信息、景观介绍、展品讲解等内容,部分 VR 导览还设置配音和导航定位,营造沉浸式旅游场景,使用户获得更全面直观的体验。

在 99 个有导览功能的景区公众号中,使用 VR 导览的共 23 个,占 23.23%。其中,有 7 个有普通话语音讲解服务,音画匹配状况良好,选择不同的界面后,语音讲解会对应场景自动切换内容。有 14 个公众号的 VR 导览设置背景音乐。良好的音画匹配状况可大大提升用户线上导览的视听享受,增强沉浸式的讲解服务。

(六)其他类型导览

除了以上导览形式,部分公众号还采用 HTML5 网页形式宣传,配有 BGM 和图文介绍,生动介绍景区内部设施。如惠州市尚天然花海温泉小镇公众号的景区简介服务，以微网页链接形式配图文介绍景区整体情况，并以酒店篇、温泉篇等章节分别介绍。

中央电视台南海影视城景区、东莞市龙凤山庄影视旅游区和东莞市逸颐艺舍博物馆三个景区公众号也使用该导览形式。这四个公众号的导览都以中文呈现，语音讲解全部使用普通话，图片清晰度较高且操作流畅，为用户提供连贯性较强的线上导览体验。

广州动物园的公众号采用闯关小游戏的导览形式，无配音解说，具有较强的趣味性，易获得低龄游客喜爱。游戏采用中文文本。

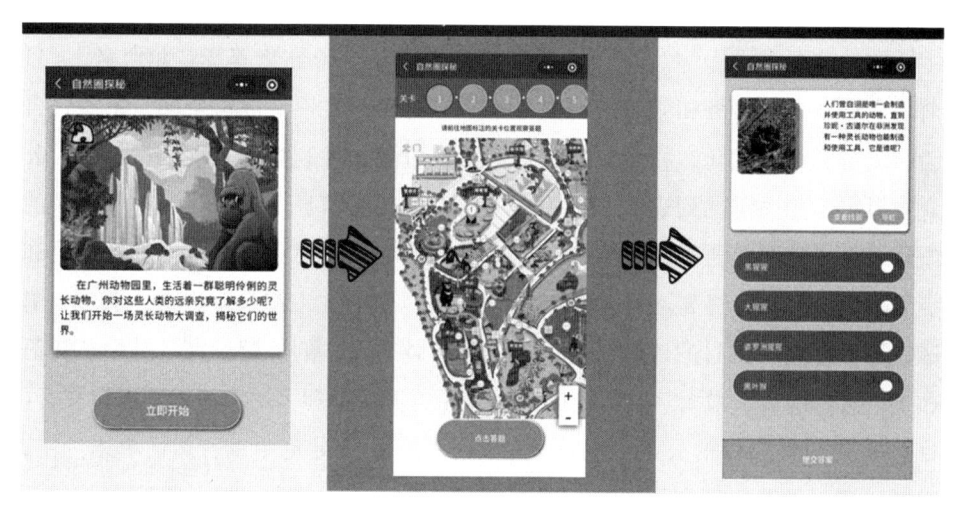

图4 广州动物园公众号示例

四 思考与建议

（一）提高公众号创建率，发挥公众号在智慧旅游中的作用

2020年《关于深化"互联网+旅游"推动旅游业高质量发展的意见》①（以下简称《意见》）明确提出，2025年要实现"国家4A级及以上旅游景区、省级及以上旅游度假区基本实现智慧化转型升级"的发展目标。本报告所调查的143个景区中，公众号创建率达78.32%，但仍需加强建设。公众号创建率地区

---

① 中华人民共和国中央人民政府网站，http://www.gov.cn/zhengce/zhengceku/2020-11-30/content_5566046.htm。

差异显著,香港特别行政区和澳门特别行政区两地的重点旅游景区由于城市文化差异,更倾向于使用官方网站提供语言服务,其公众号创建率较珠三角九市低,可适当完善公众号语言服务。珠三角九市中,深圳、珠海两地的创建率为100%,其余七市创建率在75%—95%的区间浮动,城际差异明显,应加强城际发展智慧旅游的经验交流和借鉴,提升重点旅游景区微信公众号建设。

(二)加强公众号内涵建设,提升多语服务和语言服务的智能化水平

旅游景区微信公众号的重要功能之一是服务游客,为游客提供良好的旅游体验。目前大部分公众号实现了该功能。《意见》指出要"引导旅游景区开发数字化体验产品并普及景区电子地图、线路推荐、语音导览等智慧化服务"。目前公众号在多语服务和服务的智能化水平方面还存在一定改进空间。第一,自动回复可进一步优化,特别是关键词回复,可更加便利化、人性化。例如,公众号提供常用关键词列表,便于用户更快查找相关信息。第二,公众号提供的图片、电子地图等要提高像素和图文标识的清晰度。第三,文本导览的双语和多语版本比例有待提高。目前公众号上80%以上的文本都只有中文,随着大湾区建设世界级旅游目的地的推进,将会吸引越来越多的外籍游客,对中英双语和多语文本的需求增大。第四,提高语音导览覆盖率和多语服务水平有待提升。目前只有不到40%的公众号配备了语音导览,语音导览中以普通话单语为主,双语和多语导览比例有待提升。英语是当前全球使用范围最广的语言,英语解说和配文的服务完善,有助于景区与世界对接,提升文化影响力。同时,适当增加大湾区主要方言粤方言的语音导览,可为当地游客打造具有地域特色的线上游览体验。日语、韩语等外语语种导览服务也应进一步完善配备。第五,借助新兴数字科技手段,提升线上导览的智能化水平。目前有导览功能的公众号中使用VR技术的仅占23.23%,提供语音讲解服务的VR导览只有7个,且只有普通话讲解。提升大湾区旅游景区走向智慧化、数字化,需要充分利用VR、AI、3D、移动智能平台和传感操控等高科技手段,推进语言与数字科技的深度融合,推动旅游资源向沉浸式内容转化,使游客获得更好的线上体验。

(王海兰、张芊玥、刘栩妍、郑展昊、梁燊杰)

线上博物馆语言服务调查

线上博物馆是依托在线网络，运用三维图像、虚拟现实、远程互动等技术，辅以图片、文字、音频、视频、网络直播等手段，通过立体显示系统将实体博物馆中的展品以三维立体模式进行网络复现的博物馆。这种线上模式突破了时空限制，访客不仅可以通过门户网站便利地获取展览信息、活动资讯，还可以随时随地进入虚拟博物馆参观。目前，数字化文博系统已经成为提升粤港澳大湾区宜居度、促进粤港澳三地文化交流的重要通道。本报告以粤港澳大湾区线上博物馆为调查对象，调研了解其语言服务的基本状况，并在此基础上提出相应的语言服务建议。

一 调查设计

（一）调查对象

目前，粤港澳大湾区共有线上博物馆129个，其中珠三角九市115个，香港10个，澳门4个。综合考虑博物馆的性质、规模、等级及其在所处区域中的地位，我们选择了其中的18个作为本研究的调查对象。具体到各个城市：香港1个；澳门2个，综合性与艺术类各一；广州3个一级博物馆；深圳2个，一、三级博物馆各一；中山2个，一、三级各一；佛山2个二级博物馆；东莞2个，一、二级博物馆各一；珠海、肇庆、惠州三市均为1个二级博物馆；江门1个三级博物馆。详见表1。

表1 18个线上博物馆的基本情况

城市	类别	博物馆名称	数量
香港	历史	香港历史博物馆	1
澳门	综合	澳门博物馆	2
	艺术	澳门艺术博物馆	

（续表）

城市	类别	博物馆名称	数量
广州	综合（一级）	广东省博物馆	3
	历史（一级）	南越王博物馆	
	艺术（一级）	广东民间工艺博物馆	
深圳	综合（一级）	深圳博物馆	2
	综合（三级）	南山博物馆	
佛山	综合（二级）	顺德博物馆	2
	综合（二级）	佛山市祖庙博物馆	
东莞	历史（一级）	鸦片战争博物馆	2
	综合（二级）	东莞市博物馆	
珠海	综合（二级）	珠海博物馆	1
肇庆	综合（二级）	肇庆市博物馆	1
惠州	综合（二级）	惠州博物馆	1
中山	历史（一级）	孙中山故居纪念馆	2
	综合（三级）	中山市博物馆	
江门	综合（三级）	新会博物馆	1
总计			18

（二）调查内容

本研究的调查内容主要包括两部分。一是线上博物馆门户网站的语言服务状况，主要调查网站的语种配置服务和英文译写服务；二是线上博物馆虚拟展区的语言服务状况，着力调查图文展览、虚拟导览以及现场直播中的语言服务状况。

二 线上博物馆门户网站的语言服务

（一）语种配置服务

线上博物馆门户网站的语种配置可分为单语型和多语型两种。

1. 单语型

单语型门户网站的网页为单语版本，只能为参观者提供某一种服务语言。

如图1、图2。

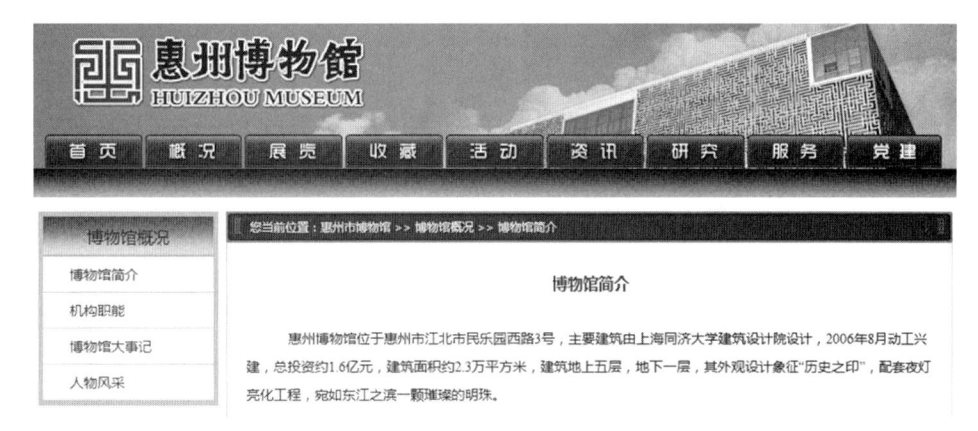

图1 惠州博物馆门户网站的单语网页

图2 珠海博物馆门户网站的单语网页

图1是惠州博物馆的门户网站，单语型，仅提供中文简体服务。图2是珠海博物馆网站，也是中文单语服务，与惠州博物馆的差异在于，网页有简体、繁体两个选项，参观者可以根据需要在二者之间切换。

2. 多语型

多语型网站的主页可以在两种或多种语言之间切换，访客可以根据需要选择网站页面的呈现语言。

图 3　广东省博物馆门户网站的双语网页

图 4　澳门博物馆门户网站的三语网页

图 3 是广东省博物馆的网页，该网站配置了中文和英文两种语言，前者又提供了简体、繁体两种选择。图 4 是澳门博物馆的三语网页。该网站提供了中文（简体、繁体）、葡文、英文三种服务语言，是我们所调查的 18 个样本中语种配置最多的线上博物馆之一。

表 2　18 个线上博物馆门户网站的语种配置类型分布

城市		语种配置类型		
		单语型	多语型	
			双语	三语
香港		—	1	—
澳门		—	—	2
珠三角九市	广州	1	2	—
	深圳	1	1	—
	珠海	1	—	—
	佛山	2	—	—
	东莞	1	1	—
	中山	1	—	1
	惠州	1	—	—
	肇庆	1	—	—
	江门	1	—	—
合计		10	5	3

表 2 是 18 个线上博物馆门户网站的语种配置类型分布。单语型共有 10 个，占 55.56%，其中除了珠海博物馆提供中文简体和繁体两种选择之外，其余的只提供中文简体服务。多语型共有 8 个，占 44.44%，其中提供双语服务的 5 个，南越王博物馆、鸦片战争博物馆是"中文（简）+英文"，广东省博物馆、深圳博物馆和香港历史博物馆是"中文（简、繁）+英文"；提供三语服务的 3 个，澳门博物馆和澳门艺术博物馆是"中文（简、繁）+英文+葡文"，孙中山故居纪念馆是"中文（简）+英文+日文"。从地域分布上看，珠三角九市的 15 个博物馆中，单语型 10 个，占 66.67%；多语型 5 个，占 33.33%，单语型显著多于多语型；香港、澳门的 3 个博物馆均为多语型，香港历史博物馆为双语，澳门博物馆和澳门艺术博物馆为三语。从博物馆等级看，珠三角九市的 6 个一级博物馆中[①]，仅广东民间工艺博物馆提供单语服务，占 16.67%，其余 5 个（广东省博物馆、南越王博物馆、深圳博物馆、鸦片战争博物馆、孙中山故居纪念馆）均提供多语服务，占 83.3%；6 个二级博物馆和 3 个三级博物馆均只提供单语服务。

综上，粤港澳大湾区线上博物馆网站的语言服务以单语型为主，多语型为

[①] 因为香港、澳门的博物馆未分级，所以我们在此不作讨论。

辅。从地域上看，珠三角九市线上博物馆网站的多语服务能力不甚均衡，广州、深圳、东莞、中山四市略强于珠海、佛山、惠州、肇庆、江门五市。此外，博物馆的等级与多语服务能力之间也呈现出明显的相关性，总体趋势为等级越高，语种配置越多。

（二）英文译写服务

2017年6月，国家质检总局、国家标准委联合发布了《公共服务领域英文译写规范》（下文简称《译写规范》）的系列国家标准。本部分以《译写规范》中的规范翻译为标准，对粤港澳大湾区线上博物馆网站英文网页中的相关英文译写情况进行了调查。

表3 粤港澳大湾区线上博物馆网站英文译写状况

类别	正确用例	错误用例	错译例子
通讯类	1	3	订票热线：Reservation fax 投诉热线：Complaint Hotline 应急电话：First-aid service hotline
设施类	8	8	一层：1/F 前台：reception area 行李寄存处：left-luggage room 纪念品店：Gift shop / Souvenir
交通类	10	2	公交185路：Bus No.185
票务类	9	9	售票处：Ticketing office / Box Office 当日使用，逾期作废：valid on the day of issue only 半价：Half price 凭有效证件：Valid documentation / valid documents 全日制学生证：student ID / Student card
文博类	31	24	古铜器：Bronze 瓷器：ceramics / ceramic 书画：Painting and Calligraphy / Calligraphy and Painting 开放时间：Opening time
合计	59	46	

表3是8个多语型门户网站英文译写服务的基本状况。经过比对，8个网站出现的105例相关英文表述中，符合规范的59例，占56.19%；不符合规范的46例，占43.81%。译写错误率偏高。从每种类型的使用情况看，通讯类共出现4例，其中正确1例，错误3例，错误率最高，达75.00%；设施类、票务类次之，前者共16例，后者共18例，错误率均为50%；交通类共有12例，

错误2例，错误率16.67%，相对最低。总的来看，粤港澳大湾区门户网站的英文译写状况不甚理想，部分常用词汇的译写，规范性尚有不足。比如"巡回展览"，其规范翻译为"Itinerant Exhibition"或"Roving Exhibition"，被调查的8个博物馆中，6个将其直接译为"Exhibitions"；"瓷器"的标准译法为"Porcelain"，4个使用了不规范的译法"ceramics"和"ceramic"；"纪念品店"应译为"Souvenir Store""Gift Store"或"Souvenirs""Gifts"（用于Store可以省略的场合），半数博物馆将其译为"Gift shop"或"Souvenir"。

三　线上博物馆虚拟展区的语言服务

虚拟展区是线上博物馆的核心部分，是以图文、音频、视频、虚拟现实、直播平台等作为载体，综合运用各种网络技术，对实体展品进行网络复现，对参观过程进行导览，对博物馆藏品进行讲解、说明的一个区域。本部分，我们主要调查线上博物馆虚拟展览与现场直播中的语言服务状况。

（一）虚拟展览中的语言服务

1. 服务载体

虚拟展览中的各类语言服务主要以图片、音频、视频以及虚拟现实作为主要载体与展现形式。

（1）图片形式

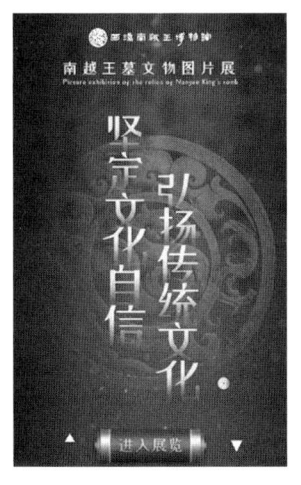

图5　南越王博物馆文物图片展的进入界面与线上展品

图片是线上文物展览中一种常用的语言服务载体形式，一般是将展品照片配上文字说明制作成图文兼具的形式，以供线上访客参观、浏览。图5是南越王墓文物图片展的展览界面以及展品的图片与名称。参观者进入展览系统之后，点击图片，即可看到关于此展品的相关介绍与说明。

（2）音频、视频形式

图6　香港历史博物馆的音频导赏服务

图7　深圳博物馆的视频导览服务

图6、图7中的语言服务载体为音频和视频。前者是香港历史博物馆的音频导赏服务，访客扫描虚拟展区内的二维码，可以选择导赏语言，收听导赏音频；后者是深圳博物馆的视频导览服务，以视频形式介绍蛇口开丁节、石岩客家山歌等非物质文化遗产的基本情况。

（3）虚拟现实

图 8　广东省博物馆的线上 VR 展览区

虚拟现实（VR）运用实时三维图形、动态环境建模、立体显示等技术，将声音、文字、三维立体图像等集于"虚拟真实"的场景之中，提升了在线展览的沉浸性、交互性与多感知性，是近几年线上博物馆优化展览方式、提高访客体验度普遍采用的手段之一。图 8 是广东省博物馆的 VR 展区，进入展厅之前，系统会提示访客"请使用手机进入 VR 模式"，之后访客可在导引标志的指示之下进行参观。

综合来看，图片、音频、视频是传统的语言服务载体，尤其是图文模式，18 个线上博物馆均使用了这种形式；音频、视频是导览服务的主要方式，从调查情况来看，18 个调查样本中的 14 个配置了音频、视频或"音频+视频"式导览。虚拟现实由于其独有的优越性，近几年在线上展览中的使用率逐步增高，但是也存在一些问题，比如各个博物馆的虚拟展览效果参差不齐、展品细节模糊、文字不够清晰、语音解说不连贯、虚拟真实度不足、访客体验感欠佳等。

2. 文字配置

这里所说的文字配置主要指线上博物馆虚拟展区图文展览、语音与视频导赏以及 VR 游览中使用的文字类型。

表4 18个线上博物馆虚拟展区的文字配置情况*

城市	博物馆名称	文字配置				
		中文		英文	葡文	日文
		简体	繁体			
香港	香港历史博物馆	√	√	√		
澳门	澳门博物馆	√	√	√	√	
	澳门艺术博物馆	√	√	√	√	
广州	广东省博物馆	√	√	√		
	南越王博物馆	√		√		
	广东民间工艺博物馆	√		√		
深圳	深圳博物馆	√		√		
	南山博物馆	√		√		
佛山	顺德博物馆	√				
	佛山市祖庙博物馆	√				
东莞	东莞市博物馆	√				
	鸦片战争博物馆	√		√		
珠海	珠海博物馆	√	√			
肇庆	肇庆市博物馆	√				
惠州	惠州博物馆	√				
中山	孙中山故居纪念馆	√		√		√
	中山市博物馆	√				
江门	新会博物馆	√				

* 打钩的部分表示线上博物馆虚拟展区配置了此种文字，空白则表示未配置。表5同。

根据表4，配置两种或两种以上文字的多文型线上博物馆共有10个，占总数的55.56%，其中双文型7个，三文型3个；仅配置一种文字的单文型博物馆8个，占44.44%。从文种的配置情况来看，配置中文简体的18个，覆盖了所有调查样本；配置英文的10个，覆盖率为55.56%；配置中文繁体的5个，覆盖率为27.78%；配置葡文的2个，均为澳门地区的博物馆；配置日文的仅孙中山故居纪念馆1个。从地域上看，香港、澳门的3个博物馆均为多文型；珠三角九市的15个博物馆中，广州和深圳的5个均为双文型，多文服务能力较强；其他七市则以单文服务为主。从博物馆等级上看，6个一级博物馆均为多文型，其余的12个二、三级博物馆中，11个只配置一种文字，仅南山博物馆使用中英双文。

总体来看，线上博物馆的虚拟展区在文字配置上以多文型为主。从城市分布上看,港澳广深的多文服务能力较强,前者与香港、澳门地区复杂的语言使用环境相关,后者可能与广州、深圳的城市地位、博物馆建设意识与能力存在密切关系。此外,博物馆的等级也是影响线上多文服务能力建设的一个重要因素,一般来说,等级越高,建设标准会越高,对多文服务也会有更为迫切的需求。单文型属于辅助类型,主要集中于珠三角广州、深圳之外其余七市的二、三级博物馆,这些博物馆虚拟展区仅配置了中文简体,多文服务能力有进一步提升的空间。文种上,所有样本共使用了中、英、葡、日四种文字,数量偏少。另外,除了中文简体实现了样本全覆盖、英文覆盖率超 50% 之外,中文繁体、葡文、日文等的使用率均较低。

3. 语言设置

语言设置是指线上博物馆虚拟展区语音、视频导赏以及 VR 虚拟游览中使用的导览语言与方言。

表5 18个线上博物馆虚拟展区的语言/方言设置情况

城市	博物馆名称	语言/方言设置		
		汉语		英语
		普通话	粤方言	
香港	香港历史博物馆	√	√	√
澳门	澳门博物馆			
	澳门艺术博物馆			
广州	广东省博物馆	√	√	√
	南越王博物馆	√		
	广东民间工艺博物馆	√		
深圳	深圳博物馆	√		
	南山博物馆	√		
佛山	顺德博物馆	√		
	佛山市祖庙博物馆	√	√	√
东莞	东莞市博物馆	√		
	鸦片战争博物馆	√		
珠海	珠海市博物馆			
肇庆	肇庆市博物馆	√		
惠州	惠州博物馆			
中山	孙中山故居纪念馆	√		
	中山市博物馆	√		
江门	新会博物馆	√		

根据表5，18个线上博物馆中，设置了语音、视频讲解服务的14个，占77.78%；未设置的4个，占22.22%。14个提供了讲解服务的博物馆中，3个为多语/言型，占21.43%；11个为单语/言型，占78.57%。后者的使用比例远超前者。从地域上看，港澳的3个博物馆，仅有香港历史博物馆设置了语音讲解服务，澳门的2个均未提供；珠三角九市的15个博物馆，13个提供了语音服务，其中"单语/言型"11个，"多语/言型"2个，其余2个未提供语音讲解服务。从使用的语言/方言种类来看，普通话的使用率最高，覆盖了全部14个提供语音讲解的博物馆；粤方言、英语的使用率则偏低，仅有3个博物馆使用了二者。

通过上述分析可以看出，目前粤港澳大湾区线上博物馆的语音、视频讲解仍以"单语/言型"为主，"多语/言型"使用率较低，多语、多方言语音服务能力有待加强。语/言种的配置也进一步说明了这一点：仅有3个博物馆在普通话之外配置了粤方言和英语，并且所有展览讲解均未配置汉、英之外的其他语言。尤其值得注意的是，澳门地区的2个博物馆皆未配置线上语音、视频导览服务，但其线下游览却提供了普通话、粤方言、英语、葡语四种导览语言/方言，反差鲜明。

4. 手语服务

手语服务是线上博物馆视频导览中，针对听觉障碍人群采取的一种辅助语言服务方式。

图9　广东民间工艺博物馆的手语讲解　　图10　孙中山故居纪念馆的手语讲解

图9是广东民间工艺博物馆线上视频导览中的手语服务，图中共有两位讲解员，右侧的负责语音讲解，左侧的负责手语翻译。图10是孙中山故居纪念馆的手语讲解，与图9有所不同，其语音讲解通过"画外音"的方式呈现，视频中的讲解员跟随画外音进行手语翻译。从调查情况来看，18个线上博物馆中，只有广东民间工艺博物馆和孙中山故居纪念馆针对听障游览者在部分视频导览中提供了手语讲解服务，比例仅为11.11%。也就是说，粤港澳大湾区线上博物馆的手语服务普及率总体偏低，需要在今后的建设中给予更多的重视，以满足特殊人群线上虚拟参观的需求，提升语言服务水平。

5. 指引标志

VR虚拟游览中，为了使访客更好地获取展品的语音讲解、文字说明等语言服务，线上博物馆会在虚拟展厅中设置相应的语言服务指引标志。本小节主要分析这些指引标记的设置情况。

图11 东莞市博物馆中的语言服务指引标志　　**图12 中山市博物馆的无指引虚拟展厅**

图11是东莞市博物馆的数字化展厅，展品旁的"小红旗"是文字说明提示标记，点击即可阅读关于该图片的相关介绍。图12是中山市博物馆的无指引虚拟展厅，展厅未设置任何语言服务提示标志，访客只能参观展品，无法获取导览信息。从调查情况看，14个设置了数字化展厅、全景3D导览服务的博物馆中[①]，配有指引标记的10个，占71.43%；未配置的4个，占28.57%。从指引标

[①] 由于语言服务提示标记主要应用于VR场景，因此我们在本小节中仅对调查样本中设有VR展厅的14个线上博物馆进行了调查分析。

记的使用范围来看，10个设置了服务指引的博物馆中，4个实现了展品全覆盖，6个仅覆盖了部分展品。从标记的识别度来看，广东民间工艺博物馆、南山博物馆、东莞市博物馆、鸦片战争博物馆、惠州博物馆的指引标记，位置较为合理，颜色相对凸显，便于访客识别；广东省博物馆、南越王博物馆、顺德博物馆、孙中山故居博物馆中的部分标记，或者定位不准，偏离展品，不易找寻，或者颜色与展厅背景差异度偏小，凸显度不够。这些细节上的不足会在一定程度上影响到指引标志服务功能的发挥。

（二）线上直播中的语言服务

线上直播是博物馆以实体展品为基础，利用互联网直播手段，在网络平台上同步发布现场展览活动的一种展览方式。直播因其具有互动实时、体验真实等其他虚拟展览方式所不具备的优势，已经成为线上展览重要的辅助样态。本部分我们以广东省博物馆、深圳博物馆和广东民间工艺博物馆的四场直播活动为观察对象，调查线上直播的语言服务状况。

表6　四场线上直播的语言服务情况

直播名称	博物馆	直播语言	文字配置	手语服务
从伦勃朗到莫奈——欧洲绘画500年导赏	广东省博物馆	普通话+英语	中文简体	未使用
非遗小课堂	深圳博物馆	普通话+粤方言	中文简体	未使用
韵之岭南 工之巧匠	广东民间工艺博物馆	普通话+粤方言	中文简体	未使用
与特别的你云游陈家祠		普通话	中文简体	使用

根据表6，四场线上直播可分为两种类型。一种是单语型，比如深圳博物馆和广东民间工艺博物馆，二者的直播语言均为汉语，不同之处仅在于直播"与特别的你云游陈家祠"使用了普通话，其余两场则选用了普通话和粤方言；另一种是双语型，比如广东省博物馆，直播语言选用了普通话、英语两种语言。文字配置上，所有直播画面中的直播情况介绍、实时播报以及动态互动仅使用了中文简体。手语服务方面，只有"与特别的你云游陈家祠"一场配置了手语服务。总的来看，博物馆线上直播的多语服务能力有待提升，针对特殊人群的语言服务也有待改善。这种状况可能与线上直播服务起步晚、数量少、服务系统尚不完善存在一定的关系。

四　建议

第一，提升多语服务能力。首先要提升线上博物馆网站的多语服务能力。港澳地区的博物馆以及珠三角九市的一级博物馆可以进一步增加网页的语种类型。目前，珠三角九市的二、三级博物馆主要是单语型，网页的语种类型较为单一，未来需要在中文简体之外，增加中文繁体、英文等大湾区常用的文种，以满足粤港澳大湾区内外部交流与一体化发展的需求。其次要完善虚拟展区、在线直播中的多语多文服务能力。增加语音导览、视频导览和现场直播的语种数量，增加图文展览展品介绍说明中的文种数量，以满足线上博物馆访客的语言服务需求。

第二，规范网页英文译写。从对粤港澳大湾区8个有英文的线上博物馆网页的调查情况来看，一些常用英文表述的错误率偏高，网页的英文译写服务不甚理想。未来的网站建设中，应以《公共服务领域英文译写规范》为标准，提升译文质量。尤其是通讯类、设施类、票务类常用表述，翻译错误或不准确的比例较高，需要着力提升译写水平。

第三，关注特殊人群需求。这里所说的特殊人群主要指两类，第一类是听觉障碍者，这类线上访客由于存在听觉上的障碍，无法接收音频、视频导览以及虚拟现实中的声音信息；第二类是视觉障碍者，此类游览者由于视觉上的障碍，无法通过视觉接收视频、VR展厅中的图像、文字信息。今后的线上博物馆建设，可针对以上两类特殊人群提供以下服务：一是针对听觉障碍人群提供线上手语服务；二是针对视觉障碍者提供口述影像服务，通过线上描述展品的视觉特点，协助其通过语言展开视觉画面，实现对展品的欣赏。

第四，优化语言服务细节。一方面要优化VR虚拟展览的场景真实度，营造真实的虚拟现实感，虚拟游览中应该配有相应的语音解说、展品文字说明，提供指示明确、便于访客找寻、与场景差别度高的指示标记；另一方面，要完善现有虚拟展览、线上直播中的一些细节上的不足，比如展品细节模糊、文字介绍不够清晰、语音解说不连贯、视频卡顿、解说员语速过快或过慢、副语言使用不准确等。通过完善以上细节，不断提升访客的线上参观体验。

（张迎宝、陈倩怡）

珠三角九市政府门户网站语言服务的优化升级*

政府门户网站是政府信息发布、政务服务、对外宣传和对接世界的重要方式和平台，是政府建设的重要组成部分，政府门户网站的语言服务反映了政府机构的服务意识、开放意识和国际化水平。[①] 2018年10月—2019年1月和2022年3月，我们分别对珠三角九市市政府及其所辖各区（县）政府的门户网站开展调查，调查内容包括网站的语言文字使用、智能问答和信息无障碍等方面的语言服务状况。报告共调查了54个政府网站，其中市政府网站9个，区（县）政府网站45个。从区域上看，广州最多，有12个，占总数的22.22%；深圳7个，珠海4个，佛山6个，东莞和中山各1个，惠州6个，江门8个，肇庆9个。对比前后两次调查结果可以发现，三年来珠三角九市政府门户网站语言服务取得较大发展，特别是在国际化、智能化、适老化和信息无障碍等方面，语言服务的水平提升显著。

一 语言文字使用：国际化和多样化水平显著提高

（一）英语使用率提高

珠三角九市政府网站语言文字使用分为单语、双语和多语三种情况。单语指中文，双语指中英双语，多语则指除了提供中英双语外，还提供其他语言。

---

* 2019年教育部人文社会科学研究青年基金项目"粤港澳大湾区语言服务体系建设研究"（19YJC740073）、国家语委"十四五"科研规划2021年度省部级重大项目"我国语言文字治理体系现状及创新研究"（ZDA145-1）、国家社会科学重大项目"'两个一百年'背景下的语言国情调查与语言规划研究"（21&ZD289）阶段性成果。

① 王海兰、屈哨兵、谭韵华《粤港澳大湾区政府门户网站的语言服务》，《中国语言生活状况报告（2019）》，商务印书馆，2019年。

2018年,在调查的54个网站中,有37个为单语,占68.52%;双语网站16个,多语网站1个(广州市花都区政府网,提供中英日三种语言),双语和多语网站共占31.48%。2022年,单语网站28个,双语网站24个,多语网站2个,双语和多语网站共占48.14%。在多语网站中,除花都区政府网站提供三语外,深圳市政府网站的语种从中英双语增加到中文、英语、法语、日语、韩语五种语言。相比2018年,双语和多语网站所占比例增长16.66个百分点。详见表1。英语网页有变动的网站有10个,9个网站增加了英语,分别是佛山市政府网,广州市的越秀区、海珠区、天河区和南沙区的4个区政府网,深圳市的罗湖区、宝安区、龙岗区和盐田区4个区政府网。肇庆市政府网则取消了英文网页。

表1 珠三角九市政府网站语言文字使用总体情况对比表

年份	语言文字使用	单语(中文)	双语(中英)	多语	合计
2018	网站数	37	16	1	54
	占比/%	68.52	29.63	1.85	100.00
2022	网站数	28	24	2	54
	占比/%	51.85	44.45	3.70	100.00

从区域上看,深圳的7个政府网站双语和多语增长率最大,2018年只有3个网站为中英双语,占42.86%;2022年全部网站都有中英双语,其中市政府网增至5种语言。其次,广州的政府网站双语占比也实现较大提升,由2018年的33.33%提高到目前的75.00%。佛山的市政府网站也增加了英文页面,全市的政府网站英语覆盖率由50.00%提高到66.67%。如表2、图1所示。

表2 珠三角九市各地政府网站语言文字使用情况对比表

年份	语言	广州	深圳	珠海	佛山	惠州	东莞	中山	江门	肇庆	总计
2018	单语	8	4	3	3	5	0	0	6	8	37
	双/多语	4	3	1	3	1	1	1	2	1	17
2022	单语	3	0	3	2	5	0	0	6	9	28
	双/多语	9	7	1	4	1	1	1	2	0	26
合计		12	7	4	6	6	1	1	8	9	54

图中数据：

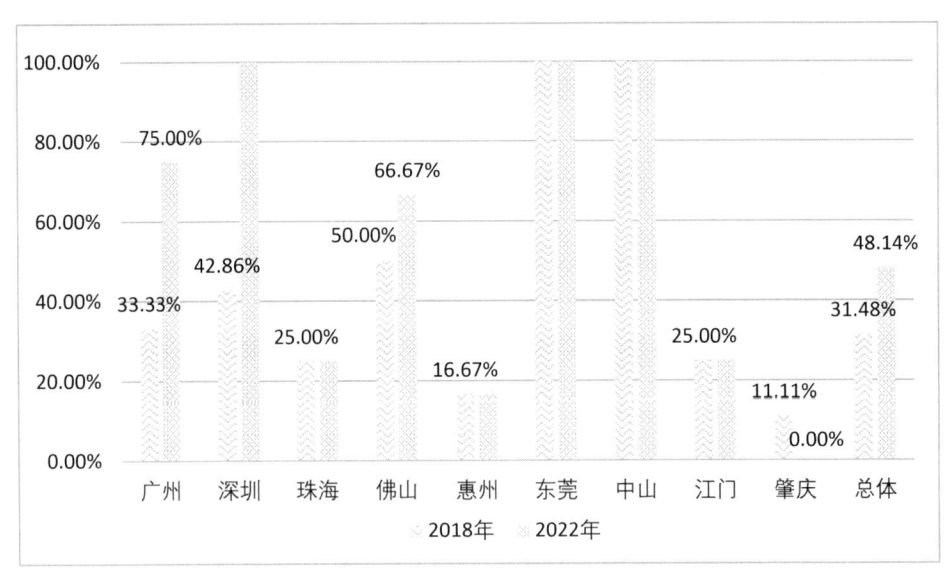

城市	2018年	2022年
广州	33.33%	75.00%
深圳	42.86%	100%（约）
珠海	25.00%	25.00%
佛山	50.00%	66.67%
惠州	16.67%	—
东莞	100%	100%
中山	100%	100%
江门	25.00%	25.00%
肇庆	0.00%	11.11%
总体	31.48%	48.14%

图 1　珠三角九市各地政府提供外语网站的占比图

（二）中文繁体使用率提升

简体和繁体是中文两种不同字形。目前港澳地区以中文繁体为主。2019年国家发布《粤港澳大湾区发展规划纲要》以来，大湾区建设不断推进，为给港澳人士和其他习惯中文繁体的人士提供便利，珠三角九市政府网站提供中文繁体的数量增加4个，由2018年的31个增加到35个，比例由57.41%上升到64.81%。增加中文繁体的4个网站分别为广州荔湾区、天河区、从化区和佛山禅城区的区政府网站。广州政府网站有中文繁体的比例由58.33%上升到83.33%，佛山的则由83.33%上升到100.00%。其他七市的政府网站中文繁体使用情况没有变化。2018年，深圳、东莞和中山的政府网站就都提供了中文繁体，珠海和江门的政府网站有一半提供了中文繁体，惠州和肇庆的政府网站提供中文繁体的比例相对较低。九市的政府网站中文繁体使用情况如图2所示。

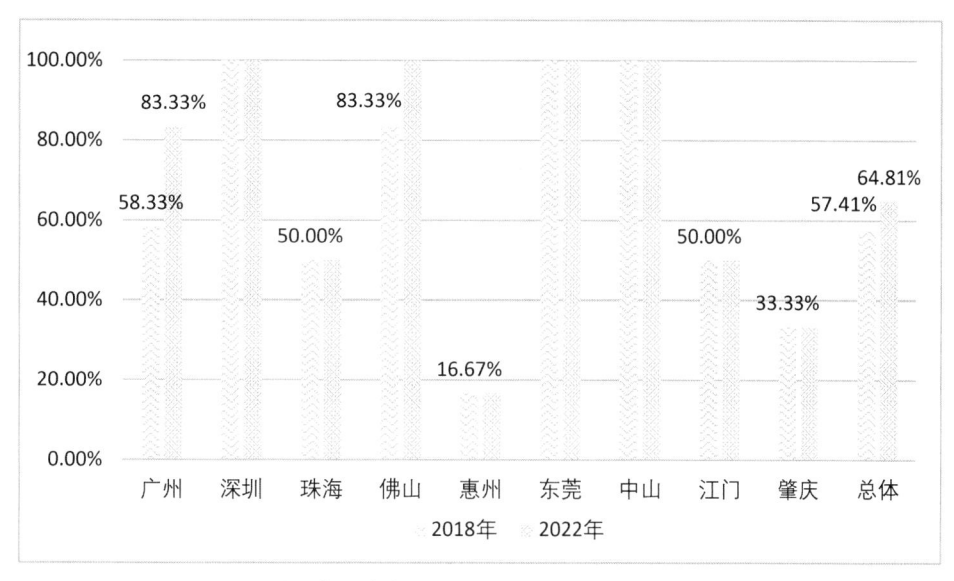

图 2 珠三角九市各地政府提供中文繁体的网站占比图

二 智能问答服务：普及率和一体化程度显著提高

智能问答服务是指网站设置"政务机器人"，24小时为市民及时提供咨询服务。智能问答服务是智慧政务的重要体现。调查发现，珠三角九市政府门户网站智能问答服务取得显著发展，主要体现在两个方面：一是智能问答服务的配置率显著提高，二是智能问答服务的集约化程度提高。

（一）智能问答服务普及率显著提高

2018年，所调查的54个政府网站中，提供智能问答服务的共21个，占38.89%，2022年增加到54个，实现了智能问答服务全覆盖，发展迅速。从表3和图3可以发现：第一，东莞、中山、深圳和惠州四市的政府网站智能问答服务发展较早，在2018年提供智能问答服务的网站就达到80%以上，2022年都达到了100%。第二，广州、佛山、江门、珠海和肇庆五市的政府网站智能问答服务发展快速，增速都在50%以上。其中，广州的12个政府网在2018年均未提供智能问答服务，到2022年则实现智能问答服务全覆盖，实现从0到100%的变化。

表 3　珠三角九市各地政府网站提供智能问答服务情况对比表

年份		广州	深圳	珠海	佛山	惠州	东莞	中山	江门	肇庆	合计
2018	有	0	6	2	1	5	1	1	3	2	21
	无	12	1	2	5	1	0	0	5	7	33
2022	有	12	7	4	6	6	1	1	8	9	54
	无	0	0	0	0	0	0	0	0	0	0

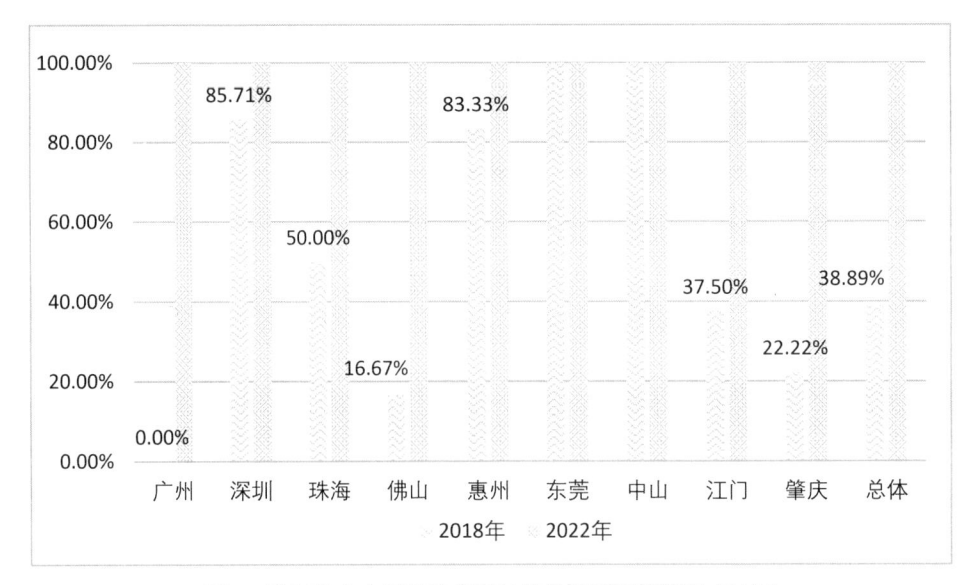

图 3　珠三角九市各地政府网站提供智能问答服务占比图

（二）智能问答服务实现全省集约化

广东省政府高度重视政府网站集约化建设工作。国务院办公厅 2018 年 10 月印发《政府网站集约化试点工作方案》（国办函〔2018〕71 号），广东省被列为 11 个试点地区之一，进一步加快推进政府网站集约化试点工作。智能机器人是集约化的内容之一。目前，珠三角九市 54 个政府网站均开通了智能问答服务，负责问答的都是广东省政务服务机器人"小粤"。2018 年，各地政府网站的智能问答由各自研发的机器人负责，例如惠州市政府网使用的是机器人"小惠"，肇庆市政府网使用的是机器人"荷花妹妹"。[①] 现在则统一使用机器人"小粤"，这有利于数据资源的统筹共享，避免重复建设，提高服务效率。

---

① 王海兰、屈哨兵、谭韵华《粤港澳大湾区政府门户网站的语言服务》，《中国语言生活状况报告（2019）》，商务印书馆，2019 年。

三 信息无障碍服务：普及率和质量水平显著提升

信息无障碍是指通过信息化手段弥补身体机能、所处环境等存在的差异，使任何人（无论是健全人还是残疾人，无论是年轻人还是老年人）都能平等、方便、安全地获取、交互、使用信息。无障碍网站是指为视力残障人士和听力残障人士可以利用互联网方便地、无障碍地获取信息、浏览网页信息而设计的网站。语言服务是信息无障碍建设的核心内容。近年来，国家高度重视互联网信息无障碍建设，出台了一系列文件，开展专项改造行动。2020年，国务院办公厅印发《关于切实解决老年人运用智能技术困难实施方案的通知》（国办发〔2020〕45号），工业和信息化部、中国残疾人联合会联合发布《关于推进无障碍的指导意见》（工信部联信管〔2020〕146号），同年12月，工业和信息化部印发《互联网应用适老化及无障碍改造专项行动方案》（工信部信管〔2020〕200号），决定自2021年1月起，在全国范围内组织开展为期一年的互联网应用适老化及无障碍改造专项行动。调查显示，三年多来，珠三角九市政府网站无障碍改造推进迅速，无障碍版无论在普及率还是在建设质量上都取得巨大成效。

（一）无障碍版政府网站普及率达到100%

2018年10月，在调查的54个政府网站中只有30个设置了无障碍版网站，普及率为55.56%，到2022年3月，全部网站均设置了无障碍版，普及率升到百分之百。其中，2018年时，深圳、珠海和中山的政府网已全部普及无障碍版，佛山的普及率为83.33%，江门50.00%，广州为41.67%，惠州、东莞和肇庆相对更低，但目前都已实现百分百普及。

表4 珠三角九市各地建设无障碍版政府网站情况对比表

年份		广州	深圳	珠海	佛山	惠州	东莞	中山	江门	肇庆	合计
2018	有	5	7	4	5	2	0	1	4	2	30
	无	7	0	0	1	4	1	0	4	7	24
2022	有	12	7	4	6	6	1	1	8	9	54
	无	0	0	0	0	0	0	0	0	0	0

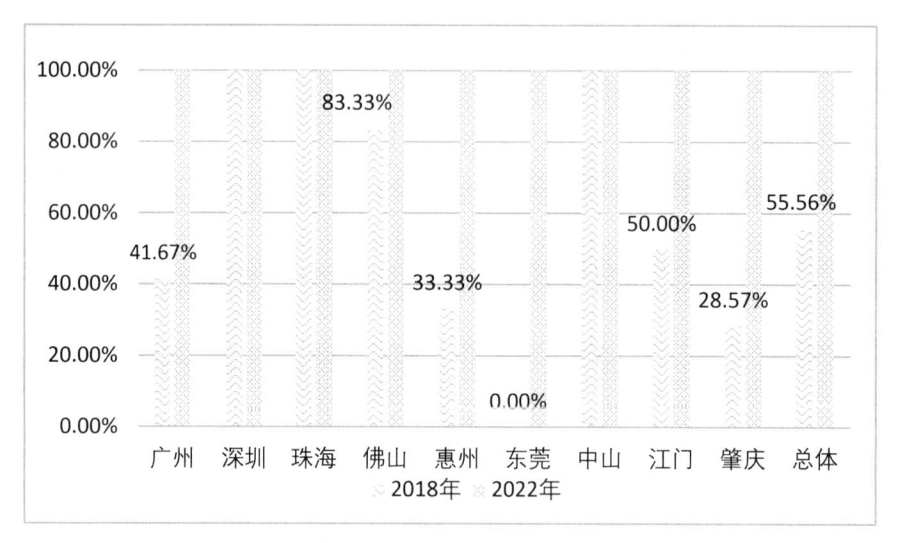

```
                                          83.33%
100.00%
 80.00%
 60.00%                                                        55.56%
                                                       50.00%
 40.00% 41.67%
                              33.33%                                28.57%
 20.00%
                                        0.00%
  0.00%
        广州   深圳   珠海   佛山   惠州   东莞   中山   江门   肇庆   总体
                          2018年    2022年
```

图 4　珠三角九市各地无障碍版政府网站占比图

（二）无障碍版政府网站建设质量提高

2022 年，政务无障碍网站在实现全部普及的同时，建设质量也明显提升。以九个市级政府网站为例，无障碍版网站所提供的语言服务及相关辅助服务如表 5 所示。无障碍服务分为四大类，感知服务、基础服务、信息推送服务和读屏服务。感知服务主要是服务视觉感知的相关服务，如视图、配色、辅助线等；基础服务则包括屏幕缩放、前进后退、刷新等；信息推送服务主要包括大字幕服务和语音播报的相关服务；读屏服务除了读屏外，还包括屏幕显示内容的字形和注音服务。信息推送服务和读屏服务都属于语言服务；感知服务和基础服务虽然不属于语言服务，但也是提升语言服务水平的重要辅助。

表 5 显示，9 个市级政府网站中，除深圳、珠海和东莞 3 个无障碍版网站有部分功能尚未提供外，其他 6 个的语言服务都得到了很好的实现，都有普通话读屏服务，同时提供中文简体、中文繁体和加注汉语拼音等多种文字呈现形式，可为有行动障碍的残障人士、低弱视力的视障人士、文化认知有障碍人士以及阅读能力下降的老年人提供便捷高效、智能友好的服务。相比于 2018 年的无障碍版，服务内容更全面，更人性化。

表5　2022年九市政府门户网站无障碍服务功能情况

城市	感知服务			基础服务					信息推送服务						读屏服务
	视图	配色	辅助线	缩小	放大	后退	前进	刷新	指读	连读	调整音量	调整语速	语音开关	大字幕	读屏配有中(简、繁)、拼音显示
广州	√	√	√	√	√	√	√	√	√	√	√	√	√	√	√
深圳	—	√	√	√	√	—	—	—	√	—	√	√	√	√	√
珠海	—	√	√	√	√	—	—	—	√	√	√	√	√	√	√
佛山	√	√	√	√	√	√	√	√	√	√	√	√	√	√	√
中山	√	√	√	√	√	√	√	√	√	√	√	√	√	√	√
东莞	—	√	√	√	√	—	—	—	√	√	√	√	√	√	√
惠州	√	√	√	√	√	√	√	√	√	√	√	√	√	√	√
江门	√	√	√	√	√	√	√	√	√	√	√	√	√	√	√
肇庆	√	√	√	√	√	√	√	√	√	√	√	√	√	√	√

(三)适老化语言服务升级明显

第七次全国人口普查公报显示,截至2020年底,我国60岁及以上老年人口264 018 766人,占总人口的18.70%,我国即将进入中度老龄化社会。珠三角九市常住老年人人口规模大,60岁及以上老年人口达7 438 050人。推进互联网网站、移动互联网应用适老化改造,使其更便于老年人获取信息和服务,解决老年人面临的"数字鸿沟"问题,是我国积极应对老龄化国家战略要解决的重要问题之一。互联网网站适老化改造关键是老年语言服务的升级。珠三角九市政府网站在适老化语言服务方面也有较大提升,2022年九市中的广州、佛山、中山、江门、肇庆、惠州等6个市级政府网站的首页都设置了"长者助手"模块,其中广州、佛山、中山、江门设置了"关爱版"模式,开设了"长者易用专区"。"关爱版"模式页面简洁,字体大,相关内容模块主要为老年人所需,如基本养老金申领等,有智能导航服务和语音朗读服务等,便于老年人获取信息服务。图 5 为广州市政府网长者"关爱版"模式首页主要模块。

图 5　广州市政府网"关爱版"网站首页主要模块

四　思考与建议

珠三角九市政务服务在全国走在前列。2021 年 5 月发布的《省级政府和重点城市网上政务服务能力调查评估报告（2021）》显示，广东在省级政府一体化政务服务能力评估中继续位居全国第一，摘得"三连冠"，且在线服务成效度、在线办理成熟度、服务方式完备度、服务事项覆盖度、办事指南准确度等五项指数得分均名列前茅。① 本报告对珠三角九市 54 个政府门户网站 2018 年和 2022 年的语言服务状况进行对比分析，可以看到所调查的政府网在语言文字使用的国际化和多样化、智能问答语言服务、无障碍和适老化语言服务等方面都取得快速发展，优化升级成效显著。为推动珠三角九市政务服务实现数字化、网络化、智能化和国际化，其语言服务方面还有进一步改进的空间。

第 1，进一步加强英文版网站建设。截至 2022 年 3 月，九市 54 个政府网站的英语覆盖率为 48.14%，较 2018 年有较大提升，但总体还不算高。国际化、外向型城市和区域的政府网站应进一步提升英语覆盖率。同时，要加强英文网站内涵建设，提升英文网站信息更新率。

第 2，进一步完善智能问答语言服务。目前 54 个政府网站都配置了机器人智能问答服务，而且都统一由机器人"小粤"负责回答市民提问，但"小粤"还在完善当中。从语言服务上看，目前"小粤"只能识别中文简体，不能识别

---

① 参见中央党校（国家行政学院）、中央党校（国家行政学院）电子政务研究中心《省级政府和重点城市一体化政务服务能力调查评估报告（2021）》，http://zwpg.egovernment.gov.cn/art/2021/5/26/art_1331_6343.html。

中文繁体；此外，深圳政府网的"小粤"能识别部分英文，尚未实现英文100%识别。未来智能问答服务应进一步提升机器人"小粤"的语言文字识别能力，增加对中文繁体和英文的识别功能，如有需要，还可增加对其他语言文字的识别。

第3，进一步加强面向老年人的"关爱版"模式建设。调查显示，珠三角九市政府网都非常重视无障碍建设和适老化改造，全部网站都已建立无障碍版网站，部分网站还提供了"长者助手"服务，为残障人士和老年人群体获取信息提供了便利。但目前专门面向老年人的"关爱版"模式的普及率还较低，有待进一步加强和完善。

（王海兰、钟　敏、谭韵华）

旅游出行类应用程序（APP）适老化语言服务调查*

第七次全国人口普查公报显示，截至2020年底，我国60岁及以上老年人口264 018 766人，占总人口的18.70%，我国即将进入中度老龄化社会。随着互联网、大数据、人工智能等信息技术快速发展，智能化服务得到广泛应用，如何进一步推动解决老年人在使用智能技术方面遇到的困难，让老年人更好地共享信息化发展成果，是新时代我国信息无障碍建设的重要内容，也是积极应对人口老龄化国家战略需要着力解决的问题之一。

近年来，国家出台了一系列相关文件。2020年11月，国务院印发《关于切实解决老年人运用智能技术困难的实施方案》，2020年12月，工业和信息化部印发《互联网应用适老化及无障碍改造专项行动方案》（以下简称《行动方案》）。《行动方案》指出，自2021年1月起在全国范围内组织开展为期一年的互联网应用适老化及无障碍改造专项行动，首批优先推动新闻资讯、社交通讯、生活购物、金融服务、旅游出行、医疗健康等6大类共43个老年人、残疾人常用移动互联网应用程序（APP）（以下简称APP），进行适老化及无障碍改造。语言服务是信息无障碍建设的核心内容，信息无障碍改造本质上就是要提升互联网应用的语言服务效能。粤港大湾区多语多言多文，常住老年人人口规模庞大，珠三角九市60岁及以上老年人口达7 438 050人，老年人的信息无障碍语言服务需求旺盛。大湾旅游资源丰富，旅游出行类APP数量多，使用率高。为此，本报告对大湾区常用的71个旅游出行类APP开展语言服务调查，特别关注适老化语言服务情况，同时面向大湾区中老年人进行问卷调查，了解其需求，掌握APP适老化语言服务的供求状况，对如何进一步优化APP适老化语言服务提出建议。

---

* 国家社会科学重大项目"'两个一百年'背景下的语言国情调查与语言规划研究"（21&ZD289）、国家语委"十四五"科研规划2021年度省部级重大项目"我国语言文字治理体系现状及创新研究"（ZDA145-1）阶段性成果。

一　APP 语言服务现状调查

（一）调查对象

2022年1—2月[①]，本报告以"旅游""出行"和"旅游出行"为关键词，在 iOS 系统的 App Store 进行搜索，选取大湾区下载量和综合排名均靠前的 71 个旅游出行类 APP 为调查对象，其中内地 60 个，香港 10 个，澳门 1 个[②]。内地 60 个 APP 中，包含《行动方案》纳入首批改造的 6 个 APP[③]，其中 5 个为旅游出行类（百度地图、高德地图、腾讯地图、铁路 12306、携程旅行）和 1 个生活购物类（美团[④]）。根据核心功能的不同，这 71 个旅游出行类 APP 又可分为地图类、网约车类、票务类和公共交通类等 4 类，其中票务类最多，26 个，占 36.62%；其次是公共交通类，24 个，占 33.80%。港澳地区以公共交通类为主。调查的 APP 基本情况见表 1。

表 1　调查的大湾区旅游出行类 APP 基本情况

地区	类型（数量）	APP 名称
内地	地图类（3）	高德地图、腾讯地图、百度地图
	网约车类（16）	嘀嗒出行、曹操出行、T3 出行、如祺出行、享道出行、首汽约车、神州专车、阳光出行、万顺叫车、哈啰出行、花小猪打车、招招出行乘客端、及时用车、携华出行、帮邦行、美团打车
	票务类*（26）	铁路 12306、携程旅行、飞猪旅行、同程旅行、艺龙旅行、途牛旅游、高铁管家、阡鹿旅游、驴妈妈旅游、游侠客旅行、智行火车票、去哪儿旅行、飞常准、美团、铁友火车票、盛名时刻表、巴士管家、客运帮、南方航空、中国东航、中国国航、春秋航空、航班管家、航旅纵横、路路通时刻表、马蜂窝
	公共交通类（15）	广州地铁、广州地铁通、深圳地铁、深圳地铁通、佛山地铁、佛山地铁通、东莞地铁通、地铁通、全国地铁、玩转地铁、亿通行、8684 地铁、车来了、掌上公交、实时公交

[①] 在后续数据核查中，发现部分 APP 版本进行了更新。本报告所得结论皆以 2022 年 2 月底所获数据展开分析。后续我们将做跟踪调查。

[②] 据了解，"85 飞的 Fly taxi""澳门电召"等软件在港澳地区较为常用，但受通信服务限制，本次未能开展调查。

[③] 由于"滴滴出行"APP 存在严重违法违规收集使用个人信息问题，于 2021 年 7 月从应用商店下架，本次未纳入调查。

[④] "美团"APP 具有生活购物、票务等多种功能，虽然《方案》中将其归为生活购物类，但其具有票务功能，在旅游出行中使用也很普遍，因此将其纳入本次考察。

（续表）

地区	类型（数量）	APP 名称
香港	地图类（1）	中原地图 Centa Map
	网约车类（1）	优步
	公共交通类（8）	香港地铁、香港地铁通（版本 14.1.0）**、香港地铁通（版本 1.50）、HK Bussez、HKBUS、app1933-KMb.LWB、MTR mobile、EasyBus
澳门	公共交通类（1）	巴士报站

* 包括预订高铁、机票、酒店等功能。
** 调查发现"香港地铁通"同名 APP 有两个，因此附上版本名称加以区分。

（二）常规版 APP 语言服务状况

信息无障碍语言服务可划分为可视语言服务和可听语言服务。可视语言服务指能被视觉感知的语言服务，可听语言服务指能被听觉感知的语言服务。

1. 可视语言服务

可视语言服务主要从语言文字使用、字体大小调节功能和文本输入提示这三个方面考察。

（1）多语言文字服务

所调查 APP 的语言文字使用分为单语、双语和多语三种情况。单语，指仅提供中文，共 55 个，占总数的 77.46%；双语主要为中英双语，共 11 个，占 15.49%；多语 5 个，占 7.04%，其中地铁通、香港地铁通（版本 14.1.0）提供中文（简、繁）、英语、日语、韩语、俄语、法语、西班牙语、德语、葡萄牙语、意大利语等 10 个语种。详见表 2。港澳地区的 11 个 APP 中，有 7 个提供双语或多语服务，占港澳地区 APP 的 63.64%，远高于内地双语或多语 APP 的 15% 的比例。从语种上看，中文使用最广，71 个 APP 都有中文版；其次是英语，共有 17 个；日语、韩语等也有一定数量的 APP 使用。中文版的又分为中文简体和中文繁体，总体上看以中文简体为主。有 9 个 APP 同时提供中文简体和中文繁体。

表 2　APP 语言文字使用情况表

语种	语言文字组合类型	数量	占比/%	示例
单语	中（简）	51	71.83	高德地图等
	中（繁）	2	2.82	EasyBus、中原地图 Centa Map
	中（简、繁）	1	1.41	车来了 *
	中（简、繁）、粤方言 **	1	1.41	香港地铁

（续表）

语种	语言文字组合类型	数量	占比/%	示例
双语	中（简）、英	5	7.04	首汽约车、铁路12306、南方航空、广州地铁、全国地铁
双语	中（繁）、英	2	2.82	HKBUS、MTR mobile
双语	中（香港）***、英	1	1.41	HK Bussez
双语	中（简、繁）、英	3	4.23	广州地铁通、香港地铁通（版本1.50）、app1933-KMb.LWB、
多语	中（简、繁）、英、葡	1	1.41	巴士报站
多语	中（简、繁）、英、日	1	1.41	春秋航空
多语	中（简）、英、日、韩	1	1.41	中国国航
多语	中（简、繁）、英、日、韩、俄、法、西、德、葡、意	2	2.82	地铁通、香港地铁通（版本14.1.0）
	合计	71	100.00	

* "车来了"APP设置中提供中文（简、繁）和跟随系统的选择，但经调查，实际只有中文（简、繁）单语服务。

** "香港地铁"APP提供的粤方言以中文简体为主，表达上为粤式中文。

*** "HK Bussez"APP提供的中文（香港）为中文繁体，表达上为粤式中文。

（2）字体大小选择服务

字体大小影响用户的视角感受，字体大小调节功能是语言服务的一种，对老年人尤为重要。71个APP中，字体大小服务分为5种情况，见表3。其中63个没有提供字体大小选择功能，只有一种大小的字体，占88.73%；其余8个提供了2—5种不同字体大小选择。总体来看，字体大小选择服务有待优化。

表3 APP字体大小选择服务

字体选择	数量	占比/%	举例
1种字体大小	63	88.73	系统默认*
2种字体大小	2	2.82	标准、A
3种字体大小	3	4.22	小—标准—大
4种字体大小	2	2.82	小—标准—大—超大
5种字体大小	1	1.41	小—正常—大—较大—超大
合计	71	100.00	

* 指APP只提供一种字体大小。各APP系统默认字体大小存在差异。

(3) 文本输入提示服务

文本输入提示是指在搜索框中有搜索输入的文字说明，对用户搜索提供指引。如图1。提供文本输入提示是工信部要求的APP适老化改造的重要内容之一。71个APP均提供文本输入服务，常见提示文字有"请输入您的目的地""请输入城市名"等。其中有52个还在搜索框下提供搜索热词列表，用户可直接点击热词进行搜索，使搜索更便捷，占总数的73.24%。如图2。

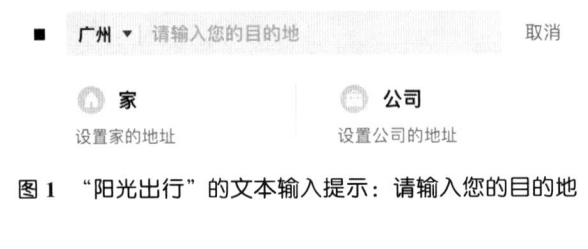

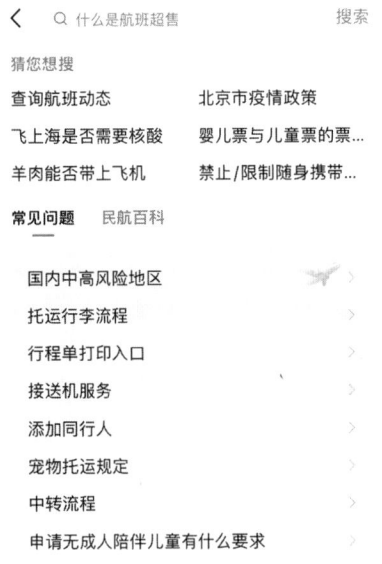

图1 "阳光出行"的文本输入提示：请输入您的目的地

图2 "航旅纵横"的搜索热词列表

(5) APP使用说明或功能介绍

APP使用说明或功能介绍是指以文字或图文结合等多种方式向用户介绍APP的操作流程或功能，便于用户熟悉软件的基本功能和使用软件。调查发现，有19个APP提供使用说明或功能介绍，占26.76%，其中腾讯地图、高德地图、百度地图和巴士报站等4个提供了较为详细的操作指引，如图3。其余15个APP的使用说明均为简单的图文介绍。

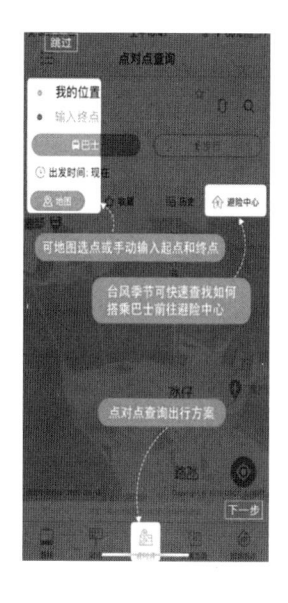

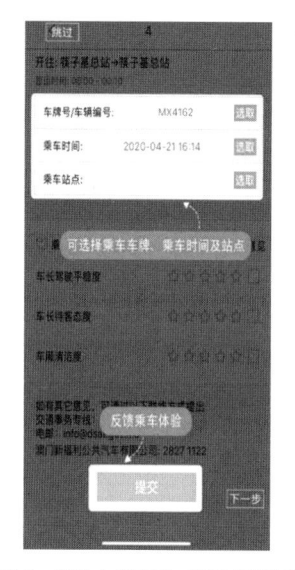

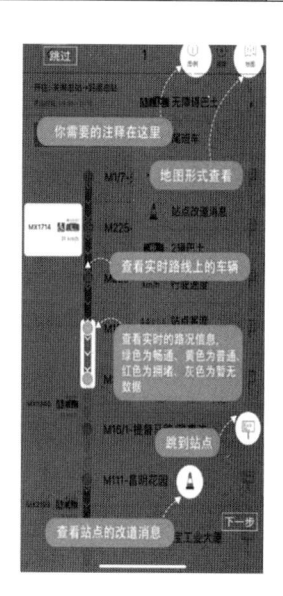

图 3 "巴士报站"的操作指引

2. 可听语言服务

可听语言服务主要包括语音搜索、语音播报、客服语言等三个方面。

（1）语音搜索服务

语音搜索服务是指 APP 具有语音识别功能，用户可通过输入语音完成搜索，使搜索更便捷、更智能，这也是适老化改造的方向之一。71 个 APP 中，只有 6 个支持语音搜索，分别为南方航空、中国东航、中国国航、高德地图、百度地图和腾讯地图，占 8.45%，且均只能识别普通话一种语言。

（2）语音播报服务

语音播报是指 APP 以语音形式朗读屏幕上的文字内容或为用户提供语音提示的服务。71 个 APP 中，只有 7 个提供语音播报服务，占 9.86%。语音播报分三种情况。第一，提供导航语音包。高德地图、百度地图和腾讯地图这三个地图类 APP 都提供语音包，推出不同语音类型为用户提供实时导航服务。三个 APP 全部提供普通话导航，同时提供了多款男声、女声不同音色的语音服务。此外还提供方言语音导航，百度地图提供的方言种类最多，有数十种；高德地图和腾讯地图分别提供 6 种和 4 种方言语音包。第二，提供语音提示服务。神州专车和哈啰出行这两个网约车 APP 向用户提供当前订单状态的语音播报；第三，提供到站提醒服务。车来了、掌上公交和巴士报站这三个公共交通 APP 有此功能。语音提示和到站提醒服务均只提供普通话播报。详见表 4。值得一提的是，艺龙旅行提供了听力障碍认证服务，重视听障人士操作使用过程中的需求，听障人士在完成认证后可以享受专属服务，为听障人士带来便捷。

表 4　语音播报服务情况

软件类别	软件名称	语音播报语言/方言种类
地图类	高德地图	普通话、东北话、四川话、湖南话、河南话、广东话、台湾话*
	腾讯地图	普通话、广东话、东北话、河南话、四川话
	百度地图	普通话、广东话、河北话、山西话、辽宁话、吉林话、黑龙江话、江苏话、浙江话、安徽话、福建话、江西话、山东话、河南话、湖北话、湖南话、海南话、四川话、贵州话、云南话、陕西话、甘肃话、青海话、台湾话**、内蒙古话、广西话、宁夏话、新疆话、北京话、天津话、上海话、重庆话
网约车类	神州专车	普通话
	哈啰出行	普通话
公共交通类	车来了	普通话
	掌上公交	普通话

* "高德地图"APP中提供的"台湾话"语音包是指台湾腔的普通话，该语音包由平台提供。

** "百度地图"APP中提供的"台湾话"语音包涉及"台湾腔""台湾口音""台湾语音包"等不同命名，也是指台湾腔的普通话。该类语音包由用户上传。

（3）客服语言

APP客服指接受用户咨询，解答用户问题，是用户获取APP服务的重要渠道。71个APP中，有49个提供客服，占69.01%，其余22个没有客服功能或仅能通过后台反馈用户的使用问题。根据提供客服主体的不同，分为"智能客服"①"人工客服"②和"电话客服"③以及三种的组合方式。

49个提供客服的APP中，26个同时配备了智能客服、人工客服和电话客服三种客服形式，占一半以上。就单一类型而言，电话客服覆盖率最高，44个，占89.80%；其次是智能客服，36个，占73.47%；再次是28个，占57.14%。详见表5。

---

① "智能客服"，即为机器客服，后台根据用户输入的关键字匹配相应的解决方案，不提供一对一交流服务。
② "人工客服"，即APP在客服功能中安排客服人员与用户进行一对一实时交流。
③ "电话客服"，即APP提供客服电话号码，用户可以拨打电话进行咨询。

表 5 APP 客服类型

客服类型	数量	占比 /%
智能客服	3	6.12
电话客服	13	26.53
智能客服 + 电话客服	5	10.21
智能客服 + 人工客服	2	4.08
智能客服 + 人工客服 + 电话客服	26	53.06
合计	49	100.00

智能客服和人工客服主要提供文字服务，电话服务提供语音服务。本报告对 44 个提供电话客服的 APP 的客服语言做了进一步调查。调查显示，除及时用车和帮邦行这两个 APP 直接接通人工客服外，其他 42 个都需要按照智能客服引导完成操作后转人工客服。42 个智能客服电话的语言使用情况如表 6 所示。APP 智能客服电话以单一普通话为主，30 个，占 71.43%，其余的则提供两种或两种以上语言的服务。所有智能客服电话均提供普通话，有 11 个提供英语服务。部分常规版 APP 在客服电话中特别设立了老年人专线，例如百度地图电话客服设有"老年专属热线咨询"，曹操出行设有"无障碍下单服务"，首汽约车设有"老年人用车，无障碍预订"提示，为老年用户服务咨询进行引导。

表 6 APP 智能电话客服语言服务情况

语言 / 方言	数量	占比 /%	示例
普通话	30	71.43	高德地图、嘀嗒出行、智行火车票
普通话、英语	4	9.53	铁路 12306、同程旅行、艺龙旅行、亿通行
普通话、粤方言	1	2.38	广州地铁
普通话、英语、日语、韩语	3	7.14	南方航空、中国东航、中国国航
普通话、英语、日语	2	4.76	春秋航空、驴妈妈旅游
普通话、粤方言、英语	1	2.38	MTR mobile
普通话、粤方言、英语、日语、韩语	1	2.38	携程旅行
合计	42	100.00	

（三）适老版 APP 语言服务状况

适老版 APP 是指专为老年人设计、便于老年人智能出行而推出的版本，有的是独立的适老版 APP，有的则内嵌于常规版中。本报告调查的 71 个 APP 中，有 21 个提供了适老版本，占总数的 29.58%，均为内地所开发。港澳地区的 11 个 APP 总体页面都较为简洁，没有另外提供适老版本。《方案》提出的首批改造的 6 个 APP 均有适老版，适老化改造率达 100%。21 个适老版 APP 中，腾讯地图和百度地图另创了"腾讯地图（关怀版）"APP 和"百度地图（关怀版）"APP，提供专门的信息无障碍服务；其余 19 个则是在常规版内提供适老模式以供选择。适老版有 6 种不同命名，分别为"助老""长辈""关怀""敬老""爱心""老人"，其中命名为"助老"的最多，共 8 个，占 38.10%。

就具体类别来看，地图类 APP 提供适老版本的最多，达 75.00%；其次是网约车类。公共交通类配备适老版本的比例相对较低，不到 5%。详见表 7。①

表 7 适老版 APP 情况

APP 类别	该类别 APP 数量	提供适老版 APP 数量	适老版占所属类别比重 /%
地图类	4	3	75.00
网约车类	17	9	52.94
票务类	26	7	26.92
公共交通类	24	1	4.17
总数	71	20	28.17

相对于常规版，适老版 APP 操作界面都更为简洁，在语言文字使用上都只有中文简体版，没有其他语言文字选项。

1. 可视语言服务

（1）大字体服务

提供大字体服务是 APP 适老化改造的重要内容之一。20 个适老版 APP 都提供了大字体服务，其中 18 个只提供大字体。高德地图提供大字体和超大字体；广州地铁则提供小字体、大字体和极大字体，默认为大字体。

（2）文本输入提示服务

20 个适老版 APP 中，广州地铁页面没有设置搜索功能，其他 19 个提供搜索功能的 APP 在搜索框中都有文本输入提示服务，为用户文字输入提供说明和指导。有 17 个提供了搜索热词列表，占总数的 85.00%，略高于常规版的

---

① 美团具有生活购物和票务等多种功能，在进一步调查中发现，其适老版本中目前只针对生活购物功能部分做了适老改造，票务功能部分暂未改造，因此在下文中，我们不将其纳入分析。

73.23%。文本输入提示语和搜索热词列表内容与常规版相同。

（3）APP使用说明

20个适老版APP中，只有首汽约车、铁路12306、南方航空、中国国航这4个提供了适老化版使用说明，占25.00%，其余未提供相关介绍。图4为首约汽车APP适老版提供的助老模式功能介绍。

图4 首汽约车APP对助老模式功能介绍

2. 可听语言服务

（1）语音搜索服务

只有腾讯地图（关怀版）和百度地图（关怀版）这两个适老版APP提供语音搜索服务，均只能识别普通话，其余适老版APP未提供语音搜索功能，只能通过文字输入搜索。适老版APP提供语音搜索服务的比例为10.00%。

（2）语音播报服务

腾讯地图（关怀版）、百度地图（关怀版）和广州地铁具有语音播报功能。前两个可提供普通话语音导航，广州地铁的语音播报功能体现为"智能读屏"，即语音朗读页面内容，也可根据用户选择进行播报，播报语言有普通话和粤方言两种。适老版APP提供语音播报服务的比例为15.00%。

（3）电话客服功能

适老版APP功能简洁，一般只保留常用业务功能，同时更突出了客服功能，具体表现为客服模块位置更明显、以电话客服为主，便于老年人及时获得相关资讯。20个适老版APP，有14个提供客服服务，占总数的70.00%，比例与常规版相当，其中有13个提供电话客服。电话客服都提供普通话，其中1个提供普通话和粤方言，3个提供普通话、英语、日语和韩语。曹操出行和携程旅行设置了老年人专线，分别为"爱心用车专线"和"老年人专享热线"。

二　中老年群体APP语言服务需求调查

（一）基本状况

本报告对55岁及以上的中老年群体对APP语言服务的需求开展问卷调查，共收回有效问卷104份。调查对象中男性与女性各52人；小学及以下学历34人，初中学历33人，中专/高中学历21人，大专及以上学历16人。居住地以珠三角九市为主，81人，占77.88%，其中深圳最多，55人；此外香港1人，广东其他地区22人。调查对象掌握语言的情况多样，有85人会说普通话，占81.73%，但也表明有近20%的被调查者不会说普通话。除普通话外还至少会说一种方言的有65人，占62.50%。绝大多数被调查者会说方言，有54人会说粤方言，40人会说客家话，14人会说潮州话，还有部分被调查者会说河南话、湖南话等。83.65%的被调查者使用手机上网时间在1年以上。

（二）可视语言服务需求

调查对象对可视语言服务需求情况见表8。约90%的被调查者提出"有APP使用说明或功能介绍""提供大字体""按钮上的文字简单易懂"和"有文本输入提示"等4项需求，52.88%的被调查者提出"汉字有拼音辅助"的需求，此外还有部分被调查者提出"提供中文繁体版本"和"提供多语外语版本"的需求。其中，需求最高的是"有APP使用说明或功能介绍"，99人提出，占总人数的95.19%。

表8　调查对象对APP可视语言服务需求状况

序号	需求内容	人数	占比/%
1	有APP使用说明或功能介绍	99	95.19
2	提供大字体	96	92.31

(续表)

序号	需求内容	人数	占比 /%
3	按钮上的文字简单易懂	93	89.42
4	有文本输入提示	93	89.42
6	汉字有拼音辅助	55	52.88
7	提供中文繁体版本	33	31.73
8	提供多种外语版本	19	18.27

（三）可听语言服务需求

1. 语音搜索服务需求

"可识别方言"是调查对象最主要的语音搜索服务需求，有80人提出该需求，占总人数的76.92%；其次是"可识别带地方口音的普通话"，有72人提出，占69.23%。此外，有30人提出"可识别外语"的需求。

方言需求中，需求量最大的粤方言，有53人提出希望APP能识别粤方言，占提出方言识别需求总人数的66.25%；其次是客家话，38人，占47.50%；再者为潮州话，19人，占23.75%。有31位被调查者提出能识别两种及以上方言的需求，占38.75%。见表9。

外语需求中，需求量最大的是英语，有21人提出希望APP能识别英语，占提出外语识别需求总人数的70.00%，此外还有部分被调查者提出识别日语、韩语和其他外语的需求。

表9 调查对象对APP方言识别需求情况

方言	粤方言	客家话	潮州话	其他方言	两种方言
人数	53	38	19	9	31
占比 /%	66.25	47.50	23.75	11.25	38.75

2. 语音朗读需求

调查对象总体上对语音朗读需求很高，在朗读的语言、语速、音色、多功能点读等方面都提出不同需求。其中，需求度最高的是"有方言朗读"，共86人提出此需求，占总人数的82.69%；其次对朗读语速、音色和多功能点读的需求也较高，有需求者接近或超过70%。此外，25.96%的被调查者提出外语朗读需求。见表10。

表10　调查对象对APP语音朗读服务需求状况

序号	需求	人数	占比/%
1	有方言朗读，如，粤方言、客家话	86	82.69
2	有不同语速，如，2倍语速、0.5倍语速	80	76.92
3	有多种音色，如，男声、女声	76	73.08
4	多功能点读，如，整篇读、分段读	72	69.23
5	不同的外语，如，英语、法语	27	25.96

方言朗读中，需求最大的为粤方言朗读，有60人提出粤方言朗读需求，占86位提出需求者的69.77%；其次是客家话朗读，38人，占44.19%；再次是潮州话朗读，15人，占17.44%；提出其他方言朗读需求的有9人，占10.47%。有29人提出两种及以上方言朗读需求。见表11。提出外语朗读需求的27人中，21人都是提出希望有英语朗读。

表11　调查对象对APP方言朗读需求情况

方言	粤方言	客家话	潮州话	其他方言	两种及以上方言
人数	60	38	15	9	29
占比/%	69.77	44.19	17.44	10.47	33.72

三　加强APP适老化语言服务建设的建议

本报告考察了粤港澳大湾区常用的71个旅游出行类APP常规版和适老版的语言服务现状，以及中老年人使用APP的语言服务需求状况，发现适老版APP在界面简单、提供大字体和文本输入提示等信息无障碍方面都较好地满足了老年人的需求。但在适老版配置率、语音识别和朗读、提供APP使用和功能说明等方面还存在较大改进空间。

（一）提高适老版APP配置率

内地的60个APP中，有21个提供了适老版，其中《方案》首批纳入适老化及无障碍改造名单的6个APP均已配置适老版本，完成率为100.00%。有15个APP虽然不是《方案》首批要求改造的，也提供了适老版。但总体来看，所调查的内地旅游出行类APP还有近三分之二没有提供适老版，配置率还有待提高。适老版标识应置于显著位置,便于老年人查找。

(二)优化语音播报服务,增加方言播报

调查显示,老年人群体对 APP 语音播报服务需求旺盛,80% 以上被调查者希望有方言播报。但目前适老版 APP 提供语音播报服务的比例只有 15%,且以普通话为主,只有 1 个适老版 APP 提供粤方言播报,但仍缺乏语速、点读等调节功能。适老版 APP 应尽量提供语音播报服务,提高音色、点读、多语言服务的多样性,以满足不同人群的需求。音色方面,可提供不同的男女声、卡通声、机器声等服务;点读方面,可提供连读、指读、选读等服务;多语言方面,可在普通话的基础上增加方言朗读,如粤方言、客家话等。

(三)增加语音输入服务,提高方言识别率

语音输入能给老年人搜索带来极大便利,老年人对此项服务有较大需求。但目前适老版 APP 能提供语音输入服务的比例偏低,只有 10%,而且只能识别普通话。APP 首先应尽量提供语音搜索服务。在此前提下,提高语音搜索可识别语言的多样性,特别是方言识别率,包括粤方言、客家话、潮州话等方言。同时,被调查者还希望能提高普通话识别率,能识别"带地方口音的普通话"。还应对正确识别"不标准的普通话"进行深入研究,满足中老年人的需求。调查显示,超六成 55 岁及以上的中老年人对语音朗读的语速、音色等有服务多样化的需求。

(四)提供 APP 使用说明和功能介绍

与年轻人相比,大部分老年人接受新事物的速度较慢、对手机操作较不熟悉,因此适老版 APP 应关注老年人对相关功能的使用情况,提供必要的软件说明或功能介绍,帮助新用户快速了解软件的主要业务,同时也能为老年人使用适老化版本做出合理的引导和必要的提示。在适老版 APP 中,只有两成左右对适老化版本功能做了介绍,常规版本配有软件说明的也不超过三成,与老年人的旺盛需求相比还存在一定差距。

(王海兰、温 馨、苏楚欣)

第四部分

健康湾区语言服务

导 语

《粤港澳大湾区发展规划纲要》提出建设宜居宜业宜游的优质生活，塑造健康湾区。此后，国家和广东省有关部门、粤港澳大湾区建设领导小组等发布系列文件，推动健康湾区实质性建设和发展。2020年9月27日，国家中医药管理局、粤港澳大湾区建设领导小组、广东省人民政府联合发布《粤港澳大湾区中医药高地建设方（2020—2035年）》；2021年8月25日，广东省市场监督管理局等十部门联合发布《广东省粤港澳大湾区内地临床急需进口港澳药品医疗器械管理暂行规定》；2021年11月11日，广东省人民政府办公厅印发《广东省卫生健康事业发展"十四五"规划》。2021年9月，中共中央、国务院印发《横琴粤澳深度合作区建设总体方案》和《全面深化前海深港现代服务业合作区改革开放方案》，两个方案都提出要加强中医药和医疗健康建设。广东、香港、澳门三地达成了《粤港澳大湾区卫生与健康合作框架协议》，并签署了《粤港澳大湾区卫生健康合作共识》，合作不断深入，合作机制不断完善。塑造健康湾区，需要语言服务的支撑。

粤港澳大湾区是我国开放程度最高、经济活力最强的区域之一，也是重大突发公共事件高发区域。《粤港澳大湾区发展规划纲要》指出，要完善突发事件应急处置机制，建立粤港澳大湾区应急协调平台，联合制定事故灾难、自然灾害、公共卫生事件、公共安全事件等重大突发事件应急预案，不定期开展应急演练，提高应急合作能力。2022年1月以来，香港新一轮新冠肺炎疫情暴发，广州、深圳、东莞等地疫情形势也一度十分严峻，给大湾区的医疗健康和经济社会发展带来巨大挑战。语言文字建设如何有效应对新冠肺炎疫情是当前健康湾区语言服务首先需要面对的问题，也是提升大湾区应急能力的需要。本部分包含四篇报告，聚焦抗击新冠肺炎疫情，考察了香港、澳门、广州和深圳四大中心城市的抗疫语言服务现状和特色经验，为下一步如何建立大湾区应急语言服务体系，特别是应对重大突发公共卫生事件提供参考。

《香港抗疫专题网站语言服务》介绍香港12个抗疫专题网站的语言文字使

用，重点考察香港抗疫专题网站语种丰富、形式多样、各具特色，功能互补的语言服务特色，以及面向特殊人群语言服务的宝贵经验。《澳门多样化抗疫语言服务》从抗疫专题网站、研制《中葡英新型冠状病毒防控词汇》、提供心理抚慰服务和构建多主体多形式信息发布网等多个维度总结澳门抗疫语言服务的多样性特色，包括服务语种多样化、服务形式多样化和服务主体多样化等。《广州面向外籍人士的多语抗疫服务》重点考察广州面向外籍人士的多语抗疫语言服务实践，包括多语种信息发布、多语种抗疫服务产品、多语种服务形式和多语中外志愿者等。《深圳"一网两微三电"平台的抗疫语言服务》考察深圳政府部门和社会各界通过网站，微信和微博，电视、电话和电台等多种平台为抗击新冠肺炎疫情所提供的语言服务。

（王海兰）

香港抗疫专题网站语言服务*

香港作为一个国际化大都市和全球重要的国际金融贸易、航运中心，人口流动性强，语言多样，疫情防控压力大。截至2021年12月31日，香港新冠肺炎确诊病例累计达12 650例。[①]为应对疫情，香港各界同心抗疫，携手共进。以香港特别行政区政府为主体，香港各界团结协作共同构筑防疫屏障，及时创建抗疫专题网页，实现抗疫资源和信息的集成化、便捷化和人性化。本报告对香港12个抗疫专题网站的语言服务状况展开调查，总结香港通过互联网开展抗疫语言服务的经验。

一 调查方法与对象

抗疫专题网站指为抗击新冠肺炎疫情专门建立的以提供新冠肺炎防疫信息和相关服务为主要内容的网站。本报告于2021年2—10月共调查了香港46家机构的官方网站，包括18家政府机构、10家社会团体、8所高校和10家注册地为香港的世界500强企业。46家机构共建立12个抗疫专题网站，其中3个由香港特别行政区政府运营，3个分别由香港特区政府下属行政部门香港卫生署卫生防护中心、香港医院管理局、香港政府资讯科技总监办公室运营，4个分别由香港大学、香港科技大学、香港中文大学和香港理工大学高校运营，2个分别由社会团体香港社会服务联会和香港中华总商会运营。详见表1。超过四分之一的被调查机构建有抗疫专题网页。

---

* 国家语委"十四五"科研规划2021年度省部级重大项目"我国语言文字治理体系现状及创新研究"（ZDA145-1）、国家社会科学重大项目"'两个一百年'背景下的语言国情调查与语言规划研究"（21&ZD289）、广州大学第十八届"挑战杯"项目"城市重大突发公共卫生事件应急语言服务体系建设——以广州为例"（2022TZBPHC1410）阶段性成果。

① 数据来源：香港特别行政区政府卫生防护中心2020—2021年新型冠状病毒统计数据。

表1 香港抗疫专题网站名称及其运营主体

网站名	网站运营主体	主要功能
2019冠状病毒病专题网站-同心抗疫	香港特别行政区政府	发布最新抗疫资讯
2019冠状病毒病疫苗接种计划	香港特别行政区政府	疫苗预约和查询
社区检测中心	香港特别行政区政府*	预约新冠肺炎检测
卫生防护中心给少数族裔人士的健康资讯**	香港卫生署卫生防护中心	向少数族裔人士传播最新抗疫资讯
携手抗疫-2019冠状病毒病医管局病人专页	香港医院管理局	疫情期间医院问诊安排
安心出行	香港政府资讯科技总监办公室	记录出行路线并预警
HKU COVID-19 Info Hub	香港大学	宣传港大抗疫措施
COVID-19 Info@HKUST	香港科技大学	宣传科大抗疫措施
同心抗疫 Act Together Against COVID-19	香港中文大学	宣传港中大抗疫措施
携手抗疫	香港理工大学	宣传港理大抗疫措施
社福抗疫信息	香港社会服务联会	为弱势社群提供物资捐赠和讯息服务
香港中总同心抗疫	香港中华总商会	公示中华总商会社会援助情况并分析疫情时期行情

* 社区检测中心由承办商安排的人员负责营运，进行样本采集及相关工作。

** 该网页在新冠肺炎疫情暴发前就已创建，新冠疫情暴发后在为少数族裔提供疫情防护方面发挥了重要作用，因此也将其列入抗疫专题网站加以分析。

二 语言文字使用与板块设置

（一）网站名称和网站标识语言文字使用

12个专题网站名称中，语言文字使用有三种情况：单用中文、单用英文和中英文。单用中文的共9个：8个使用中文繁体，1个使用中文简体；单用英文的有2个：香港大学和香港科技大学；香港中文大学的网站则混合使用中文简体和英文。

网站标识是首页显示的网站名称或特殊性标志，包括文字、字母、数字、图画等，是网站特色和文化的体现。12个专题网站中，单用中文和混合使用中英文的各有5个，另有2个单用英文。网站名称和网站标识语言文字使用情况详见表2。

表 2 香港抗疫专题网站名称和网站标识的语言文字使用情况

网站名	网站名称语言文字使用	网站标识	网站标识语言文字使用
2019 冠状病毒病专题网站-同心抗疫	中（繁）	同心抗疫 Together, We Fight the Virus!	中（繁）英
2019 冠状病毒病疫苗接种计划	中（繁）	护人护己齐打疫苗-2019 冠状病毒病疫苗接种计划 COVID-19 Vaccination Programme	中（繁）英
卫生防护中心给少数族裔人士的健康资讯	中（繁）	香港特别行政区政府 卫生署 卫生防护中心-给少数族裔人士的健康资讯	中（繁）
携手抗疫-2019 冠状病毒病医管局病人专页	中（繁）	携手抗疫-2019 冠状病毒病医管局病人专页	中（繁）
安心出行	中（简）	安心出行 Leave Home Safe	中（简）英
社区检测中心	中（繁）	社 区 检 测 中 心 Community Testing Centres	中（繁）英
HKU COVID-19 Info Hub	英	THE UNIVERSITY OF HONG KONG	英
COVID-19 Info@HKUST	英	COVID-19 Info@HKUST	英
同心抗疫 Act Together Against COVID-19	中（简）英	同心抗疫 Act Together Against COVID-19	中（简）英
携手抗疫	中（繁）	携手抗疫	中（繁）
社福抗疫资讯	中（繁）	社福抗疫资讯网站	中（繁）
香港中总同心抗疫	中（繁）	香港中总同心抗疫	中（繁）

从内容上看，网站名称有两个关键词，一个是"2019 冠状病毒病"或 COVID-19，有 6 个网站名称都使用该词，突出网站就是针对新冠病毒的；一个是"抗疫"，有 5 个网站名称中包含该词，其中 3 个为"同心抗疫"，2 个为"携手抗疫"，突出香港特区政府和社会各界共同抗击新冠肺炎疫情的决心。

（二）网页语言文字使用

12 个抗疫专题网站中，有 10 个首页语言为繁体中文，只有香港大学和香港科技大学网站首页语言文字为英语。

在多语服务方面，"卫生防护中心健康资讯"网站使用的语言最多，共 15 种，有中文（繁/简）、英语、印地语、尼泊尔语、乌尔都语、泰语、印度尼西亚语、菲律宾语、僧伽罗语、孟加拉语、越南语、法语、西班牙语、旁遮普语、泰米尔语。[①] "2019 冠状病毒病专题网站-同心抗疫"和"2019 冠状病毒病疫苗

---

① 法语、西班牙语、旁遮普语及泰米尔语只提供有关新冠疫苗的主要资讯，其余 11 种均提供有关 2019 冠状病毒病更为全面的健康资讯。

接种计划"网站,均提供了 11 种语言的服务。① 此外,"医管局病人专页""社区检测中心""安心出行""同心抗疫 Act Together Against COVID-19"和"携手抗疫"等 5 个网站提供中英双语服务。"社福抗疫资讯"和"香港中总同心抗疫"网站只提供中文服务。详见表 3。

表 3　香港抗疫专题网站使用的语言文字

网站名	首页语言文字	语言文字种类	语种数量
2019 冠状病毒病专题网站-同心抗疫	中（繁）	中（繁/简）、英、印地、尼泊尔、乌尔都、泰、印度尼西亚、菲律宾、僧伽罗、孟加拉、越南	11
2019 冠状病毒病疫苗接种计划	中（繁）	中（繁/简）、英、印地、尼泊尔、乌尔都、泰、印度尼西亚、菲律宾、僧伽罗、孟加拉、越南	11
卫生防护中心给少数族裔人士的健康资讯	中（繁）	中（繁/简）、英、印地、尼泊尔、乌尔都、泰、印度尼西亚、菲律宾、僧伽罗、孟加拉、越南、法、西班牙、旁遮普、泰米尔	15
携手抗疫-2019 冠状病毒病医管局病人专页	中（繁）	中（繁/简）、英	2
社区检测中心	中（繁）	中（繁/简）、英	2
安心出行	中（繁）	中（繁/简）、英	2
社福抗疫资讯	中（繁）	中（繁）	1
香港中总同心抗疫	中（繁）	中（繁）	1
HKU COVID-19 Info Hub	英	英	1
COVID-19 Info@HKUST	英	英	1
同心抗疫 Act Together Against COVID-19	中（繁）	中（繁/简）、英	2
携手抗疫	中（繁）	中（繁/简）、英	2

中文和英文的覆盖率基本相当,都各有 10 个网站提供中文或英文服务,提供中文服务的网站中有 8 个可简繁切换。香港特区政府创建的抗疫专题网站提供了丰富的少数族裔语言版本,以满足在港居民多样化的语言服务需求。

（三）板块设置

板块是网站根据内容或功能所划分的栏目,通常位于网站首页的页首位置,

---

① 中英文外的语种版本信息均来源于"卫生防护中心给少数族裔人士的健康资讯"专题网页。

少部分以大标题形式呈现在网站具体内容上方。板块设置是网站服务意识、服务重点和服务功能的体现。

12个抗疫专题网站设置的板块数量都在5个以上，其中"2019冠状病毒病专题网站-同心抗疫"和香港中文大学的专题网站设置板块数量最多，达10个。详见表4。

表4 各专题网站板块基本情况

网站名	板块设置和命名	板块数量
2019冠状病毒病专题网站-同心抗疫	本地情况互动地图、最新消息、新闻短片、病毒资讯、澄清、实用资讯、疫情概览、健康资讯、资源中心和社区参与	10
2019冠状病毒病疫苗接种计划	预约接种、预约状况、有关疫苗、有关计划、最新消息、常见问题、专家意见和疫苗接种纪录	8
卫生防护中心给少数族裔人士的健康资讯	疫苗资讯、抵港人士的卫生检疫措施、减少社交接触、病毒检测、健康建议和其他	6
携手抗疫-2019冠状病毒病医管局病人专页	最新消息、门诊服务、医院服务、抗疫锦囊、其他设施、社区资源和2019冠状病毒香港最新数字	7
社区检测中心	关于计划、最新消息、社区检测中心-预约系统、宣传资料、常见问题	5
安心出行	最新消息、申请场所二维码、599F处所、宣传资料和常用链结	5
HKU COVID-19 Info Hub	Home、For Students、Teaching & Learning、Workplace Safety、Infection Control、Latest Announcements	6
COVID-19 Info@HKUST	Latest Figures、Arrangements、FAQ、Forms、HKUST、Efforts、Health Advices	7
同心抗疫 Act Together Against COVID-19	宣布事项、问与答、学生、教职员、校友、公众、中大讲堂、中大成就2020、博文在线、常用链结	10
携手抗疫	抗疫科研、关怀社区、线上学习、公众资讯站、支持理大	5
社福抗疫资讯	防疫资讯、居家乐活、快乐抗疫、好人好事和捐赠物资	5
香港中总同心抗疫	中总公益、企业支援、防疫资讯、疫市分析、疫境同行	5

各大专题网站板块的具体内容，可分成5类：（1）疫情最新进展：提供香港疫情动态发展图、最新疫情新闻报道等相关资讯；（2）防疫卫生知识：宣传防疫抗疫的措施和相关卫生知识，如卫生检疫、入境管制等措施和新冠病征、注意个人卫生等基本知识；（3）公众回应：对网站相关服务的常见问题的回答或对疫情相关谣言的澄清；（4）支援活动：网站运营主体或相关组织参与抗击

疫情活动所做贡献；（5）宣传资料：以报道、文件、海报、音频和视频等形式宣传该网站或抗疫资讯知识。其中，"疫情最新进展"类板块覆盖率最高，占比为100%。各类型板块设置情况见表5。

表5 各专题网站板块主要类型

序号	板块类型	网站数量	板块名称举例
1	疫情最新进展	12	最新消息；防疫资讯
2	防疫卫生知识	10	健康建议；抗疫锦囊
3	公众回应	6	常见问题；问与答；公众咨询
4	支援活动	6	社区参与；疫境同行
5	宣传资料	3	宣传资料

三 特色语言服务

（一）互动地图：及时提供疫情和疫苗接种方位信息

互动地图指在地图上以数字、文字和标识相结合的形式实时呈现新冠疫情的动态数据，具有视觉化、集成性和及时性特点。"2019冠状病毒病专题网站-同心抗疫"网站的互动地图板块颇具特色。

该网站互动地图板块提供本地、全国和全球三份疫情地图，分别展示三地每日的疫情信息，其中本地互动情况为中英双语，全国疫情地图为中文，全球疫情地图为英文。本地互动情况内容最为丰富，以地图形式展示个案详情、有确诊/疑似病例的建筑物名单、疫苗接种服务、强制检测/检测服务、检疫中心/检疫酒店/出入境管制站、急症室等候时间、曾有确诊/疑似个案的建筑物时序、过去14天内曾有确诊/疑似个案在出现病征期间乘搭过的航班/火车/船/车名单、新闻短片等信息。

互动地图最大特点是以电子地图形式来呈现相关信息，以地图为蓝本构建一个集疫情、检测、疫苗等于一体的动态信息网，立体生动，详细便捷，信息更新及时，服务民众，提高疫情防控效率。如图1社区疫苗接种服务，以地图形式呈现可接种新冠疫苗的社区疫苗接种中心、普通科门诊诊所，以及私人医生及诊所的机构和具体位置，同时提供可接种疫苗的品牌，可直接链接预约系统，大大节省了市民搜寻疫苗接种信息的成本。该平台信息更新速度快，关于

"急症室等候时间"的信息每 15 分钟更新一次，其他信息最后更新时间基本在 24 小时以内。①

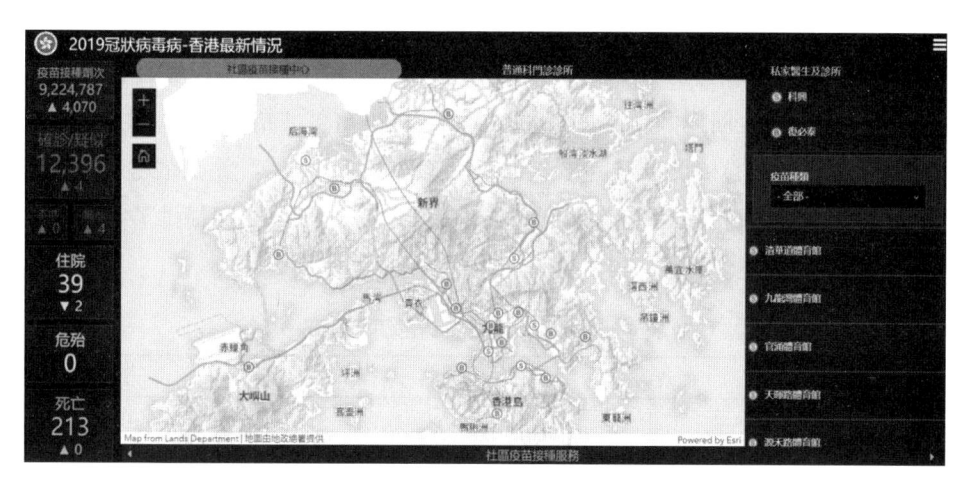

图 1 "同心抗疫"网站互动地图-社区疫苗接种服务地图

（二）视频图文结合：宣传疫苗接种

视频图文结合指以视频、文字和图片相结合等方式来提供信息。这方面最为突出的是"2019 冠状病毒病疫苗接种计划"网站的"教育及媒体资源"板块。该板块分短片、网上讲座、信息图表、特稿、单张②、其他健康教育资源六大栏目，多形式宣传疫苗接种，具有图文一体、视听结合的特点。③ 6 个栏目主要根据所提供资源的类型划分。其中，短片主要为关于疫苗接种安全性、必要性和副作用等的问答采访或讲座；网上讲座主要是面向学校、青少年和老人等机构或群体宣传疫苗接种的讲座；信息图表指以海报形式、PDF 文件格式宣传健康防疫的数据信息图表；特稿指新闻特稿，相较于一般新闻稿件更具有针对性和透彻性，篇幅更长且数据翔实；单张则主要指单页海报；其他健康教育资源栏目中包含了聚焦健康教育的短片、海报、信息图表等。

所提供资源的呈现形式分为视频类和海报类两大类。视频类有 141 个，其中短片 128 个，网上讲座 5 个，其他健康教育资源 8 个。141 个视频中，只有

---

① 信息来源："2019 冠状病毒病-香港最新情况"中"关于互动地图仪表板"的简介和资料部分，https://chp-dashboard.geodata.gov.hk/covid-19/zh.html。
② "单张"为网页所使用的栏目名称，可理解为"宣传单"。
③ 该板块更新快，本文数据收集于 2021 年 10 月 16 日。

1个没有语音,①其他均有配有语音,播音语言以粤方言为主,占97.16%。其中短片《呼吁少数族裔接种疫苗》使用了9种语言播音,而《全城起动快打疫苗》和《香港护理专业人员呼吁》两个短片中的市民会使用粤方言或英语接受采访。这3个呼吁性较强的视频采用双语或多语播音。视频名称大多以粤方言口语命名,如"家庭医生同你倾疫苗(家庭医生和你聊疫苗)""精灵一点(聪明一点)之疫苗专线""同心抗疫'疫苗知多D'(疫苗了解多一点)"等,贴近当地居民语用习惯,有助于提高信息接受度和传播速度。近80%的视频提供了字幕,字幕以繁体中文为主。详见表6、表7。

表6 视频类资源播音语言使用情况

播音语言	数量	占比/%
粤	137	97.16
粤、英	2	1.42
英、印地、尼泊尔、菲律宾、泰、孟加拉、乌尔都、印度尼西亚(9)	1	0.71
无	1	0.71
合计	141	100.00

表7 视频类资源字幕语言文字使用情况

字幕文字	数量	占比/%
中(繁)	105	74.46
中(繁)+英	2	1.42
英文	4	2.84
无	30	21.28
合计	141	100.00

海报类资源共106张,其中"信息图表"栏目55张,"特稿"栏目23张,"单张"栏目3张,"其他健康教育资源"栏目包括疫苗接种中心海报14张,信息图表6张,单张5张。②106张海报都是图文结合,生动直观,清晰简洁,往往使用关键词和关键数据总结内容,并以流程图、表格或关系图等形式可视化呈现疫苗的基础知识,色彩丰富,且信息载量高。

---

① 视频《同心抗疫:"疫苗知多D"之把握机会 接种新冠疫苗》属于宣传纪录片,全程无播音。
② "其他健康教育资源"和"信息图表"两个栏目的信息图表内容不同。

在语言文字使用方面，77.36%的海报只使用繁体中文，22.64%的使用繁体中文和英语，详见表8。

表8　海报类资源语言文字情况

语言文字	数量	占比/%
中（繁）	82	77.36
中（繁）+英	24	22.64
合计	106	100.00

值得一提的是，106张海报中有21张以二维码的方式提供印地文、尼泊尔文、乌尔都文、泰文、印度尼西亚文、菲律宾文、僧伽罗文、孟加拉文、越南文等9种少数族裔语言版本的信息图表（如图2），占比19.81%。

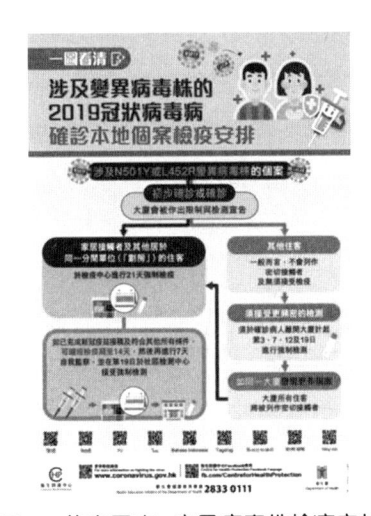

图2　信息图表-变异病毒株检疫安排

（三）双语报送：助力安心出行

双语报送指香港市民及特区政府使用中英两种语言文字填写或报道疫情信息。根据《香港特别行政区基本法》第一章第九条："香港特别行政区的行政机关、立法机关和司法机关，除使用中文外，还可使用英文，英文也是正式语言。"使用双语填报可有效提高信息填报的正确率，以确保疫情期间个人活动轨迹记录的准确性和严谨性。

如"2019冠状病毒病疫苗接种计划"网站中，"专家意见"板块关于疫苗接种重要性等文件均有中英双语版本。详见图3。

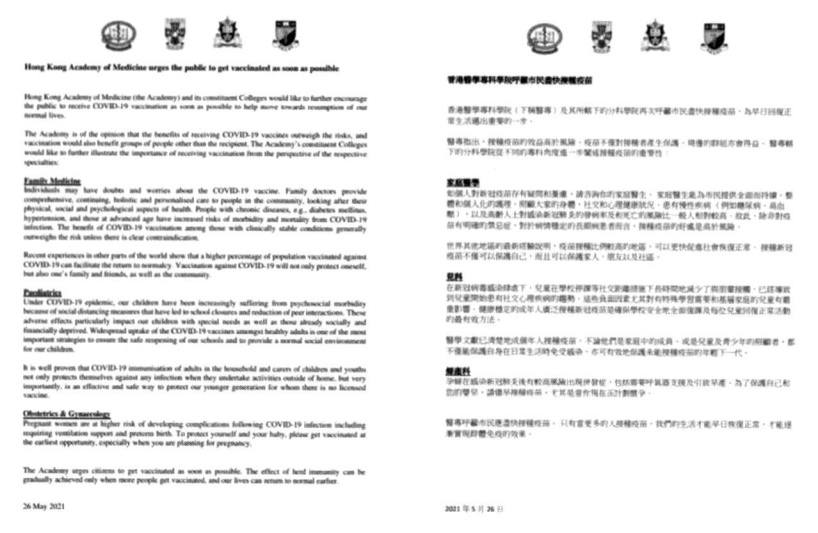

图 3 "医专辖下的分科学院从不同的专科角度进一步阐述接种疫苗的重要性"文件截图

"安心出行"网站的"申请场所二维码"板块,同时提供中英双语的表格填写指引,用户可根据自身情况选择中文或英文版本的表格填写自己的场所资料,以建立场所二维码。

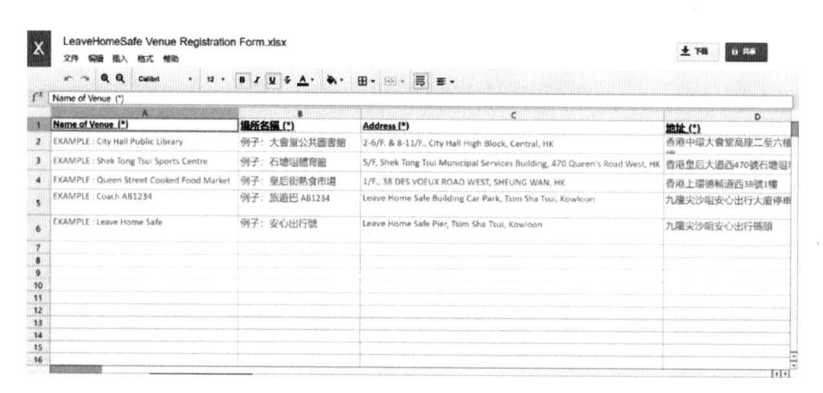

图 4 安心出行专题网站"申请场所二维码"的"场所例子"工作簿

四 面向特定群体的语言服务

(一)多语服务:向少数族裔传达最新资讯

为提升和扩大传递新冠肺炎疫情最新资讯的速度和覆盖面,除中、英文外,香港特别行政区政府卫生署卫生防护中心专门栏目设立"给少数族裔人士的健康资讯"板块，以印地文、尼泊尔文、乌尔都文、泰文、印度尼西亚文和菲律宾文等 6 种语言提供有关传染病、非传染病及健康生活等范畴的健康信息及有用链接。除了以上语言，还以僧伽罗文、孟加拉文和越南文提供有关 2019 冠状病毒病的健康信息，以法文、西班牙文、旁遮普文和泰米尔文提供有关新冠疫苗的主要信息。这 13 种语言网站内都提供对应中文翻译，便于使用者对照查看。图 5 所示为印地文"2019 冠状病毒病"网站。

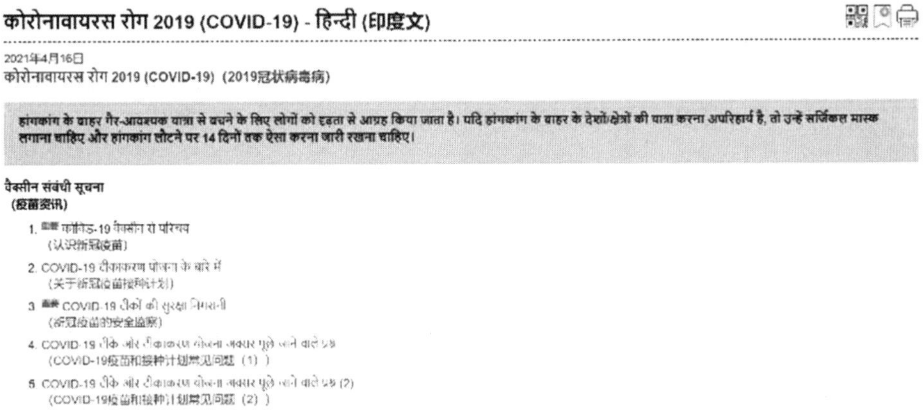

图 5　印地文"2019 冠状病毒病"专题网站

在展现形式方面，13 个少数族裔语言版本具有查看渠道多样、布局简明合理、重点突出且检索方便、形式多样的特点。使用者不仅可以在电脑上浏览，还可以通过扫描二维码切换到在手机或平板等其他设备上，同时还提供下载、打印的途径，查看渠道的多样性在最大程度上满足了不同网站使用者的浏览需求。内容呈现人性化，重点资讯在目录部分还会在标题的左上方用醒目的红色字体中文标注"重要"字样。

（二）口语化服务：关切病人及其家属群体

"携手抗疫-2019 冠状病毒病医管局病人专页"（以下简称医管局病人专页）专门为病人及照顾者群体提供疫情期间医管局的服务安排和相关资讯，其中最具特色的是"有关应诊安排的问与答"部分。该部分均采用口语化的香港粤方言表达方式，如"有无清洁双手"（有没有清洁双手）、"真系要做足"（真的要做充分）、"除咗要注意个人卫生"（除了要注意个人卫生）等，体现了对当地居民日常用语的人性化设计（见图 6）。

图 6 专科门诊应诊安排"有关应诊安排的问与答"部分截图

（三）趣味性服务：安抚弱势社群心理

疫情之下，原本处于弱势地位的老弱病残等群体的日常生活相比于正常人将受到更大的冲击。为照顾弱势社群的生理、心理健康状况，大多数专题网站都推出支持服务，其中最具代表性的是医管局病人专页和"社福抗疫资讯"网站。医管局病人专页设立了"抗疫锦囊"板块，包括分成基本篇、食篇、住篇、行篇和工作篇，以图文海报和说明文字相结合的方式宣传"防疫金科玉律"、新冠病征、注意个人卫生等防疫基本知识。"抗疫锦囊"海报的文字和"医院服务"的"探访安排"资讯影片均只有繁体中文版本；"抗疫锦囊"海报旁边的说明文字则有简繁体中文和英文版本，其中中文版本的表述偏口语化。

"社福抗疫资讯"网站设有"防疫资讯""居家乐活""快乐抗疫""好人好事"和"捐赠物资"五大板块。其中"防疫资讯"板块以海报附加说明文字的形式呈现，但绝大多数海报中的文字只有繁体中文版本，少部分海报用繁体中文+英文双语种呈现；"居家乐活"板块囊括了亲子游戏、健身活动、网上讲座等供市民在家中举行的活动和健康建议，有效帮助市民缓解防疫紧张感、促进身心健康；"快乐抗疫"板块则侧重解决抗疫心理健康问题，引导弱势社群和抗疫引起的心理问题人群积极面对疫情。以上板块中的具体内容大多只有繁体中文版本，而捐赠物资板块则以中英双语介绍捐赠抗疫物资的活动，并提供相关链接。

（四）教育服务：引导师生线上教学

12个专题网站中，其中4个由学术机构运营，分别是香港大学的"HKU

COVID-19 Info Hub"、香港中文大学的"同心抗疫 Act Together Against COVID-19"、香港科技大学的"COVID-19 Info@HKUST"和香港理工大学的"携手抗疫"。这四个专题网站主要服务于本校师生，服务内容主要包括校园疫情防控指引、师生线上教学信息指导和本校防疫贡献展示。所提供的信息和资源主要为英文版本。

五　思考与建议

12个抗疫专题网站功能互补、语言文字种类丰富、使用视听结合、图文并茂的多元方式呈现，实现抗疫信息和资源的集成化、查询的便捷化和人性化，体现了良好的抗疫语言服务，值得其他城市学习借鉴。

（一）专题网站功能互补，信息传播覆盖面大

比较香港各专题网站板块设置，不同运营主体负责的专题网站，板块设置和网站功能存在明显差异。特区政府及其相关部门运营的网站主要集中于疫情最新进展和防护卫生知识，受众群体更大、传播范围更广，如特区政府运营的"2019冠状病毒疫苗接种计划"网站主要承担疫苗预约和查询功能，特区政府资讯科技总监办公室创建的"安心出行"网站主要记录出行路线并预警。学术机构与其他社会团体运营的专题网站则更注重宣传该组织在抗疫期间所做的贡献，突出运营方的主体性，向特定目标群体传播抗疫防疫措施，信息针对性更强。

（二）语言文字种类丰富，满足用户服务需求

香港特区政府主体运营的专题网站超半数提供少数族裔语言版本，包括印度文、尼泊尔文、乌尔都文、泰文、印度尼西亚文、菲律宾文、僧伽罗文、孟加拉文、越南文、法文、西班牙文、旁遮普文、泰米尔文等多国语言版本的海报和网页文字信息。网站多语服务建设较为完善，语言文字种类丰富。其他城市可结合当地人口语言结构特点，提供更多外语版本，满足用户的多语服务需求。

（三）使用视听结合、图文并茂的多元方式呈现

香港大部分抗疫专题网站提供海报、音频、视频等多种形式的抗疫信息，

具有视听结合、图文并茂的特点，内容清晰简洁、生动具体。部分海报使用关键词和关键数据总结内容，并以流程图、表格或关系图等形式可视化呈现疫苗的基础知识，色彩丰富且信息载量高，有效提高市民关注度和防控措施的宣传速度，满足了市民多元服务需求。

为更好发挥抗疫专题网站在疫情防控中的作用，从语言服务视角还有一定改进空间。

一是网页语言文字使用有待进一步规范。个别网站在语言文字使用方面不够规范，如香港中文大学常用链结板块的校园防疫《中大健康促进及防护委员会防疫指引》一文的中文简体版本仍有繁体字及简繁转换时产生的错别字掺杂，如图7。

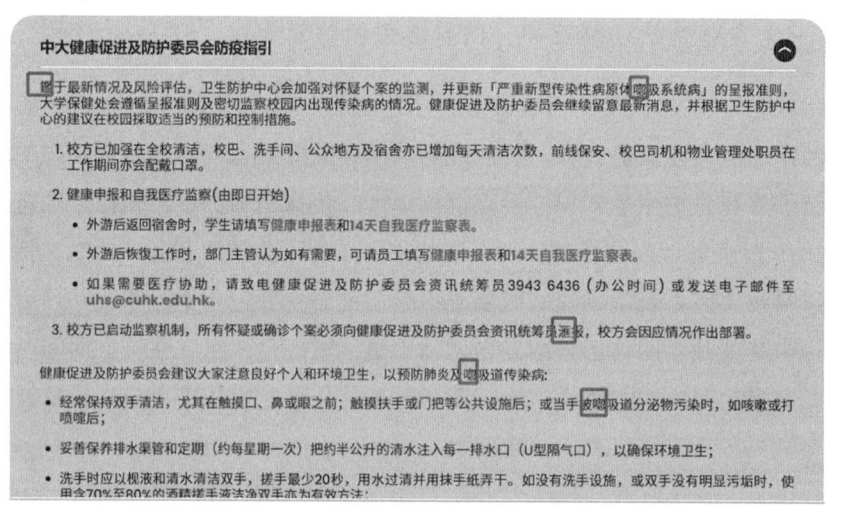

图7 《中大健康促进及防护委员会防疫指引》中文简体版本

二是面向特殊人群的信息无障碍语言服务有待进一步加强。抗疫专题网站，特别是香港特区政府部门运营的专题网站应考虑信息无障碍重点服务人群的需求，可在网站上提供色彩变化、大小设置、视图切换等推送方式，为行动障碍的残疾人，低弱视的视障人士，文化认知有障碍人士以及阅读能力下降的老年人提供更加便捷高效、更加智能友好的服务。如提供读屏服务、页面放大功能等。

（王海兰、刘栩妍）

澳门多样化抗疫语言服务*

澳门特别行政区政府统计暨普查局公布的 2021 年第四季人口统计数据显示，澳门 2021 年终总人口为 683 200 人，其中外地雇员 171 098 人，其来源地及比例分别为：中国内地 67.5%，菲律宾 16.2%，越南 5.9%，印度尼西亚 2.9%，尼泊尔 1.9%，中国香港 1.8%，其他 3.7%。① 根据新型冠状病毒感染应变协调中心提供的数据，截至 2021 年 12 月 31 日，澳门累计确诊病例 79 例。面对多语族群，澳门特区在抗击新冠肺炎疫情过程中提供了多样化且富有地域特色的语言服务，包括建立多语抗疫专题网站、研制《中葡英新型冠状病毒防控词汇》手册、提供心理抚慰服务和构建多主体多形式信息发布网等，取得了良好效果。

一　建立多语抗疫专题网站

为抗击新冠疫情，澳门特区政府于 2020 年 1 月 21 日设立"新型冠状病毒感染应变协调中心"，负责全面规划、指导和协调各公共及私人机构关于预防、控制和治疗新型冠状病毒感染的工作。应变协调中心直接隶属行政长官运作，并由行政长官担任主席，社会文化司司长担任副主席。应变协调中心的财政、行政及后勤由卫生局负责。特区政府卫生局网站还创建"抗疫专页"和"新型冠状病毒疫苗咨询专页"，两个专页通过网络平台向市民提供抗疫服务。

（一）抗疫专页

抗疫专页有中文、葡文和英文三个版本，设置了"信息汇总""口罩"及"其他"等 3 个板块，下设 13 个栏目。详见表 1。

---

* 国家语委"十四五"科研规划 2021 年度省部级重大项目"我国语言文字治理体系现状及创新研究"（ZDA145-1）、国家社会科学重大项目"'两个一百年'背景下的语言国情调查与语言规划研究"（21&ZD289）、广州大学第十八届"挑战杯"项目"城市重大突发公共卫生事件应急语言服务体系建设——以广州为例"（2022TZBPHC1410）阶段性成果。

① 澳门特别行政区政府统计暨普查局官站：https://www.dsec.gov.mo/zh-MO/Statistic?id=101。

表1 澳门"抗疫专页"板块

板块	栏目
信息汇总	最新消息、公告、防疫指引、疫苗资讯、图文包、监测统计、防疫措施
口罩	保障口罩供应澳门居民计划
其他	影集、卫生教育、疾病资讯、心理舒缓、相关链接

"最新消息"栏目包含病例、死亡、治愈及已排除的最新数据、入境检疫措施、疫情资讯、口罩售卖、全民抗疫、抗疫支援和澄清信息等多方面实时的疫情防控信息。

"公告"栏目不定期发布特区政府卫生局关于新冠疫情防控的相关规定和公告，公告以图文形式发布，同时有中文繁体、葡文和英文三种文字，市民可以下载。截至2021年7月31日，卫生局累计发布疫情防控公告116条，仍在有效期的34条。

"防疫指引"栏目分别面向公众、外地雇员、政府部门及公共设施、医疗机构及医护人员、教育场所及社会住宿设施、旅游业博彩娱乐及酒店业场所、其他业界及场所、个人预防措施、环境卫生措施、医学观察等不同对象、机构和场所提供防疫指引服务。

"疫苗资讯"栏目链接为"新型冠状病毒疫苗咨询专页"，我们将在下文做详细介绍。"抗疫专页"中图文包和宣传短片栏目最具特色，我们做重点介绍。

1. 图文包

为简洁明了地向公众传递防疫咨询，政府和社会组织都制作了形式多样的图文包。抗疫专页的中葡英三个版本都发布了与疫情防控有关的图文包信息。截至本报告统计时间2021年6月，累计发布了不同主题、不同语种的图文包共91幅，涉及防疫知识、出入境检疫、健康码等6个主题。在语言使用方面，除了中葡英的单语切换，还有部分图文包是中英、中葡双语互译或中葡英三语互译的，体现人性化、多语化的图文设计。其中，中文图文包最多，有44幅；其次是葡文和英文图文包，各19幅；中葡英三语的有5幅，中葡、中英双语的各2幅。总体上，图文包使用得最多的是中文，共有49幅，占53.85%；使用了葡文和英文的都是26幅，各占28.57%。在图文包的设计上，为满足绝大多数市民的语用需要，提供了值得推广的多语服务。从主题上看，最多的是防疫知识类图文包，共53幅；其次是出入境检疫类，18幅。详见表2、图1、图2和图3。

澳门多样化抗疫语言服务

表 2　图文包主题及语种情况

主题	单语			双语		三语	合计
	中	葡	英	中葡	中英	中葡英	
防疫知识	27	13	13	0	0	0	53
出入境检疫	10	4	4	0	0	0	18
健康码	6	1	1	1	1	2	12
口罩供应	1	1	1	0	0	0	3
核酸检测	0	0	0	1	1	1	3
呼吁接种疫苗	0	0	0	0	0	2	2
合计	44	19	19	2	2	5	91

图 1　中、葡、英三语澳门居民入境澳门卫生检疫要求和措施图文包

图 2　中、葡、英三语内地、香港和台湾居民入境澳门卫生检疫要求和措施图文包

图 3　防疫系列图文包

针对识字量不多的儿童，还专门推出了以图片为主，形式更为生动，指向更明确的儿童图文包。如图 4。

图 4　儿童入学注意事项图文包

2. 宣传短片

除了文字和图片外，抗疫专页通过"卫生教育短视频"和"影集"两个栏目充分运用音像短视频为疫情防控助力。不同语言版本的网页，短视频数量不同：中文网页可供浏览的短视频 25 个，葡文网页 11 个，英文网页 3 个。视频主要用粤方言播音，配以繁体中文或中葡双语字幕，少数视频使用普通话和中文简体字幕。少部分宣传短视频采用儿童配音，从儿童视角讲述疫情以来澳门生活的变化，富有感染力。见表 3 和图 5。

表 3　抗疫专页短视频信息数据表

类型	数量	标题/内容	语言使用情况		播音主体
			播音语言	字幕	
影集	13	抗疫宣传短片	儿童粤方言	中（繁）	儿童
		安心游澳门	普通话	中（简）	男音
		卫生局抗疫团队	纯音乐	中（简）	—
		流行病学调查，深入探寻病源	粤方言	中（繁）	专家及亲历工作人员
		"澳康码"转换"粤康码"	粤方言	中（繁）+葡	女音
		"澳门健康码"转码至"香港电子健康申报表"使用指南	粤方言	中（繁）	男音
		中国国际应急医疗队（澳门）勇赴抗疫最前线	粤方言和普通话	中（繁）+葡	亲历医疗队队员
		医护齐心　共同抗疫	粤方言及普通话	中（繁）+葡	亲历医护工作人员
		早发现早诊断及时有效救治	粤方言	中（繁）+葡	亲历医护人员
		口岸检疫 医学检查 严守抗疫第一防线	粤方言	中（繁）+葡	亲历工作人员
		心系市民安危 包机接市民回家	粤方言	中（繁）+葡	亲历政府、医护工作人员
		严谨医学观察 保障社区安全	粤方言	中（繁）+葡	亲历政府工作人员
		保障口罩供应 安定社会民心	粤方言	中（繁）+葡	亲历政府工作人员
卫生教育短视频	12	《新型冠状病毒感染防控知识手册》居家防护篇	粤方言	中（繁）	女音
		《新型冠状病毒感染防控知识手册》个人篇	粤方言	中（繁）	女音
		护理助理员	粤方言	中（繁）	亲历医护人员
		医护人员	粤方言	中（繁）	亲历医护人员
		全民齐防疫 绑带口罩好易戴	粤方言	中（繁）	女主持人
		如何佩戴绑带口罩	粤方言	中（繁）	女主持人及嘉宾
		《新型冠状病毒感染防控知识手册》工作篇	粤方言	中（繁）+葡	女音

(续表)

类型	数量	标题/内容	语言使用情况		播音主体
			播音语言	字幕	
		《新型冠状病毒感染防控知识手册》就医篇	粤方言	中（繁）	女音
		全民齐防疫 口罩戴得啱	粤方言	中（繁）	女音
		全民齐防疫 洗手好习惯	粤方言	中（繁）	女音
		新型冠状病毒感染应对及防控	粤方言	中（繁）+英	女音
		儿童正确使用成人口罩的方法	粤方言	中（繁）	儿童

图 5　抗疫宣传短片截图

（二）新型冠状病毒疫苗咨询专页

接种疫苗是防控新冠疫情最有效、最经济的方法。自中国成功研发出有效应对新冠肺炎病毒的疫苗之后，澳门特区政府及时创立"新型冠状病毒疫苗资讯专页"，便于人们能通过正规渠道快速了解新冠肺炎疫苗及接种信息。疫苗咨询专页详细地罗列了疫苗种类、疫苗安全性、适用年龄、接种地点、接种注意事项以及检测方法等主要事项，同时设置了疫苗小册子、图文包、疫苗短片和问题集等专栏。

1. 疫苗小册子

澳门新型冠状病毒感染应变协调中心以中葡英三种文字发布了电子版《新型冠状病毒疫苗接种资讯》（简称"疫苗小册子"，见图6）。疫苗小手册包含14项内容：（1）供应澳门的新型冠状病毒疫苗种类；（2）新型冠状病毒疫苗是如何研发的；（3）如何看待新型冠状病毒疫苗安全性；（4）疫苗常见的副作用和不良反应；（5）接种新型冠状病毒疫苗的好处；（6）接种疫苗的禁忌症；（7）接种注意事项；（8）接种条件；（9）接种计划；（10）预约方式；（11）接种站点；

(12)接种时须带备文件;(13)接种收费;(14)更多疫苗资讯(二维码)。

图6 中葡英三语疫苗小册子封面

2. 疫苗图文包

疫苗小册子通过文字对新型冠状病毒疫苗进行详细介绍,而疫苗图文包则以图文并茂的形式对疫苗信息进行概括性关键介绍。其中,"新型冠状病毒疫苗"图文包共8幅,如图7所示,分别有中葡英三个版本;"过敏反应"和"不良事件"图文包仅有中文版本。

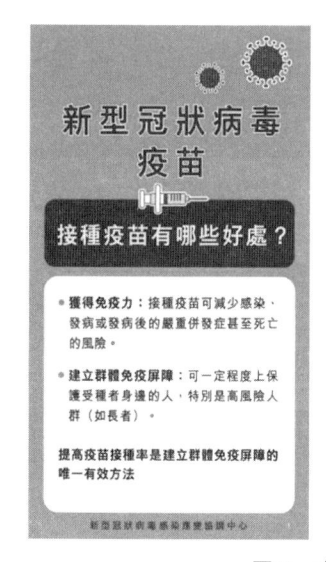

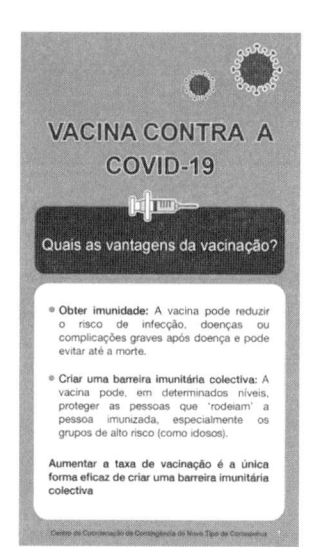

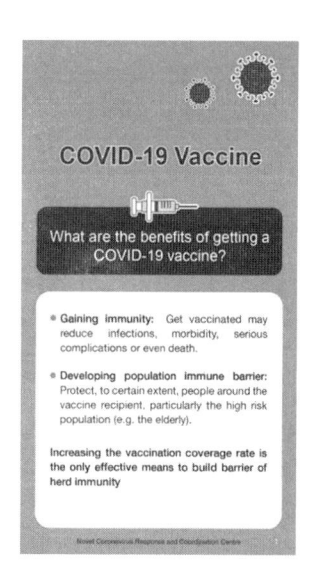

图7 中葡英三语疫苗图文包之疫苗接种的好处

3. 疫苗短片

围绕新型冠状病毒疫苗,澳门特区政府还制作了疫苗短片以介绍或呼吁市民及早接种。见表4。绝大多数的短片使用粤方言播音配以中文繁体或中葡双语字幕,葡文版网页少数短片配以葡文字幕。如图8—10。

表 4　各语言版面疫苗短片数量

网页	语言使用		视频总数
	播音语言	字幕语言（视频数量）	
中文网页	粤方言	中（繁）（5）	12
		中（繁）+葡（7）	
葡文网页	粤方言	中（繁）（2）	12
		中（繁）+葡（7）	
		葡文（3）	
英文网页	粤方言	中（繁）+葡（2）	2

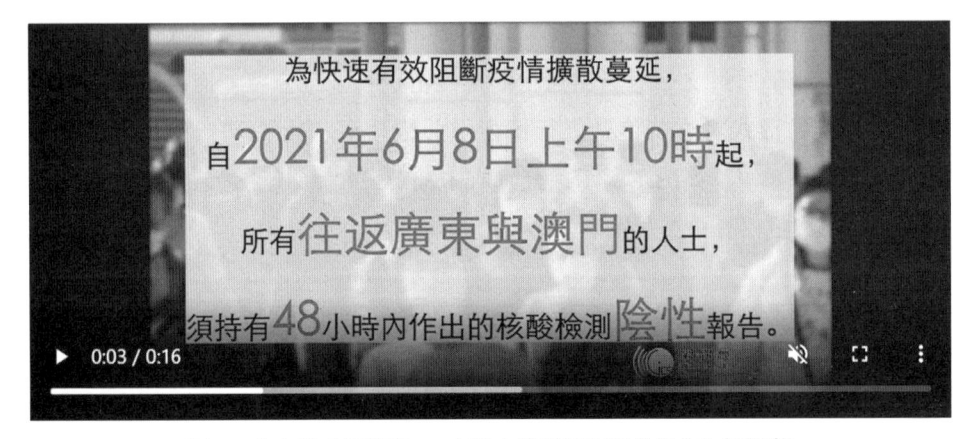

图 8　中文版"须持有 48 小时内核酸检查阴性报告"短视频

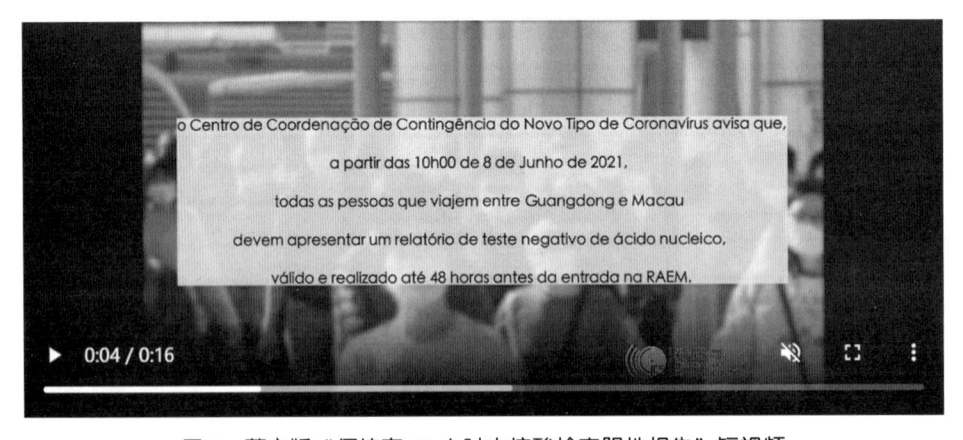

图 9　葡文版"须持有 48 小时内核酸检查阴性报告"短视频

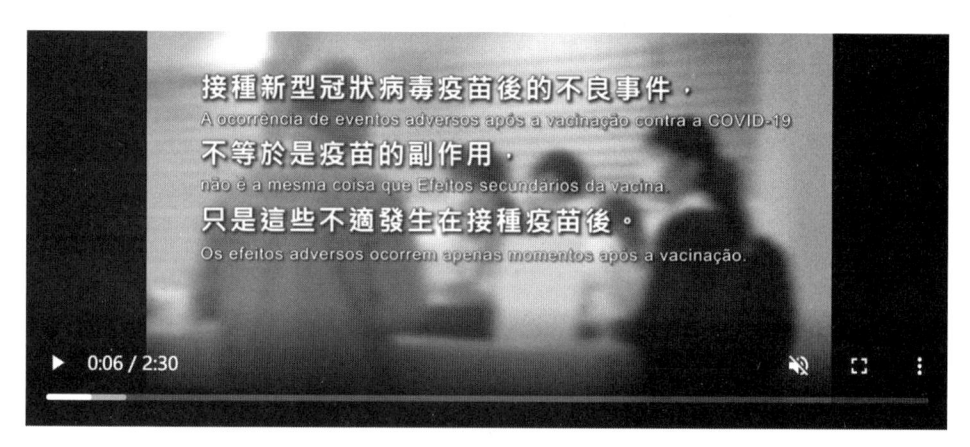

图 10　中葡双语疫苗接种不良事件短视频

"疫苗资讯"板块是一个独立的信息网页，围绕疫苗接种提供全面的多语信息查询服务，以文字、图片、视频短片多样化、多角度的宣传突破传统模式宣传的限制，实现从疫苗知识普及、常见问题到接种预约的一条龙服务，尽可能地让市民用最短的时间去认识、接受、认同和信任接种疫苗。不止在疫苗资讯，图文包和短视频在澳门的整个疫情防控过程中都发挥着重要的作用。

4. 问题集

新型冠状病毒疫苗问题集，是指澳门新型冠状病毒感染应变协调中心针对不同人群接种疫苗的常见问题做出的官方回应与指引。目前数据显示，该问题集更新至 2021 年 6 月 18 日，针对澳门居民与非澳门居民两大市民群体，共有 8 个板块，78 个问题，分别有中葡英三个语言版本，详见图 10 和表 5。

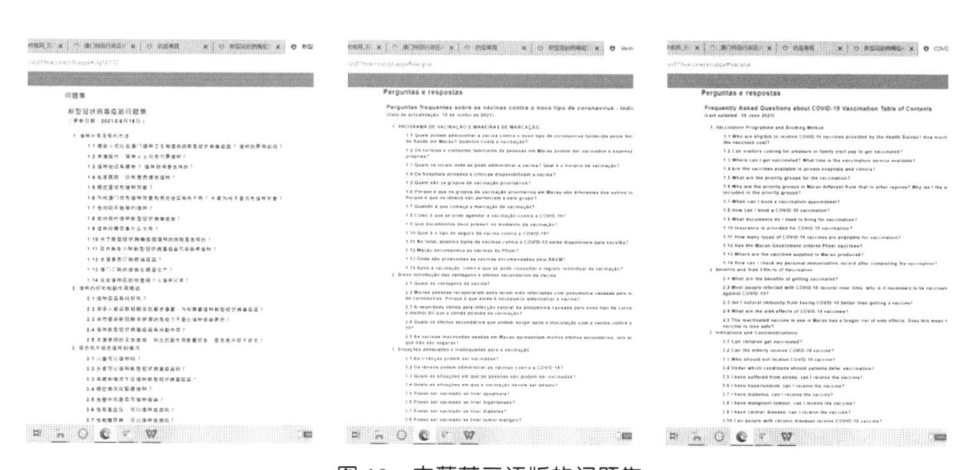

图 10　中葡英三语版的问题集

表 5　新型冠状病毒疫苗问题集问题大纲

问题集名称	问题大纲
新型冠状病毒疫苗问题集	接种计划及预约方法
	接种的好处和副作用概述
	适合和不适合接种的情况
	疫苗的效力
	常见关注和误解
非澳门居民接种新型冠状病毒疫苗常见问题集	合资格接种对象及费用
	预约方法及接种地点
	接种所需文件

问题集所包含的内容几乎覆盖疫苗接种的方方面面，既有如"很多人感染新冠肺炎后都会康复，为何需要接种新型冠状病毒疫苗？"关于接种好处的官方回答，也有如"传言新型冠状病毒疫苗可通过微芯片或植入脑部控制人体？"等谣言的官方回应。这既为市民提供了接种疫苗政策解惑的官方窗口，同时在一定程度上展示了澳门特区政府的公信力和处理公共卫生事件的可靠性。

二　研制《中葡英新型冠状病毒防控词汇》

澳门理工学院机器翻译暨人工智能应用技术教育部工程研究中心充分利用大数据，以人工智能及机器翻译为核心，以多语言大数据为主干开展研究。在抗击疫情期间，工程研究中心科研人员、翻译专家、语言专家群策群力，以语言大数据为技术支持，查询检索澳门、内地及世界国家防疫权威机构、主流媒体、核心医疗期刊等，开发"新型冠状病毒防控语言大数据库"，并在此基础上选取高频抗疫词语研制《中葡英新型冠状病毒防控词汇》（简称《病毒防控词汇》）。澳门居民及各界人士可通过理工微信公众号下载《病毒防控词汇》。

《病毒防控词汇》有中葡英三种语言，包含两百余条与抗击新冠病毒疫情相关的常用词语，共分为"澳门抗疫篇""防疫机构篇""疾病临床篇""医治防控篇"和"抗疫措施篇"五大篇章，以文本形式汇集澳门、内地和世卫组织抗疫机构、疫情临床表现及相关疾病、防控措施和防疫卫生用品等常用词语。

其中"澳门抗疫篇"汇总了澳门疫情防控语言大数据；"防疫机构篇"汇总了主要防疫机构组织的名称，如"世界卫生组织""世卫组织流行病信息平台""国家医疗保障局"等10个组织名称;"临床疾病篇"提供了"新型冠状病毒""呼吸道飞沫""气溶胶""病毒性肺炎"等25个词语;"医治防控篇"提供了"外科口罩""防护服""护目镜""鞋套"等40个词语;"防疫措施篇"提供了如"国际关注的突发公共卫生事件""维护全球公共卫生安全""派遣全球公共卫生安全"等词语。每个词语都有中葡英三种语言。如图11。

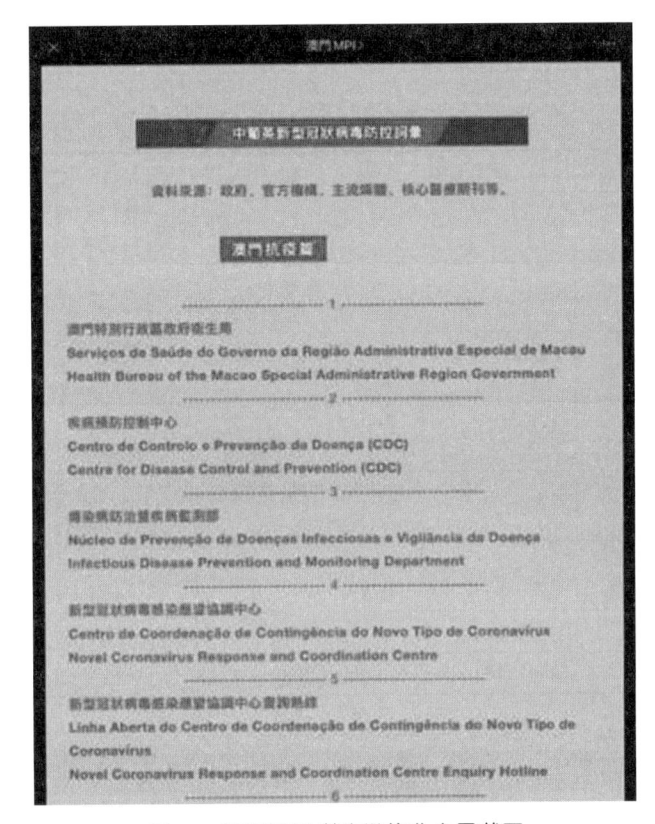

图11 澳门理工学院微信公众号截图

三 提供心理抚慰服务

疫情期间,为了保证民众的心理健康,社会工作局、教育局、卫生局、澳门明爱、澳门妇女联合总会、澳门街坊会联合总会、澳门工会联合总会和澳门天主教美满家庭协进会等政府部门和社会机构面向澳门市民或特定群体提供心理抚慰服务。详见表6、图12—15。其中,卫生局和教育与青年发展局提供了心理咨询热线,社会工作局和澳门明爱提供24小时在线服务,主要的形式有电话联系、网上咨询等，澳门明爱还举办了"Love Connects 艺情战疫情 2020"等在线活动，通过绘画比赛、网上直播和义卖，为社会带来积极的动力与氛围。在服务对象方面，不同机构的抚慰对象也呈现多样化特点：社会工作局、澳门明爱、妇联心理治疗中心、街总社区心理辅导队、工联心天晴等机构服务的对象是全澳市民；澳门天主教美满家庭协进会的服务对象是天主教和基督教教徒；教育局的对象是学生和家长。针对不同的社会群体提供更有针对性的心理抚慰服务，体现了澳门特区政府及各社会团体对民众心理健康的重视与关怀。

表6　澳门心理抚慰服务机构信息表

机构	服务对象	服务形式	官网网址
社会工作局	全澳市民	电话联系、网上咨询	澳门特别行政区政府社会工作局（ias.gov.mo）
澳门明爱	全澳市民	电话联系、网上咨询、在线活动	澳门明爱（caritas.org.mo）
澳门妇女联合总会	全澳市民	妇联心理治疗中心	澳门妇女联合总会网站（macauwomen.org.mo）
澳门街坊会联合总会	全澳市民	街总社区心理辅导队	社区心理辅导队（ugamm.org.mo）
澳门工会联合总会	全澳市民	心天晴 抗疫心理支援热线	心天晴 抗疫心理支援热线（faom.org.mo）
澳门天主教美满家庭协进会	天主教和基督教教徒	电话联系、网上咨询	澳门天主教美满家庭协进会（mcaf.org.mo）
教育局	学生和家长	电话预约	抗疫专页（ssm.gov.mo）
卫生局	全澳市民	电话预约	抗疫专页（ssm.gov.mo）

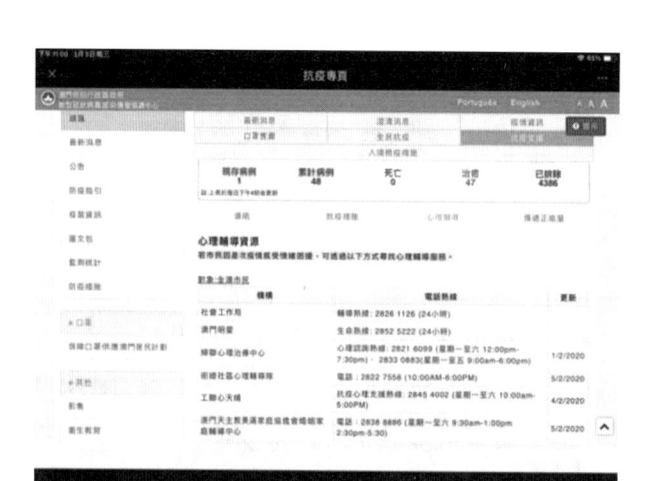

图 12　澳门特别行政区卫生局官网心理辅导资源截图

图 13　澳门特别行政区政府教育及青年发展局学生辅导服务资讯截图

图 14　社会工作局官网截图

四　构建多主体多形式信息发布网

政府机构、民间组织、学校都在用各种方式关注疫情防控的最新动态，为澳门居民构建全方位的信息发布网。例如，澳门高校、商场制作中英双语防疫系列海报，张贴在人员密集流动的公共场所；澳门邮政总局所属邮局启用多语抗疫宣传邮戳；部分学校通过校园软件开设疫情辅助功能服务，以更好地为家长和学生传递信息；还有许多青年学生通过自发制作音乐视频、漫画等形式为澳门的防疫工作助力。如图 15—17。

图 15　澳门科技大学校道上关于疫情的宣传海报

图 16　澳门邮政总局启用的宣传抗疫戳

图 17　E-class 软件截图

（一）官方平台

疫情期间，各大官方媒体通过官方门户网站、微博官方账号、电视直播、广播车宣传等方式为市民传达抗疫信息。

各政府机构，如澳门特别行政区政府卫生局、澳门特别行政区政府教育暨青年发展局、社会工作局等都在其官方网站发布疫情相关的信息。同时，在微博官方账号同步发布疫情资讯，呼吁人们齐抗疫、共抗疫，以及进行"认识新型冠状病毒疫苗"科普以及发布"抗疫报告"。

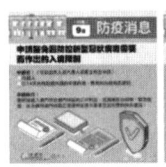

图18 澳门特区政府官方微博

电视新闻也是向市民提供疫情信息的重要平台。电视台及时播报关于疫情的重要新闻，每天下午5点定时转播新型冠状病毒感染应变协调中心关于疫情最新信息的记者会，并充分利用视频下方的滚动字幕提醒民众关注防疫注意事项。

图19 新型冠状病毒感染应变协调中心记者会

澳门地区的电视新闻播报还为特殊人群提供手语服务，如澳广视中文频道的直播界面（图20），帮助听障人士同步获悉资讯。

图 20　澳门新闻影片

同时，澳门特区政府调整了在公共区域播放的宣传口号，通过口岸、政府部门和公众设施的电子显示屏幕、大喇叭，或由政府派广播车，沿路使用粤方言、普通话、葡语、英语进行广播防疫宣传。街道上也可以看到与疫情相关的灯牌、标语等，如大三巴牌坊有特区政府呼吁"必须坚持，避免聚集，记得洗手，带好口罩，健康声明，减少出境"的电子标语。

图 21　澳门特别行政区大三巴牌坊关于疫情的街道标语

(二)民间平台

在民间,社会各界纷纷响应政府的防疫号召,以各种方式为市民发放最新疫情消息。澳门妇女联合总会配合特区政府防疫措施,启动应急机制,包括利用多个妇联平台如微信、手机短信发送疫情消息,或致电独居长者,向会员、市民发送预防宣传及最新疫情信息,并举办"认识和预防新型冠状病毒肺炎讲座",提升会员及市民对新型冠状病毒的认知。澳门街坊总会、澳门汇智会、澳门归侨总会等协会充分发挥民间资源优势,在财力和物资上都给予了相应支援。澳门汇智社理事长杨俊等人也组织在线研讨会,邀请不同界别的青年朋友共同参与,分享他们的所见所闻和看法。详见表7。

表7 各界信息媒体信息发布汇总表

机构/团体	发布信息	网页语言			
		中(简)	中(繁)	葡文	英文
澳门特别行政区政府卫生局	设立抗疫专页及疫苗咨询专页;发布与疫苗预约及口罩购买的相关信息;开通"抗疫支持义务后备队"网上报名的招募工作,招募澳门医疗从业人员、就读医护课程的大专生、退休医疗人员等。		√	√	
教育暨青年发展局	发布政府关于疫情的呼吁;发布与疫情相关的热门影片;设立了"入学指南资讯"专区;制作相关的宣传片,动员更多的民众参与志愿者活动;根据实际需要发布相关的澄清信息;对不实信息进行澄清;发布给青年和青年家长的建议信;招募及组织青年学生义工,于停校不停学期间参与抗疫工作。	√	√	√	√
澳广视、澳亚卫视等	及时播报关于疫情的重要新闻及转播政府记者会等;充分利用视频下方的滚动字幕提醒民众注意事项。		√	√	√
特区政府	在微博官方账号呼吁人们齐抗疫、共抗疫;进行"认识新型冠状病毒疫苗"科普以及发布"抗疫报告"。	√			
澳门妇女联合总会	利用多个线上平台,如微信、手机短信以及致电独居长者;发送预防宣传及最新疫情信息,举办"认识和预防新型冠状病毒肺炎讲座";提升会员及市民对新型冠状病毒的认知。		√		
澳门街坊总会、澳门汇智会、澳门归侨总会等	充分发挥民间资源优势,在财力和物资上给予支援。		√		

五　澳门抗疫语言服务亮点

澳门能迅速控制疫情蔓延并保持低感染率和零死亡率，离不开政府与社会各界的通力合作。其多样化的多语抗疫语言服务值得借鉴和推广，特别是以下三方面。

（一）服务语种多样化

澳门抗疫语言服务最突出的特点是多语服务。抗疫专页、各种抗疫图文包、《中葡英新型冠状病毒防控词汇》等各种抗疫产品基本都提供了中葡英三语服务。这与目前澳门"三文四语"的语言生态相适应，体现了良好的语言服务意识。

（二）服务形式多样化

澳门抗疫语言服务形式也非常多样。（1）建立抗疫专题网页，从新型冠状病毒资讯、防控措施到疫苗资讯、预约接种，抗疫过程的各个流程都有专门的信息板块，实现"抗疫一站通"全流程兼顾。市民通过专题网页可以获得疫情相关的所有信息，非常便捷，体现了信息集成化、服务人性化。（2）制作图文、视频、音频、邮戳等形式多样的抗疫产品，形象生动，便于市民理解接受。（3）重视心理抚慰服务，关注弱势群体。心理抚慰服务主要是语言服务，澳门特区政府机构和社会团体面向澳门市民通过各种在线咨询、热线电话等提供心理抚慰服务。

（三）服务主体多样化

澳门特区政府部门、社会团体、高校、个人等不同主体发挥各自优势，以不同方式积极参与到抗疫语言服务中来。例如澳门理工学院研制《中葡英新型冠状病毒防控词汇》既为不同语言的澳门居民提供疫情防控的读本，也为高效促进澳门的对外跨境交流提供实用的抗疫语言材料。

当然澳门的抗疫语言服务也存在有待完善的空间，例如各语言版本网页之间信息的不对等、各类信息发布有待进一步统筹管理等。但总体而言，澳门多样化的抗疫语言服务建设已为区域应急语言服务做了一次可圈可点的示范性探索，未来我们期待能够建成更长效、稳定的应急语言服务体系。

（王海兰、谭韵华、黄晓曼、卢　珊）

广州面向外籍人士的多语抗疫服务[*]

2020年新冠肺炎疫情暴发,广州作为国际大都市,拥有庞大的外籍在住人口,同时作为中国的"南门","外防输入"任务很重。2020年4月10日,广州全市在住外国人共30 768人,排名前五的国家为韩国、日本、美国、加拿大、俄罗斯,其中韩籍4600人、日籍2987人、美籍2724人、加籍1832人、俄籍1422人,非洲国家人员4553人。2021年5月20日,在国务院联防联控机制举行的新闻发布会,广东省卫生健康委主任段宇飞指出,目前每天全国入境人员,广东占90%,全省在用的集中隔离点有300多个,每天在隔离点被隔离人员有近3万名,工作人员近2万名。截至2021年12月31日,广州市累计报告新冠肺炎阳性感染者3959例,其中确诊病例1892例(境外输入1366例,本土526例),无症状感染者2067例(境外输入1857例,本土210例)。[①]面向外籍人士提供多语服务,是广州抗击新冠肺炎疫情的重要内容。本报告从信息发布、服务产品、服务形式以及抗疫志愿者等几个方面对广州面向外籍人士提供的抗疫多语服务状况进行调查总结,以期为其他城市多语抗疫服务提供启示。

一 多语种信息发布

(一)政府多部门联动发布多语信息

广州外事办官网设有英文版网页,同时设置了"疫情防控"专栏,发布多语信息。我们采集了自2020年4月15日首条信息发布至2021年12月31日的230条信息,其中中英双语信息最多,155条,占67.39%;其次是中文信息,63条,占27.39%;三语及以上信息共有12条,占5.22%。详见表1。从时间分布上看,

---

[*] 国家语委"十四五"科研规划2021年度省部级重大项目"我国语言文字治理体系现状及创新研究"(ZDA145-1)、国家社会科学重大项目"'两个一百年'背景下的语言国情调查与语言规划研究"(21&ZD289)、广州大学第十八届"挑战杯"项目"城市重大突发公共卫生事件应急语言服务体系建设——以广州为例"(2022TZBPHC1410)阶段性成果。

① 广州市疾病预防控制中心,http://www.gzcdc.org.cn/news/view/6002/。

2021年4月以后发布的信息基本上都是中英双语或多语。其中《从疫情严重国家来粤　一律隔离观察14天》等6条信息采用中文、韩语、日语、德语、法语、俄语、西班牙语、阿拉伯语等8种语言发布。信息内容丰富，涵盖面广，涉及疫情情况通报、防控排查、疫苗接种、来穗隔离规定、中国抗疫经验和理念、个人防护建议和核算检测等。就语种来看，共涉及8种语言，使用最多的是中文，230条信息都有中文版；其次是英语，共167条信息使用英语，占72.61%；再次是法语，12条，日语和韩语11条，俄语、阿拉伯语和西班牙语也有少量使用。信息内容丰富，涵盖面广，涉及疫情情况通报、防控排查、疫苗接种、来穗隔离规定、中国抗疫经验和理念、个人防护建议和核算检测等。

表1　广州外事办网站"疫情防控"专栏部分信息的语言文字使用状况

语种	数量/条	占比/%
中文	63	27.39
中英双语	155	67.39
多语	12	5.22
合计	230	100.00

广州市公安局为实现警方与外国人顺畅沟通，组建了一支由100人组成的多语种翻译队伍，全力支持一线民警的执法与管理工作。市公安局的"110"接警大厅设有英语接处警专席，每班次安排3～5个专席，负责接听外国人报警和求助电话。如果是其他外语的报警电话，会通过三方通话，转接广州市多语种服务平台"960169"提供在线翻译服务。①

（二）社区联防联控语言服务意识强

社区是疫情防控的重要支撑。广州市各区所辖的各社区，针对本社区外籍人士的构成情况，提供多语言服务，展现了良好的语言服务意识和服务水平。

黄埔区为需要隔离的外国籍旅客制定多语《入境旅客乘车温馨提示》，运用翻译机辅助沟通，解释中国抗疫政策；区委外办每天都有驻点翻译人员现场解答外籍人士的各类问题，为外籍人士解答各种问题。南岗街瑞季酒店工作组专门为外籍人员制定了一套工作流程，提供英、韩、法三个版本的告知书、承诺书以及《医学观察表》《人员登记表》等，消除"听不懂、看不明"带来的沟通障碍。②罗兰社区提前准备好英、韩等多语种版本的《致居

---

① https://baijiahao.baidu.com/s?id=1664124188216511617&wfr=spider&for=pc。
② 黄埔区：温情服务近3000名入境旅客，硬核翻译获外籍旅客点赞，《广州日报》，2020年4月17日，https://baijiahao.baidu.com/s?id=1664217304326928000&wfr=spider&for=pc。

家隔离居民的一封信》，帮助返穗外籍人员尽快了解广州的防疫政策和防疫知识。

越秀区的登峰街除了通过电话、短信方式提醒其社区居民外，还在小区、楼宇内张贴多种语言版本的《在穗外国友人健康防护指引》（如图1），提醒外籍人员保障自己的安全并遵守中国的防疫政策。由于登峰街大部分外籍人员母语为法语，登封街派出所便建立公众号，发布了中、英、法对照的健康防护注意事项等防疫信息资料，鼓励外籍人员浏览并转发给家人。流花街派发各类中英双语疫情防控告知书及宣传单2000余张，协助外籍人士进行健康状况申报。花果山社区印制了英文版的《致外国友人的一封信》。

图1 《在穗外国友人健康防护指引》

番禺区石楼镇亚运城区不仅提供了多语版本的各种通知，还在其社区咨询小程序上推出"亚运城社区疫情防控指引"模块（如图2），使用中、英、日、韩等多种语言发布有关疫情的资讯、定点医院、防护知识等，向外籍人士传递防疫信息。银湾居委会发布四语版防控通告（2020年广州发布第7号通告：3月8日0时后入境来穗人员一律立即隔离），在排查外籍返穗人士时，采用多语注释，帮助外籍人士解决语言不通问题。

【안내문】시금은 코로나 방역 결정적인 단계이니 다음과 같이 예방 수칙을 준수하기 바랍니다.

•마스크 착용, 손 자주 씻기, 정소 자주 하기
•외출, 방문, 모임, 회식 안 하기
•발열, 기침 등 증상 발생 시 최근에 있는 병원 발열과에서 진료 받기
•대중 교통 이용 피하기

광저우에 도착 당일 거주지 관할 파출소에 신고하고 주민 위원회에 등록하기를 바랍니다.코로나바이러스폐렴 신파 시킨 자에게는 법적인 책임을 수궁될 것입니다.

(Tel:020-84658890)

温馨提示：当前正值疫情防控关键期，请做好自身防护，戴口罩、勤洗手、常清洁、不外出、不串门、不扎堆、不聚餐。如有发热、咳嗽等不适，及时到就近医院发热门诊就医，避免乘坐公共交通工具。外出返穗外国人员，抵穗当天及时向所在居住地派出所报告并向所在地居（村）委登记。造成疫情传播的，将依法依规严肃追究责任。

(石楼镇外国人管理中心 Tel:020-84658890)

图 2 亚运城社区韩文版防控提醒

市民健康防护指引

1. 远离传染源，避免近距离接触咳嗽、发热病人，避免到医院探望病人。
2. 避免前往人群密集的场所，家居及室内工作场所定期开窗保持空气流通。
3. 注意个人卫生，咳嗽或打喷嚏时，用纸巾或屈肘遮住口鼻，勤洗手。
4. 外出时最好佩戴医用外科口罩，4小时更换一次。商场、市场销售人员，宾馆酒店服务员和公交车司乘人员要戴口罩。
5. 食物（尤其是肉和蛋类）要煮熟煮透，不接触和食用野生动物。
6. 增强免疫力，保证充足的睡眠，多喝水，勤锻炼。
7. 如有身体不适及时到正规医院就医，如实告知医生自己14天内的出行史。
8. 确诊病例的密切接触者，遵医嘱居家或集中观察。

如有疑问，可拨打广州卫生热线12320咨询。

신종 코로나바이러스감염증 예방 안내

1. 감염원을 멀리한다. 기침, 발열 등 증상이 있는 사람과의 접촉을 자제하고 문병을 자제한다.
2. 사람이 많은 곳을 피하고 집이나 직장에서는 정기적으로 창문을 열고 환기를 시킨다.
3. 개인위생수칙을 준수한다. 기침을 할 때에는 휴지, 손수건, 옷소매 등으로 입을 가리고 하며, 기침 후에는 비누로 손을 깨끗하게 씻는다.
4. 외출 시에는 의료용 마스크를 착용한다. 4시간마다 마스크를 새로 교체한다. 백화점이나 시장의 판매 인원, 호텔 종업원, 대중교통 운전기사는 마스크를 착용한다.
5. 음식(특히 육류 및 알류)는 충분히 익혀서 먹는다. 야생동물과의 접촉을 피한다.
6. 면역력을 증강하고 충분한 수면을 보장하고 물을 많이 마시고 스트레칭을 꾸준히 한다.
7. 발열, 기침, 인후통 등 호흡기 증상이 있을 시 즉시 지정 병원에 가서 진료를 받으며 자신의 14일 간의 행적에 대하여 의사에게 사실대로 말한다.
8. 확진환자와 밀접한 접촉을 했을 시 의사의 당부대로 집에서 격리하거나 집중 관찰 진료를 받는다. 문의 사항이 있으면 광저우 위생 콜센터(12320)에 상담하기 바란다.

图 3 亚运城社区《市民健康防护指引》(韩文版)

天河区润和社区各大出入口都放有多语种版本的《新型冠状病毒肺炎防控知识》的宣传材料，以供来往出入人员领取阅读。猎德街辖区内登记在册的外籍人士2000余名，由于疫情期间物品供应或通行不如平时方便，再加上语言不通，很容易会由于信息不对称或措辞使用不当而产生不必要的误会，社区在线上线下都发布了中、英、日、韩四语版《居家隔离观察指南》《市民健康防护指引》。石碑街制作中、英、日、韩四语防疫宣传音频，在外国人管理服务站进行播放，张贴多语版本的疫情防控知识和宣传画，资料领取处提供法、日、韩三语版本《新冠肺炎防护提示》(见图4)。

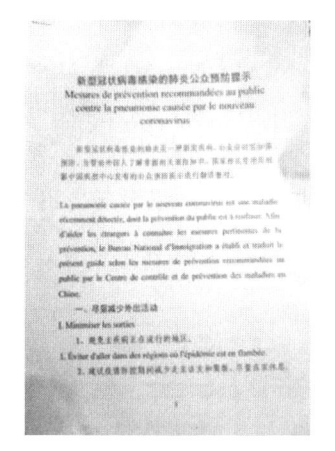

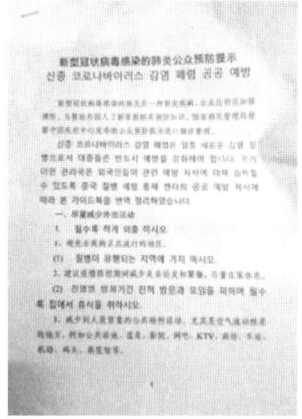

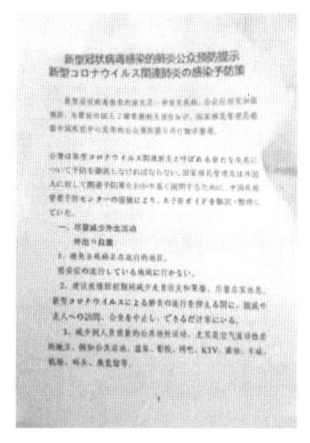

图4 《新冠肺炎防护提示》(法文、韩文、日文版)

白云区的"韩国商业街"，韩籍人士较多，该街道便张贴了多语种的防疫宣传资料，懂外语的工作人员积极参与其中，为外籍人员传递信息，提供语言翻译等帮助。白云机场于2020年3月，通过省外事办联系广东外语外贸大学外语专业人才，为机场提供翻译服务，短短两周累计服务时长就超过2000小时。

南沙区在重点商圈和场所配备了翻译人员，为外籍人士及时提供翻译服务，并且还派发多语宣传资料，为在南沙工作和生活的外籍人员提供一个比较方便的生活环境。

各区以多语种发布的部分信息见表2。

表2 各区发布的部分多语信息

地区	信息内容	涉及的语种	语种数量
黄埔区	《致居家隔离居民的一封信》、告知书、承诺书、《医学观察表》《人员登记表》	中、英、韩、法	4种
越秀区	《在穗外国友人健康防护指引》、健康防疫注意事项、告知书、宣传单、《致外国友人一封信》等	中、英、法	3种
番禺区	防控提醒、《市民健康防控指引》《致所有在穗人员的一封信》、疫情通告、排查外籍反穗人员通知	中文、英、韩、日	4种
天河区	疫情防控宣传音频、《新冠肺炎防护提示》《居家隔离观察指南》《市民健康防护指引》	中、英、韩、日、法	5种
白云区	《新冠病毒感染健康防护指引》《致在穗外籍人士的公开信》	中、英、韩、日	4种

二　多语种抗疫服务产品

（一）多语版本的《广东省防疫手册》

广东省疾病预防控制中心于2020年3月26日，发布了英、德、法、意四语版本的《广东省防疫手册》（又称《来粤居家隔离手册》），包括"我为什么需要居家隔离""隔离期间的生活必需品和医疗保障""隔离期间注意事项""戴口罩、洗手和消毒"等四部分内容。手册配色柔和，从视觉上缓解人们的紧张情绪。

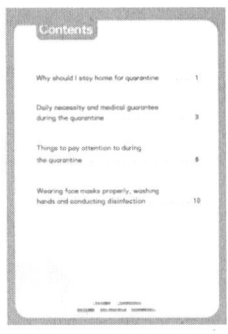

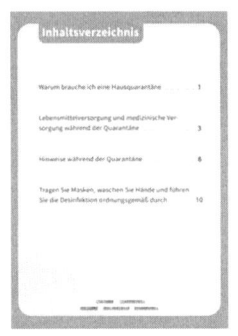

图5　《广东省防疫手册》英文版　　　图6　《广东省防疫手册》德文版

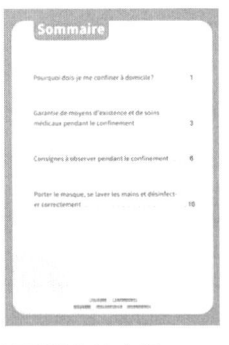

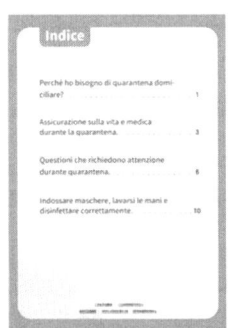

图7　《广东省防疫手册》法文版　　　图8　《广东省防疫手册》意大利文版

（二）疫情防控"多语种微课堂"

广州市推出了疫情防控"多语种微课堂"，由精通英语、西班牙语、阿拉伯语、意大利语等语言的广州青年志愿者讲授并公开发布，向包括在穗国际友人在内的世界人民传播疫情防控经验及相关防护知识。通过各大线上平台和机场、港口、公交线路等线下渠道进行宣传推广。

微课堂包括"致在穗友人的一封信""返校复学指引""如何正确佩戴口罩""如何正确洗手""如何做好健康防护""如何正确使用体温计""如何做好居室清洁和消毒""来华法规政策提示""如何做好心理调适"等内容，采用线上线下两种方式进行传播，线下主要是在全市各定点集中隔离观察点、各公交线路、机场、港口进行播放，线上通过公众号、B站、抖音、Tik Tok（抖音短视频国际版）、Facebook等渠道进行传播。微课堂覆盖率高，传播速度快，且有多方专业人士对视频内容的质量进行把关，保障了内容的准确性、真实性和适用性，为来穗、在穗的国际友人在自我防护、了解法规政策、心理调适等方面提供了很大帮助。

图9　多语种微课堂视频部分截图

（三）多语健康码助力疫情防控

"穗康码"是广州市推出的个人健康二维码，疫情防控期间，广州居民和来穗人员可在室内交通食宿、复工复产、出差经商返学等日常生产生活中作为健康凭证使用，是重要的抗疫产品。截至2020年3月22日，"穗康码"在广州全市持码人数达1108万。为便于外籍人士使用，"穗康码"提供了中、英、日、韩、法等五种语言的版本。

图10　"穗康码"法文版、英文版、韩版、日文版截图

三 多语种服务形式

（一）多语种电话服务

广州多语服务平台的搭建方面走在全国前列。2019年7月31日，广州多语种公共服务平台正式上线，960169多语种服务热线号码同期正式开通。960169热线电话提供英语、日语、韩语等语种服务，可为外籍人士提供通信、交通、水电煤气、银行等公共服务企业热线的拨打指引服务。多语种服务平台的搭建极大便利了在穗外籍人士的生活，同时在疫情期间也发挥重要作用，提高了政府公共服务的国际化水平。2020年2月8日，广东省开通中英双语服务热线1258088，为在粤外籍人员提供相关资讯和求助事项服务。

随着疫情的发展，多语种服务平台的接线数量较以往大幅提升，解答问题的类型也有所扩展。截至2020年3月29日，在所接电话中，排名前五位的分布为：政策问题（新政解答）484通，占比72.78%，社区联动（街道及居委）79通，占11.88%；酒店类问题48通，占7.20%；穗康码登记类问题14通，占2.11%；派出所和签证延期各10通，占1.50%。各类问题满意率达100%。热线口译团队共16人，其中英语翻译8人、日语翻译4人、韩语翻译4人，平均年龄25岁，全部为各语言专业本科及以上学历。①

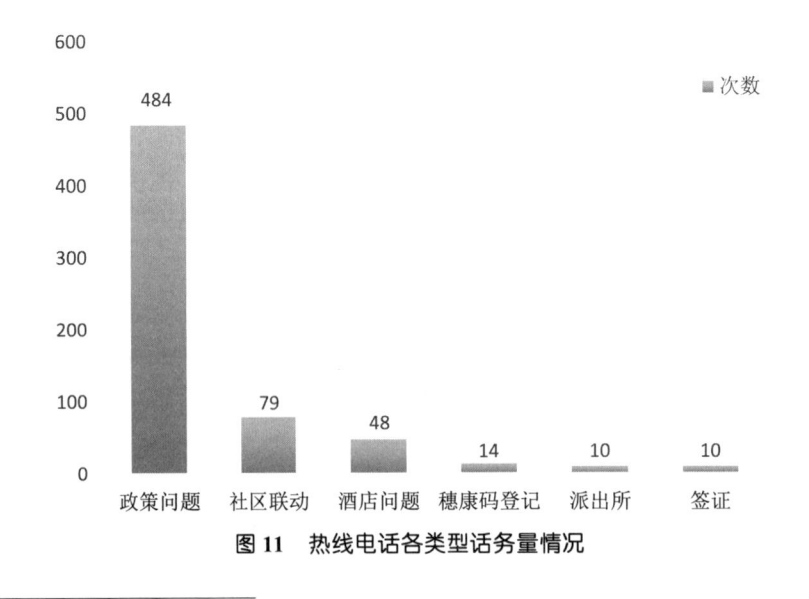

图11 热线电话各类型话务量情况

---

① 根据新闻数据整理而成。

除覆盖全市的多语种电话以外，越秀区登峰街道外国人服务管理工作站还设有外国人服务热线（020-83724994），有外籍人员坐班提供服务。

（二）"科技+语言"助力疫情防控

在此次疫情中，语言翻译软件得到广泛应用，在很大程度上弥补了一线翻译人员不足的短板。例如，番禺区的银湾社区韩国人较多，为方便联防联控，银湾社区便要求网格员在手机中安装翻译软件，方便与外籍人士沟通交流。

科大讯飞为社会提供的翻译机收录了8种行业专用术语，能够提供61种语言（含中文）的翻译。广东省机场管理集团、广州市外办、广州南沙区、广州白云区等通过使用讯飞翻译机助力输入型新冠肺炎病例的防控工作。入境隔离酒店使用具备语言功能的机器人送物，降低接触风险。这些语言技术的应用提升了抗疫语言服务的智能化水平。

四 多语中外志愿者

（一）国内志愿者积极参与语言翻译

疫情发生以来，广东省委外办、广东省青年志愿者协会向全省各大院校和社会发布了外语志愿者招募公告，截至2020年3月23日，共收到2800余份志愿者报名信息。志愿者组成的"战译先锋队"或在各城市口岸、基层社区等提供语言翻译服务，或在幕后提供即时线上翻译服务，及时帮助在粤外籍人士了解最新资讯，解答相关问题。

广州各区积极通过学习强国、网络社交平台等发布语言类防疫志愿者招募公告，通过志愿者加强防疫宣传教育，宣传讲解防疫政策，向来穗外籍人员及时、准确传递防疫信息，切实做好外籍人员的情绪安抚和心理疏导工作。

例如，增城区永宁街组织文化素质高、适应性强、善于沟通的干部和志愿者参加志愿服务，加强对外籍人士的人文关怀，提供语言服务、生活服务、专项服务、紧急求助服务；建立微信群，志愿者用多种语言及时发布与疫情相关的防控知识和重要提示，及时跟踪和反馈情况。有些志愿者还主动参与设计英语联络卡，用简单易懂的词句和示意图，为外籍人士提供便利。此外，他们还"一对一"为外籍人士进行政策宣讲，在外籍人士防控信息宣传方面发挥了积极作用。疫情期间广州部分地区的志愿者招募信息如表3所示。

表3　疫情期间广州部分地区志愿者招募*

招募地点	服务地点	语种种类	服务内容
南沙区	广州白云国际机场	不限	与各级工作人员进行对接
海珠区	广州白云国际机场、街道路口	不限（如英语等）	信息登记、翻译工作、情绪安抚、测量体温、防疫排查
荔湾区	驻点酒店、网络线上	英、西、法、意、俄、德、波斯、日、中	现场翻译、线上翻译
番禺区	酒店、机场、社区、网络线上	意、日、韩、英、中	沟通交流、宣传防疫政策、安抚情绪

* 根据新闻数据整理。

（二）外籍志愿者成广州特色

外籍志愿者有着天然的语言优势和文化亲和力，与外籍人士沟通起来更顺畅。广州市外办自2020年2月14日开始，积极组建了13个"外事志愿者小分队"，协助全市42个外国人管理服务站开展涉外疫情防控工作。2月14日《关于组建"外事志愿者小分队"服务基层社区疫情防控涉外工作的通知》发出当天，各分队就积极联系所负责的外国人管理服务工作站，明确工作任务，建立工作微信群，指定专人负责志愿小分队联络工作，公布联系电话，建立工作信息互通机制。

广州市所辖的白云区、番禺区、越秀区、天河区、海珠区、南沙区等区委或社区街道通过学习强国、义工联、网络社交平台等发布语言防疫志愿者招募通告，助力翻译、信息传达和心理抚慰等。详见表4。

表4　疫情期间广州部分地区外籍志愿者招募*

招募社区	服务方式	服务内容	语种类型
番禺区	三人排查小组	参与入户走访排查、健康管理服务、政策解释、防疫知识宣传、纠纷化解等，构建和谐、畅通的涉外疫情防控体系	暂无
白云区	白云外籍友人、青年志愿服务队	联动街道、社区、高校参与服务	暂无
天河区	外国人志愿者队伍	外国籍住户的健康情况登记、疫情防控问卷填写、疫情防控宣传工作、协助开展体温检测、咽拭子采样、出具解除医学观察通知书、录制英文版、防疫宣传短片	韩、英、俄、阿、非洲语言

（续表）

招募社区	服务方式	服务内容	语种类型
越秀区	外国人管理服务站	协助志愿者工作	暂无
荔湾区	驻点酒店提供现场翻译服务；网络在线或在社区提供翻译等服务	提供现场翻译服务或在线翻译服务	英、西、法、意、俄、德、日、波斯
黄浦区	外籍青年志愿者服务队	提供现场翻译服务	暂无

* 根据政府官网和新闻数据整理。

五 启示与建议

（一）抗疫语言服务启示

1. 政府重视多语服务

疫情期间，广州市多部门同时发力，各部门都发布多语通告，为疫情期间消息通告的及时传递提供了方便。广州市政府和各区政府官网提供了双语甚至是三语的语言选择，在中文网页中，又增设繁体选择以满足不同人员的需求，多数网站推出了无障碍版的功能帮助视力较弱的人比较舒适地浏览信息。各区政府还提供心理援助电话服务，在特殊时期发挥了非常重要的作用。特别是多语服务热线的开通，在疫情期间发挥了重要作用，体现出广州市政府在城市治理中有较强的语言意识。

2. 社会多方协力共克时艰

广州市政府在疫情期间，采取了"三人小组"模式进行社区摸查走访统计工作，构成人员为"村居干部＋基层民警＋医护人员"，各社区联防联控中人员根据所在社区的特点进行差别化的服务，提供不同特色的语言服务，同时积极招募语言类志愿者弥补社区工作人员语言水平能力的不足，并最终形成"四人小组"模式。

在机场、港口、公路等交通重要枢纽的地方，利用广播提供疫情相关提醒服务，例如白云机场轮回播放四语（中、英、韩、日）播报，在城市语言景观中随处可见的疫情防护提醒标识，对于营造防护的氛围有很大作用。志愿者团队还提供线上线下不同形式的服务，最大可能地帮助市民及时了解知识，传递抗疫必胜的信心。

3. 语言融合科技助力战疫

科大讯飞提供翻译机助力语言翻译，各大公司免费开放翻译板块供公众使用，为一线服务人员和其他语种人员提供了非常重要的技术支持。互联网技术提供健康码并支持多语言切换，为在穗外籍人士的生活提供了极大的便利。微信群、微信公众号、微博等新媒体工具的运用大大提高了疫情防控信息的传递和传播。

（二）提升应急语言服务能力的建议

1. 将应急语言服务纳入城市应急体系

语言在突发公共事件的预警、处置和善后等诸环节都发挥至关重要的作用。建议将应急语言服务纳入城市应急体系，由城市统一制定应急语言服务的制度规范，包括应急术语的相关翻译等，优化资源配置。

2. 进一步提升城市应急事务中语言科技的支撑能力

科技是处理公共应急事务的重要力量。一方面需要提升物联网、大数据、云平台、有线网络以及各类应急救援技术中的语言智能水平，广泛应用机器翻译、语义分析、语言信息处理和数据挖掘等语言技术，另一方面要研发和推广专门的适应广州应急事务处置的应急语言技术，提高应急事务处理能力和水平。

3. 推动应急语言服务志愿者队伍常态化

组建国内和国际抗疫语言服务志愿者队伍是广州成功抗疫的宝贵经验。建议政府有关部门进一步总结经验，优化志愿者队伍建设的体制机制，组建一支以高校学生为主体，社会各界广泛参与的应急语言服务志愿者队伍。志愿者队伍中可以考虑包含一定数量的外籍人士。有关方面应定期或不定期地对志愿者队伍开展应急技能培训和语言服务培训。

（王海兰、张雪彤、王兆慧、钟　敏、沈文菲、何梦丽、吕昕茹）

深圳"一网两微三电"平台的抗疫语言服务*

深圳作为一个国际化的移民城市,在粤港澳大湾区发挥中心城市的先行示范作用,其人口流动性强、国际化程度高的鲜明城市特点无疑加大了疫情防控的挑战。截至2021年12月31日,深圳新冠肺炎确诊病例累计达610例。为了更好地传达疫情防控的任务,深圳各界积极通过网站,微博和微信,电视、电台和电话等多媒体平台发布抗疫信息,利用"一网两微三电"建立起体现深圳特色的一体化、高效的应急语言服务联动机制,为区域疫情防控提供了可供参考的实践经验。①

一 网站的抗疫语言服务——统一部署,多面统筹

疫情期间,深圳市及各区政府、市应急管理局、深圳大学等社会主体迅速反应,建立了14个抗疫专题网页,其中市及各区政府官网设立抗疫专题网页12个,深圳市应急管理局创建1个,深圳大学创建1个,构筑起多主体联防联控的抗疫专题信息网。部分抗疫专题网站页面详见图1。各主体官网的抗疫语言服务集中体现统一部署、统筹发布的特点。本报告主要从网站命名、网页语言服务、内容板块设置三方面进行分析。

---

* 国家语委"十四五"科研规划2021年度省部级重大项目"我国语言文字治理体系现状及创新研究"(ZDA145-1)、国家社会科学重大项目"'两个一百年'背景下的语言国情调查与语言规划研究"(21&ZD289)、广州大学第十八届"挑战杯"项目"城市重大突发公共卫生事件应急语言服务体系建设——以广州为例"(2022TZBPHC1410)阶段性成果。

图 1　部分抗疫专题网站页面

从网站命名来看，深圳各抗疫专题网站命名突出"抗击新冠肺炎"或"疫情防控"的关键词，90.9%的政府疫情专题网站的网站命名格式为"抗击新冠肺炎+行政所属单位名称+在行动"，利用统一、明确的网页命名，在短时间内迅速扩大正面抗疫防控影响力、号召力，树稳疫情防控宣传阵地旗帜。

从网页语言文字使用看，14个抗疫专题网站语言文字均为中文简体字，符合《国家通用语言文字法》及相关新闻出版政策的相关规定；其中4个网站有中文繁体版页面，占28.57%；4个网站有英文版网页，占28.57%，能够满足绝大多数深圳市民的语言使用需求。深圳市政府特色网页"CityPlus城市+"[①]，联合"财新"推出中英双语界面的抗疫专题网站，为在深居住的外国人和世界各国人民了解深圳的防疫政策提供一个开放的窗口。

从板块设置来看，这14个专题网页在板块设置既有共同点，又各具特色。各专题网页的板块设置数量为3—7个不等，大部分为5—6个，涉及的板块主要包括新闻、疫情通报、防疫政策指引、防疫知识与科普宣传、互动及其他服务等五个方面，总计68个。其中，新闻内容板块共24个，居首位；其次是防疫知识与科普宣传的内容板块，共18个。新闻、防疫知识与科普宣传的内容板块总计42个，占比约61.8%，表明深圳的抗疫专题网页以新闻信息传递与防疫知识科普宣传为主。专题网站命名和语言文字使用情况见表1，板块分布情况见表2。

[①]　"CityPlus城市+"网页是由深圳市人民政府推出的面向全球城市开展宣传和国际交流合作的新型网络，旨在促进深圳与友城及世界知名城市在经贸、科技、人文、教育等各领域的信息互通和资源分享，推动官方和民间的全方位交流。网址为：https://www.cityplus.com。

表1 深圳抗疫专题网站名录和语言文字使用状况

网站名称	运营主体	语言文字
抗击新冠肺炎 深圳在行动（CITY'S WAR ON COVID-19）	深圳市人民政府	中（简）+英
抗击新冠肺炎 福田在行动	福田区人民政府	中（简）
抗击"新冠肺炎"罗湖在行动	罗湖区人民政府	中（简）
抗击新冠肺炎 南山在行动	南山区人民政府	中（简）+中（繁）
战疫情 我们在行动 抗击新冠肺炎 盐田在行动（Yantian's War on Covid-19）	盐田区人民政府	中（简）+英
抗击新冠肺炎 宝安在行动	宝安区人民政府	中（简）+中（繁）
抗击新冠肺炎 龙岗在行动	龙岗区人民政府	中（简）
抗击新冠肺炎 龙华在行动（CITY'S WAR ON COVID-19）	龙华区人民政府	中（简）+英
抗击新冠肺炎 坪山在行动	坪山区人民政府	中（简）+中（繁）
抗击新冠肺炎 光明在行动	光明区人民政府	中（简）
抗击新冠肺炎 大鹏在行动	大鹏区人民政府	中（简）
抗击新冠肺炎 深圳市应急管理局在行动	深圳市应急管理局	中（简）+中（繁）
新冠肺炎疫情防控专题网站 众志成城，共克时艰	深圳大学	中（简）
同舟共济 抗击疫情（FIGHT FOR ALL STAND AGAINST VIRUS）	"CityPlus 城市+"与"财新"联合出品	中（简）+英

表2 疫情专题板块设置

板块类别	板块数量	板块标题例举
新闻	24	要闻聚焦 重点关注 罗湖行动/在行动 每日新闻/新闻关注/防控要闻
疫情通报	10	情况通报
防疫政策指引	10	政策指引 XXX政策指引
防疫知识与科普宣传	18	防治知识 科普宣传 科普视频
互动及其他服务	6	我要留言 特别提示 疫情防控机器人

11个政府创建的专题抗疫网站中，基本都涉及关于疫情的科普知识、视频宣传板块内容；10个设立了"情况通报"板块，通报疫情新增最新情况及案例，占

90.9%;9 个设立了"企业复工复产"的相关政策链接板块,占 81.8%。其中龙华区、坪山区等还设置提供了区级和深圳市市级政策指引板块服务,盐田区设置提供了法律指引的相关服务,南山区在网页最下方设置了"我要留言"板块链接。

深圳大学的抗疫专题网页有四大板块,分别为"新闻关注""防控要闻""防治知识"和"基层动态"。截至 2021 年 12 月,网站浏览总访问量已达 23 万人次,网站的浏览量及语言服务需求非常可观。自 2021 年 8 月末开始,网站停止更新。

二 微博、微信公众号的语言服务——多线同轨 便民高效

疫情暴发后,深圳市卫生健康委员会、疾控中心、应急管理局、外事部门、《深圳日报》等部门、媒体利用微信公众号、微博等新媒体平台,开设专门疫情防控和疫苗的内容板块,发布相关信息,提供咨询服务,迅速形成疫情防控舆论主阵地。本报告主要考察疫情期间开设了专门疫情防控板块的微信公众号和微博账号。

(一)微信公众号

1. 基本情况介绍

本次考察的微信公众号媒体主要包括 5 大部门的 16 个公众号账号,涉及对接不同群众的疫情信息发布、疫苗接种、应急资讯、对外交流等信息服务,其中,56.3% 的公众号设立了疫情相关板块。详见表 3。

表 3　深圳抗疫微信公众号详情

运营部门	下属公众号	下属单位数量	公众号数量	设置疫情相关板块的公众号数量	预估活跃粉丝数 / 万
深圳市卫生健康委员会	深圳卫健委	1	1	1	173.08
疾控中心	深圳疾控、深圳罗湖疾控、南山疾控、盐田疾控、宝安疾控、深圳龙岗疾控、深圳龙华疾控	11	7	5	186.18
应急管理局	深圳应急管理、龙岗区应急管理、坪山区应急管理、南山应急指挥中心	11	4	1	21.17
外事部门	ShenzhenForeignAffairs 深圳外事、深圳市国际交流合作基金会、CityPlus 城市+	2	3	2	0.32
《深圳日报》	深圳日报 Shenzhen Daily	1	1	—	0.71

2. 语言文字使用和板块设置

16个微信公众号中，深圳疾控中心和应急管理局的11个公众号主要推送中文文章；深圳卫生健康委员会、外事办＋基金会、《深圳日报》Shenzhen Daily等3个公众号兼推中文和英文文章；CityPlus城市＋公众号推送英文文章。各公众号都设置了不同板块，功能互补。详见表4。

表4 深圳抗疫微信公众号使用的语言文字和板块设置情况

微信公众号	语言文字	板块设置
深圳卫生健康委员会	中（简）（疫苗接种信息为英文）	便民服务、打疫苗、我要查询
疾控中心	中（简）	新冠肺炎、新冠病毒、最美战疫人
应急管理局	中（简）	应急管理、安全科普、服务互动、龙岗应急、安全锦囊、服务指南、我的预约、第一课、安全坪安、协会简介、安全服务、资格培训等
ShenzhenForeignAffairs 深圳外事	中（简）＋英	外事动态、服务信息（疫情防控、海外领保、疫苗、Vaccine）、互动交流
深圳市国际交流合作基金会	中（简）＋英（日、韩）*	看动态（国际抗疫）、看项目、看我的
CityPlus 城市＋	中（简）＋英	超级话题、JustSZ、关于我们
深圳日报 Shenzhen Daily	中（简）＋英	About us、E paper、SZDaily+

* 部分推文有中、英、日、韩四种语言。

3. 信息发布

本报告共调查了日均推送疫情相关推文1条以上的几大公众号，共收集2662条推文，其中深圳卫生健康委员会公众号日均推送量最大，达4.2条。详见表5。

表5 微信公众号疫情相关推文发布情况　　　　　　　　　　单位：条

微信公众号	疫情相关推文发布量*	日均发布量
深圳卫生健康委员会	163	4.2
疾控中心	1107	2.3
应急管理局	555	1.2
ShenzhenForeignAffairs 深圳外事	80	2.7
深圳市国际交流合作基金会	63	2.1
CityPlus 城市＋	547	1.2
深圳日报 Shenzhen Daily	147	4.9

* 各微信公众号监测时长不等，深圳市卫生健康委员会公号监测时长为39天，疾控中心公号监测时长为483天、应急管理局公号监测时长为465天，深圳外事公号监测时长为30天，国际交流合作基金会公号监测时长为30天，CityPlus城市＋监测时长为456天，深圳日报Shenzhen Daily公号监测时长为30天。

各公众号推送的疫情相关推文内容包括疫情通报、防疫指引、疫苗接种等，所推送的内容随着疫情发展和防疫抗疫政策的调整而变化。以"CityPlus 城市+"微信公众号为例。该公众号每日推送中英双语新增病例情况。2020 年 1 月 30 日，公众号发布第一条疫情有关文章 A Letter to Expats in Shenzhen《给深圳市外籍人士的公开信》，2 月 1 日发布英、日、韩、中版的《给深圳市外籍人士关于新型冠状病毒感染的肺炎预防及就诊的倡议》。在推送内容上，前期以疫情防控相关指引、疫情新闻报道和疫情防控政策宣传为主，后期随着疫情防控的常态化，关于疫苗接种的推文增加。

（二）微博

各机构组织的官方微博在疫情信息发布中也发挥了重要作用。以"深圳卫健委"微博为例，根据《深圳市卫生健康委员会政府网站 2021 年度工作报表》，截至 2021 年底，该微博共发布信息 3449 条，拥有粉丝量高达 112 万。该微博作为重要的疫情信息发布平台，在抗击疫情中发挥了重要作用。

"深圳卫健委"官方微博采用中英文相结合方式发布信息。2020 年 1 月 24 日发布以中文发布首条深圳"疫情通报"信息，2020 年 2 月 6 日发布首条英文版疫情通报。中英版疫情通报内容上大体一致，便于在深生活的中外人士及时了解深圳每日疫情（如图 2）。

图 2 "深圳卫健委"疫情通报中英文微博内容（2021/4/17）

该微博于 2020 年 1 月 12—31 日，共发布 115 条疫情相关内容，日均发文量为 5.75 条，1 月 28 日和 31 日单日发文量分别达到 17 条和 18 条。其中，13 条为视频，总播放量高达 478.3 万次，单条视频最高播放量达 174 万次，最低达 2.3 万次。单条微博最高转发量为 9130 人次，最高评论数为 3755 人次，最高点赞量为 1.7 万人次。

我们又选取 2021 年 1 月、6 月和 12 月三个时段进行调查，该微博于这 3 个月共发布疫情相关内容 646 条，日均 7.02 条，6 月 22 日和 23 日单日疫情发文量各达 13 条。其中，56 条为视频，总播放量 7953.16 万次，单条视频最高播放量达 998 万次，最低达 7042 人次。单条微博最高转发量为 175 人次，最高评论数为 3440 人次，最高点赞量为 4.2 万人次。

三 电视、电台和电话——多点直击，聚焦防控

（一）电视

为抗击新冠疫情，深圳卫视设立抗击疫情特别报道节目《抗击疫情特别报道》，自 2020 年 2 月 1 日开始每天中午 11 时 50 分直播 50 分钟，实时报道深圳疫情防控一线。18 时 30 分的《深视新闻》开设《防控疫情 深圳行动》专栏，关注深圳各行各业防控疫情举措。20 时 20 分，特别报道《深圳战"疫"进行时》，聚焦深圳防控疫情最新进展。22 时 30 分，《直播港澳台》连线权威专家，解析当天抗疫焦点话题。同时，疫情科普节目《科学说》全天四个时段高频次播出。[1] 这些节目为深圳市民百姓提供电视媒介的疫情专栏服务，对于深圳抗击新冠疫情起到一定的传播及辅助作用。

图片来源：网络

图 3 深圳卫视"抗击疫情特别报道"节目

---

[1] 源于新闻网络：https://baijiahao.baidu.com/s?id=1657706388372484339&wfr=spider&for=pc。

（二）电台

自新冠疫情暴发以来，在喜马拉雅平台共搜索到 16 家与抗疫相关的深圳电台。各电台开设和停播的时间不同，大部分在 2020 年年初疫情暴发初期开播，有的持续至 2021 年，累计播放量超 1300 万次，订阅量达 3719 人。其中电台播放量最大的是"抗击新冠肺炎安心手册"，达 681.8 万次，影响广泛，如表 6 所示。

表 6　深圳电台抗疫节目情况统计

节目名称	总节目数量/个	播放量/次	订阅量/人
深晚快评	9	2431	220
这才是真相！	20	33.1 万	233
圳在行动	95	100.4 万	227
抗疫民间日记	19	11.9 万	728
宅家生活指南	24	42.1 万	371
抗击疫情全民朗读行动成年组	3（转采）	357	1
抗击疫情全民朗读行动未成年组	3（转采）	653	4
深声不息	66	8583	12
艺起抗疫丨用音乐鼓舞人心	11	12.4 万	277
抗击新冠肺炎安心手册	43	681.8 万	1333
抗击新冠肺炎安心频道（国际版）	7	8.5 万	69
青年战疫记	4	5.5 万	9
我的战疫故事	11	199.2 万	44
安心课堂	15	7.8 万	6
让爱充满福田 抗疫主题党课	17	21.6 万	12
安心之声	7	183.1 万	173
合计	354	1308.6 万	3719

抗疫节目主要使用普通话进行播报。节目内容聚焦防疫抗疫，涉及新闻报道、朗诵、人物采访、防疫知识等方面。电台简介的词频统计情况如图 3—5 所示，排前十位的主要有疫情、深圳、防控、疫情防控、深圳晚报、冠状、病毒、新型等，表明这些电台都以防疫抗疫为核心任务。此外，为满足在深外籍人士的疫情期间心理情感需要，2020 年 4 月 11 日深圳市国际交流合作基金会出品的"抗击新冠肺炎安心频道（国际版）"英语电台于喜马拉雅 APP 正式上线。该频道由专门的心理专家为其录制音频内容，帮助疫情期间在深外籍人士缓解疫情

带来的焦虑等情绪。节目用英语播报，同时附中英双语文本。

图 4　抗疫电台简介词频图

（三）电话

1. 深圳 12345 政务服务便民热线

疫情期间，深圳 12345 政务服务便民热线设置"个人与疫情防控服务"模块，市民打通后按"8"号键就可咨询疫情防控相关内容或提出相关服务需求。便民电话人工客服首先首要语言是普通话，同时可提供粤方言和英语服务。

2. 疫苗接种定点医院热线

自 2021 年 4 月 13 日开始，根据"知情、资源、自费、风险自担"的原则，深圳市启动在广东省的外籍人士适龄人群接种国产新冠病毒疫苗的工作，深圳卫健委在官方微信公众号平台发布中英双语《深圳市外籍、港澳人士新冠病毒疫苗定点接种点》信息，在深外籍、港澳人士可前往香港大学深圳医院、深圳罗湖区人民医院、深圳南山区蛇口人民医院、深圳市龙岗中心医院、中山大学附属第七医院（深圳）、深圳萨米医疗中心等 7 个医疗定点机构进行新冠疫苗接种。本报告作者拨通了其中 6 家定点医院的咨询电话，其中香港大学深圳医院、深圳市南山区蛇口人民医院、深圳市宝安区人民医院（建安院区）、深圳市萨米医疗中心 4 家电话提供中英双语服务；其余两家只提供普通话服务，但表示如果用户需要外语服务，医院会及时交给上级进行紧急处理，或疫苗接种现场提供英语服务，并建议在线上平台直接预约外语服务。

3. 深圳市公安局出入境管理局疫情防控特别热线

为更好助力复工复产、贯彻落实疫情期间加强风险防范、提高服务举措，深圳市公安局出瑞景管理局特别推出"六特"工作法：一、特别举措保障窗口安全，二、特别提醒引导理性出行，三、特事特办畅通办证申请渠道，四、特别管理做好外籍人员防疫，五、特别服务助力企业复工复产，六、特别热线提供24小时咨询服务。其中，第四"特"中，深圳公安局出入境管理局通过推出英文版申报登记平台、电话回访在深外籍人士、通过深圳主流媒体及短信推送向在深常住外国人发送多语种提示；第六"特"中的24小时全天咨询热线0755-84465490服务，为复工复产和滞留深圳外籍人士的疫情求助提供了全天候咨询热线平台。该热线平台目前只提供普通话服务，如需英语服务，可拨打国家移民管理机构12367服务平台。

4. 深圳市新冠病毒疫苗答疑专线电话

深圳市疾控中心和10个区级疾控中心及时开通新冠病毒疫苗答疑专线电话。据2021年8月调查，11个疾控中心疫苗答疑专线都能提供普通话服务，其中有6家只提供普通话服务，4家提供普通话和粤方言服务，1家提供普通话、粤方言和英语服务。如表7所示。部分中心热线客服人员表示，若遇外语使用者咨询，会建议对方拨打咨询12345或直接拨打深圳市外籍、港澳人士新冠病毒疫苗定点接种点咨询电话，获得英语等外语服务。

表7 各疾控中心热线电话语言服务情况

疾控中心（各单位名称）	服务语言
深圳市疾控中心	普通话
福田区	普通话
罗湖区	普通话+粤方言
盐田区	普通话+粤方言+英语
南山区	普通话
宝安区	普通话+粤方言
龙岗区	普通话
龙华区	普通话+粤方言
坪山区	普通话
光明区	普通话+粤方言
大鹏新区	普通话

四　建议

新冠肺炎疫情暴发后，深圳市人民政府、疾控中心、医院、媒体等快速行动，建立起由"一网两微三电"构成的疫情信息发布和咨询平台，助力抗击疫情。从语言服务的角度看，信息发布实现国家通用语言文字全覆盖，部分平台还提供英语、粤方言服务，基本满足疫情防控需要。提升深圳抗疫语言服务能力，有如下几点建议。

（一）丰富信息发布形式

深圳各大网络平台疫情防控相关信息以文字形式发布为主，少量图文结合，相对单一。建议可借鉴港澳地区抗疫信息的发布经验，采用图文、视频、音频等多种形式，增强信息的可视性、趣味性、生动性和易读性。

（二）提升多语服务能力

调查发现，个别主体的官网和疫情专题网站仍存在英文版缺失或无法正常使用的问题，部分咨询电话的多语服务无法及时转接，降低了多语服务的效率，影响了用户的体验。因此，提高多语服务能力，需要完善多语版本网站建设，为在深外籍人士提供更快捷便利的信息渠道，定期更新多语服务内容，如：在深港澳及外籍人士指定的"疫苗接种"的定点服务医疗机构单位中，需要尽快完善定点医疗单位的外语人工咨询服务，为疫苗接种的顺利实施及深圳新冠疫情的有效防控提供有效语言服务；同时，还应推出抗疫复工复产等相关信息法规的多语版本，为境外人士提供便利。应急管理部门可根据本部门服务内容，结合受众语言需求，增设外语网站或信息发布官方平台。同时，可将最新疫情企业政策的相关法律法规的外语版，附于外语版面以便境外企业下载参考。

（三）进一步惠及特殊人群

在疫情冲击下，特殊群体往往更需要社会关怀，应充分调查了解残障群体、老年人等特殊群体的应急语言服务需求。对此，应提供有针对性的无障碍语言服务，扩大语言服务覆盖面；组织专业的心理抚慰团队，并在各线上平台开设便捷的咨询渠道，为他们提供心理支持。

（王海兰、揭　晨）

第五部分

生活湾区语言服务

导　语

《粤港澳大湾区发展规划纲要》中提出，要建设宜居宜业宜游的优质生活圈。在大湾区，不同身份背景的人群生活于此、聚集于此、融汇于此，他们的生活方式、生活质量，与日常场景中的语言服务状况息息相关。本部分语言服务的调查对象，既包括在此生活和学习的人群，也包括人们出行的交通工具，覆盖了人们工作、生活、休闲的各类场所，从中可以看到人们主动融入湾区语言生活、正面影响湾区语言生活的行动，也能看到公共服务部门为提高湾区宜居性，在增进语言服务的多样化、精细化等方面做出的努力。

本部分包含六篇报告。《广州市随迁子女的语言状况及语言服务》面向来穗就读的随迁子女，就城市适应度、语言能力、语言使用频率、语言态度、语言学习途径等五个方面进行了调查，并分析他们的语言态度，以及不同语言态度的成因，并向政府、学校、社会公益组织和外来人口家庭提出相关的建议。

永庆坊是广州著名的文化景观。习总书记在此考察时强调："城市文明传承和根脉延续十分重要，传统和现代要融合发展，让城市留下记忆，让人们记住乡愁。"在旧城改造的过程中，历史文化要素如何呈现、保护。《广州荔湾永庆坊语言景观服务状况》通过各类标牌、机构名称和海报等的语言文字标识，展示了永庆坊的语言景观和语言服务状况，总结了这些标识在用语用字上的规律和特点，显示出湾区城市改造和建设的"绣花功夫"。

城中村是城市中较为特殊的区域，人口构成多样，居住环境参差不齐。广州大学城小谷围岛上有四个城中村。《广州大学城城中村居民语言生活和语言服务》向展示了村内复杂的语言生态格局，这种格局由不同身份的人群构成，报告从城中村内居民的年龄、职业、身份、性别等因素出发，在不同群体中选取代表性个体，了解到居民的普通话和方言使用状况，以及对普通话学习、粤方言学习和家庭语言规划等方面的实际需求。

城市的宜居宜业宜游，需要交通运输系统的强力支撑，地铁和公交是很多市民和游人的出行首选。在对交通工具语言服务的调查中，《广州地铁标识便民度调查》从用户角度出发，关注地铁乘客在认读、听辨地铁语言文字标识方面的便利性如何，调查乘客真实的语言服务实需求与体验，对标识的明晰程度、位置合理程度、有声语言服务的清晰度等方面进行分析，并结合乘客的访谈记录，提出了优化建议和方案。《深圳公共交通语言服务现状与市民满意度调查》总结了深圳公共交通语言的服务现状，并对乘客进行了访问调查，请他们对语言服务质量进行评价，并在此基础上梳理乘客们的语言服务需求，为后续提升服务质量提供了参考。

《香港金融领域人才语言能力要求状况调查与语言服务建议》统计了香港十家银行发布的两千余条招聘信息，从中查看香港金融从业人员应具备的语言能力。调查发现不同银行对于求职人员的沟通表达能力、语言和方言能力、语言技能等方面的要求各有异同，展示了湾区金融人士所应具备的语言文字素质。

（张晓苏）

广州市随迁子女的语言状况及语言服务建议

近年来,伴随粤港澳大湾区发展规划国家战略的实施,广州作为核心城市,在湾区经济建设中占据着越来越重要的地位,城市中的流动人口规模也不断扩大,并呈现出"举家搬迁"和"定居流动"的特点。一方面,数量庞大的外来务工人员群体及其子女是城市发展的重要推动力量,也是未来建设的后备军;另一方面,作为流动家庭的核心,外来务工人员随迁子女(以下简称"随迁子女")群体语言适应与城市融入问题面临着挑战。从语言角度探索促进该群体融入迁入地城市的新服务路径,具有重要的现实意义。因此调查广州市随迁子女的语言使用状况,分析其影响因素,可为迁入地城市的语言规划提供一定的参考。

一 调查概况

本报告所指的随迁子女为户籍登记在广州以外的城市,出生在广州或跟随父母和其他亲属前来广州生活并接受义务教育的适龄儿童少年。

根据2021年第七次人口普查结果,广州市海珠区常住人口为181.9万。土华社区是海珠区典型的城中村和外来人口聚集地,常住外来人口和本地人比例接近3∶1,该地的流动儿童多就读于华洲实验学校,该学校是一所典型的"农民工子弟学校",集小学、初中于一体,在读流动儿童多达99%,对研究流动儿童发展问题具有一定的典型性。

本报告的研究方法主要为问卷调查法和访谈法,其中调查所用问卷在内容上可分为两大部分。第一部分为受调查者的基本信息,第二部分可划分为城市适应度、语言能力、语言使用频率、语言态度、语言学习途径五个维度。在已有成果的基础上,本报告将假定随迁子女的语言态度与其家庭背景、来穗时长、学习心理等因素相关。调查主要通过线上派发问卷的方式进行，共收回300份问卷，其中有效问卷有291份，有效率为97%。数据主要来源于在华洲实验学校初中部就读的随迁子女，除此以外，还有部分来自白云区其他农民工子弟学校的样本。调查问卷整体的标准化信度系数为0.859，总体信度较高；KMO检验的系数为0.836，总体效度较高。

二 调查结果与分析

根据调查所得数据，本章将分别从语言能力、语言使用、语言态度、语言学习途径、城市适应度等角度对随迁子女的语言生活进行分析。

（一）语言能力

90%的随迁子女为双言或多言习得者。根据所得数据，在291份样本中，只掌握一种语言/方言的随迁子女的比例为9.3%，掌握两种或以上语言/方言的比例为90.7%，这表明大部分在穗随迁子女为双言或多言习得者。随迁子女通过义务教育阶段的系统语言学习，均能熟练使用普通话。而随着与迁入地方言人群的深入接触，部分随迁子女也能掌握简单的粤方言。详见表1。

表1 受调查对象语言/方言掌握情况

语言/方言习得情况	N	百分比/%	语言/方言掌握情况	N	百分比/%
家乡话	189	65.0	单言者	27	9.3
普通话	289	99.3	双言者	143	49.1
粤方言	127	43.6	三言习得者	76	26.1
英语	116	39.9	四言习得者	45	15.5

在普通话和粤方言的习得情况中，绝大部分随迁子女（99.3%）能够掌握普通话，而粤方言的习得率不足其一半（43.6%）。与此相关联的是对广州的认同度问题（"请问您认为广州是您的家吗"），该题满分为5分，所得均值为4.24，评价较为积极，反映出受调查群体在未能完全掌握当地方言的情况下，也能够较好地融入迁入地城市，拥有较高的归属感。

值得注意的还有随迁子女的家乡话掌握情况。家乡话并非该群体普遍掌握的语言/方言，这与随迁子女的来穗时长密切相关。根据问卷和访谈结果，大部分受调查的随迁子女（38.1%）来穗时长在 10 年以上，他们或在广州出生，或在幼儿时期便跟随父母亲人前来广州生活，因此家乡话在该部分随迁子女中普及率不高。新生代随迁子女的家乡话能力与上一代来穗务工人员群体之间存在一定的代际差异，这启示社会各方在语言服务观念上应与时俱进。随迁子女的语言能力情况见表 2、表 3。

表 2　随迁子女的语言能力（口语）评价表

语言/方言	人数（占比）				
	完全可以说	大部分可以说	部分可以说	基本不会说	完全不会说
英语	2（0.7%）	19（6.5%）	123（42.3%）	112（38.5%）	35（12.0%）
粤方言	64（22.0%）	47（16.2%）	100（34.4%）	36（12.4%）	44（15.1%）
普通话	173（59.5%）	113（38.8%）	4（1.37%）	1（0.3%）	—
家乡话	92（31.6%）	133（45.7%）	55（18.9%）	9（3.1%）	2（0.7%）

表 3　随迁子女的语言能力（听力）评价表

语言/方言	人数（占比）				
	完全能听懂	大部分能听懂	部分能听懂	基本听不懂	完全听不懂
英语	1（0.3%）	19（6.5%）	133（45.7%）	118（40.5%）	20（6.9%）
粤方言	88（30.2%）	81（27.8%）	72（24.7%）	23（7.9%）	27（9.3%）
普通话	183（62.9%）	102（35.1%）	6（2.1%）	—	—
家乡话	95（32.6%）	124（42.6%）	61（21.0%）	11（3.8%）	—

相较于其他语言/方言，随迁子女对其英语能力的评价较为保守，这在一定程度上受其学业表现情况和学习心理的影响。部分随迁子女在访谈中表示，他们面临着成绩低和升学难的教育困境，所享有的教育资源相对不足，对自我学业表现和学习状态的评价较为消极。随迁子女较低的自我能力评价同样影响到了他们的英语使用频率。调查数据显示，随迁子女在校外的英语使用频率较低，主要集中在"比较少"这一选项中。根据部分随迁子女的反馈，因心理自卑而不敢开口、因知识储备不足而不能开口、因普通话普及率高而不需开口是其较少在交流中使用英语的主要原因，其于校内的英语使用主要集中在课堂学习中，在校外则主要集中在外语培训和社区组织的英语活动。

（二）语言使用

语言使用属于社会语言学研究的范畴，指研究对象在不同场景下的语言/方言使用选择及频次。受调查的随迁子女的整体语言/方言使用情况可用"一主二辅"进行概括，即以普通话为主，以家乡话和粤方言为辅。以下为影响因素的分析。

1. 语言规范化下的语言使用

受语言规范化的影响，普通话在随迁子女语言使用中占据绝对优势，对其语言/方言态度有所影响。详见表4。

表4 不同场景下的语言/方言使用（多选）

场景	家乡话	普通话	粤方言	英语
在家与父母交谈	229（78.7%）	139（47.8%）	80（27.5%）	1（0.3%）
在学校与老师交谈	4（1.4%）	289（99.3%）	15（5.2%）	31（10.7%）
在学校与同学交谈	18（6.2%）	281（96.6%）	38（13.1%）	8（2.8%）
放学后与朋友交谈	26（8.9%）	284（97.6%）	60（20.6%）	5（1.7%）
在城中村及附近游玩	23（7.9%）	280（96.2%）	49（16.8%）	—

得益于国家推普工作的顺利推进，普通话在校园内基本普及，成为随迁子女与他人交流的主要语言工具。同时，由于本地户籍人口的普通话普及率较高，外来人口与本地人口的语言交流障碍在一定程度上有所减少，随迁子女即使未能完全掌握当地方言，也可以在迁入地城市中进行正常的社会交际。

2. 不同社会距离下的语言使用

社会距离对随迁子女的语言/方言使用有所影响。人们之间越亲近，则社会距离越小，反之社会距离越大。在社会距离较小的场景中，随迁子女会更倾向选择私人性较强的语言/方言，以家庭内部为例，随迁子女在与父母交谈时，会更多地使用家乡话。在社会距离较大的场景中，可能由于不愿意过多地暴露自己的外地人身份，在趋同心理的影响下，随迁子女会更倾向使用普通话这一公共性较强的语言，如在校内和在城中村内的语言/方言使用。

3. 心理因素影响下的语言使用

心理因素是影响随迁子女语言/方言使用的重要因素。

表 5　不同语言 / 方言的三维评价表

语言 / 方言	情感性评价（5）	功利性评价（5）	重要性评价（5）
家乡话	4.02	3.85	3.48
粤方言	3.64	3.78	3.53
普通话	4.13	4.34	4.41
英语	3.16	3.67	3.10

由表 5 可得，随迁子女对普通话的赋分均值最高，既体现出该群体对普通话作为通用语言重要地位的肯定，又体现出普通话在多方言汇聚的复杂环境中的通用语作用。这种积极的语言评价也在一定程度上反向促进了普通话的广泛传播，使其在日常生活中得到更多使用。此外，对于家乡话，随迁子女较多地认为它是亲切的、好听的，呈现出对家乡话的语言忠诚现象，但他们普遍不认为家乡话是有用的、重要的，在公共场合中较少使用家乡话，在家乡、家庭等场合中则较多地使用。再者，由于普通话在广州具有较高的普及率和使用率，随迁子女在主观上存在畏难心理（43.3% 的随迁子女认为学习粤方言难度较大），以及学习粤方言的途径较少等原因，该群体学习粤方言的积极性不高，对粤方言的综合评价也较低；该群体的英语态度及成因也与此相类似。因此各类语言学习机构在进行语言教学时应充分考虑随迁子女的学习心理，教学内容更贴切他们的学习基础。

（三）语言态度

根据张伟的定义，语言态度指的是个人对某种语言的价值评价及其行为倾向。[1] 以下为受调查随迁子女语言 / 方言态度及其影响因素的分析。

1. 学习心理因素

主观认定的学习难度对随迁子女的语言 / 方言态度有所影响。普通话三维评价表（表 5）显示，随迁子女在其功利性评价和重要性评价上赋分较高，分别为 4.34 和 4.41，体现出在推普工作的大背景下，普通话在随迁子女的学习生活中逐渐占据绝对优势，成为该群体在社交时使用的主要语言；同时，受学习心理等主观因素的影响（79.7% 的随迁子女认为学习普通话的难度较低），随迁子女群体对普通话越来越重视，对其作为国家通用语言的地位认识越来越深刻，普通话的普及率越来越高。详见表 6。

---

[1] 张伟《论双语人的语言态度及其影响》，《民族语文》1988 年第 1 期。

表6 随迁子女对不同语言/方言的看法（多选）

语言/方言	新潮	土、俗	易学	难学
家乡话	28（9.6%）	94（32.3%）	126（43.3%）	31（10.7%）
粤方言	149（51.2%）	29（10.0%）	104（35.7%）	126（43.3%）
普通话	78（26.8%）	53（18.2%）	232（79.7%）	27（9.3%）
英语	203（69.8%）	18（6.2%）	29（10.0%）	242（83.2%）
无	15（5.2%）	150（51.2%）	10（3.4%）	25（8.6%）

市民化心理和求新求奇倾向对随迁子女的语言/方言态度有所影响。问卷数据显示，51.2%的随迁子女认为粤方言是一种新潮的方言，学习粤方言是一种时尚的行为。结合相关性分析结果，随迁子女对粤方言的态度与粤方言能力之间的相关性为0.685，二者在99%的水平上显著相关，为正相关关系。这启示各方可从随迁子女群体对粤方言的态度入手，抓住该群体的市民化心理和求新求奇倾向，为他们提供多样化的学习机会，助力该群体的城市融入。

2. 来穗时长因素

来穗时间越长的随迁子女拥有越高的粤方言能力和粤方言使用频率，以及更为积极的粤方言态度和英语态度。详见表7。

表7 粤方言维度在来穗时长上的差异分析结果

维度	来穗时长	N	平均值	标准偏差	F	显著性	多重比较
粤方言能力	1年以内	7	4.43	1.81	8.903	0	3＞4,5＞1, 5＞4*
	1—3年	35	6.29	2.73			
	4—6年	66	7.06	2.42			
	7—9年	72	5.83	2.09			
	10年及以上	111	7.57	2.19			
粤方言使用频率	1年以内	7	6.43	3.26	7.088	0	3＞1,5＞1, 5＞2,5＞4
	1—3年	35	10.31	5.68			
	4—6年	66	12.32	7.63			
	7—9年	72	9.56	5.64			
	10年及以上	111	14.40	7.87			
对待粤方言的态度	1年以内	7	11.43	3.69	6.789	0	5＞1,5＞2, 5＞3,5＞4
	1—3年	35	12.11	4.34			
	4—6年	66	12.73	4.05			
	7—9年	72	11.82	3.49			
	10年及以上	111	14.52	3.83			

* 多重比较中的"1"代表"1年以内","2"代表"1—3年","3"代表"4—6年","4"代表"7—9年","5"代表"10年及以上"。

根据单因素方差分析结果，当"来穗时长"作为变量时，随迁子女的粤方言能力、粤方言使用频率、粤方言态度的显著性均为 0.00，小于 0.05，存在明显差异，具体体现为随迁子女来穗时间越长，在生活中越多地使用粤方言，粤方言能力越高，对粤方言的评价也更为积极。该结果可能与随迁子女的生活环境相关，来穗时间较长的随迁子女在生活中接触粤方言的机会更多，如以粤方言形式呈现的广播电视、以粤方言流行曲为代表的艺术表演、各区来穗局和街道办组织的粤方言学习活动等，这种长时间存在的半沉浸式的粤方言环境，能够帮助随迁子女提升粤方言能力，并影响其粤方言态度。

另外，随迁子女对英语的功利性评价赋分较高，均值为 3.67，高于情感性评价（3.16）和重要性评价（3.1）。广州自 20 世纪 80 年代以来，一直走在改革开放的前列，在这座城市生活得越久的随迁子女越会受到它开放包容心态的影响，对英语的有用性给予了肯定。

3. 家庭因素

随迁子女对家乡话的忠诚度较高，而认同度较低。数据显示，其情感性评价的均值为 4.02，功利性评价和重要性评价则分别为 3.85 和 3.48，这更多受到了主观情感因素的影响。详见表 8。

表 8 各个维度在父亲职业上的差异分析结果

维度	父亲的职业	N	平均值	标准偏差	F	显著性	多重比较
随迁子女对待家乡话的态度	个体户主	112	12.35	3.08	2.302	0.027	2＞1,4＞1,7＞1
	公司职员	28	14.04	2.95			
	农民	21	13.14	2.87			
	工人	67	13.60	3.05			
	自由职业者	33	13.12	2.39			
	教师	2	16.00	2.83			
	不了解	20	14.20	3.47			
	其他	8	12.38	4.50			

根据单因素方差分析结果，相较于父亲为公司职员和工人的随迁子女，父亲为个体户主的随迁子女的家乡话态度更为消极，他们的语言/方言态度对随迁子女存在一定的影响。

（四）语言学习途径

语言学习途径是指受访者学习不同语言/方言的方式，包括校内的语言/方言教育和校外的补偿性教育。表 9 为受调查随迁子女的语言／方言学习方式的统计。详见表 9。

表 9　语言学习途径调查结果

目标语言/方言	频率与百分比	父母或长辈的教学	和同学、朋友聊天	老师教学	学校社团	社工或其他社会组织的活动	自己听广播、看电视、看书	其他
学习家乡话	频率	272	117	10	9	12	35	1
	百分比／%	93.5	40.2	3.4	3.1	4.1	12.0	0.3
学习普通话	频率	99	156	262	51	35	65	2
	百分比／%	34.0	53.6	90.0	17.5	12.0	22.3	0.7
学习粤方言	频率	154	172	24	30	83	124	4
	百分比／%	52.9	59.1	8.2	10.3	28.5	42.6	1.4
学习英语	频率	13	102	265	63	55	105	3
	百分比／%	4.5	35.1	91.1	21.6	18.9	36.1	1.0

父母的教导、老师的教学以及朋辈的相互学习是随迁子女的主要语言／方言学习途径。由表可得，首先，在家乡话的学习上，父母长辈的教导是最主要的方式，除此以外，随迁子女在学习粤方言时也同样离不开父母的帮助。其次，由于推普工作在校园的开展以及英语作为校园的第一外语的地位，老师的教学是该群体学习普通话和英语的主要方式。再者，在随迁子女的语言／方言学习问题上，朋辈交流的作用是不容忽视的，大部分随迁子女将与同学、朋友聊天作为学习、巩固某种语言／方言的一种重要方式。

（五）城市适应度

随迁子女的城市适应度较为良好。见表 10。

表 10　城市适应度调查结果分析

城市适应度维度的题目	平均值	中位数	众数
对广州的喜爱度	4.39	4	4
对广州是"自己的家"的认同度	4.24	4	5

从数值结果来看，受调查对象较为喜爱广州，有着较高的城市归属感，在城市适应度上总体处于良好水平。这在一定程度上受到市民化心理的驱动，同时也体现出在穗初中阶段随迁子女在心理上有着较好的融入基础，他们能够较好地适应广州的学习生活，并有积极主动地融入广州的意愿，"城市小主人"的身份认知对广州的共建共治和未来建设是有利的。

三 建议与总结

根据以上分析结果，下文将分别针对政府、学校、社会公益组织和外来家庭等主体给予建议。

（一）对政府的建议

广州作为粤港澳大湾区的核心城市，应从加快新型城镇化的战略高度出发，坚持以人为本、城市融入的观念，面向常住人口而非户籍人口制定城市语言政策，规划城市语言建设，真正将外来务工人员及其子女纳入城市发展体系。

为了助力随迁子女更好地了解广州、融入广州而言，政府需要为该群体提供更多了解粤方言、学习粤方言的机会。粤方言是广州地区的三大方言之一，虽然在当下并非外来人口与本地人口交流的必需语言，但对于增强外来人员群体的城市融入感和归属感，帮助其能够更好地融入迁入地城市仍有重要意义。同时，粤方言的发展正面临一定的困难，根据单韵鸣的相关研究，广州本地居民对粤方言有较高的语言忠诚度，但也表现出对粤方言发展的担忧。在学者的文章中，粤方言被评价为一种"有活力，但受到冲击，活力出现下降苗头"的语言。[①] 政府在该问题的解决上可发挥其重要作用。如来穗局和社区街道办可以结合节庆日和寒暑假，将语言资源意识宣传、粤方言文化知识学习融入节日文化活动中，基于此开展各类亲子游或文化融合活动，让外来人员家庭在游玩中了解粤方言文化。越秀区来穗人员服务管理局在2019年举办的"广府文化大学习"活动便是一次较为成功的尝试，该活动邀请辖内的流动人口家庭组成"暖心滋味团"到亚洲美食馆学习制作美食、了解广州历史和与饮食相关的粤方言文化，流动儿童在活动中可以一边听故事，一边向老师学习地道的粤方言，在学习与娱乐中加深对迁入地城市的了解。

---

① 单韵鸣、李胜《广州人语言态度与粤语认同传承》，《语言战略研究》2018年第3期。

就语言服务而言，在外来人口城镇化、市民化的过程中，由于城市的经济建设速度与社会观念发展并非是完全同步的，广州现有的针对外来人口的城市语言服务质量仍有一定的上升空间，社会各方需要与时俱进地更新语言建设与语言服务观念，致力于提高其质量，如整合、创新公共的文化资源，使随迁子女群体在城市中能够更好地享有语言文化资源。

（二）对农民子弟学校的建议

作为随迁子女的主要学习场所，农民子弟学校可以在做好校内教育和宣传工作的同时，积极谋求与社会各大机构、单位合作，开展系列"进校园"活动，为随迁子女营造良好的语言/方言学习环境。

在校园内部，校方应把握住随迁子女群体的市民化心理和尚奇尚新倾向，充分考虑该群体的语言学习能力和现有语言基础，以提高语言学习积极性和日常交际能力为出发点和落脚点，设计入门易、提高快、趣味性强的语言/方言校本课程。就英语教学而言，教育工作者应结合本校随迁子女的实际学情以进行课程设计，并深入挖掘英语课程对随迁子女的重要意义，不断优化其语言学习环境。此外，校方还可以通过创办语言社团、策划语言文化节以及举办语言知识讲座等方式，使随迁子女有更多机会在校园内学习语言文化知识。在校外合作上，校方可以通过积极联系博物馆、社工机构、公益组织、各大高校等社会力量，策划"语言进校园""文化进校园"等丰富多彩的活动。其中，就粤方言宣传而言，"粤语小课堂""粤剧文化进校园""粤语文化知多少"等校园文化宣传手段便是提高随迁子女学习粤方言积极性的有益尝试。

（三）对社会公益组织的建议

义务教育阶段随迁子女的教育不公平、文化融入难问题是影响该群体融入迁入地城市的重要问题，大部分随迁子女在迁入城市中自我定位较低，他们从根本上缺乏融入城市、内化文化的信心。因此，社会各方可将语言作为教育的突破口，做好补偿性语言/方言教育工作，帮助该群体形成正确的自我认知，提高其融入意愿。

大学生志愿者可以在解决该问题上发挥自己的力量。如心理层面的引导工作，大学生志愿者可以协同社工机构、社会组织开展针对随迁子女的补偿性语言/方言教育活动，在此过程中了解该群体的语言态度和语言需求，帮助他们解决语言学习问题，提高他们的学习信心，协助他们树立语言资源意识，进而促进该群体的语言融入。另外还有社工机构和社会组织。根据问卷数据，参与社工组织的活动（28.5%）是随迁子女学习粤方言和英语的重要途径。在语言教育与语言服务上，社工机构和社会组织还能够通过丰富语言活动形式发挥更大的作用，如组织长期的语言学习营、举办语言知识竞赛、组织英语角活动、开展英语/粤方言小课堂活动、举办英语绘本阅读活动、策划方言舞台剧活动等。

（四）对外来务工家庭的建议

在外来家庭内部，家长应在随迁子女的语言/方言教育问题上树立语言资源意识，提高对下一代语言/方言学习的重视。外来人员两代人既要尊重多语多方言理念，又要追求多语多方言能力，尝试在语言层面上消除"暂居""客居"意识，积极融入迁入地城市。

因此，外来人员应在家庭内部做好下一代的语言规划，充分考虑随迁子女的语言学习能力、最佳语言学习阶段和语言教育投资等多方因素；利用好公益性的语言/方言学习资源，如社工站、学校、社区、博物馆开展的公益性语言/方言活动；鼓励随迁子女在学好普通话外，积极学习粤方言、英语、家乡话；家长还应将积极正面的语言/方言态度传递给孩子，使孩子能更好地在语言层面融入广州，迎接社会新挑战。

（王　苗、廖丸谊）

广州荔湾永庆坊语言景观和语言服务情况调查

永庆坊位于广州市荔湾区恩宁路，是极具广州都市人文底蕴的西关旧址地域，也是广州市致力打造的、具有历史文化传承并融入当代都市生活的中国新时期城市有机更新的标杆。2016年，永庆坊采用微改造模式，对坊内的街道和建筑进行修缮。2018年，习近平总书记视察永庆坊。2020年8月，永庆坊正式挂牌成为国家4A级旅游景区；2021年9月，被认定为省级旅游休闲街区；2022年1月10日，入选为首批国家级旅游度假区。

目前开放运营的永庆坊历史文化街区，自东向西分为东、中、西三个区域。坊内包含17条街巷、10个文化地标，2个广场，51家餐饮店铺，23家零售、服务店铺，10个非遗展览处，以及包含游客中心、洗手间、医疗点、警务室、停车场等在内的14个公共服务点。本报告主要调查永庆坊内设置的语言景观和语言服务情况，总结其语言景观特点，考察其语言服务质量，并提出相关建议。

一 语言景观服务类别

我们发现，在永庆坊内，主要的语言景观有以下几类。

（一）公共服务类语言景观

公共服务标牌包含永庆坊的主要街道的路标，建筑的楼栋标牌，方向指示牌，责任公示牌，新冠肺炎疫情防控、消防安全、交通安全、防骗提醒及旅游提示等提示牌，由政府、市政单位、公安等部门放置。这类公共服务标牌，在字体、色彩和内容上大都采取广州市官方形制，属于城市空间中的"标配"，或采用永庆坊内统一规格，具有明显的系统性。详见表1。

表1 永庆坊公共服务类语言景观情况

功能	图片样例	主要形态	放置方位	覆盖率
路标		标准化字体 金属质地 官方配色（黑白蓝红） 图文共现	道路首尾处 落地放置	较高
楼栋标牌		标准化字体 金属质地 官方配色（蓝白黑金） 文字为主	建筑物门边 镶贴放置	较低
责任公示牌		标准化字体 金属质地 官方配色（蓝白黄） 文字为主	景点入口处 悬挂放置	较低
旅游提示牌		标准化字体 金属/木头质地 官方配色（白棕橙） 文字为主	景点入口处 或游人参观点 落地放置	全面覆盖
安全提示牌		标准化字体 纸类质地 官方配色（白黑黄粉） 图文共现	景点入口周边 悬挂/粘贴 放置	中等
新冠肺炎疫情防控提示牌		标准化字体 纸类质地、 官方配色（黑白绿） 图文共现	景点入口处 店铺入口处 人群密集处 落地/悬挂/ 粘贴放置	全面覆盖

绝大多数公共服务标牌，不论是形式、内容还是呈现方式，都具有规范正式的特征，显示出其官方来源，很可能是在社区改造过程中批量配置。但除此之外，也发现一些后续增加的标牌，如永庆码头的安全提示标牌，显出不同样式，应是根据实际情况逐渐增加，形成一个小的"提示群"（如图1）。

图 1　永庆码头安全提示标牌群

（二）文化地标类语言景观

根据永庆坊《导览手册》提示，坊内文化地标共 10 处，有 8 处已经改造完成，包括永庆坊牌坊、荔枝湾涌、李小龙祖居、八和会馆、銮舆堂、粤剧艺术博物馆、金声电影院、广州非遗街区，剩余 2 处（宝庆大押、泰华楼）尚未开始改造。

8 处文化地标按照建筑类型可分为传统院落、独栋楼宇、开放空间三类，同类型的地标，语言景观风格比较相近，详见表 2。

表 2　永庆坊文化地标类语言景观情况

地标类型	实例	语言景观特征	图片样例
传统院落	1. 李小龙祖居 2. 粤剧艺术博物馆	1. 匾额题字展示名称，悬于檐下 2. 铭牌展示景点简介，置于外墙 3. 楹联、题字丰富 4. 配色以黑底金字为主，或墙体底色黑字 5. 多用繁体字	

（续表）

地标类型	实例	语言景观特征	图片样例
独栋楼宇	1. 八和会馆 2. 銮舆堂 3. 金声电影院	1. 刻制、粘贴地标名称于外墙 2. 铭牌展示景点简介，置于外墙 3. 楹联、题字丰富 4. 配色为木色底黑字，或墙体底色红字 5. 多用繁体字	
开放空间	1. 永庆坊牌坊 2. 广州非遗街区 3. 荔枝湾涌	1. 刻制地标名（荔枝湾涌未见名称） 2. 铭牌展示景点简介，置于入口处 3. 与周边多个标牌密集呈现，但仍有较高的识别度 4. 配色为棕(红)底金字或墙体底色灰字 5. 多用繁体字	

总体来说，永庆坊内文化地标的语言景观风格较为一致，在设计上多采用旧式样态，与永庆坊内的建筑风格较为匹配，字体与配色偏向古朴沉静，呈现出庄重典雅的气质。

繁体字的使用呈现出一定的规律，主要用于永庆坊官方logo、文化景观标牌、楹联、题字等处，主要采用手写字体，个别为仿古字体（"广州非遗街区"为魏碑体），形式和内容配合得十分协调，也展示了这些地标建筑的久远历史和深厚底蕴。

（三）商家店铺的语言景观

永庆坊内店铺林立，目前正在营业的共有74家门店。其中餐饮类店铺51家，零售类20家，服务类3家。这些店铺分布极为密集，且主营业务相近，我们根据品牌来源，将之分为岭南老字号店铺（11家）、本土品牌店铺（59家）、外来品牌店铺（4家），语言景观的设计风格呈现出类别化的差异。

大部分店铺的招牌在设计上参照永庆坊内经典风格，采用木制匾额，金色或黑色文字，形制古朴，向文化地标的标牌风格靠拢，主动与本地文化符号建立联系；也有店铺招牌设计极具创意，配色饱和度高，字体多样，异彩纷呈，鳞次栉比，颇有"争艳"之势。

这些商家店铺的语言文字使用有以下特点。

1. 店铺命名以汉字为主，也有部分语码混用现象，名称结构呈现类型化差异

永庆坊商店名语符主要包括汉字、拼音、英文和少量日文、法文、意大利文、数字及符号。单从语种来看，本报告搜集的74家店铺名称中，只用汉字的55个，占74.33%；汉字与英文搭配使用的9个，占12.16%；汉字与日文、意大利文搭配的各1个，共2.70%；只用英文的7个，占9.46%；英文法文搭配使用的1个，占1.35%。

在命名格式上，老字号品牌、本土品牌和外来品牌的构成方式有一定的差异。详见表3。

表3 不同品牌店铺名称结构情况统计

店铺名称结构	老字号品牌数量	外来品牌数量	本土品牌数量
属名+业名+通名	1个， 华辉拉肠博物馆	无	2个， 如：La fee 花店
属名+业名	6个， 如：方寸摄影	3个， 如：达美乐比萨	19个， 如：急急脚花式冰饮
仅有属名	3个， 如：陈添记	1个， Oliver Brown	39个， 如：龙凤街

2. 店铺名称多采用岭南地名、物名和粤方言素材

经统计，共有10家店铺的名称中采用了岭南地名，如"广州""粤""永庆""恩宁""东湖""香港""澳门""龙凤街"等。

广东风物也常出现在店铺名中，如"莲""菱"等水生植物（莲藕、菱角是广州西关"泮塘五秀"之二，其他三种是茨菇、马蹄、茭笋）；还有"细拥（细蓉）"，指云吞面；"冰室"则为气候温暖的岭南地区特有的冷饮快餐店。

粤方言也是商家命名的素材之一，如"㗎啡"咖啡厅中的"㗎"，为粤方言语气词，用在此处应是取其谐音；"点都德"，粤方言谐音"点都得"，意为点什么都可以；"急急脚"在粤方言中形容人匆匆忙忙地走路，十分生动形象；永庆食集则在墙面展示了多条粤方言俗语，颇有趣味（图2）。

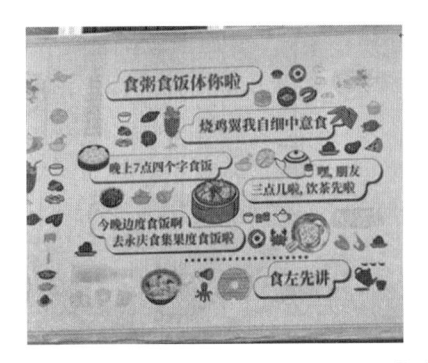

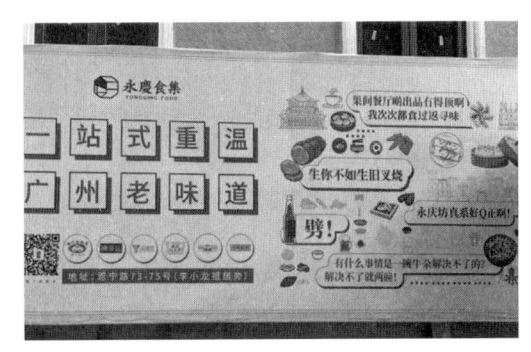

图 2 永庆食集粤方言俗语展示

3. 使用语言文字装饰店铺外观，建构品牌形象

不少店铺在外墙放置了大量的语言景观，形式上起到装饰效果，内容上用以诠释和建构品牌形象，如钟书阁书店外墙写满各种语言的书籍金句（图3）；同仁四季餐厅专卖椰子鸡，用镂空雕刻的文字展示主营业务及主要服务（图4）；今崎烧餐厅在玻璃窗上设置了宣传品牌文化的词句（图5）；还有不少店铺采用粤方言拼音配合文字组成店铺招牌，彰显岭南"血统"，如 Sai Yung Kee Wonton noodles（细拥云吞面），Sai Yung Kee 为"细拥记"的粤方言拼音，Wonton 即为"云吞"（图6）。也有不少店铺的语言景观采用了繁体字，配合传统字体，用以凸显主营业务的文化意蕴，以及品牌的悠久历史（如图3"鍾書閣"、图6"細擁雲吞面"）。

图3　钟书阁窗户及外墙的语言景观

图4　同仁四季餐厅的语言景观

图5　今崎烧餐厅窗户的语言景观

图6　细拥云吞面招牌的语言景观

（四）流动变化的语言景观

社区的活化，需要人的活动来实现。活动需要两个条件，一是场地，二是人群。

永庆坊内有2个广场，经常举办主题活动，如文创市集、联名展览等、非遗文化推广等。24-28号民居改造完成后，也作为公共展览举办地。这几处空间的语言景观常换常新，给不同时节的景区增加了一些活泼新潮的元素（图7—10）。

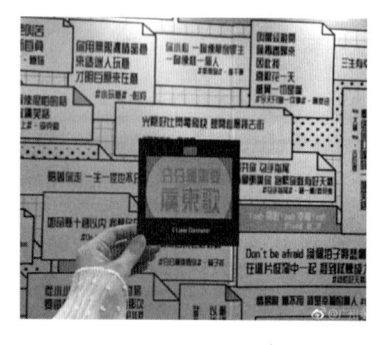

图7　2018年"分分钟需要广东歌"展览

图8　2022年元宵节灯谜会

图 9　2022年"春日露营节"户外商品展　　图 10　2022年文创市集

在景区本身的文创产品中，有"永庆坊"字样的雪糕，极受游人欢迎，不少游客手持景区 logo 雪糕信步游览，也给景区增添了一些细小的移动的语言景观（图 11）。

图 11　永庆坊字样文创雪糕包装及实物

二　语言景观服务特点

经调查分析，永庆坊内的语言景观服务有以下特点。

（一）视觉方面

永庆坊内建筑群线条简练精致，保留了很多岭南建筑的细节，且风格具有一致性和连贯性。这些建筑灰砖白墙，色彩饱和度低，视觉体验柔和冲淡，充分体现了永庆坊"修旧如旧"的改造理念，也给语言景观留出了较大的设计空间。

各类指示标牌和大部分商家店铺所呈现的语言景观，愿意主动贴近建筑特色，配合整体规划。景区内指示标牌类型较为完备，设计工整，形制统一，庄重典雅，不追求鲜明跳脱，能够起到指引方向、介绍经典、公共提示等方面的作用。

部分本土品牌店铺和部分外来品牌店铺，则采用了多个语种、字体、颜色来设计语言景观，并用图形、雕塑、艺术装置等，与语言文字形成互文表达，风格新潮，具有强烈的视觉冲击力，以期吸引游人注意。

（二）语言文字应用方面

一是配合历史文化特色，采用繁体字创设景观。主要见于文化地标、老字号店铺招牌等，其他店铺商家如有凸显历史文化特色的追求，也习惯在语言景观中采用繁体字，这似乎是基于一种共识，即繁体字最能代表历史文化气质。二是采用地名、物名、方言俗语和粤方言拼音，在语言景观中主动彰显广府文化，将岭南地区的语言文字特色，进行创造性的视觉传达，展示了鲜明的地域风情。三是不少店铺和展览为凸显历史风貌或主营产品特色，采用外语类字符，与汉字混合使用。

（三）整体风貌方面

景区内语言景观众多，样式风格和设置方式也较为丰富灵活。除了静置景观以外，坊内不定时举办市集和展览，以及游人手中的文创产品，为景区内的语言景观增加了时间和空间上的流动感，展现了活化社区的生命力，永庆坊的文化符号也可能被传播到景区之外，形成宣传效果。

总的来说，永庆坊文化地标和商业店铺交错相接，各种语言景观密集地渐次呈现，杂糅共存，并没有严格的分布规律，人们在游览时，能长时间保持视觉上的新鲜感和兴奋感。而身处此种氛围之中，我们也依稀可以想见百年之前的广州荔湾，中外融合、商业兴旺、人流如织的情形，广州务实、包容的精神，在这里也得到一定的体现。

三　不足与建议

永庆坊的修缮和改造效果良好，吸引了大量游客前来"打卡"游览，据最近统计数据现实，2021年1到11月，永庆坊接待游客687.63万人次，已然成为广州荔湾旅游新地标。但是，永庆坊景区内语言景观和语言服务情况依然存在一些不足，主要有以下几点。

1. 临时性指示标识不全

永庆坊的改造工程自2016年至今尚未全部完成，景区内有围建区域，也有些巷道不通，需要语言文字标识来提示游人。但目前这类临时提醒的语言服务基本未见。

2. 部分公共卫生服务标志指引不显著

公共卫生间多设置在狭窄通道的纵深之处，相关标识设计明度不够，分辨率低，不够醒目；景区内母婴室的文字指引标识不足，携幼童出行的游客可能较为不便。

3. 文明规范提示标识不够

如关于是否允许携带宠物进入特定场所，是否建议保持安静的文字提示基本未见，尤其是关于控制吸烟的文字提示缺失，也未发现吸烟区、吸烟室的文字指引或标识。景区里确有不少游客吸烟并随意走动，不利于文明景区、文明城市的建设。

4. 区域性文字标识信息模糊

永庆坊隶属多宝街至宝社区，建于居民住宅群中，由17条街巷将之划分为20个地块，格局规整、精致。但这些区域的划分仅在导览图中可见，景区内部并未设置明显的文字标识；游览区和居民生活区的界限没有任何提示，只能靠游客依据经验判断；坊内所有建筑均有编号，也在外墙镶贴了铭牌，却常有信息重复或形制不统一的情况（如图12），不少建筑铭牌上的文字标识缺乏系统性，如"宝庆市1号"的"市"不知是何种级别（如图13），"吉祥坊1号""芙裳坊"的"坊"与"永庆坊"的"坊"是否有层级关系（如图14），"坊、巷、里、弄"的命名方式未见解释说明；还有一些建筑的名称虽已更新，但未用文字标识或语言景观及时标出，如"吉祥坊3号"，除了景区管理人员之外无人知晓，容易造成游客定位不准的情况。

图12 十一甫新街、十二甫西建筑街铭牌

图 13　宝庆市内 1 号 　　　　图 14　永庆坊和吉祥坊（高德地图）

5. 语言服务产品中存在名称重复和信息错漏

如导览全景图中，西区出现两条平行的"元和街"；店铺名称列表中第 35 号"澳门新动文创"，实际应为"澳门心动文创"（如图 15）；汇集老字号小吃的"荔枝食集"已更名为"永庆食集"（如图 16），更名消息于 2022 年 1 月在永庆坊微信公众号发布，但同年 5 月的《导览手册》上依然使用"荔枝食集"；"细蓉云吞面"的店铺招牌实际为"细拥云吞面"（如图 17）等。

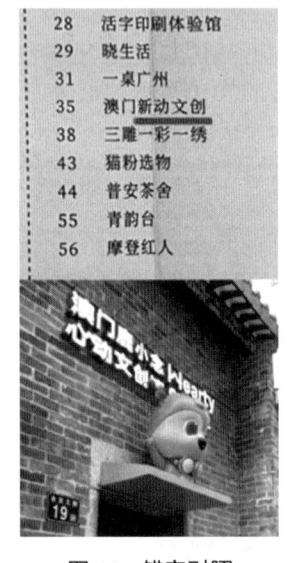

图 15　错字对照 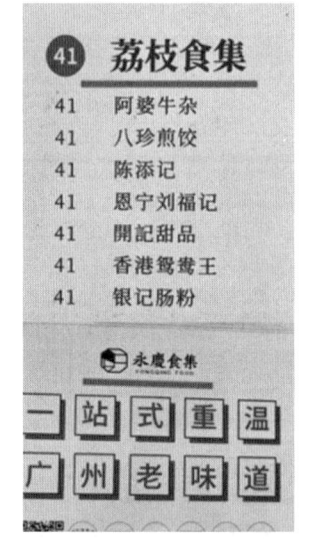　　　　图 16　更名对照 　　　　图 17　招牌改换对照

6. 文化景点的重要语言景观被遮挡

此种情况出现在永庆码头，该处是荔枝湾涌花船游览始发点，其中一艘花船由陶陶居冠名，陶陶居的广告牌置于文澜书院清濠公所石碑近旁，遮挡了石碑的部分文字（图 18）。

图 18　永庆码头陶陶居广告箱遮挡石碑文字

就目前景区内语言景观和语言服务的相关情况，我们提出以下建议。

1. 提升语言景观的服务质量，增强语言服务的景观效果

历史文化类的旅游景区，语言景观和语言服务往往融为一体。语言景观需要承担指引、提示、宣传、介绍的服务功能，语言服务需要通过艺术美观的形式来适当呈现。永庆坊作为广州市著名文化旅游区，在打造岭南文化对外交流窗口的过程中，应兼顾语言景观的设计效果和语言服务的提供质量，进行改造规划时应始终将两者统筹考虑。

2. 细化语言景观规范，明确语言服务标准

景区内语言景观丰富多样，体现出兼容并包的胸怀，同时也要合法合规。如繁体字的使用规范、方言字词的运用方式等，都应遵照相关法律法规，合理把握尺度。根据《中华人民共和国国家通用语言文字法》规定，景区中的文物古迹、书法篆刻等艺术作品、题词和招牌的手书字，可以使用繁体字。对于广告、告示、标志牌等给社会大众观看、有告知目的的社会用字，则不建议使用不规范的繁体字。

3. 优化地理区域、重要建筑的命名体系，兼顾简明性和区分度

永庆坊以"绣花功夫"进行城市微改造，原有的城市肌理应尽量保留。空间的层级划定、地块分割、重要建筑的定位，都需要有命名体系的支撑。当前景区内"坊、巷、里、弄"的建筑格局、街道的名称，应给出清晰明确的语言文字标识；而有一些重复的名称、标识、铭牌则应删减，如两条平行的"元和街"，可考虑将南面较为短小的那一条命名为"元和南街"。建筑的市政铭牌和景区铭牌保留一种即可，以避免信息错误或冗余。

4. 完善公共服务类的指示标识

公共服务设施应设置更显著的语言文字指引，如增加围建区域、禁行道路的文字提示，提高公共卫生间标识的辨别度，增加母婴室的路线引导等。还应增加文明规范类的文字提示，如禁止吸烟等。

5. 增加历史文化语言景观，凸显地域特色

景区内的语言景观可采用更多的方言元素，除了店铺名称，还可在建筑外墙适当展现岭南方言语言景观，增加观赏趣味，如"永庆食集"的粤方言俗语展示墙，吸引了很多游客驻足揣摩。另外，景区内保存了大量岭南传统建筑及相关元素，如西关大屋、竹筒屋、趟栊门、满洲窗、麻石路、私伙局等，可以采用文字词条的形式展示在相应实物附近，或用二维码链接到相关介绍，在景区内形成"岭南建筑元素词典"。

6. 提升语言景观服务的智慧度和友好度

景区内二维码和小程序图标随处可见，为游人提供了不少便利，也节省了景区的语言景观空间，但有一些二维码的位置过高（如图19），或链接失效（如图20），反而设置了使用障碍。建议二维码的放置高度考虑人们的平均身高和使用习惯，定期检视相关链接的有效性，提升语言景观服务的智慧度和友好度。

图 19　二维码位置过高　　图 20　文澜书院清濠公所石碑二维码音频失效

7. 提高语言服务产品的质量，增加语言类文创产品的种类

建议根据景点和店铺的状态变化，定期更新导览手册内容，排除错漏。拓展文创产品的种类，除了雪糕之外，还可以开发多种可佩戴、可使用的语言文字文创产品，如头饰、帽子、扇子、文具等，提升文创产品的纪念价值和实用价值，扩大文化宣传的效果。

8. 适当建设居民社区的语言景观，扩展语言服务的空间延续性

永庆坊景区的改造工程尚未完全结束，但就目前的建设情况来看，景区和民居风格迥异，过渡生硬，隐隐有割裂和对立之感，如果能将语言景观和语言服务在居民社区内适度延展，可能会让景区与民居的有机融合更加自然。如恩宁路上有经营多年的老式打铜铺、唐鞋（"伯父鞋"）铺，还有一间语言景观颇为醒目的"恩宁雪糕行"（如图21），均地处景区之外，或可设立专门的指示标牌或介绍，提高永庆坊文化影响的辐射范围。

图21 恩宁雪糕行及其语言景观

2018年10月24日，习近平总书记视察永庆坊时指出，城市规划和建设要高度重视历史文化保护，不急功近利，不大拆大建。要突出地方特色，注重人居环境改善，更多采用微改造这种"绣花"功夫，注重文明传承、文化延续，让城市留下记忆，让人们记住乡愁。

"绣花"功夫的精要在于针脚绵密、延续不断。永庆坊的改造是一个长期的工程，需要在实施过程中慎重、精确地考虑各方面因素，尤其是语言文字应用方面的准则。除了直观的景观营造和标准化服务以外，还应注重语言景观服务的示范性和科普性，做到合法、合规、合宜，以更好地服务人们的语言生活。

城市居民的"乡愁"中，过往的生活细节可能多于传统的文化遗产符号，这些细节投射出较为私人化的成长环境、经历、习惯，牵连着日常吃穿用度、寻常街景、平常人物。"留住乡愁"，实际上是留住故乡的生活记忆。老街区的活化和翻新，不能仅将历史文化遗产和当前流行元素做简单的聚拢，还可以尝试覆盖从古到今的时间进程。如果在今后的改造过程中，可以挖掘、保护、宣传一些便民类的老店铺、服务时间较长的老师傅、存留较为完好的老民居，或许更能提高"城市记忆"的清晰度，增强本地居民的认同感，也让永庆坊这个文化符号贴合历史变迁的时间线，更具特色和温情。

（张晓苏、徐曼曼、薛尔恒、刘婉莹）

广州大学城城中村居民语言生活和语言服务[*]

广州作为我国改革开放的前沿城市，在快速城市化进程中出现了数百个城中村，这些村落因生存成本低廉吸引了大量外来人口聚集。这些外来人口携带家乡方言涌入城中村，会生成一种十分复杂的语言生态格局，多方言接触也会引发一系列民生问题，关乎社会和谐与稳定。为考察城中村居民语言生活状况和语言生活需求，本报告调研了广州大学城的四个城中村：穗石村、北亭村、南亭村和贝岗村。这四个村子地处大学城内部，周边十所高校的学生群体带来了巨大的商机，也吸引了大量外来人员在此发展，逐渐形成了较具特色的综合商业区域。同时，这四个村子都保留了各自的村落文化，特别是一些古建筑和宗祠，周边已发展成为村民聚集交流的场所。从群体维度出发，兼顾年龄、职业、身份、性别等因素，选取四村代表性个体，以个人访谈的方式从多角度描写其语言生活状况，探究其实际语言生活需求，最终提出有针对性的语言服务策略。

一 城中村居民语言生活状况

调查人员实地访谈了30余位城中村居民，其中既有土生土长的本村居民，也有前来务工的外地人员，语言使用情况较为复杂，下面选取其中较有代表性的10位进行说明。

---

[*] 本报告为教育部人文社科基金一般项目"语言生态视域下广州城中村居民语言生活与语言服务研究"（18YJC740021）的阶段性成果。

表1 大学城四村深度访谈居民个人信息

序号	年龄/岁	性别	身份	来源	语言/方言
1	10	女	小学生	河南	普通话
2	19	女	大学生	广东汕头	普通话，闽方言，粤方言
3	20	男	咖啡店员工	大学城四村	粤方言，普通话，英语
4	30	女	餐馆老板	江西	赣方言，普通话
5	32	男	理发师	福建	闽方言，普通话
6	38	女	水果商贩	广东肇庆	粤方言，普通话
7	45	男	饺子店老板	黑龙江	北方方言，普通话
8	55	男	装修工	湖南	湘方言，普通话
9	60	女	菜贩	大学城四村	粤方言
10	73	男	书法家	大学城四村	粤方言，潮汕方言，客家方言，普通话

（一）普通话成为不同居民群体之间相互沟通的桥梁

当前大学城四村的人员构成较为多样，既有原住村民，也有外来的本省和外省人士。因来源地不同，他们所掌握的语言/方言也各有差异，总体上呈现出一种以普通话和粤方言为主，同时又存在多种其他方言和外语的多语言/方言社区。土生土长的本村居民彼此之间的交流以粤方言为主，而村民与外来务工人员，以及周边消费群体之间，则选择普通话作为沟通桥梁。

在实地采访过程中，除了与几位当地老人简单交流时使用粤方言，其他受访对象均使用普通话进行访谈。在考察他们对普通话的态度时，所有的受访对象都表现出对普通话的高度认同。采访对象6是一位来自广东肇庆的水果商贩，她表示平常来买水果的人说普通话居多，她自己会说粤方言，但与顾客进行交流时会优先选择普通话。采访对象7是一位来自黑龙江的饺子店老板，他不会说粤方言，但当地人都会说普通话，不存在语言交流障碍；采访对象10是一位73岁的本村原住居民，是一位书法家，他说："现在小孩子放学后在公园里玩，基本上都说普通话。"针对这种现象，他高度肯定了国家推普工作的成效，但同时也对本地方言的未来发展表示担忧。对于大量涌入城中村来消费的周边高校的中国大学生和少数外国留学生，被采访的商贩表示他们都会说普通话，买卖不成问题。上述采访情况说明普通话的使用频率最高，远超其他语言和方言，已成为不同居民群体之间相互沟通的最佳选择。

采访过程中也发现少数年龄偏大的本村原住居民和外来务工人员的普通话表达能力并不高,已经给他们的日常生活带来了一些沟通方面的麻烦。同时,他们也表示自己具有一定的普通话学习需求,特别是语音纠正,希望能够通过一些正规渠道去提升自己的普通话水平。当提出"是否愿意花钱去学普通话"的问题时,对方都表示不会花钱去学,希望居委会或者大学生志愿者能提供免费的教学服务。

(二)语言/方言成为居民身份构建与认同的关键因素

随着社会发展和居民构成的变化,大学城四村已发展成为多语言/方言共存的社区,居民借助话语而实现的身份构建与认同也呈现出一定的区域特色。语言身份不是单一和不变的,而是随着话语使用的选择而呈现出多重性、实践性和协商性。[①] 同时,在语言身份构建过程中,不同的居民群体也会表现出不同的语言认同感和语言学习需求。

外来务工人员作为移民群体,他们非常急切想要融入城市生活,同时也要尽可能对外呈现出一定的个人素养。他们携带家乡方言进入大城市的城中村,但在工作领域和公共场合会优先选择使用普通话与他人进行交流,由此建立一种具备一定素养的城市移民身份。采访对象4是一位来自江西的餐馆老板,她表示自己在做生意的时候必须得说普通话,不能说赣方言,否则很容易被顾客贴上"外地人"标签,直接影响餐馆生意。采访对象8是一名来自湖南的装修工,他非常得意地说自己普通话说得还不错,相比普通话说得不怎么好的老乡,他接到的装修活儿总是最多的。从他的表述来看,良好的普通话能力在工作领域显然起到了关键作用,彰显了其作为一位城市移民的素养。总体访谈情况也进一步显示,那些普通话不标准的人员,在与他人的交流过程中会不经意间流露出一种不自信的情绪,生怕被人看不起,甚至影响工作收入。

城中村的外来务工人员因没有广州户籍,同时又处于社会阶层的底端,他们作为城市的边缘群体,虽然努力融入城市生活,但与生俱来的乡土情结使他们在构建城市移民身份的同时,也保留了各自的家乡身份。在务工人员融入城市生活的过程中,家乡方言没有用武之地,尤其是在工作领域和公众场合,要尽量使家乡方言不露痕迹。但在务工人员的私人生活领域,家乡方言的使用频率要远高于普通话。他们在工作之余,特别是与同乡聚在一起的时候,家乡方

---

① 董洁《"城市新移民"的语言身份认同》,《语言战略研究》2016年第1期。

言毫无疑问成为联结彼此的纽带，由此建立的家乡身份会获得这一群体的高度认同，且会生发出强烈的归属感。来自湖南的采访对象8表示，虽然自己的普通话说得还不错，但只要不是跟雇主谈生意，自己私下跟工友们都是说家乡话，否则会被排挤，甚至会被训斥"忘本"。对居住在城中村的外来务工人员而已，具有一定素养的城市移民身份和乡土情结浓厚的家乡身份并不矛盾，二者分别由普通话和家乡方言所建构，各有其出现的领域和场合，彼此和谐并存。

同时，大学城城中村还有一种本地身份，通过使用粤方言来实现。这一身份对于土生土长的原住居民来说是天然具有的，他们对此也有高度的认同感和归属感。比如20岁的采访对象3，一位20岁的咖啡店员工，他对粤方言和本地身份表现出极大的认同，并将其作为自己区别于外来人员的一个标签，即使在工作领域中也会优先使用粤方言，只有发现顾客听不懂时才会转用普通话。但是，这一身份对外来务工人员而言，则呈现出两种不同的态度。一部分务工者对本地方言和文化表现出浓厚的兴趣和认同，认为自己有必要学会粤方言，且积极鼓励自己的孩子也学习粤方言。比如采访对象1，来自河南，今年10岁，两年前随务工的父母来到广州。她目前可以流利使用普通话，同时能基本听懂粤方言，但不怎么会说。她表示自己非常喜欢粤方言，将来也一定要学会粤方言。她的父母非常支持她学习粤方言，并希望自己的女儿将来能够留在广州工作，拿到广州户口。但也有一部分务工人员，他们只是暂时在此谋生，不打算今后长期定居，因此没有太强烈的构建本地身份的诉求，这也影响了他们对粤方言的认同感与学习意愿。比如采访对象7、8对粤方言的学习都没有表现出特别大的需要，一方面因为普通话成为在此居住的人互相沟通的桥梁，工作生活中没有讲粤方言的绝对必要性；另一方面则因为他们都明确表示将来要回老家，家乡身份远远胜于本地身份。

（三）口音成为居民获取信息的重要手段

在采访调查的过程中，代表不同群体的受访对象都提到了口音问题，认为口音可以传递很多个人或地域信息。这种口音上的信息传递，在说普通话与粤方言的群体中都有出现，说明口音已成为城中村居民获取信息的重要手段。在北亭村一个老年人聚集的公园里采访时，其中一个老人表示："不同的人，说话有不同的口音，白话和普通话都是，像广东人说普通话，不是很标准，外地人都听得出，外地人学粤语，就算会说，也还是和本地人不同的。"这一观点得到当时在场老人的一致赞同，采访对象10也表示："就算在这（北亭村）住了很多年，会说白话，来自不同地方的人，他们的口音也都是不同的。"根据口音猜测说话人祖籍地所在，成为当地居民茶余饭后聊天的话题之一。

对城中村的居民而言，口音问题不但不会引发交流障碍，反而会增添特色。来自黑龙江的采访对象7，已经在贝岗村生活了近10年，他说的普通话带有浓重的东北口音，但他并没有刻意掩饰这种地域口音。他认为东北口音可以传递给顾客自己来自东北的信息，而他经营的正是东北饺子馆，东北口音显然成为其餐馆的话语标识，对吸引客流产生了积极影响。口音在不影响交流的情况下要尽可能保留，不应刻意隐藏，这在城中村言语社区内得到不少外来务工人员的认可。但是这种观点与上文采访对象4（来自江西的餐馆老板）指出的"在做生意的时候必须得说普通话，不能说赣方言，否则很容易被顾客贴上'外地人'标签，直接影响餐馆生意"正好矛盾，这种状况的出现很大程度上要取决于特定方言与普通话距离的远近。如果一种方言与普通话较为相近，那么对掌握普通话的顾客而言，基本听懂这种方言并没有太大问题，所以操东北话的饺子馆老板与客人交流，既不影响信息的准确传递，又能凸显自身特色，与其经营的东北饺子馆完全匹配，充分实现了方言的经济价值。东北话、山东话、河南话和四川话等北方方言都属于这种情况，它们对地方特色餐饮起到了很好的推动作用。但与普通话相距较远的诸多南方方言，对普通话顾客而言，基本上无法听懂，无法实现信息传递，所以操赣方言的餐馆老板面对数量占优势的普通话客源，只能选择不影响交际的普通话与之沟通。客家方言、闽方言、赣方言、湘方言等属于这种情况，它们的经济价值在针对普通话客源的时候很难彰显。但是，这类方言在拉近同乡情感方面却更有价值，越是外人无法听懂的方言，在方言群体内部越具有向心力，一口乡音可以迅速拉近彼此的心理距离。所以，在这类方言的群体内部中，其经济价值才得以充分彰显。采访对象2是大学城的大一学生，来自汕头，熟练掌握普通话、潮汕方言和粤方言。她经常去北亭村吃饭，并表示最喜欢潮汕人经营的餐馆，每次光顾都会使用家乡方言交流，倍感亲切。北方方言在自我群体内部的经济价值，虽然也具备，但在程度上无法与南方方言匹配。可见，在城中村的餐饮从业人员选择使用普通话还是方言作为工作语言，还要看其方言和客源的具体情况。上述两种不同的语言生活观点可以在城中村中和谐并存，也说明城中村言语社区的接受度与包容度较高，是语言生态多样性的一种体现。

二 城中村居民语言服务策略

当下大学城四村不同群体间通过普通话这一共同语建立了沟通的桥梁,使得当地原住村民、省内非广州人和外省人能够顺畅交流,从而构建出和谐有序的日常语言生活。但是,村内居民的语言生活仍存在一定的问题和需求,比如语言身份建构的困扰,对普通话、粤方言和英语的学习需求等,这些隐藏在和谐语言生活背后的现象,理应引起学界关注,并提供必要的指导和服务。同时,鉴于这四个城中村被高校环绕,地理位置独特,所以应该充分发挥其地域优势,依托大学生和高校学术资源,在语言学专业人员的指导下,建立一支大学生语言志愿者队伍,为大学城四村居民的语言生活提供切实的服务。

(一)普通话学习服务

大学城四村经过多年发展,务工人员和周边学生大量涌入,普通话已成为不同群体之间相互沟通的桥梁。在这样的语言环境下,学好普通话成为一种势不可挡的潮流,不管是当地原住村民,还是外来务工人员,都有说好普通话的需求,以便更好地融入城中村语言生活。

对当地原住居民而言,尤其是普通话水平较低的中老年人群体,当地政府、社工或志愿者有必要根据实际情况,为他们提供普通话学习服务。虽然当下四村的原住居民大部分都会说普通话,但实际使用水平参差不齐,且不少发音带有粤方言色彩,特别是在年龄分布上,年纪越大,普通话水平越低,学习难度越高。采访对象9是一位北亭村的原住村民,60岁,没有正式职业,一直在村内务农,摆摊售卖自己种植的农产品。她的普通话水平较差,只会说几句日常交流用语,且带有非常浓重的粤方言色彩。调查人员一开始使用普通话对她进行采访,出现较多交流障碍,于是更换为粤方言进行沟通。通过采访,她表示自己与同村人日常交流都选择使用粤方言,不存在交流障碍。但她在蔬菜摊位前与顾客交流的过程中,由于普通话水平不足,很容易产生沟通不畅的问题,特别是谈到价钱时,有时需要请旁边会讲普通话的菜贩帮忙翻译。采访对象9所代表的年龄偏大的原住居民群体,因为普通话水平的不足已经给他们的日常生活带来一定的麻烦,所以他们表现出了一定的普通话学习需求。但这个群体也明确表示,由于自身年龄问题,普通话学习难度较大,自己并不打算系统学习普通话,只希望能够学会一些必要的日常交流用语,特别是市场买卖用语。

对外来务工人员而言，以标准普通话构建具有一定素养的城市移民身份，是他们融入城市生活的捷径。但城中村的务工群体普遍学历不高，也没有经历过普通话的正规学习与培训，虽然他们内心急切地想要说好普通话，但实际水平并不乐观，甚至很多时候他们蹩脚的普通话会给自己带来"土包子""落后""外乡人"的不良标签。鉴于此，城中村外来务工群体普遍具有普通话学习需求，特别是正音服务。采访对象4来自江西，其普通话水平用于日常交流没有问题，但她表示个别发音还是不够标准，而且有时很多概念找不到合适的普通话词语去表达，希望能够进一步学习，完善自己的普通话。

针对上述两个群体的普通话学习需求，应在村委和高校的支持下设立"城中村普通话学习服务站"，定期为有需求的居民提供普通话学习服务。该服务站与幼童、青年人学习普通话不同，不必系统教授普通话各个方面的知识，而是结合城中村实际语言生活，遵循"实用性"和"简易性"原则，为这一群体提供针对性的普通话学习服务。在教学内容的选择上，应突出两个方面：一是普通话正音服务，二是行业用语服务。结合实际需求，提供特定行业或领域的语言服务，比如市场买卖用语，以便学到的知识直接能给他们的工作和生活带来便利。

（二）粤方言学习服务

首先，对城中村外来务工人员来说，遵循"入乡随俗"的传统观念，为了更好融入当地文化氛围，学会粤方言也成为不少务工者的共识。在采访过程中，不少务工人员表现出学习粤方言的浓厚兴趣，特别是底层的商贩，认为学好粤方言是在当地长久居住的必要条件。比如采访对象5，来自福建的32岁理发师，来穗已经两年多，自己经营一个理发馆，他表示很多时候只有用粤方言进行交流，才能真正与本地人交朋友，吸引更多的村民前来消费。但是他自己目前并不能流利使用粤方言，可以听懂，但很多词语并不会说。他还表示自己要在广州发展，不打算回老家，因此非常迫切想要提升自己的粤方言水平。

其次，对城中村原住居民来说，粤方言是自小习得的，是本地身份的最显著标志。但是粤方言的使用频率已经出现了明显的年龄分化，年龄越小，使用频率越低。特别是城中村的儿童群体，他们在校园都讲普通话，放学后与同伴玩耍也多讲普通话，只有到了家庭内部，跟家里长辈交流的时候，粤方言的使用频率才会升高。原住居民采访对象10表示，自己的小孙子很排斥说粤方言，这让他十分发愁。他认为粤方言作为一种本地语言身份，无论如何是不能丢失的。可见，粤方言无论是使用空间还是代际传承，在当下孩童身上都呈现出一定的萎缩局面。

根据上述两种情况，依托高校大学生志愿者，在提供普通话服务的同时，也应该设立"城中村粤方言学习服务站"。一方面，针对外来务工人员的粤方言学习需求，应该组织一些茶话会，邀请本村原住居民和务工人员一起参加，为他们创造彼此交流的机会，在轻松愉悦的氛围中，在实际交流中去学习粤方言。这样不但能较快习得粤方言，还可以增强两个群体之间的情感，更有利于和谐语言生活的构建；另一方面，对原住居民的孩童而言，应该组织一些轻松有趣的粤方言小课堂，给他们提供使用粤方言进行交流的空间和机会，提升他们学习粤方言的兴趣。同时，志愿者还应该给他们讲解一些基于粤方言的广府文化知识，让他们增强对粤方言的了解和认同，最终对粤方言的代际传承做出贡献。

（三）家庭语言规划服务

广州大学城的建成使得这四个城中村的语言生态环境发生了巨大变化，语言／方言多样性越来越突出，而每一种语言／方言都扮演着不同的生活角色，承载着不同的语言身份，传递着不同的背景信息。因此，这种多样性会导致居民在认识与对待这些语言／方言时秉持的态度各有不同，而语言态度的不同又会直接导致家庭语言规划和学习的差异。

首先，对使用粤方言的原住居民群体来说，以往家庭内部交流一般首选粤方言，在代际传承方面也会让后代先习得粤方言，再习得普通话。但随着普通话的普及，以及外来人口的迅速增长，语言生态环境发生了较大的变化，他们对家庭语言的规划也逐渐与以往不同。当下这一群体，尤其是儿童和青少年，在语言使用能力方面普遍呈现出"普通话＋粤方言"的格局，可以毫无障碍自由切换普通话和粤方言。甚至很多时候，普通话的使用频率要高于粤方言。儿童和青少年对这种转变的态度较为中性，但他们的父母辈原住居民对这一现象表示担忧，认为粤方言在下一代群体中的使用频率越来越少，但又不知道如何应对。

其次，对使用家乡方言的外来务工人员来说，家乡方言代表其与家乡的联系，无法割舍。但来到城市生活，家乡方言的使用空间被极大压缩，只能在家庭内部和少数同乡人之间使用。但即使如此，他们对家乡方言的情感和认同，丝毫不打折扣。不过，这一批务工人员的后代群体，因在广州出生，从小缺乏家乡方言的浸润，很自然会选择普通话作为第一习得的语言，甚至粤方言的习得顺序很多时候也被排在家乡方言的前面。针对这种现象，父母辈务工人员表示理解，因为在城市打拼普通话是首选语言，而粤方言可以彰显本地身份，也会对工作与生活产生积极影响。但是，家乡方言普遍被务工人员的后代所忽视，他们表示非常遗憾，又无可奈何。

可见，在家庭语言选择和规划方面，不管是原住居民还是外来务工人员，都呈现出一定的选择困难，特别是上下两代人之间，对语言/方言的态度和选择差异较大。比如采访对象1，已经在广州生活两年多的小学生，其父母非常希望她能够学会河南话，至少在家庭内部要使用家乡方言进行交流，但是她自己不论在什么场合，都非常排斥说家乡话。鉴于这种情况，依托周边高校学术资源，相关学术科研机构可以为他们提供必要的语言规划咨询服务，比如开设城中村家庭语言规划服务讲座。一方面告诉他们，多语多方言已成为当代人必备的语言能力，单一语言格局已无法适应新时代的要求，因此，应该积极鼓励自己和下一代学习更多的语言和方言，建构更多的语言身份，以适应城市生活节奏和工作需求；另一方面，既要融入当下以普通话为主导的语言生活大局，也要确保方言的健康传承，积极引导城中村居民认识到方言文化的价值，以及代际传承的必要性和迫切性，为维护汉语方言及其文化的多样性做出自己的贡献。

（郭　杰、李薛霞）

广州地铁标识便民度调查

2020年国家发展和改革委员会《关于粤港澳大湾区城际铁路建设规划的批复》（发改基础〔2020〕1238号）确立了打造"轨道上的大湾区"的目标。[①]广州地铁具有广佛莞延伸对接及各城际交通枢纽的联通作用，是珠三角地区轨道交通的重要组成部分。截至2020年12月31日，广州地铁运营里程为553.2千米，位居全国第四。2019年总客流量为33.1亿人次，日均客流量906.8万人次；2020年受疫情影响，总客流量24.2亿人次，日均客流量660.2万人次，客流量居全国第二，客流强度为全国第一。[②]根据《广州市城市轨道交通第三期建设规划（2017—2023年）》，预计至2023年，广州市城市轨道交通累计开通里程将突破800千米。检视地铁标识便民度情况，可为后续建设提供参考，也可为大湾区内乃至国内其他城市的地铁建设提供经验。

一 广州地铁标识分类概况

广州地铁根据国家交通部《城市轨道交通运营规定》（中华人民共和国交通运输部令2018年第8号）第二十一条的规定[③]和地铁运营的实际情况，在站内提供了三类标识：引导标识、服务标识和提示标识。

（一）引导标识

引导标识具有指引作用，指引乘客前往想去的目的地，一般伴随箭头指

[①] https://www.ndrc.gov.cn/xwdt/tzgg/202008/t20200804_1235524.htm。
[②] 见中国城市轨道交通协会《城市轨道交通2020年度统计和分析报告》《城市轨道交通2019年度统计和分析报告》，https://www.camet.org.cn/xytj。
[③] "运营单位应当通过标识、广播、视频设备、网络等多种方式按照下列要求向乘客提供运营服务和安全应急等信息：（一）在车站醒目位置公布首末班车时间、城市轨道交通线网示意图、进出站指示、换乘指示和票价信息；（二）在站厅或者站台提供列车到达、间隔时间、方向提示、周边交通方式换乘、安全提示、无障碍出行等信息；（三）在车厢提供城市轨道交通线网示意图、列车运行方向、到站、换乘、开关车门提示等信息；（四）首末班车时间调整、车站出入口封闭、设施设备故障、限流、封站、甩站、暂停运营等非正常运营信息。"

示。具体包括指引进出口站口及方向、指引线路及换乘方向、指引站台和列车方向等。

1. 指引进出站口及方向。广州地铁站外设置带有黄色箭头的红色立柱指引进站口方向，站厅和站台则设置标明出口字母编号和箭头的指示牌指引各个出口方向（如图1）。

图1 指引进出站口

2. 指引线路及换乘方向。运行两条及以上线路的站点内部设置了带有线路特定颜色和箭头的引导标识，指引不同线路。在换乘站利用文字、线路特定颜色和箭头指引换乘方向，有悬挂牌、墙面贴纸、投影等多种指引形式（如图2、图3）。

图2 指引换乘线路　　　　　图3 指引换乘方向

3. 指引站台及列车方向。在扶梯或步梯的分岔口、站台中间，以文字和箭头组合的形式指引同一地铁线路的不同行进方向（如图4）。

图4 指引站台及列车方向

（二）服务标识

服务标识指为乘客提供的服务信息的标识。具体包括列车进站时间和方向信息、出口资讯及公交车信息、地铁线路信息、购票相关信息、服务设施信息。

乘客是服务信息的索求者，地铁方为信息的提供者。

1. 列车进站时间和方向信息。在每个地铁站的入口处，提供了该站首、末班车的时间。在各站台设置多个液晶显示屏或投影，显示最近1—3趟列车的行驶方向和到站所需时间（如图5）。部分线路因采用不同终点站或长短线交替发车的运行模式，列车行驶方向和终点站的指引对于乘客来说尤为重要。

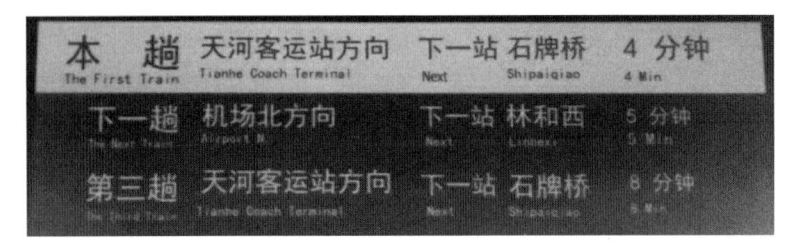

图 5　广州地铁 3 号线列车进站的时间、方向信息

2. 出口资讯及公交车信息。广州地铁在站台及出口处设置了出口资讯标识牌，标明不同出口对应的街道、地点及公交线路。部分站点另设周边街区 3D 地图，结合下方文字注释，标明各出口、主要建筑物和道路位置，方便乘客快速查找目的地（如图6）。

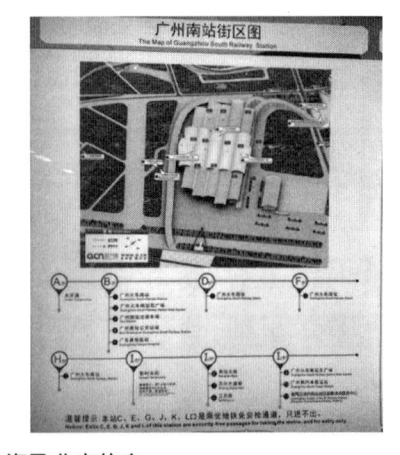

图 6　出口咨询及公交信息

3. 广州地铁线路信息。地铁的全景线路信息主要位于站台两侧，以海报方式呈现。具体到某条地铁线路的信息，有两种呈现方式：(1) 静态线路图。站台屏蔽门上方的线路图，列车行驶方向的所有站点为彩色，已经过的站点为灰色，方便乘客辨别（如图7）。部分车厢内呈现静态线路图并辅以黑底红字电子屏，用中英文形式滚动播放列车信息（含终点站、下一站、换乘信息及开门方

向等)。(2)动态线路图。车厢内线路图部分采用动态线路图,所有站点均有指示灯,红色指示灯标记已经停站点,绿色指示灯表示将经停站点,绿灯闪烁标记下一站点。部分列车车门上方已配有液晶显示屏,也以红色和绿色区分已经过站点和未经过站点。

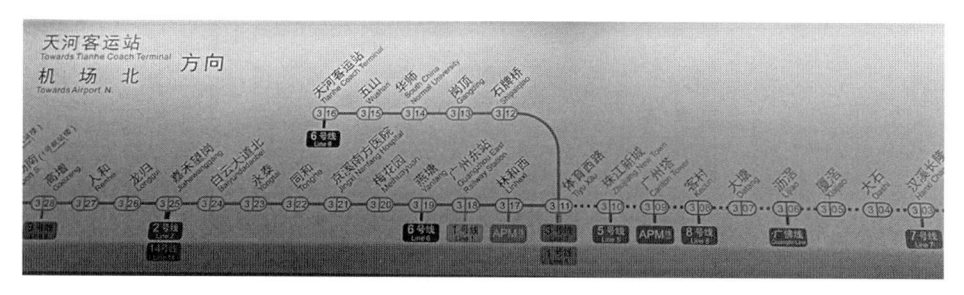

图7　广州地铁屏蔽门上方线路信息

4. 票价及支付方式信息。广州地铁进出站口设有标明票价的线路图(如图8)、购票方式说明标示牌。部分车厢内座位上方提供了进一步查询票价信息的葵花码,方便乘客查询票价。

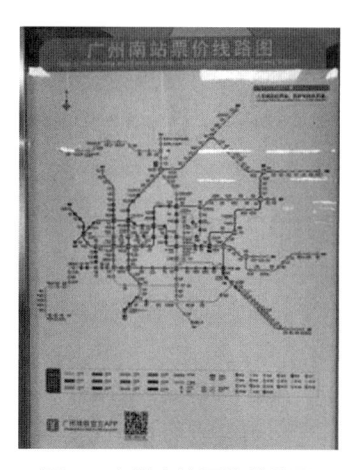

图8　广州南站票价线路图

5. 服务设施信息。广州地铁内部配备各种服务设施,包括手扶梯、楼梯升降机、母婴室、羊城通充值机、购票机、AED(Automated External Defibrillator)、洗手间等。在站台层广州地铁提供整条线路卫生间母婴室和AED的信息。在楼梯升降机装置处提供图文结合的《楼梯升降机使用操作规程及注意事项》。在站台层和站厅层主要采用灯箱悬挂牌的方式,采用"汉字/英语+图示"的方式提示各类服务设施(如图9)。

图 9　服务设施信息

（三）提示标识

本类标识是广州地铁认为乘客须知的信息，乘客并不是此类信息的主动探求者，而是信息的接受者。提示标识包括乘车规范提示、安全管理提示和防疫提示。

1. 乘车规范提示。基于文明乘车的要求，屏蔽门处贴有黄底黑字的提示："请按地面箭头排队候车，上车后请往车厢中部走"；车厢内采用图文结合的方式提示，生动说明乘车时倡导和禁止的行为，如"请勿追逐打闹""请勿躺卧"等（如图10）。

图 10　乘车规范提示

2. 安全管理提示。为保证乘客安全，地铁内设反恐安全、消防安全、乘车安全等多类提示，合计共19种48条。在站厅层，有图文结合的"禁止吸烟、严禁携带宠物、严禁携带气球"等的标识、文字版的消防安全"三提示"、《反恐怖防范管理 第24部分：轨道交通》等相关规定；在站台层，屏蔽门上提示乘客"注意列车与站台间的空隙"、手扶梯处有安全乘梯的各项提示；车厢内车门两侧提示紧急求助按钮及其操作指引、座位上方有安全出口标识也有灭火器位置标记及使用指引。广州地铁安全提示细致全面，值得借鉴（详见附表1）。

3.防疫提示。新冠肺炎疫情影响下，为保证乘客安全，广州地铁增设了许多防疫提示标识，包括地面层站台层的临时留观区、进站安检前的测温标识，站台层屏蔽门"保持距离 分散候车"及车厢内的"佩戴口罩、减少交谈、保持距离"等提示（如图11）。

图11 屏蔽门的防疫提示

（四）标识特点

整体来看，广州地铁标识要素齐全、信息丰富、有突出的服务意识，具有以下几个方面的特点。

第一，颜色区分度高。具体包括：（1）所有线路均有特定颜色，且在换乘、线路指引等方面一以贯之；（2）地铁站点有鲜明的主题颜色，比如中大站为深绿色、广州南站为黄色等；（3）各类标识有固定的色彩组合，如进站口导向为带有黄色箭头的红色立柱，站内悬挂牌为黑底白色（灯光），提示标识为黄黑、白红、红黄等对比度鲜明的颜色。

第二，标识分布立体多维。具体包括海报、悬挂牌、立牌、贴纸、投影、液晶显示屏、车厢内部的闪灯线路图、电子屏等，多种形式的标识共同组成跨媒界的立体标识系统。此外，在人流量较大时，工作人员还提供流动标识，迅速分流人群。

第三，充分利用数字。数字在地铁中有多种区分用途：（1）区分不同地铁线路，如"1号线"、"21号线"等；（2）区分同一线路的不同站点，如"石溪站（GF/23）"，表明为广佛线的第23个站；（3）区分屏蔽门的位置，如"2号屏蔽门"；（4）区分同一列车内的不同位置，如车门处标有"B59-1""C137-1"等；（5）区分同一站点的不同站台，这在大型换乘站中尤其有用；（6）区分同一站点的不同手扶梯，如昌岗站"16号手扶梯"；（7）辅助区分不同地铁出口，如中大站有 C1、C2 出口。数字可以帮助乘客迅速锁定自己的位置，便于信息沟通，尤其是在出现紧急事故时，提高沟通效率。

第四，分流信息较为清晰。进出站、换乘、乘车方向等关键信息在站台和站厅的重要分岔处，均采用多种方式多次标识，力图做到清晰指引。

第五，注意乘客乘车的舒适度。2021年新开通的18号线，在屏蔽门上方的电子屏幕上增加拥挤五度标识（舒适、一般舒适、轻度拥挤、中度拥挤、严重拥挤）和空调温度（弱冷和强冷）的提示。

可以说，广州地铁关注人群分流的效率，注重地铁的服务功效，比较充分地考虑了乘客阅读标识的规律，有效保障了乘车秩序和乘客安全。但广州地铁标识是否能够完全满足乘客的需要，我们将通过进一步地调查来了解乘客的使用体验。

二 用户体验问卷调查

2021年5月，本报告采用线上线下、问卷和访谈相结合的方式开展"广州地铁标识便民度调查"，其中问卷共18题，涉及被调查者的基本信息、乘坐地铁情况以及对于地铁标识的建议等，共收回有效问卷308份。调查对象信息见表1。调查显示，广州乘客每周乘坐地铁10次及以上占30.77%，每周乘坐6—9次的占12.02%，每周乘坐3—5次的占24.52%，合计占67.31%。由此可见，地铁是这次的调查对象中大多数人的重要出行方式。我们也关心在广州短暂停留的访客乘坐广州地铁的体验。通过调查，可以了解广州及非广州乘客对于标识明晰度、位置合理度、字体大小合适度、字母发音的困难度和辨识度等方面的建议。

表 1 调查对象简况

调查项目		人数	占比 /%
性别	男	110	35.71
	女	198	64.29
年龄	18 岁以下	14	4.55
	19—40 岁	227	73.70
	41—60 岁	63	20.45
	60 及以上	4	1.30

（续表）

调查项目		人数	占比 /%
学历	初中及以下	24	7.79
	高中/技校/中专、大专	69	22.40
	大学本科	133	43.18
	研究生及以上	82	26.62
来源	本地	208	67.53
	访客	100	32.47
合计		308	—

（一）标识明晰度

广州乘客中，乘坐不熟悉的地铁线路时，24.52%的乘客有因标识不清晰而坐错地铁的经历。举例如下：

①体育西站分为1号线和3号线两条线路，线路引导标识多而杂；地铁3号线延长线路的换乘标识指向不清，容易导致乘客坐反天河客运站以及机场北站两个方向。

②区庄站5号线与6号线的换乘指引方向不清晰。

③广佛线与地铁8号线的换乘标识不明晰。

④有些地铁线路在车厢中部无法看到地铁到站信息，容易导致乘客坐错站。

⑤珠江新城站D出口仅有立柱标识，却没有具体出口指示。

⑥快慢车未提示具体经停站点，很不方便。

⑦向上和向前的标识都一样，不容易区分，能否有三维标识？

⑧有些地铁口的立柱式标识被建筑物或是其他物体遮挡，需要兜一个大圈才能顺利进入地铁站。

⑨广州地铁车厢内开门方向的指引不够，尤其是1号线、2号线。有些列车车厢内没有开门方向提示灯，只能听语音播报信息，在人多嘈杂的情况下比较难以分辨开门方向，影响换乘。

部分广州乘客认为广州地铁标识不够清晰准确。其中换乘、出站以及卫生间、母婴室标识被较多乘客认为标识不够清晰，人数均超过30%。见图12。

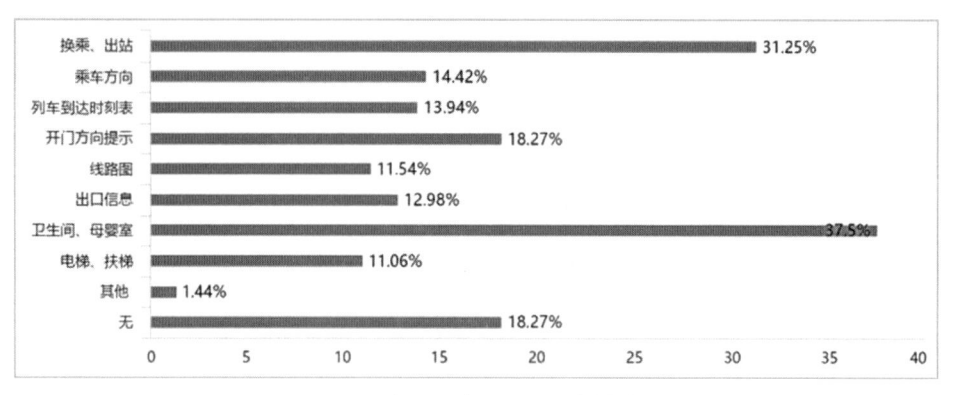

```
换乘、出站                                     31.25%
乘车方向              14.42%
列车到达时刻表         13.94%
开门方向提示             18.27%
线路图              11.54%
出口信息              12.98%
卫生间、母婴室                                      37.5%
电梯、扶梯            11.06%
其他        1.44%
无                  18.27%
   0    5   10   15   20   25   30   35   40
```

图 12　广州乘客出口明晰度调查

非广州乘客中，乘坐不熟悉的地铁线路时仅有 9% 的乘客有因地铁标识不清而坐错地铁的经历，详情如下：

①体育中心站地铁标识指向不清晰。

②地铁 3 号线延长线路的换乘标识指向不清。

部分非广州乘客认为广州地铁标识不够清晰准确，其中尤以卫生间、母婴室标识问题较为突出，41% 的乘客认为其标识不够清晰。换乘/出站、乘车方向、开门方向提示这三项地铁标识也被较多乘客认为不够清晰准确，人数分别占 28%、23%、22%。见图 13。

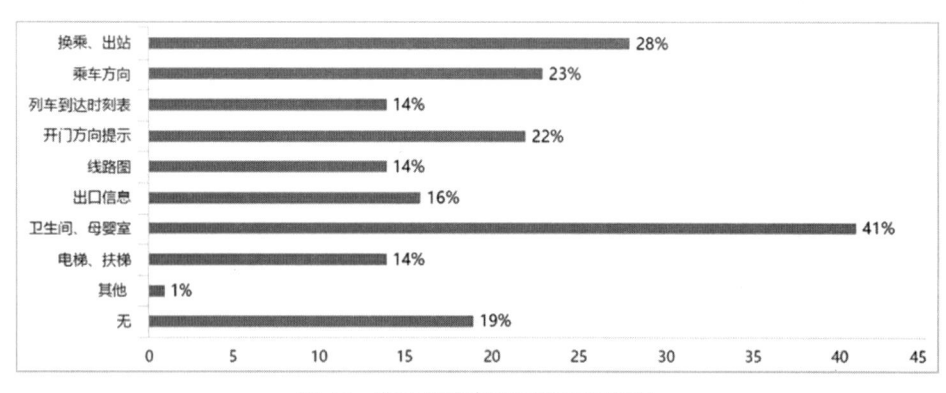

```
换乘、出站                              28%
乘车方向                          23%
列车到达时刻表          14%
开门方向提示                     22%
线路图              14%
出口信息               16%
卫生间、母婴室                                  41%
电梯、扶梯            14%
其他        1%
无                  19%
   0    5   10   15   20   25   30   35   40   45
```

图 13　非广州乘客出口明晰度调查

综上，广州地铁的乘客因标识不清走错的比例不高，显示了广州地铁的标识基本完成了其分流和服务功能，但绝大多数乘客都认为地铁标识有不明晰的情况，广州乘客和非广州乘客都认为卫生间、母婴室、换乘、出站标识还存在问题，这表明广州地铁标识有优化的空间。

（二）标识位置的合理度

79.81%的广州乘客和86%的非广州乘客认为广州地铁标识的位置无不合理的情况。少数认为存在标识不合理的具体情况如下：

①体育西站的H口，1号线的指示牌放置在3号线的步梯位置。

②引导标识间距太远，容易造成指向不明确的问题。

③应增多悬挂式标识，贴在墙上的引导标识容易让乘客忽略。

（三）字体大小的合适度

63.94%的广州乘客认为广州地铁标识的字体大小合适，36.05%认为字体有点小或太小，主要集中在40岁以上的乘客群体中。可见广州地铁标识应该考虑到中老年人的需求，适当地将字体调大。

57%的非广州乘客认为广州地铁标识的字体大小合适，41%认为字体有点小，2%认为字体太小。相比广州乘客，超过四成非广州乘客认为广州地铁标识字体不合适，原因在于非广州乘客不熟悉广州，更需要从地铁标识获知信息，因此他们在乘坐广州地铁时希望标识字体更大、更醒目。

（四）字母发音的困难度和辨识度

广州地铁的出口以字母标识为主，通常每个地铁站有4个出口，但由于地铁建设的实际需要，个别地铁站点出口在7个或以上，如：陈家祠站（7个出口）、广州火车站/广州东站（8个出口）、公园前（11个出口）、广州南站（12个出口），已经使用了从A到L的字母，对于一些没有受过专门英语训练的人来说，个别英文字母的发音并不容易。在受访者中，38.94%的广州乘客认为地铁出口字母的发音有困难，位于前六位的是：D、B、J、G、E、L；52.00%的非广州乘客认为地铁出口字母发音有困难，位于前五位的是：D、G、B、J、E。从听辨的角度来看，57.69%的广州乘客认为B和D较容易混淆，39.90%认为G和J较容易混淆，仅有一位乘客认为B、D与E较难区分；非广州乘客呈现相似的分布，59%的乘客认为B和D较容易混淆，49%认为G和J较容易混淆，有一位乘客认为D与E较难区分，一位乘客认为C与E较难区分。见图14、图15。

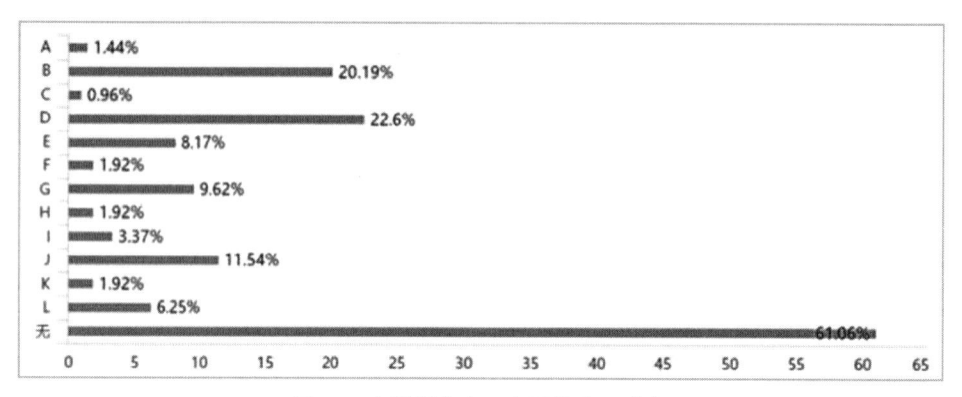

图 14　广州乘客出口字母发音困难度

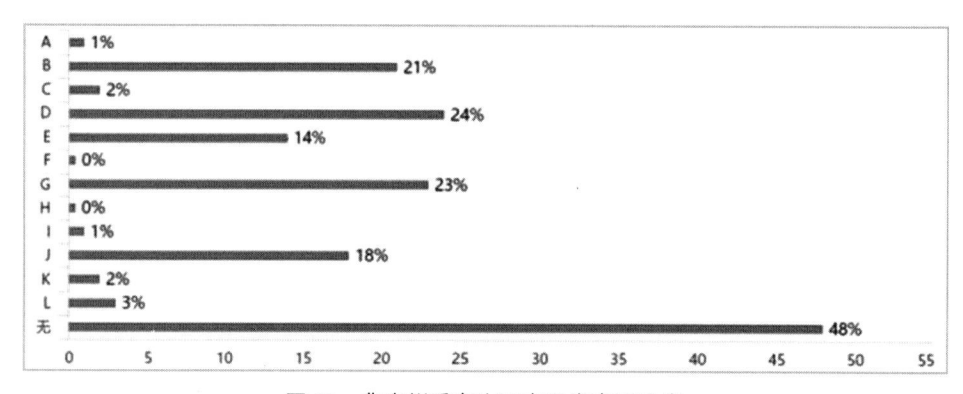

图 15　非广州乘客出口字母发音困难度

无论从发音角度还是从听辨的角度,都有超过半数的乘客认为地铁出口 B 和 D 不易区分,接近半数的乘客认为地铁出口 G 和 J 较难区分,个别乘客认为地铁出口字母 E 也较易与其他字母混淆。①

目前国内地铁出口大多以字母为主进行标记,辅以数字。例如,武汉地铁徐家棚站有 20 个出口,字母从 A 用到了 W②;北京地铁还在字母+数字的基础上标出方位,如西单站"F1(西北口)"。也有城市的地铁以数字为主进行标识,如上海地铁和南京地铁,上海徐家汇、人民广场站有 20 个出口③,南京新街口站有 24 个出口,均以数字来标记④。随着轨道交通越来越普遍,哪一种标识沟通效

---

① 需要说明的是,调查显示英文发音和听辨的困难度与学历无明显关联,其中具有大学本科学历者认为有困难的数量最多,初中及以下学历最少。这可能与调查为自我主观评价有关。
② 《武汉哪个地铁站出入口最多》,武汉生活网,2019-4-11,http://www.wuhan.com/life/12797.html。
③ 数据来自上海地铁微信公众号。
④ 《南京新街口地铁站出口示意图》,本地宝,2019-8-30,http://nj.bendibao.com/traffic/2015123/50873.shtm。

率更高，更为便民，确实值得进一步思考。详见表2。

表 2　地铁出口标识的多城市对比

标记方式	北京	上海	成都	南京	武汉	广州	深圳	香港	澳门
字母			+					+	+
字母+数字+方位	+								
字母+数字					+	+	+		
数字		+		+					

三、体验式测评

针对问卷调查和访谈所体现的广州地铁标识的主要问题，我们于2021年10月对广州地铁主要站点进行了体验式测评，综合考虑了非本地乘客、老年乘客以及使用轮椅或婴儿车等的特殊群体的使用体验。

（一）测评方法

测评模拟乘客乘车过程，采用进站、乘车、出站三个视角，空间上覆盖了地铁站地面层、站厅层、站台层和地铁车厢，总计117个观测点。其中，引导标识共26个观测点，占22.22%；服务标识共79个观测点，占67.52%；提示标识共12个观测点，占10.26%。测评各站点均采用同一测评表和评分标准，总计60分，最终评分为百分制得分。本次测评站点为2020年广州地铁客流量排名前五位的地铁站点：体育西路站、珠江新城站、嘉禾望岗站、公园前站、客村站。

（二）测评结果及其分析

测评结果显示，广州地铁测评得分平均分为86.95（见表3），标识便民度整体较高。在测评过程中我们发现，广州地铁站厅层和站台层的出站、换乘、线路和乘车方向等标识设置较为完善，基本可以满足普通乘客需求；地铁车厢内部的线路、行车方向、安全提示等标识也相对完备。

表3　广州地铁五大站点测评情况

站点	体育西路	珠江新城	嘉禾望岗	公园前	客村	平均值
测评得分	87.48	85.98	87.14	89.10	85.05	86.95

体验式测评反映的两个突出问题是：第一，测评的五个站点均在站厅层配备了母婴室，站厅层的母婴室标识数量相对充足，较容易找到，相比之下，站台层的母婴室标识略少，各站点均不能保证在每一个屏蔽门处都能看到母婴室标识，对于哺乳期女性不够方便，也不利于母婴室发挥应有的作用；第二，对于推婴儿车或轮椅等有特殊需求的乘客来说，站厅层和站台层的专用电梯的标识密度不够。进站视角下，所观测的五个站点中除嘉禾望岗站（部分出口）外的四个站点地面层入口处均无地面到站厅的扶梯、专用电梯和楼梯升降机标识；出站视角下，由站厅到地面的扶梯、专用电梯和楼梯升降机标识位于出口咨询标识处，且标识较小，不够醒目。

我们采用相同的测评方式，针对直梯、扶梯进行了专项测评，测评范围包括深圳（高新南站、荔林站）、香港（沙田站、大学站）、澳门（排角站）以及国内其他城市北京（西单站）、上海（人民广场站）、成都（中坝站）[①]（见表4）。

表4　轨道交通直梯、扶梯标识跨城市测评对比　　　　　　单位：%

测评项	广州	深圳	香港	澳门	北京	上海	成都	平均值
直梯标识分布率	58.12	66.67	65.00	100.00	36.36	100.00	50.00	68.02
扶梯标识分布率	29.84	37.50	70.00	100.00	45.45	100.00	58.33	63.02

从测评数据来看，各城市都已关注直梯和扶梯标识，但分布差异较大，广州的相关标识还有进一步合理化的必要。在新开通的18号线，车厢内部显示屏已增加了扶梯标识，显示有关标识在不断完善中。

---

① 北京、上海、成都不论是在地铁运营线路长度上，还是在线网规模以及客运量上，排名均为全国前列，所选站点为《城市轨道交通2020年度统计和分析报告》客流量排名前五的站点。

四 建议

公共交通站点的标识应充分考虑各类乘客的不同需求，确保信息的直接性、及时性、预示性。从以上调研、访谈和体验式测评可以发现，广州地铁的标识已基本达成了其分流功能、服务功能和提示功能，但也还有进一步改进空间。

第一，优化引导标识。根据调查和乘客的反馈，我们认为应从以下几个方面优化引导标识：（1）位置和形式。图文结合的出口资讯牌可置于换乘或出站路途中，最好设置于闸机内。注意缩减各引导标识之间的距离，增多悬挂式以及三维立体式（可区分向前与向上/向下）的标识，提高引导标识间的区分度。（2）开门方向。应在所有车厢设置开门方向提示，针对部分车厢提示灯应亮未亮及提示灯太小等问题，应考虑增大提示灯或凸显其闪烁亮度。（3）字体。应充分考虑乘客需求，适当放大字体，便于识别。（4）提高重点服务设施标识的密度。尤其是电梯信息、母婴室信息、卫生间信息等。

第二，新建地铁可考虑改变出口标记的方式。广州地铁出口的字母已经从A用到了L，且使用了字母加数字的标记（如B1、B2）。在调查中，不少乘客对出口字母有发音和听辨的困难。字母和数字两相对比，显然后者的识辨难度较低。随着大湾区轨道交通的进一步建设，其他城市势必也会面临更多的此类问题，用字母标记是否符合普通乘客的阅读和听辨习惯，值得思考。

第三，加强宣传与普及。每个地铁站点均是信息的集合。乘客可提前通过其他途径了解相关信息，如广州地铁官方网站、官方微信公众号等，目前地铁宣传海报多附有二维码或葵花码供乘客进一步了解信息。此外，地铁方还应再加强标识宣传，如站台信息、换乘标识以及开门方向提示等，这些细节容易被乘客忽略。此外，宣传时要充分考虑老龄化社会的背景，对标识系统做简化指引。

第四，开展标识有效性检测。标识是否有效，应出台相应的行业标准，核查必备信息是否齐全，位置是否合理，分流是否有效等；应建立多方参与的检测评估机制。多方参与是指相关专家、同行、各类乘客、消防部门等，其中各类乘客的体验尤为重要，应包括不同年龄、不同需求的乘客，如使用轮椅、婴儿车的乘客，携带大件行李的乘客以及听、视障人士等。

（马　喆、谭　凌、于亚杰）

附录 1

广州地铁的安全管理提示

楼层	位置	提示内容	形式
站厅层	出口附近	禁止吸烟、严禁携带宠物、严禁携带气球、请勿携带总重量超过 30 公斤或长、宽、高之和超过 1.6 米的行李	图文
	出口附近	消防安全"三提示"（略）	文字
	出口附近	禁止摆卖（略）	文字
	出口附近	反恐怖防范管理 第 24 部分：轨道交通	文字
	出口附近	破玻报警器 火灾时击碎玻璃报警 非紧急情况勿动	文字
站台层	屏蔽门	注意站台与列车之间的空隙	文字
	屏蔽门	注意站台与列车之间的高度差及空隙，小心慢行	文字
	屏蔽门	请在黄色安全线外排队	文字
	屏蔽门	灯闪铃响，勿上下车，冲门危险，顾己及人	图文
	尾端墙	当心夹手	图文
	尾端墙	下行线尾端墙 未经允许，严谨擅自进入	图文
车厢	车厢门	请勿扶门、小心站台间隙、请勿倚靠	图文
	车厢门（两侧）	小心夹手	
	座位上方	请勿随地吐痰、请勿在列车内进食（婴儿、病人除外）、请勿追逐打闹、请勿躺卧、请勿倚靠立柱、请勿悬吊、请勿兜售、推销、派发宣传品、使用电子设备时请勿外放声音	图文
	座位上方	1. 按下按钮；2 取出灭火器；3. 提起灭火器；4 拔下保险销；5. 对准火源根部；6. 用力压下手柄；灭火器位于座位下	图文
	座位上方	紧急出口在列车两端	图文
	车厢连接处	禁止扶拉 小心夹伤	图文
手扶梯	扶梯或靠近扶梯的立柱上	照顾儿童、照顾老人、遇险按停、勿伸头手、注意脚下、勿带自行车手推车及重物、请勿逆行、站好扶稳、遇警示，请勿用 请勿攀爬、请勿敲打、请勿倚靠、请勿抛物	图文
	扶梯靠近楼梯处	小心碰头	文字

深圳公共交通语言服务现状与市民满意度调查

《粤港澳大湾区发展规划纲要》提出，深圳需要发挥作为经济特区、全国性经济中心城市和国家创新型城市的引领作用，加快建成现代化国际化城市，努力成为具有世界影响力的创新创意之都。在基础设施建设方面，深圳作为粤港澳大湾区的四大中心城市之一，要"提升内部联通水平，推动形成布局合理、功能完善、衔接顺畅、运作高效的基础设施网络，为粤港澳大湾区经济社会发展提供有力支撑"①。根据深圳市交通运输局发布的交通运输数据，深圳现有地下铁路（简称"地铁"）、有轨电车、公共汽车和出租小汽车四类公共交通工具。地铁作为粤港澳大湾区交通体系的重要组成部分，目前承担着深圳市10条地铁线路、380千米的运营任务。深圳市交通运输局数据显示，2021年，全市公交客流量36.07亿人次，其中，常规公交客流量10.9亿人次，地铁客流量21.79亿人次，出租车客流量3.31亿人次，有轨电车客流量690.17万人次②。

一 深圳公共交通工具语言服务现状

深圳地铁、有轨电车和公共汽车三类公共交通工具在语言服务上突出普通话作为国家通用语言的主导地位，同时兼顾国际化服务水平建设，提供英语服务，满足英语使用者的日常需求。深圳公共交通工具提供的语言服务情况如表1所示。

---

① 见中华人民共和国中央人民政府 http://www.gov.cn/zhengce/2019-02/18/content_5366593.htm#1。
② 《2021年深圳交通运输行业统计数据解读》，深圳市交通运输局（深圳市港务管理局）网站，http://jtys.sz.gov.cn/zwgk/sjfb/sjjd/content/post_9594511.html。

表 1　深圳公共交通工具语言服务情况

公共交通工具	语言景观	语音播报	智慧服务
地铁	中文、英文	普通话、粤方言、英语	中文、英文
有轨电车	中文、英文	普通话、粤方言、英语	中文、英文
公共汽车	中文	普通话、英语	中文

在语言景观上，公共汽车以中文为主，地铁与有轨电车设置中英双语语言景观。在语音播报上，两类轨道交通采用"普通话＋粤方言＋英语"的三语播报模式，而公共汽车受制于语音播放时长的问题，仅使用"普通话＋英语"的双语播报模式。在智慧服务上，轨道交通主要表现为完善的中英双语自助票务系统与手机支付两个方面。公共汽车的智慧服务则体现在手机支付与站台二维码的查询小程序两个方面。这些智慧服务对乘客出行有积极作用。

二　受访者信息统计

本调查于 2021 年 3 月进行，共回收问卷 152 份。受访者的基本情况、语言能力和公共交通工具使用情况如下。

（一）基本情况

受访者男女数量相当，年龄主要集中在 19—25 岁，以学生和公司职员为主。如表 2 所示。

表 2　受访者基本信息统计

统计项目		人数	占比/%
性别	男	67	44.08
	女	85	55.92
年龄	18 岁及以下	5	3.29
	19—25 岁	100	65.79
	26—35 岁	18	11.84
	36—45 岁	13	8.55
	46 岁及以上	16	10.53

（续表）

统计项目		人数	占比 /%
职业	学生	87	57.24
	技术及服务业人员*	15	9.87
	公司职员	24	15.79
	自由职业者	10	6.58
	个体户及其他**	16	10.52

* 技术及服务业人员：专业人员4人，服务业人员8人，工人3人。
** 个体户及其他：事业单位人员2人，家庭主妇5人，已退休2人，无职业6人，其他1人。

（二）语言能力

受访者最先掌握的语言，人数最多的是普通话与客家方言，均为49人（32.24%），其次是粤方言35人（23.03%）和潮汕话12人（7.89%）。另外还有少数受访者最先掌握的语言为闽南语、四川话、雷州话、湖南方言和日语，共7人，合计占4.61%。这展现了深圳作为移民城市多语交错的现实语言状况。

在"目前能熟练运用的语言（含方言）（多选）"这一问题上，情况发生了变化。150名受访者表示能熟练运用普通话，占98.68%。粤方言使用者增加了52人，英语的熟练使用者上升至57人，客家方言与潮汕方言使用人数也有小幅上涨。而在"能熟练使用的其他语言或方言"中，15人中有7人学习并掌握了日语，如图1所示。

对比最先掌握的语言的人数与熟练使用语言使用者的增量，可以得出以下三点结论。

（1）普通话作为国家通用语言，无论从法律地位还是从实用性考虑，其在深圳市的重要程度都远超其他语言，因此增幅最大，基本上实现人人会讲普通话。

（2）在方言学习和使用中，客家方言、潮汕方言及闽南语、四川话、湖南方言的增幅较小，这可能是受应用场景限制，语言使用者后天学习缺乏掌握方言所需要的语言使用环境。与此对应的是粤方言的熟练使用人数翻番，说明粤方言在广东影响力很大。

（3）在熟练运用的外语中，能熟练运用英语的人数较最先掌握的语言为英语者数量增长最大。英语是中国外语教育的首选语言，深圳教育体系最早从幼儿园开始推行英语教育,对外贸易中英语也是最重要的语言。这两点可能是深圳市民的英语使用者获得较大增长的主要原因。另外需要特别指出的是,除1位日语母语者外,有6位非日语母语者通过后天学习掌握了日语。结合后续调查,我们推断深圳市民在面对多个语种时,对日语的学习和使用具有更强的偏好。

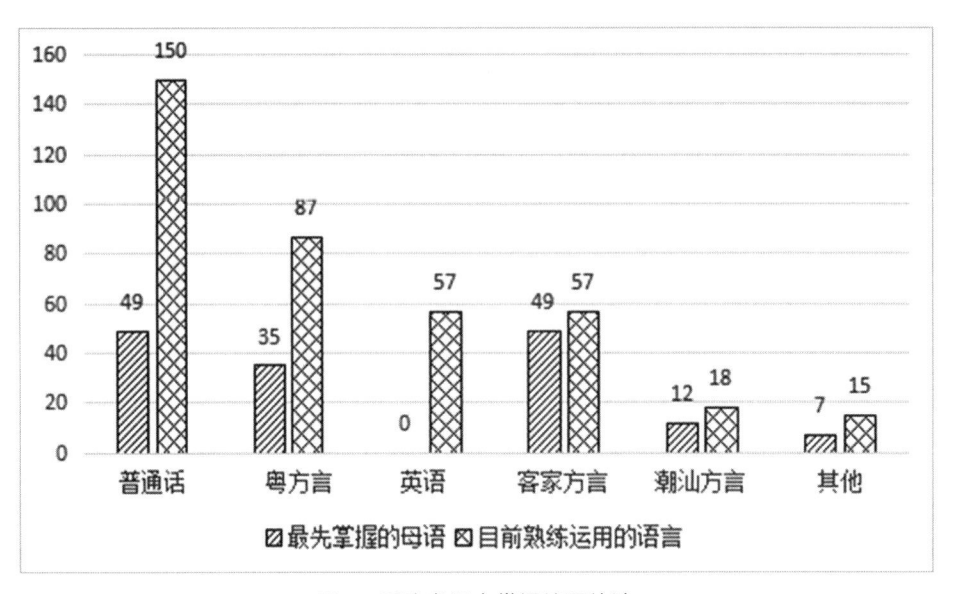

图 1　受访者语言掌握情况统计

（三）交通工具使用情况

我们对受访者的交通工具使用情况进行了调查,如表3所示。

表 3　交通工具使用情况

调查内容		人数	占比 /%
过去1年内在住时间	3个月以下	54	35.53
	3—6个月	12	7.89
	6个月以上	86	56.58
在深期间是否使用过公共交通工具	是	152	100.00
	否	0	0.00
使用过的公共交通工具种类（多选）	地铁	145	95.39
	公共汽车	116	76.32
	出租车与网约车	98	64.47
	共享单车	55	36.18
	有轨电车	16	10.53

结果显示，半数以上受访者在过去1年内有6个月以上常住深圳，且所有受访者都表示在深期间使用过深圳的公共交通工具。这可以证明本次调查的可信度较高，受访者的公共交通使用率高。

在使用过的公共交通工具种类中，地铁的使用者最多，占九成半；公共汽车次之，超过七成半。出租车及网约车的使用者超过6成。共享单车与有轨电车的使用者最少，分别只有36.18%与10.53%。

深圳东西跨度大，南北纵深宽，不同行政区划间距离较远，且城市景观复杂，需要使用交通工具代步。随着地铁工程不断推进，深圳已经拥有较为完备的地下通行系统，公共汽车系统也较为完善。这两种公共交通工具自然成为市民的主要出行选择。出租车与网约车因车费与运营范围等因素的限制，使用过的受访者少于地铁和公共汽车。共享单车和有轨电车则因为适用范围的限制，使用过的人数最少。

支付方式上，手机扫码支付为受访者最优先使用的支付方式，交通卡其次，同时仍有市民使用现金购票。深圳智慧出行在手机支付方面功能较完善，市民也乐于使用。其他不同支付方式仍在服务对应受众，应当予以保留。

三 受访者语言服务评价

乘客对公共交通语言服务的主观评价是测量语言服务质量和水平的一个重要维度。

（一）乘客与工作人员语言交流情况

乘客在使用公共交通工具出行时，不可避免地会遇到各种突发情况。除了随行的乘客，在岗的工作人员往往是值得依赖和寻求帮助的对象。

乘客最常与地铁客服与网约车司机产生言语接触，分别有65人和63人在出行中曾向他们寻求服务。客服是地铁站专门设置的解决乘客各类问题的岗位，网约车司机则是网约车出行中必须进行语言接触的对象。地铁保安在乘客心目中也承担着重要的语言服务功能，共有58人在出行中与其交流。公共汽车司机与志愿者的语言服务则是对出行语言服务的一种补充，普通市民在外出时可能并不需要与这两类工作人员在语言上有过多交流。有39位受访者就表示出行并不需要与任何工作人员有语言交流，如图2。

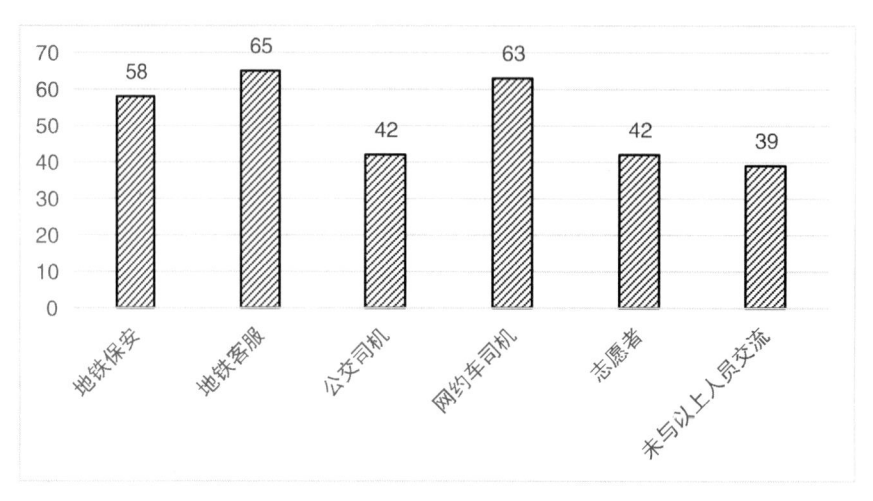

图 2　乘客与公共交通工作人员语言交流情况

在113位与工作人员有过语言接触的受访者中，108人表示会优先使用普通话进行交流，占95.58%；4人会优先使用粤方言交流，占3.54%；另有1人会优先用英语交流，占0.88%；无人使用方言或其他外语交流。如图3所示。

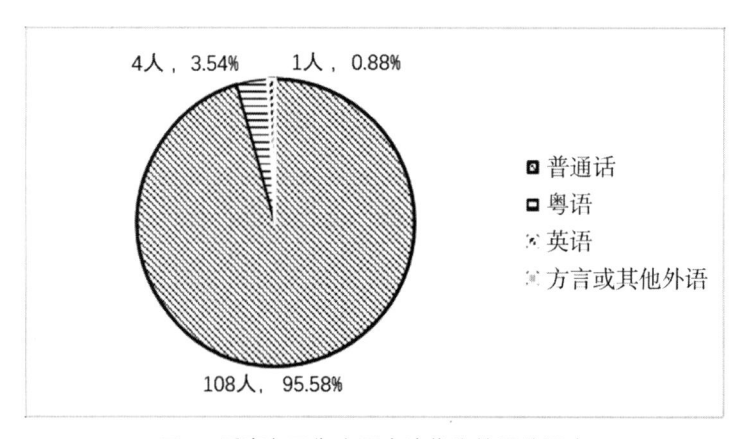

图 3　乘客与工作人员交流优先使用的语言

通过数据可以看出，普通话在发生言语交流的场合中，使用优先度最高，这也符合深圳人人都讲普通话的语言环境。同时也有极少数受访者会优先使用粤方言或英语，这从侧面反映出即使在通行普通话的语言环境中，依然有市民会更习惯使用自己惯用或熟悉的语言，展现了深圳语言生活的多样性。

（二）对工作人员普通话水平的评价

深圳公共交通从业者在与乘客进行语言交流时，基本上都使用普通话。但不同群体的普通话水平有较大差别，下面主要考察普通话的语音，特别以"是否带有口音"的标准对公共交通从业者的普通话进行评价。"标准"指"清楚流利，不带口音"，"一般"指"能听懂，但带有口音"。

从图4—7可以看出（图表中已隐藏零数据），地铁客服的普通话水平最高，语音最标准，受访者评价最好，有95.38%的人认为客服人员普通话清楚流利，不带口音。其次是地铁保安人员，有68.97%的受访者认为其普通话非常标准。工作人员较为标准的普通话配合深圳地铁系统较为完善的语言服务体系，既展现了深圳地铁集团的管理水平，也代表着深圳对外的城市语言形象——"来了就是深圳人，来了就说普通话"。

公共汽车司机和网约车司机普通话发音标准与普通话带口音的情况对半并存。网约车一般都是私家车，司机的普通话水平参差不齐，互联网公司平台也缺乏对其普通话的能力要求与培训。公共汽车司机作为深圳地面公共交通的主力，受深圳三大公交公司的管理，可以通过加强对驾驶员的语言能力培训，提高语言服务水平。

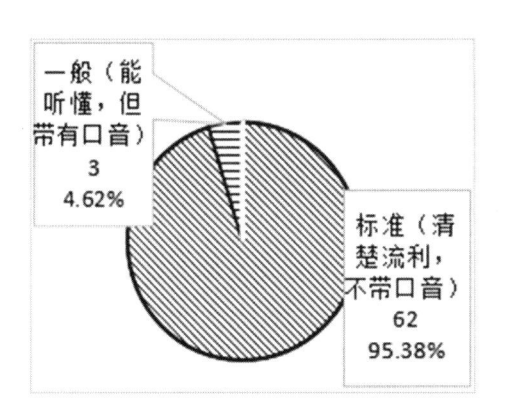

图4 地铁客服普通话水平评价 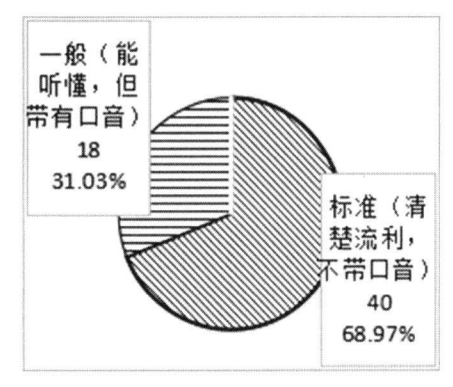　　　图5 地铁保安普通话水平评价

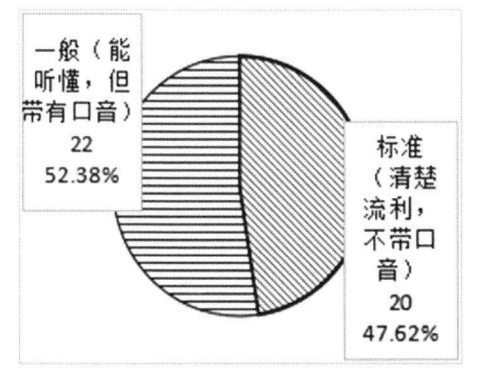

图6 公共汽车司机普通话水平评价 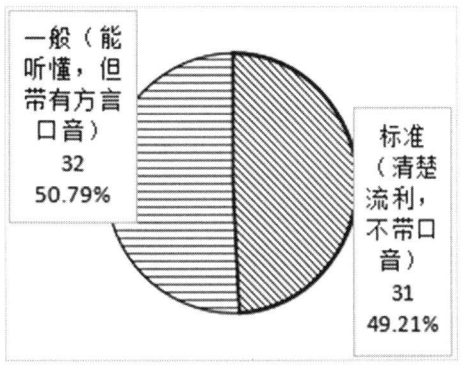　　图7 网约车司机普通话水平评价

（三）对公共交通语言服务的满意度

本报告主要对市民关于深圳地铁、手机网约车平台和地图导航语言服务的满意度情况开展调查。

1. 地铁语言服务满意度

地铁是深圳市民出行的主要交通工具。152位使用过深圳公共交通的受访者中，145人使用过地铁，覆盖率达到95.39%。其中"几乎每天都坐地铁"与"一周使用四五次地铁"的受访者占到44.83%，另外还有33.79%的受访者表示"每周会使用两三次地铁"，累计78.62%。如图8所示。

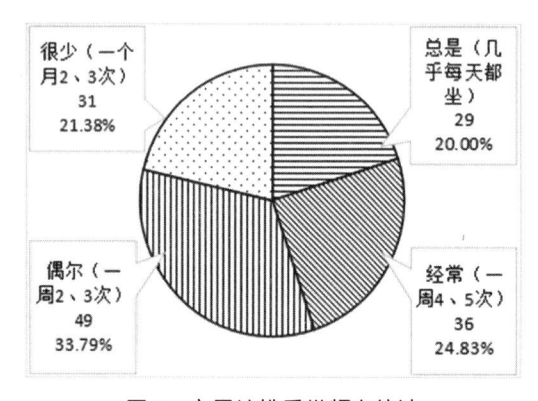

图8 市民地铁乘坐频次统计

调查问卷设置9个测量语言服务满意度的问题，涉及从购票进站到出站的各个环节，每个问题的选项分为五个等级，1分为最低，5分为最高。所有项目的总平均分为4.37分，表明市民对深圳地铁语言服务的总体满意度较高，地铁客服中心的工作人员的服务水平和地铁语言景观的便民度得到认可。详见表4。

表4 地铁满意度调查

评分项	满意度					平均分
	非常同意（5分）	比较同意（4分）	同意（3分）	不同意（2分）	非常不同意（1分）	
地铁客服中心工作人员用语文明	99（68.28%）*	33（22.75%）	13（8.97%）	0（0.00%）	0（0.00%）	4.59
地铁自助购票、充值服务指引清晰	95（65.52%）	35（24.14%）	13（8.96%）	1（0.69%）	1（0.69%）	4.53
地铁站内换乘信息清晰易懂	87（60.00%）	39（26.90%）	17（11.72%）	2（1.38%）	0（0.00%）	4.46

（续表）

评分项	满意度					平均分
	非常同意（5分）	比较同意（4分）	同意（3分）	不同意（2分）	非常不同意（1分）	
地铁车厢语音报站清晰、不含糊	93（64.14%）	30（20.69%）	16（11.03%）	4（2.76%）	2（1.38%）	4.43
候车站台电子屏的信息很实用	85（58.62%）	42（28.97%）	14（9.65%）	3（2.07%）	1（0.69%）	4.43
电梯标识齐全、明显	78（53.79%）	47（32.41%）	18（12.42%）	2（1.38%）	0（0.00%）	4.39
应急装置的使用说明清楚易懂	74（51.03%）	44（30.35%）	25（17.24%）	1（0.69%）	1（0.69%）	4.30
出站口的周边地图实用、易懂	65（44.83%）	45（31.03%）	26（17.93%）	6（4.14%）	3（2.07%）	4.12
厕所标识清晰醒目	64（44.14%）	39（26.89%）	32（22.07%）	8（5.52%）	2（1.38%）	4.07
总分	740	354	174	27	10	4.37

* 括号外为人数，括号内为占比。下同。

表4中得分最低的是"厕所标识清晰醒目"，只有4.07分。深圳地铁的厕所基本上全线全站配置，设置在出站口附近。但考虑到地下管道设计与维护成本等问题，基本上只会在同一地铁站设立一个厕所。加上人有三急，在焦虑情绪干扰下，可能更不容易发现相关标识。如果要在标识方面进一步优化设计，可以采用与流线指示标识类似的办法，综合利用立体空间，在地面或头顶增设流线指示标识。

得分次低是"出站口的周边地图实用、易懂"，4.12分，而且有3个受访者的评价为1分。结合对部分受访者的访谈，受访者对地铁地图给出较低评价可能出于以下原因：

①理解地图需要乘客本身具有一定的空间想象能力；

②地图设置在出口闸机附近，周围不设任何工作人员进行解答，即使要找客服或保安询问，也需要先出闸或绕远路；

③地图画幅较大，一般只标注周边大型设施的信息，无法询问具体路线；

④地图为静态的设施，不如手机导航方便。

"应急装置的使用说明清楚易懂"一项也低于平均分，可能是因为日常出行中基本不会用到应急装置。

2. 打车软件（含小程序）语言服务满意度

通过打车软件约车已经成为当前城市内出行的一种普遍现象。受访者中有138人使用过打车软件，占90.79%。这138人中，"滴滴出行"使用者最多，有133人，其他依次是"花小猪打车""优步""神州专车"等，如图9所示。"滴滴出行"是市民最常用的一款打车软件。

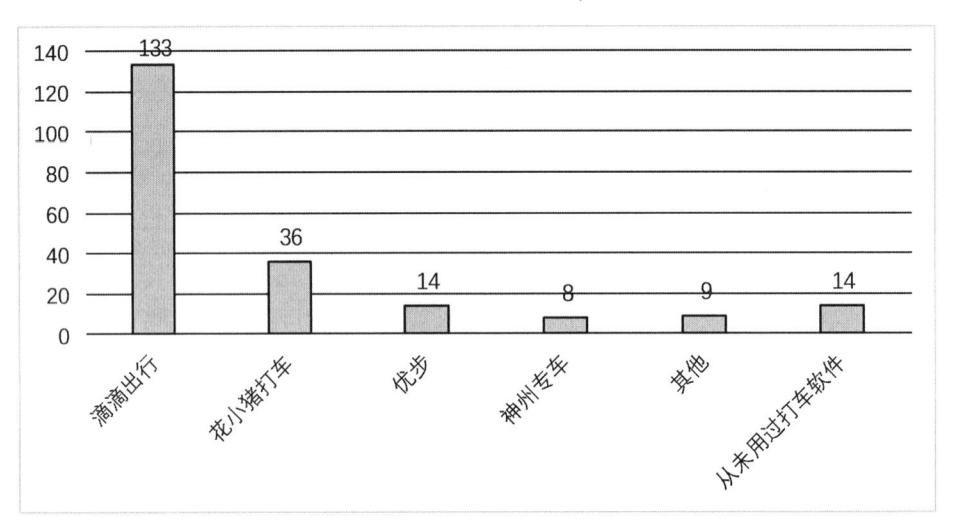

图9 受访者使用过的打车软件（含小程序）人数统计

我们对使用者较多的"滴滴出行""花小猪打车""优步""神州专车"这四款软件的语言服务功能进行了调查。结果见表5。

表5 打车软件语言服务功能调查

调查项	滴滴出行	花小猪打车	优步	神州专车
字体大小调节	×	×	×	×
语音播报	√	×	×	√
语速调节	×	×	×	×
使用方式	文字搜索	文字搜索	文字搜索	文字搜索
客服联系方式	客服机器人 电话客服	客服机器人	电话客服	客服机器人
适老化版本	√	×	×	×

对比同类软件，在提供相同或相似功能的时候，"滴滴出行"在语音播报、客服联系和适老化改造上可选项目更加多样，能够更好地满足不同乘客的出行需求，这可能是使用者较多的原因之一。

针对出行中软件使用的满意度评价，问卷共设计7个问题，所有题目总平均分为4.18分，具体如表6所示。

表6　打车软件满意度调查

评分项	满意度					平均分
	非常同意（5分）	比较同意（4分）	同意（3分）	不同意（2分）	非常不同意（1分）	
打车操作易上手	69（50.00%）	46（33.33%）	20（14.49%）	3（2.18%）	0（0.00%）	4.31
软件文字大小适中	66（47.83%）	48（34.78%）	21（15.22%）	3（2.17%）	0（0.00%）	4.28
打车用语简单易懂（如特惠快车、急速拼车）	60（43.48%）	47（34.06%）	27（19.56%）	4（2.90%）	0（0.00%）	4.18
客服说话文明礼貌	57（41.31%）	50（36.23%）	30（21.74%）	1（0.72%）	0（0.00%）	4.18
导航路线准确	54（39.13%）	55（39.86%）	24（17.39%）	4（2.90%）	1（0.72%）	4.14
及时更新最新地图	52（37.68%）	52（37.68%）	31（22.47%）	3（2.17%）	0（0.00%）	4.11
司机说话文明礼貌	49（35.51%）	52（37.68%）	34（24.64%）	2（1.45%）	1（0.72%）	4.06
总分	407	350	187	20	2	4.18

在7个问题中，只有"软件文字大小适中"和"打车操作易上手"高出平均分，其余4项均在平均分以下，说明打车软件整体体验较差。单项最低分为"司机说话文明礼貌"，有人在此项中给出最低分1分，说明他在与司机语言交流方面有不愉快的乘车体验。同为语言表达是否文明的"客服说话文明礼貌"一项也只是刚好达到平均分4.18分，说明打车服务的服务提供者一方，语言文明方面还有提升空间。

在语言表达上，"打车用语简单易懂"一项刚好达到平均分4.18分。不同的打车软件使用相似但不太相同的打车概念，如"特惠快车""急速拼车"等，容易造成混淆。打车用语还可以进一步优化。

在软件本身的功能使用上，导航路线准确与否，能否提供最新的地图，不仅是技术问题，更是能否让使用者利用软件上的语言文字信息实现自身出行需要的一种语言服务。在线下生活场景中，"向工作人员问路"是一种语言服务，而使用打车软件查看地图与线路，不过是将线下的"向工作人员问路"转变成一种人机间的互动,其本质依然是使用语言服务。所以相关的"导航路线准确"和"及时更新最新地图"未能达到满意度调查的平均分,说明软件服务提供商还需要考虑提升技术水平,推进路线推荐的算法升级与地图导航的准确度提升。

综上所述,打车软件作为商业化的公共交通服务提供商,在人工与机器服务方面都还存在问题。在人员服务上,其注册驾驶员入门门槛相对更低,并且没有统一的岗前入职培训等流程,实际服务水平参差不齐。而客服语言服务水平与软件使用体验接近,语言能力可以考虑统一培训加以提升。在机器服务方面,路线推荐与地图准确度的技术升级最为重要,软件功能的人机交互也可以进一步优化,为乘客提供更好的使用体验。

3. 地图导航软件语言服务满意度

调查显示,共有148人使用过地图导航软件,占受访者总数的91.93%。其中,使用者最多的是高德地图,共119人,占80.41%;其次是百度地图。具体如图10所示。

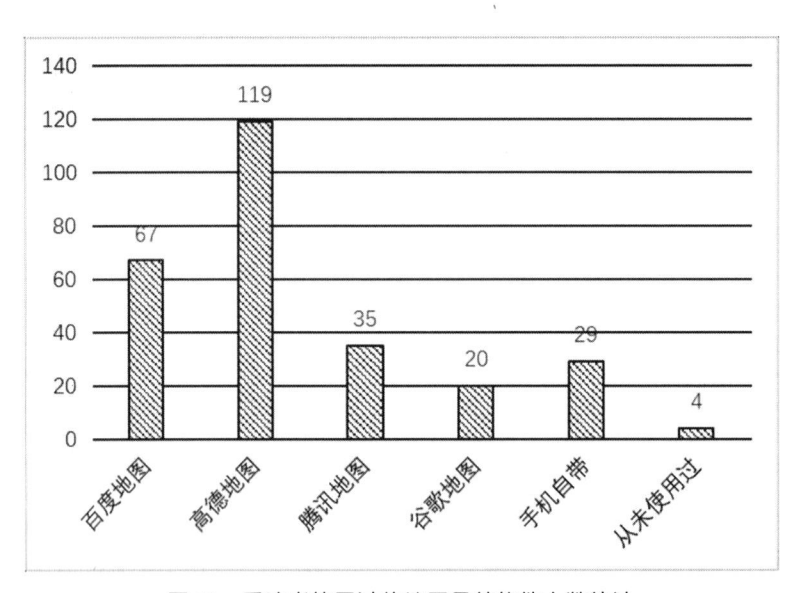

图10 受访者使用过的地图导航软件人数统计

我们对"百度地图""高德地图""腾讯地图""谷歌地图"这四款软件的语言服务进行了调查。相较于打车软件,四个地图软件都做到了语音播报、文字+语音搜索的功能,使用更加便利。四款软件进行同类比较时,"百度地图""高德地图""腾讯地图"三款中国开发运营的地图软件在基础功能上的语言服务水平非常接近,仅在登录方式上有所区别。调查情况如表7。

表 7 地图软件语言服务功能调查

	百度地图	高德地图	腾讯地图	谷歌地图
字体大小	√	√	√	×
语音播报	√	√	√	√
语速调节	×	×	×	×
查询方式	文字、语音搜索	文字、语音搜索	文字、语音搜索	文字、语音搜索
智能客服	×	×	×	×
适老化版本	×	×	×	×
登录方式	手机号、微信/QQ、微博、百度账号、苹果账号	手机号、微信/QQ、微博、支付宝/淘宝、苹果账号	微信/QQ	谷歌账号

在使用过地图导航软件的 148 位受访者中，137 位受访者使用普通话语音包，占 92.57%；5 位选用方言语音包，占 3.38%；没有人选用外语的语音包。如图 11 所示。选用方言的 5 位受访者中，全部使用粤方言语音。在语音包的语音性别偏好中，女声较受偏爱，使用女声语音包的占 81.69%，如图 12。

通过调查，我们建议如果地图导航软件要在语音功能上进行升级完善可以考虑从这两个方面进行改造，推出更符合用户使用偏好的语音功能，提高用户使用满意度。

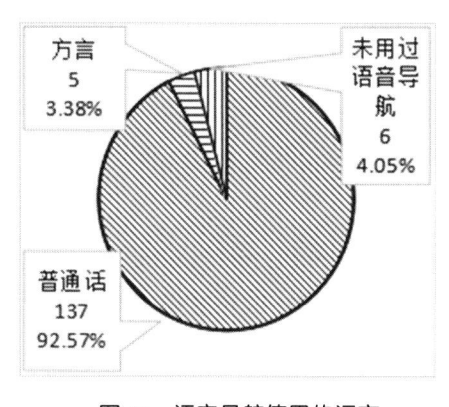

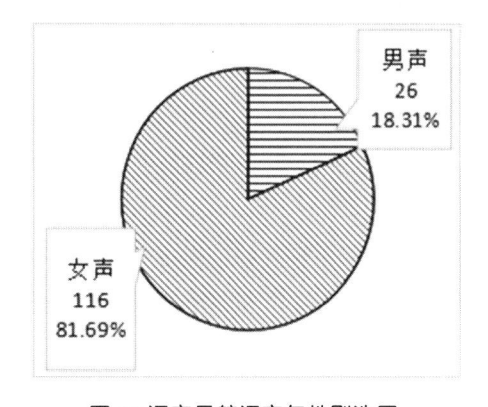

图 11 语音导航使用的语言　　图 12 语音导航语音包性别选用

在具体的地图导航软件使用状况满意度调查中，平均分为 4.23 分，调查结果如表 8 所示。

表 8　地图导航软件满意度调查

评分项	满意度					平均分
	非常不同意（1分）	不同意（2分）	同意（3分）	比较同意（4分）	非常同意（5分）	
查询地图的操作简单、易上手	0（0.00%）	2（1.35%）	14（9.46%）	57（38.51%）	75（50.68%）	4.39
语音播报发音标准、清晰	0（0.00%）	2（1.35%）	22（14.87%）	51（34.46%）	73（49.32%）	4.32
车辆导航信息发布及时	1（0.68%）	6（4.05%）	24（16.22%）	50（33.78%）	67（45.27%）	4.19
及时更新最新地图	2（1.35%）	6（4.05%）	24（16.22%）	50（33.78%）	66（44.60%）	4.16
导航路线准确	2（1.35%）	4（2.70%）	28（18.92%）	59（39.87%）	55（37.16%）	4.09
总分	5（0.68%）	20（2.70%）	112（15.13%）	267（36.08%）	336（45.41%）	4.23

受访者普遍对"查询地图的操作"和"语音播报的发音"比较满意，而对"导航路线准确度""导航信息发布速度""地图更新速度"三个项目均打出低分。这三项直接关乎地图导航软件的使用体验，如果线路不准确、信息更新不及时，就会出现偏航、找不到目的地等情况，所以受访者对这方面的内容更加敏感，要求也更高。

针对地图导航软件满意度情况，本调查给出与打车软件相同的改进建议：地图导航软件需要及时更新导航技术，同时继续优化软件的功能操作，为市民提供更好的出行语言服务。

四　受访者语言服务需求与改进建议

本报告主要考察了深圳市民对公共交通语言服务中关于语言文明、老年人出行、普通话服务改进和多语服务升级四个方面的需求。调查结果如下。

1. 语言文明需求

城市语言文明建设属于我国开展的社会主义精神文明建设的一种。城市居民间文明的语言交流可以构建良好的语言生活环境，有效减少由言语衍生的冲突甚至是恶性事件。[①]因此本调查特别设置相关题目，调查市民对公共交通语言

---

① 徐大明《城市语言管理与城市语言文明建设》，《云南师范大学学报（哲学社会科学版）》2020年第5期。

文明的满意度，以及市民的语言文明意识。

从调查结果看，共计有90.13%的受访者给出4分及以上的评价（如图13），认同司乘人员的语言服务态度。同时也有"态度较差，在提醒乘客时经常用语严厉"和"很不满意，服务态度恶劣，出言不逊"的评语。这说明，公共交通出行领域中语言态度差、措辞表达不合适的情况仍有少量存在，这也是在接下来的语言服务建设需要尽可能解决的问题。

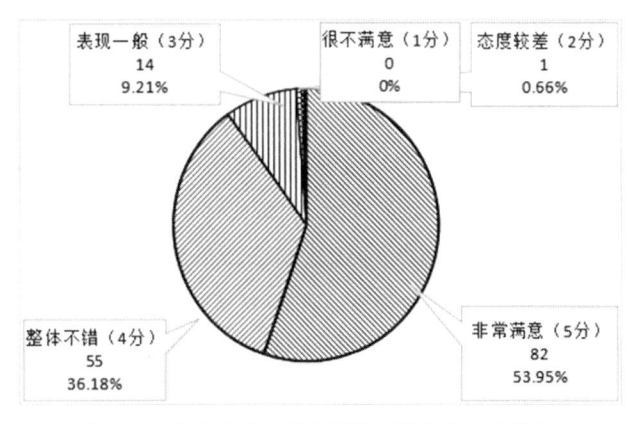

图13 受访者对司乘人员语言服务态度的评价

媒体上经常出现因为口角导致公共交通恶性事件的新闻报道，针对"如何预防言语冲突"这一问题，问卷调查了市民的语言文明态度，如图14所示。67.11%的市民倾向于自己使用文明用语来减少言语冲突。另一方面，有三成左右的市民希望相关部门能够加强对公共交通从业人员的培训，减少发生言语冲突的可能性。

当言语冲突已经发生时，如图15所示，63.16%的市民会当场沟通，争取解决；17.11%的市民倾向于避免引发更大的争论，同时用投诉的方式表达自身的不满；10.53%的市民选择沉默不语，大事化小，从自身做起，避免争论；9.21%的市民会选择据理力争，维护自身权益并采取投诉的方式处理冲突。

对比以上数据，我们发现有72.37%的市民更倾向于利用语言交际来解决问题，这对已经发生言语冲突的双方有较高的语言文明能力要求，否则措辞不当可能将矛盾升级。而选择沉默，避免因言语不当激化矛盾的受访者合计占27.63%，其中有17.11%的人会选择投诉的方式来维护自身权益。

综合来看，近九成的市民在面对已经发生的言语冲突时都希望自身的权益诉求得到满足，其中七成市民更倾向使用语言交流解决问题。这对全民语言文明能力提升提出了较高的要求。

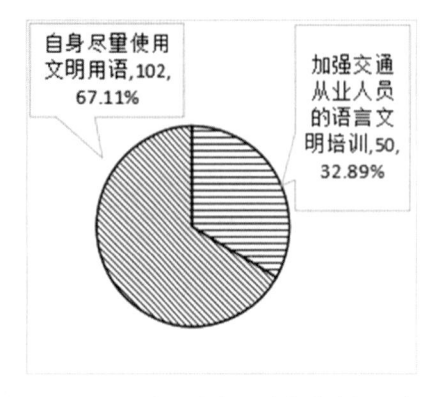

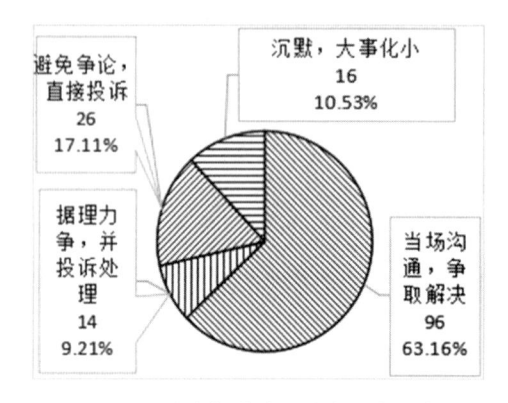

图 14　受访者预防言语冲突的选择倾向

图 15　受访者解决言语冲突的方式方法

2. 老年人出行服务需求

关于"如何更好地帮助老年人出行",53.29%的受访者认为可以通过出行软件提供"老年人模式"来帮助老年人走出去;另外,46.05%的受访者认为可以在不同交通工具的服务处开设老年人咨询专窗,帮助老人答疑。还有1位受访者提出,可以设立特殊通道,落实老人优先排队的倡议。从调查结果中我们发现,利用技术手段帮助老人更好地出行是受访者的主流态度。

深圳科技发展水平高,如果相关部门、企业能在城市管理中贡献科技力量,帮助老人提升出行体验,那将会是城市科技水平与人文精神结合的绝佳案例。

3. 普通话服务改进需求

深圳市语委办积极推动深圳的普通话推广工作,在前面的统计中也可以看出推普工作成果显著,"人人都说普通话"已经成为来深者的共识。下一步应该如何对公共交通领域的普通话相关语言服务进行改进,市民更希望普通话语言服务得到怎样的提升?调查结果如图16所示。

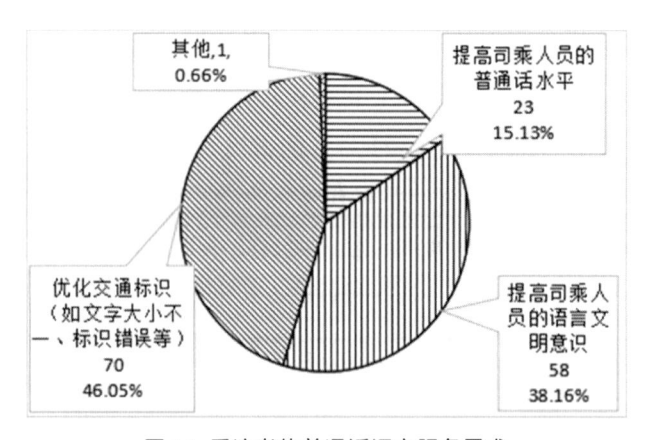

图 16　受访者的普通话语言服务需求

46.05% 的受访者认为，普通话语言服务应当优先解决交通标识中的文字大小不一、标识错误等问题，这些方面会直接影响出行体验。其次有 38.16% 的市民认为要提高司乘人员的语言文明意识，创建良好的语言环境。而提高司乘人员的普通话水平排到第三，占受访者总数的 15.13%。说明在深圳市民心目中，使用公共交通工具出行与司乘人员的普通话水平相关性较低，其重要性不如交通标识与语言文明意识。另外还有 1 位受访者表示当前的普通话语言服务水平较高，非常满意，不考虑其他需求。

政府交通主管部门在下一步提高服务水平的计划中，可以考虑从上述的几个方面入手，增强公共交通领域的普通话服务能力，优化市民出行体验。

4. 多语服务需求

为提升国际化服务水平，深圳公共交通大力推行中英双语服务模式，各类公共交通工具上都能发现中英双语的标识、广播或其他语言服务。如今深圳要建成智慧城市，建设面向国际的粤港澳大湾区，在国际化建设的前提下，如果能够提供对应的多语服务，不仅可以展现城市管理水平，还能为外来人员切实地提供出行上的语言服务。

调查显示，除英语外，受访者认为深圳公共交通外语服务最需要增加的语种是日语和韩语。无论是语言标识还是语音播报，市民都更倾向于增加日语和韩语服务。如图 17。2015 年，深圳市临住外国人为 115.2 万人次，从国籍分布看，来自全球 127 个国家（地区），人数位居前五名的是日本、韩国、美国、印度和加拿大。受访者希望增加日语和韩语等多语服务，是对深圳国际化发展现实的反应。

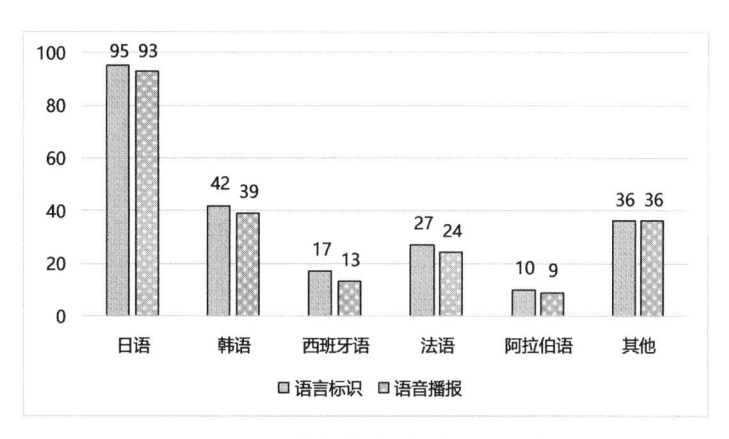

语种	语言标识	语音播报
日语	95	93
韩语	42	39
西班牙语	17	13
法语	27	24
阿拉伯语	10	9
其他	36	36

图 17 受访者希望增加的外语语种

（王海兰、刘灵锋）

香港金融领域人才语言能力要求状况调查与语言服务建议

香港是全球第三大金融中心和主要银行中心之一[①]，其金融业特别是银行业每年吸纳数十万的就业人口[②]，贡献近20%的本地生产总值[③]。同时，金融领域对人才的语言能力需求是香港劳动力市场语言人才需求的一个风向标，对金融领域人才的培养和语言服务能力的提升具有重要启示。

一 调查对象和方法

本报告对香港的汇丰银行、恒生银行、星展银行、渣打银行、东亚银行、中国建设银行（亚洲）（简称"建行亚洲"）、中国工商银行（亚洲）（简称"工银亚洲"）、中信银行、中国银行（香港）（简称"中银香港"）和南洋商业银行等10家银行2020—2021年在各自官网上发布的招聘信息进行了调查，统计分析招聘信息"岗位要求"中的语言能力项。报告共收集各银行招聘信息2071条，其中，汇丰银行最多，752条，占36.31%；其次是恒生银行，311条，占15.02%。详见表1。

表1 各银行招聘信息的数量及占比

银行名称	招聘信息数量/条	占比/%
汇丰银行	752	36.31
恒生银行	311	15.02

[①] 英国Z/Yen集团与中国（深圳）综合开发研究院24日联合发布第30期"全球金融中心指数"报告，香港的总排名较今年3月上升一位至全球第三位。

[②] 数据来源于香港特别行政区政府统计处，所有资讯及通讯、金融及保险、专业及商用服务业主类机构单位的选定统计数字。

[③] 2020新浪飞亚论坛召开，关注"下个十年，企业家如何在变局中生存？"。香港特别行政区政府投资推广署助理署长蒋学礼发表致辞表示，"香港金融服务行业的优势保证了其他产业有效地运作。金融业对香港的GDP贡献很大，接近20%"。

（续表）

银行名称	招聘信息数量/条	占比/%
星展银行	221	10.67
渣打银行	204	9.85
东亚银行	199	9.61
建行亚洲	117	5.65
工银亚洲	104	5.02
中信银行	88	4.25
中银香港	38	1.83
南洋银行	37	1.79
合计	2071	100.00

二 调查结果

（一）语言能力要求总体情况

招聘信息提出岗位语言能力要求，表明语言能力对完成岗位任务的重要性，也反映出用人单位对员工语言能力的重视。[①]2071条招聘信息中，有1849条明确提出了语言能力要求，占89.28%，远高于大湾区医疗领域招聘信息有语言能力要求的比例44.3%，也高于香港医疗领域招聘信息中有语言能力要求的比例81.9%，这表明香港金融领域非常重视对人才的语言能力要求。[②]建行亚洲117条招聘信息全部提出语言能力要求，居各行之首；恒生银行、东亚银行、工银亚洲、中银香港和汇丰银行招聘信息中有语言能力要求的都超过90%。详见表2。

表2 各银行有语言能力要求的招聘信息的数量及占比

银行名称	有语言能力要求的招聘信息		无语言能力要求的招聘信息	
	数量/条	占比/%	数量/条	占比/%
汇丰银行	690	91.76	62	8.24
恒生银行	303	97.43	8	2.57
星展银行	173	78.28	48	21.72

---

① 王海兰、谭韵华、刘栩妍《粤港澳大湾区医疗领域语言能力需求调查》，《中国语言生活状况报告（2021）》，商务印书馆，2021年。

② 同上。

(续表)

银行名称	有语言能力要求的招聘信息		无语言能力要求的招聘信息	
	数量/条	占比/%	数量/条	占比/%
东亚银行	195	97.99	4	2.01
渣打银行	136	66.67	68	33.33
建行亚洲	117	100.00	0	0.00
工银亚洲	100	96.15	4	3.85
中信银行	73	82.95	15	17.05
中银香港	36	94.74	2	5.26
南洋银行	26	70.27	11	29.73
总数	1849	89.28	222	10.72

（二）沟通能力要求

有语言能力要求的1849条招聘信息中，有1475条提出要有良好的沟通能力，占79.77%。汇丰银行的690条有语言能力要求的招聘信息中，616条提出沟通能力要求，占89.28%，比例居各行之首；恒生银行、渣打银行和中银香港招聘信息中的这一比例都超过80%。详见表3。在具体表述上，大部分招聘信息都将具有良好沟通能力作为基本岗位要求。

表3　各银行提出沟通能力要求的招聘信息数量及占比

银行名称	提出沟通能力要求的招聘信息数量	占比/%
汇丰银行	616	89.28
恒生银行	244	80.53
星展银行	137	79.19
东亚银行	128	65.64
渣打银行	109	80.15
建行亚洲	90	76.92
工银亚洲	63	63.00
中信银行	38	52.05
中银香港	30	83.33
南洋银行	20	76.92
总数	1475	79.77

(三)语言和方言能力要求

关于语言和方言能力,各银行招聘信息提到的有中文能力、英文能力和其他外语能力。关于中文能力,不同银行的招聘信息有不同表述,有的只是"中文",有的是"中文(普通话和粤方言)",有的是"中文(包括普通话)",有的是"中文(简体和繁体)"。进行总体统计时,我们将"中文""普通话""粤方言"和"其他地方方言"都计为中文能力。

有语言能力要求的1849条招聘信息中,1514条提出中文能力要求,占81.88%;1544条提出英语能力要求,占83.50%。无论是总体上还是各银行,对中文和英语能力的要求都基本相当。对其他外语能力提出要求的只有汇丰银行的6条招聘信息,涉及日语、韩语、印地语、旁遮普语、乌尔都语和尼泊尔语等亚洲语言。就银行来看,工银亚洲有语言能力要求的招聘信息全部提出了中英文能力要求,中信银行、南洋银行、东亚银行、恒生银行和中银香港等有语言能力要求的招聘信息中90%以上提出中英文能力要求。渣打银行对语言能力的要求相对较低,有语言能力要求的招聘信息中56.62%提出中文能力要求,64.71%提出英语能力要求。详见表4。

表4 各银行对不同语言提出能力要求的招聘信息数量及占比

银行名称	中文能力		英语能力		其他外语能力	
	数量	占比/%	数量	占比/%	数量	占比/%
汇丰银行	517	74.93	531	76.96	6	0.87
恒生银行	281	92.74	285	94.06	0	0.00
星展银行	122	70.52	123	71.10	0	0.00
东亚银行	183	93.85	182	93.33	0	0.00
渣打银行	77	56.62	88	64.71	0	0.00
建行亚洲	105	89.74	106	90.60	0	0.00
工银亚洲	100	100.00	100	100.00	0	0.00
中信银行	71	97.26	71	97.26	0	0.00
中银香港	33	91.67	33	91.67	0	0.00
南洋银行	25	96.15	25	96.15	0	0.00
总数	1514	81.88	1544	83.50	6	0.32

总体来看,香港各大银行对应聘者普遍提出中文能力和英语能力要求,对其他语言能力要求较少。作为香港金融业的核心龙头,汇丰银行招聘信息中的语言能力要求最为丰富。

（四）语言技能要求

部分招聘信息还明确了对中英文听说读写和综合能力等各项语言技能的要求，如表 5 所示。

表 5　各银行对中英文语言技能提出要求的招聘信息数量及占比 *

语言	语言技能		数量	占比 /%
中文能力	听		8	0.53
	说	普通话	792	52.31
		粤方言	1008	66.58
		其他方言	16	1.06
	读		31	2.05
	写	普通话	864	57.07
		粤方言	77	5.09
	综合		451	29.79
英语能力	听		13	0.84
	说		939	60.82
	读		38	2.46
	写		950	61.53
	综合		556	36.01

* 根据目前香港社会以粤方言为主要交际语言，大部分人将中文口语默认为粤方言的语言生活现实，统计时，招聘信息中提出"中文口语"，但未明确指明普通话的，按粤方言来统计，有明确为普通话、粤方言或其他方言的则按实际统计。另，在招聘信息中，粤方言多表述为"粤语"或"Cantonese"，本文统一为粤方言。

从语言技能的角度考察，听说读写四项技能中，说和写的能力最为重要。

中文技能中，总体上看，对"说"的能力要求最多，包括普通话能力、粤方言能力和其他方言能力，有1008条招聘信息提出粤方言能力要求，占中文能力的66.58%；792条提出普通话要求，占52.31%。其次是"写"的能力，有864条提出要有良好的中文书写能力，占57.07%。再次是中文综合能力，有451条提出要求，占29.79%。

英语技能中，对"写"的能力要求最多，有950条招聘信息提出英文书写能力要求，占英语能力的61.53%；其次是"说"的能力，939条，占60.82%；再次为英语综合能力，556条，占36.01%。

可见，无论是中文还是英语，口语和书面语表达能力都更受重视。

（五）多语多文能力要求

"两文三语"（"两文"指中文和英文，"三语"指普通话、粤方言和英语）是香港语言生活的基本特征，也被视为香港的语言政策和语言能力培养目标。银行招聘信息对人才语言能力的要求是对香港"两文三语"语言环境的适应与反映。

口语能力方面，共有1519条招聘信息提出要求，占有语言能力要求招聘信息的82.15%。其中要求"普通话+粤方言+英语"三语能力的最多，743条，占有口语能力要求招聘信息的48.91%；其次是两种语言能力，包括"普通话+英语""普通话+粤方言""粤方言+英语"，共705条，占46.41%；只要求单语能力的较少，55条，占3.62%；要求"普通话+粤方言+英语+其他方言"四语能力的最少，仅16条，占1.05%。详见表6。

表6　各银行有多语多言能力需求的招聘信息数量及占比

多语多言能力	数量	占比/%
普+粤+英	743	48.91
粤+英	676	44.50
英	44	2.90
普+英	23	1.51
普+粤+英+其他方言	16	1.05
普+粤	6	0.39
粤	6	0.39
普	5	0.33
合计	1519	100.00

书面语能力方面，共有1503条招聘信息提出要求，占有语言能力要求招聘信息的81.29%。其中提出"中文+英文"[①]的最多，共1369条，占91.08%。此外有一些还提出"粤方言书写"，是香港"港式中文"或"粤式中文"的一种反映。详见表7。

表7　各银行有多文能力需求的招聘信息数量及占比

书面语能力	数量	占比/%
中文+英文	1369	91.08
中文+英文+粤方言书写	69	4.59

---

① 招聘信息中作为书面语的"中文"，指国家通用语言文字。

（续表）

书面语能力	数量	占比/%
英文	51	3.39
中文	6	0.40
英文+粤方言书写	6	0.40
粤方言书写	1	0.07
中文+粤方言书写	1	0.07
合计	1503	100.00

三 结语

通过对香港10家银行2021年招聘信息中语言能力要求状况的考察，有以下两个主要发现。

第一，语言能力是进入香港金融领域劳动力市场的基本能力之一。香港金融领域非常重视从业人员的语言能力，近90%的招聘信息将语言能力列为基本岗位要求之一，这意味着具备良好的语言能力将获得更大的就业机会。这表明语言能力已经成为一种重要的人力资本，其经济价值不容忽视。

第二，"两文三语"能力是香港最重要的语言能力。在提出语言能力要求的招聘信息中，80%以上都提出了中文和英语能力要求，二者的重要性基本相当，口语能力和书写能力尤其受重视。在口语能力中，重要性依次为英语、粤方言和普通话能力。普通话能力虽然排在第三，但是与前二者差距不大。共有792条招聘信息明确提出"会普通话优先"或"普通话必不可少"，或者在"中文"后通过括号补充说明，强调对普通话能力的需求，也就是说提出中文能力要求的招聘信息中有一半以上提出了普通话能力要求。市场需求是语言能力发展的重要风向标。随着粤港澳大湾区建设的推进，香港与内地将在多领域深入融合，国家通用语言能力对香港市民个人发展的重要性也将进一步提升。

调查除了展现出语言能力的重要性外，也反映出香港语言规划和语言建设方面存在改进的空间，在此作为问题提出来。

第一，"中文"的具体含义不明确，给经济社会中的实际运用带来不便。《中华人民共和国香港特别行政区基本法》规定："香港特别行政区的行政机关、立法机关和司法机关，除使用中文外，还可使用英文，英文也是正式语文。"《基本法》中没有规定"中文"的具体含义,在不同场合也有不同的理解。有的人群直接将"中文"等同为粤方言;更多时候,人们会把"中文"再分解成"两语",即国家通用语普通话和粤方言。招聘信息中,对"中文"的表述也多种多样,有的时候指明包括普通话和粤方言,有的时候没有明确。招聘信息对于应聘者来说具有很强的指示功能,对人才培养中的语言能力培养也具有导向作用。"中文"指义不明,会给求职者带来理解上的差异,影响用人单位和求职者间的信息沟通,长期来看不利于大湾区劳动力市场的融合发展。

第二,香港国际化的发展可能需要进一步提高多语能力。目前银行招聘信息中非常重视英语能力,但对其他外语能力的要求很少。香港作为国际金融中心,除了与英语国家,还需要跟非英语国家开展业务。随着大湾区建设的推进,香港与"一带一路"沿线国家的业务往来也会增加,如何提升多语能力,以适应国际化、多元化的发展需求,需要做好前瞻性规划。

(王海兰、谭韵华、尹杰怡、邱文豪)

后 记

国家语言服务与粤港澳大湾区语言研究中心（简称"粤港澳语言中心"）自2020年8月成立以来，在教育部语言文字信息管理司、广东省教育厅的指导下，聚焦国家语言服务和粤港澳大湾区语言状况及规划研究，已取得了一系列成果。这部《粤港澳大湾区语言服务发展报告（2022）》（以下简称《报告》）作为我国首部战略性区域语言服务专题报告，是继《粤港澳大湾区语言生活状况报告（2021）》后中心完成的又一项重要成果。

《报告》的研制得到了兄弟单位和学界同行的大力支持。2021年11月6日，第六届语言服务高级论坛在广州大学举行，论坛围绕"粤港澳大湾区语言服务研究"主题，结合《报告》初稿审读，就粤港澳大湾区语言服务相关专题进行了深入研讨。来自国家语言资源监测与研究教育教材中心（厦门大学）、海外华语研究中心（暨南大学）、中国外语战略研究中心（上海外国语大学）、中国语言文字规范标准研究中心（北京语言大学）、国家语言文字政策研究中心（上海市教育科学研究院）、中国语言资源开发应用中心（商务印书馆）、中国语情与社会发展研究中心(武汉大学)等七家国家语委科研机构的负责人，北京师范大学、广东外语外贸大学、陕西师范大学、扬州大学、香港中文大学、香港教育大学、澳门大学、岭南大学等内地和港澳高校的学者等，共20余位专家就《报告》的整体设计和具体篇目进行审稿，特别对"语言服务"与"语言生活"的内涵与边界、区别与联系进行了非常有价值的探讨。皮书研制工作一直是在探索中前进，这次论坛暨审稿会的顺利召开为中心的学术研究和皮书研制提供了一种很好的模式，是皮书质量提升和保障的关键一环。

《报告》是国家语委"十三五"科研规划2019年度委托（重大）项目"粤港澳大湾区语言状况及规划研究"（项目编号：WT135-58）的阶段性成果，研制过程同时得到了广东省社科研究基地粤港澳大湾区语言服务与文化传承研究中心、广州大学语言服务研究中心、广州大学"数字经济与数字文化"学科与科研创新平台的支持。

后 记

2019年，教育部"六卓越一拔尖"计划2.0启动，把本科教育放在建设高等教育强国的核心地位、培养社会主义建设者和接班人的关键地位、国家富强民族复兴的先导地位去认识和推进。粤港澳语言中心始终将语言服务领域学术团队建设和人才培养作为核心任务之一，坚持人才培养、学术团队、科研创新"三位一体"。通过组建学生科研志愿者队伍，引导学生从语言生活视角关注国家和社会需求，指导学生参与科研项目、发表高水平科研论文或调查报告，培养具有家国情怀和学术追求的语言学研究后备人才，构建以立德树人为根本的人才培养模式创新机制。40多名在读和已毕业本科生、研究生不同程度参与了《报告》的调研和撰写。包括：广州大学汉语言文学专业2014级朱颖蓉，2017级谭韵华、陈倩怡、李薛霞、刘灵锋，2018级刘栩妍、肖博瀚、王炜瑜、黄珊、余慧文、李昕健、李停珍、钟清、苏楚欣、莫舒晴、张芊玥、郑展昊、梁燊杰，2019级钟敏、薛尔恒、陈琳、胡益慧、王兆慧、沈文菲、何梦丽、吕昕茹、尹杰怡、刘婉莹，2020级邱文豪；汉语国际教育专业2017级揭晨、廖丸谊；播音主持艺术专业2018级周嘉兴；汉语国际教育研究生2014级陈俞君，2020级黄晓曼、卢珊、张雪彤、谭凌、于亚杰；语言学研究生2020级龚钰萍；学科教学（语文）硕士生2021级温馨；湖南大学汉语言文字学研究生2021级曾敏仪。《报告》也是广州大学创新人才培养模式的重要成果之一。

粤港澳大湾区建设是习近平总书记亲自谋划、亲自部署、亲自推动的重大国家战略。今年是《粤港澳大湾区发展规划纲要》发布三周年。三年来，粤港澳三地在协同创新、产业协作、高水平人才高地建设等领域不断取得新突破，以基础设施对接的"硬联通"和制度规则衔接的"软联通"正在不断加快、加深，推动大湾区进入融合发展新阶段。三年来，语言服务在促进大湾区互联互通中的重要性日益凸显，相关学术研究成果不断涌现，粤港澳语言中心愿与内地及港澳高校、有关机构、学者等加强合作，搭建粤港澳三地语言研究协同机制，为提升粤港澳大湾区的语言服务能力做出积极贡献。

编者
2022年5月

图书在版编目(CIP)数据

粤港澳大湾区语言服务发展报告.2022/屈哨兵主编.—北京:商务印书馆,2022
(语言生活皮书)
ISBN 978-7-100-21079-9

Ⅰ.①粤… Ⅱ.①屈… Ⅲ.①翻译事业—服务业—发展—研究报告—广东、香港、澳门—2022 Ⅳ.①H059

中国版本图书馆 CIP 数据核字(2022)第 072487 号

权利保留,侵权必究。

粤港澳大湾区语言服务发展报告(2022)
YUE-GANG-AO DAWANQU YUYAN FUWU FAZHAN BAOGAO(2022)
屈哨兵　主编

商 务 印 书 馆 出 版
(北京王府井大街36号　邮政编码100710)
商 务 印 书 馆 发 行
北京中科印刷有限公司印刷
ISBN 978-7-100-21079-9

2022年5月第1版　　　　开本 787×1092　1/16
2022年5月北京第1次印刷　印张 23¾
定价:98.00元